Das Kontrollverfahren beim Export
von Kriegswaffen aus Deutschland

Europäische Hochschulschriften
European University Studies
Publications Universitaires Européennes

Reihe II **Rechtswissenschaft**
Series II Law
Série II Droit

Band/Volume **5938**

Jörn Johannes Claßen

Das Kontrollverfahren beim Export von Kriegswaffen aus Deutschland

Eine Untersuchung der Restriktionen aus Art. 26 Abs. 2 GG, § 6 KWKG und den Politischen Grundsätzen der Bundesregierung

PL ACADEMIC RESEARCH

Bibliografische Information der Deutschen Nationalbibliothek
Die Deutsche Nationalbibliothek verzeichnet diese Publikation in der Deutschen Nationalbibliografie; detaillierte bibliografische Daten sind im Internet über http://dnb.d-nb.de abrufbar.

Zugl.: München, Univ. der Bundeswehr, Diss., 2016

D 706
ISSN 0531-7312
ISBN 978-3-631-72217-6 (Print)
E-ISBN 978-3-631-72692-1 (E-PDF)
E-ISBN 978-3-631-72693-8 (EPUB)
E-ISBN 978-3-631-72694-5 (MOBI)
DOI 10.3726/b11393

PL Academic Research ist ein Imprint der Peter Lang GmbH.
Peter Lang – Frankfurt am Main · Bern · Bruxelles · New York · Oxford · Warszawa · Wien

Diese Publikation wurde begutachtet.

www.peterlang.com

Vorwort

Die vorliegende Arbeit wurde im Herbsttrimester 2016 von der Fakultät für Staats- und Sozialwissenschaften der Universität der Bundeswehr München als Dissertation angenommen. Das Manuskript wurde im November 2014 abgeschlossen.

Mein Dank gilt all jenen, die mich bei der Arbeit an meiner Dissertation durch Anregungen, Ratschläge und konstruktive Kritik unterstützt haben.

In hervorgehobener Weise möchte ich mich bei den folgenden Personen bedanken:

Für die Betreuung der vorliegenden Arbeit gebührt mein herzlicher Dank Herrn Prof. Dr. Daniel-Erasmus Khan, meinem Doktorvater. Durch anregende Diskussionen hat er mir geholfen die komplexe Materie auch unter Berücksichtigung angrenzender Rechtsgebiete zu erfassen. Nicht zuletzt aufgrund der Betonung der wissenschaftlichen Freiheit war die kritische Befassung mit dem *Status quo* des hiesigen Kriegswaffenkontrollregimes uneingeschränkt möglich. Für die Erstellung des Zweitgutachtens danke ich Frau Prof. Dr. Kathrin Groh.

Darüber hinaus bedanke ich mich bei meinen Studienfreunden Christian Lange und Thorben Meier für die nicht nur in akademischer Hinsicht bereichernde gemeinsame Zeit.

Der größte Dank sei schließlich meiner Familie, insbesondere meinen Eltern, Großeltern und Geschwistern gewidmet, die stets den Rückhalt in jeder Lebenslage darstellen.

Bielefeld, im Februar 2017 *Jörn Johannes Claßen*

Inhaltsverzeichnis

Abkürzungsverzeichnis

a.A.	anderer Ansicht
a.a.O.	am angegebenen Ort
a.E.	am Ende
a.F.	alte Fassung
Abs.	Absatz
AEUV	Vertrag über die Arbeitsweise der Europäischen Union
AKUF	Arbeitsgemeinschaft Kriegsursachenforschung
Amtsbl.	Amtsblatt
Anm.	Anmerkung
APuZ	Aus Politik und Zeitgeschichte
Art.	Artikel
ATT	Arms Trade Treaty
AW-Prax	Außenwirtschaftliche Praxis
AWG	Außenwirtschaftsgesetz
AWV	Außenwirtschaftsverordnung
BAFA	Bundesamt für Wirtschaft und Ausfuhrkontrolle
BAnz.	Bundesanzeiger
BauO	Bauordnung
BB	Betriebs-Berater
BFernStrG	Bundesfernstraßengesetz
BGB	Bürgerliches Gesetzbuch
BGBl.	Bundesgesetzblatt
BGH	Bundesgerichtshof
BGHSt	Entscheidung des Bundesgerichtshofs in Strafsachen
BMVg	Bundesministerium der Verteidigung
BMWi	Bundesministerium für Wirtschaft und Energie
BT-Drs.	Bundestagsdrucksache
BVerfG	Bundesverfassungsgericht
BVerfGE	Entscheidung des Bundesverfassungsgerichts
BVerfGG	Bundesverfassungsgerichtsgesetz
bzw.	beziehungsweise
COARM	Working Group on Conventional Arms Exports
ders.	derselbe
DÖV	Die Öffentliche Verwaltung
DVBl	Deutsches Verwaltungsblatt
DVO	Durchführungsverordnung
DZWIR	Deutsche Zeitschrift für Wirtschaft- und Insolvenzrecht
EA	Europa Archiv

ebd.	ebenda
ehem.	ehemalige/r
engl.	englisch
EU	Europäische Union
EuGH	Europäischer Gerichtshof
EUV	Vertrag über die Europäische Union
f.	folgende
FAZ	Frankfurter Allgemeine Zeitung
ff.	fortfolgende
Fn.	Fußnote
FS	Festschrift
GASP	Gemeinsame Außen- und Scherheitspolitik
GewArch	Gewerbearchiv
GG	Grundgesetz
GKKE	Gemeinsame Konferenz Kirche und Entwicklung
grdl.	grundlegend
GS	Gedächtnisschrift
h.M.	herrschende Meinung
Herv.	Hervorhebung
Hrsg.	Herausgeber
HSFK	Hessische Stiftung Friedens- und Konfliktforschung
i.d.R.	in der Regel
i.S.d.	im Sinne des
i.S.v.	im Sinne von
i.V.m.	in Verbindung mit
ICRC	International Committee of the Red Cross
IGH	Internationaler Gerichtshof
IP	Internationale Politik
JA	Juristische Arbeitsblätter
JöR	Jahrbuch des öffentlichen Rechts
JuS	Juristische Schulung
JZ	Juristen Zeitung
Kap.	Kapitel
KontrollratsG	Kontrollratsgesetz
KWKG / KrWaffKontrG	Kriegswaffenkontrollgesetz
KWL	Kriegswaffenliste
lat.	lateinisch
LG	Landgericht
MMR	Multimedia und Recht
Mrd.	Milliarden
MüKo	Münchener Kommentar
n.v.	nicht veröffentlicht
NATO	North Atlantic Treaty Organization

NJW	Neue Juristische Wochenschrift
Nr.	Nummer
NRW	Nordrhein Westfalen
NStZ	Neue Zeitschrift für Strafrecht
NVwZ	Neue Zeitschrift für Verwaltungsrecht
NZWehrr	Neue Zeitschrift für Wehrrecht
OLG	Oberlandesgericht
PCIJ	Permanent Court of International Justice
RabelsZ	Rabels Zeitschrift für ausländisches und internationales Privatrecht
Rep.	Report
RG	Reichsgericht
RGBl.	Reichsgesetzblatt
RGSt	Entscheidung des Reichsgerichts in Strafsachen
RGZ	Entscheidung des Reichsgerichts in Zivilsachen
RIW	Recht der internationalen Wirtschaft
RR	Rechtsprechungsreport
SIPRI	Stockholm International Peace Research Institute
sog.	sogenannt
SprengG	Sprengstoffgesetz
StAG	Staatsangehörigkeitsgesetz
Sten.Prot.	Stenographisches Protokoll
StGB	Strafgesetzbuch
StIGH	Ständiger Internationaler Gerichtshof
taz	Die Tageszeitung
u.a.	unter anderem
UN	United Nations
Verf.	Verfasser
VersFV	Friedensvertrag von Versailles
VerwArch	Verwaltungsarchiv
vgl.	vergleiche
VO	Verordnung
VwGO	Verwaltungsgerichtsordung
VwVfG	Verwaltungsverfahrensgesetz
WaffG	Waffengesetz
WEU	Westeuropäische Union
wistra	Zeitschrift für Wirtschafts- und Steuerstrafrecht
z.B.	zum Beispiel
ZaöRV	Zeitschrift für ausländisches öffentliches Recht und Völkerrecht
ZfZ	Zeitschrift für Zölle und Verbrauchsteuern
ZParl	Zeitschrift für Parlamentsfragen
ZRP	Zeitschrift für Rechtspolitik

ZVglRWiss	Zeitschrift für vergleichende Rechtswissenschaft
D.C.A.M.	Direccion de Comercializacion de Armamento y Municiones
NZG	Neue Zeitschrift für Gesellschaftsrecht
IntBestG	Gesetz zur Bekämpfung internationaler Bestechung

Tabellenverzeichnis

„Der beste Kaufmann ist der Krieg.
Er macht aus Eisen Gold."
Friedrich von Schiller
(Demetrius, 1804/1805)

Einleitung

Als Konjunkturmotor der heimischen Industrie ist der Export Garant für hohe Unternehmensgewinne, niedrige Arbeitslosenzahlen und das Wunschkind der politischen Entscheidungsträger. Deutschland erzielte im Jahr 2014 einen Exportumsatz von 1114 Mrd. Euro, was einen Anteil von 46 Prozent an der Gesamtwirtschaftsleistung ausmacht.[1] Anlass für kontroverse Debatten gibt in aller Regelmäßigkeit ein Bereich der Außenwirtschaft – die Rüstungsexporte. Gemessen am Wert der gesamten deutschen Ausfuhren haben Rüstungsexporte eine untergeordnete Bedeutung. Sie machen lediglich rund ein Prozent der deutschen Gesamtausfuhren aus.[2] Gleichwohl sind es Einzelfallentscheidungen über den Transfer von Mitteln der Gewalt, die die Grundaussagen einer verantwortungsvollen Politik in Frage stellen. So ebnete unter anderem die Enthüllung des Spiegels im Jahr 2011 über eine mögliche Ausfuhr von bis zu 200 Kampfpanzern des Typs Leopard 2 nach Saudi-Arabien[3] den Weg für eine nachhaltige gesamtgesellschaftliche Auseinandersetzung mit einem höchst sensitiven Bereich deutscher Wirtschafts- und Außenpolitik. Der Diskurs über das Für und Wider von Waffenexporten dokumentiert routinemäßig den Austausch der folgenden Argumente:

Argumente der Befürworter von Waffenexporten
Als Argument für Rüstungsexporte wird zumeist das außen- und sicherheitspolitische Interesse am konkreten Empfängerstaat dargetan. Strategische Partnerschaften im Ausland sollen durch Waffenlieferungen gestärkt werden. Dabei wird zunehmend auch die sicherheitspolitische Bedeutung des Ausbaus politisch-militärischer Positionen in konfliktgeladenen Regionen außerhalb der EU und des NATO-Gebietes hervorgehoben. So etwa beim Panzergeschäft mit Saudi-Arabien.[4] Bekräftigt wird diese Perspektive unter Verweis auf das Recht eines jeden Staates

---

1 Statistisches Bundesamt, Kennzahlen zum Außenhandel 2013.
2 Im Jahr 2013 wurden für Rüstungsgüter Einzelausfuhrgenehmigungen im Wert von insgesamt 5,8 Mrd. Euro erteilt (Rüstungsexportbericht der Bundesregierung 2013, S. 6); *Moltmann*, HSFK-Report 1/2011, S. 3.
3 Der Spiegel 27/2011, S. 14 ff.: „Leos" für die Saudis.
4 Vgl. die Stellungnahme der Bundesregierung vom 29.08.2013 (BT-Drs. 17/14657, S. 2): „Das Königreich Saudi-Arabien ist für Deutschland ein wichtiger Partner, politisch wie wirtschaftlich sowie bei der Bekämpfung des internationalen Terrorismus. Saudi-Arabien nimmt eine zentrale Rolle bei der Lösung regionaler Konflikte ein."

zur Selbstverteidigung und einer entsprechenden Unterhaltung von Streitkräften.[5] Daneben argumentieren Befürworter einer liberalen Exportpolitik mit der Bedeutung der hiesigen Rüstungsindustrie für die nationale Sicherheit und den geschuldeten wehrtechnischen Beitrag Deutschlands innerhalb des NATO-Bündnisses und der EU. Um ein erforderliches Maß an Rüstungskapazität gewährleisten zu können, sei die Industrie aus produktionstechnischer Sicht exportabhängig.[6] Der Ruf nach Exportförderung und einer weiteren Öffnung der Rüstungsmärkte auch für Drittländer[7] verschärfte sich zuletzt, da als Folge der Finanz- und Eurokrise die Ausgaben in das Militär, insbesondere im europäischen Raum, zurückgingen. Die „Innovationsfähigkeit der deutschen Wirtschaft“ und der „Erhalt des High-Tech-Standortes Deutschland“ stünden auf dem Spiel, so die Stimmen aus Industrie und Politik.[8] Schließlich findet auch das „Arbeitsplatzargument“ turnusmäßig Resonanz in der Exportdebatte. Gerade in strukturschwachen Regionen oder gefährdeten Branchen (etwa im Schiffsbau) sichere die Rüstungsindustrie Arbeitsplätze, die es durch eine „industriefreundliche Politik“ zu erhalten gelte.[9]

Argumente der Gegner von Waffenexporten

Konträr stehen sich die Vertreter beider Lager bei der Beurteilung des Ausbaus strategischer Partnerstaaten im Ausland durch Rüstungsexporte gegenüber. Die Exportgegner positionieren sich gegen den Einsatz von Waffenlieferungen als Instrument der Außenpolitik.[10] Insbesondere in fragilen Regionen wirke eine Aufrüstung

---

5 „Im Rahmen einer Gesamtabwägung aller relevanten Umstände auf der Grundlage ihrer rüstungsexportpolitischen Grundsätze ist die Bundesregierung deshalb bereit, zur Selbstverteidigung dieser Staaten auch durch Rüstungsexporte beizutragen.“ (BT-Drs. 13/10104, S. 2).

6 Vgl. die Aussagen des ehem. Bundesministers der Verteidigung *Thomas de Maizière* zur Bedeutung der deutschen Rüstungsindustrie für die Sicherheitspolitik: „Hierzu benötigen wir eine leistungsfähige und innovative wehrtechnische Industrie. Eigene wehrtechnische Fähigkeiten sind die Voraussetzung, um den europäischen Integrationsprozess mit zu gestalten.“ (Rede auf der 8. Handelsblattkonferenz am 25.10.2011, zitiert nach BT-Drs. 17/8097, S. 1); *Krause*, EA 1981, 363, 368; *Roeser*, Völkerrechtliche Aspekte des internationalen Handels mit konventionellen Waffen, S. 43 ff.

7 Drittländer i.S.d. Politischen Grundsätze der Bundesregierung für den Export von Kriegswaffen und sonstigen Rüstungsgütern sind Länder außerhalb der EU und des NATO-Bündnisses (zzgl. der NATO-gleichgestellten Länder: Australien, Japan, Neuseeland, Schweiz). Im Jahr 2013 entfiel ein Anteil von 62 Prozent des Wertes aller Einzelausfuhrgenehmigungen für Rüstungsgüter auf Drittländer (vgl. Rüstungsexportbericht der Bundesregierung 2013, S. 6).

8 BT-Drs. 17/8097, S. 1 f.

9 Der Kernbereich der wehrtechnischen Industrie umfasst in Deutschland etwa 90 Unternehmen mit rund 80.000 Beschäftigten (BT-Drs. 17/8097, S. 4); *Brzoska*, Rüstungsexportpolitik, S. 171 ff.; *Moltmann*, HFSK-Report 6/2001, S. 1 f.; *Sohm*, NZWehrr 1994, 99, 100 ff.

10 BT-Drs. 17/10842.

einzelner Staaten destabilisierend. Zudem spreche oftmals die Menschenrechtssituation in den anfragenden Staaten gegen den Transfer von Kriegsmaterial. Es sei ethisch nicht vertretbar, Ländern eine militärische Aufrüstung zu ermöglichen, obwohl rechtsstaatliche Standards nicht eingehalten werden.[11] Weiteres Risiko bei wirtschaftlich schwach aufgestellten Ländern sei es, dass durch Investitionen im Rüstungsbereich wichtige Ressourcen gebunden werden, die für zivile Zwecke (etwa im Bildungsbereich) dringender benötigt werden.[12] Im Übrigen bestehe fortwährend die Gefahr, durch Waffenlieferungen regionale Rüstungswettläufe zu entfachen.[13] Dem Argument „Rüstungsexporte sichern Arbeitsplätze" halten die Kritiker entgegen, dass ökonomische Interessen niemals den Export von Kriegsmaterial zu rechtfertigen vermögen. Überdies sei eine Bestandssicherung der Rüstungsindustrie nur zu erreichen, wenn zum einen eine Produktdiversifizierung stattfinde, um sich nicht einseitig von Rüstungsaufträgen abhängig zu machen. Zum anderen müsse zum Abbau von Überkapazitäten eine grundsätzliche (europäische) Konsolidierung der produzierenden Unternehmen erfolgen.[14]

Die Entwicklung der hiesigen Rüstungsexportpolitik – Deutschland ist nunmehr mit einem Weltmarktanteil von sieben Prozent drittgrößter Exporteur konventioneller Waffen[15] – wird von zunehmender öffentlicher Kritik flankiert. Konkrete Exportgeschäfte sowie die jährliche Veröffentlichung der Rüstungsexportberichte der Bundesregierung rufen regelmäßig ein breites mediales Echo hervor. Ferner befindet sich die parlamentarische Debatte über die Rüstungsexportpolitik der Bundesregierung auf einem Höhepunkt.[16] Im juristischen Schrifttum findet die Auseinandersetzung mit dem Verfahren zur Genehmigung von Waffenexporten indes keine entsprechende Reflexion. Allenfalls wird eine „stiefmütterliche" Behandlung des Rechtsgebiets dokumentiert.[17] Die umfangreichste Ausarbeitung zum Kriegswaffenkontrollrecht liefert *Klaus Pottmeyer* in seinem Kommentar zum

---

11 *Brzoska / Moltmann*, Friedensgutachten 2005, S. 228.

12 *Brzoska*, Rüstungsexportbericht, S. 150 ff.; *Kemp / Miller*, in: Arms Transfers and American Foreign Policy, S. 15 ff.; *Roeser*, Völkerrechtliche Aspekte des internationalen Handels mit konventionellen Waffen, S. 50.

13 *Stützle*, Politik und Kräfteverhältnis, S. 21 ff.

14 BT-Drs. 13/584, S. 10; *Dembinski / Schumacher*, HFSK-Report 9/2005, S. 9 ff.; *Moltmann*, HFSK-Report 6/2001, S. 2; *Rhode*, SWP-Studie 2004, Rüstung in Europa; vgl. zum Zusammenschluss des deutschen Rüstungsunternehmens Krauss-Maffei Wegmann mit dem französischen Rüstungskonzern Nexter zur Entwicklung eines „europäischen Panzers" FAZ.NET vom 28.07.2015: Ein europäischer Panzer nimmt Fahrt auf.

15 Von 2008 bis 2012 waren die fünf größten Waffenexporteure (neben Deutschland: USA, Russland, Frankreich und China) für 75 Prozent der weltweiten Waffenexporte verantwortlich (SIPRI Yearbook 2013 [deutsch], S. 10).

16 Belegen lässt sich diese Annahme durch die Zunahme von rüstungsexportspezifischen Tagesordnungspunkten in Bundestagssitzungen sowie durch die kontinuierlich hohe Anzahl von Anfragen und Anträgen der Opposition.

17 So *Pottmeyer*, KWKG, Vorwort, VII.

Kriegswaffenkontrollgesetz. Die aktuelle Auflage gibt den Stand der Gesetzgebung, Rechtsprechung und Literatur bis 1994 wieder. Beachtung fand zudem die fundierte Untersuchung *Volker Eppings* („Grundgesetz und Kriegswaffenkontrolle", Dissertation 1993) zur Umsetzung des Verfassungsauftrags aus Art. 26 Abs. 2 GG durch den einfachen Gesetzgeber. Schließlich veröffentlichte *Hubertus von Poser und Groß Naedlitz* mit seiner Dissertation „Die Genehmigungsentscheidung nach dem Kriegswaffenkontrollgesetz" im Jahr 1998 eine letzte größere Studie zur Kriegswaffenkontrolle. Ferner findet sich zu diesem sehr speziellen Bereich des Außenwirtschaftsrechts wenig Rechtsprechung. Konkretisierende Judikate zu zentralen verwaltungsrechtlichen Normen (etwa § 6 KWKG) bestehen praktisch nicht. Antragstellende Rüstungsunternehmen haben in der Regel kein Interesse an einer Rechtsdurchsetzung auf gerichtlichem Weg. Zum einen bestehen nur geringe Erfolgsaussichten, eine Exportbewilligung klageweise zu erreichen, da die Verwaltung bei der Einschätzung außen- und sicherheitspolitischer Sachverhalte eine weite Einschätzungsprärogative hat. Zum anderen haben die Unternehmen kein Interesse daran, in einem öffentlichen Gerichtsverfahren Einblicke in sensitive Geschäftspraktiken zu gewähren.[18] Der politischen Opposition mangelt es hingegen bereits an der Klagebefugnis, um gegen Ausfuhrgenehmigungen der Bundesregierung bzw. des BMWi vorzugehen. Das Entscheidungsrecht fällt in den der Exekutive zugewiesenen Aufgabenbereich (Kernbereich exekutiver Eigenverantwortung).[19] Hiervon zu unterscheiden ist die nachträgliche Unterrichtung des Parlaments über *abgeschlossene* Rüstungsexportentscheidungen. Einen diesbezüglichen Informationsanspruch der Abgeordneten des Deutschen Bundestages nach Art. 38 Abs. 1 S. 2 GG bestätigte das BVerfG jüngst in einer viel beachteten Entscheidung.[20]

Ziel der vorliegenden Studie ist es, die wesentlichen Parameter im komplexen Verwaltungsverfahren beim Export von deutschen Kriegswaffen darzustellen und zu untersuchen. Dabei beginnt der Gang der Untersuchung bei Art. 26 Abs. 2 GG und dem Auftrag des Verfassungsgebers an den einfachen Gesetzgeber ein Verfahren zur Kontrolle von Kriegswaffen einzurichten. Auch die weitere Evaluierung des Kontrollregimes erfolgt stets im Lichte des verfassungsrechtlichen Korrektivs. Eingang in die Behandlung finden dabei mitunter verschiedene rechtliche Bereiche. So müssen neben der verfassungs- und verwaltungsrechtlichen Materie insbesondere auch strafrechtliche, völkerrechtliche und europarechtliche Standards berücksichtigt werden. Eine schwerpunktmäßige Bearbeitung ist schließlich den Versagungsgründen aus § 6 Abs. 2 und 3 KWKG sowie den ermessenslenkenden „Politischen Grundsätzen der Bundesregierung für den Export von Kriegswaffen und sonstigen Rüstungsgütern" gewidmet.

18 *Moltmann*, HFSK-Report 1/2011, S. 5 ff.; *Raap*, NJW 1997, 508, 508 f.

19 BVerfGE 67, 100, 139; 110, 199, 215; 124, 78, 120 f.; *Busse*, DÖV 1989, 45; *Kirchner*, ZParl 2012, 362, 370; *Schnabel / Freund*, DÖV 2012, 192.

20 BVerfGE 137, 185.

Da der Export von Kriegswaffen notwendigerweise einen außenwirtschaftlichen Sachverhalt betrifft, unterliegt die betreffende Handlung nicht nur der Genehmigungspflicht nach dem KWKG, sondern auch nach dem AWG. In der Praxis wird zunächst die „spezielle" Genehmigung nach dem KWKG und sodann eine Ausfuhrerlaubnis nach dem AWG eingeholt, wobei das vorangegangene Prüfungsergebnis der nachfolgenden außenwirtschaftsrechtlichen Genehmigung zugrunde liegt.[21] Auf das Verwaltungsverfahren nach dem AWG wird vorliegend gleichwohl nur am Rande eingegangen, da sich die Arbeit schwerpunktmäßig dem spezifischen Verfahren nach dem KWKG widmet.

---

21 BT-Drs. 11/4928, S. 2; *Epping*, DWiR 1991, 276, 281; *Pathe / Wagner*, in: Bieneck, § 34, Rn. 48; *Pietsch*, in: Hohmann / John, KWKG, Einf., Rn. 38; *Pottmeyer*, KWKG, Einl., Rn. 185.

Erster Teil

Das Rechtsregime der Exportkontrolle von Kriegswaffen

A. Geschichtliche Entwicklung

In Deutschland entstand erst nach dem Ersten Weltkrieg die Kodifizierung eines Kriegswaffenkontrollsystems. Bis dahin war im 19. und frühen 20. Jahrhundert eine Beschränkung des Waffenhandels insbesondere auf internationaler Ebene nicht angestrebt. Im Zuge der Industrialisierung bauten die meisten europäischen Staaten eine eigene Rüstungsindustrie auf.[1] Der Handel mit Waffen galt als Instrument zur Schaffung einer wirtschaftlichen und politischen Vormachtstellung der damaligen Großmächte. Gegenläufige Bestrebungen, der einzelnen Staaten sich durch Reglementierungen selbst Handlungsoptionen im Rüstungsbereich zu nehmen, bestanden nicht.[2]

Die Entwicklung des Kriegswaffenkontrollrechts in Deutschland ab 1918/19 beruhte zunächst nicht auf einer autonomen Entscheidung des nationalen Souveräns. Vor dem Hintergrund des aus deutscher Sicht verlorenen Weltkrieges waren es die Siegermächte, die auf deutschem Boden einschneidende militärische und rüstungswirtschaftliche Reglementierungen vornahmen.[3] So sah der Versailler Friedensvertrag vom 28.6.1919[4] für Deutschland eine umfassende Verbotsbestimmung für den Umgang mit Kriegswaffen vor. In Art. 170 VersFV heisst es:

> „Die Einfuhr von Waffen, Munition und Kriegsgerät jeder Art nach Deutschland ist ausdrücklich verboten.
>
> Dasselbe gilt für die Anfertigung und Ausfuhr von Waffen, Munition und Kriegsgerät jeder Art für fremde Völker."

Bei einem Verstoß gegen die Verbotsbestimmung sah das „Ausführungsgesetz zum Friedensvertrag"[5] eine Freiheitsstrafe bis zu sechs Monate oder eine Geldstrafe „bis zu einhunderttausend Mark" vor. Ferner erfolgte im „Gesetz betreffend die Ein- und Ausfuhr von Kriegsgerät"[6] eine Konkretisierung, welche Gegenstände nach dem

1 Zur Entwicklung der Rüstungsindustrie in Deutschland *Bontrup / Zdrowomyslaw*, Die deutsche Rüstungsindustrie, S. 46 ff.; *Pottmeyer*, KWKG, Einl., Rn. 1.

2 *Roeser*, Völkerrechtliche Aspekte des internationalen Handels mit konventionellen Waffen, S. 55.

3 *Pietsch*, in: Hohmann / John, KWKG, Einf., Rn. 1.

4 Von Deutschland ratifiziert durch das Gesetz Nr. 6958 v. 16.7.1919, RGBl. I S. 687.

5 Gesetz Nr. 7034 v. 31.8.1919, RGBl. I S. 1530.

6 Gesetz Nr. 240 v. 30.12.1920, RGBl. I 1920 I, 2167.

Friedensvertrag als „Waffen, Munition und Kriegsgerät“ anzusehen waren. Inhaltlich weist dieses Gesetz deutliche Parallelen zur heute geltenden Kriegswaffenliste auf.[7]

Die sehr einschneidenden Bestimmungen des Versailler Vertrages wurden nach der Machtergreifung der Nationalsozialisten unter anderem durch das „Gesetz über Ein- und Ausfuhr von Kriegsgerät“ vom 6.11.1935[8] aufgekündigt. Das Gesetz sah im Gegensatz zu den vormals geltenden Bestimmungen kein generelles Verbot für den Handel mit Kriegswaffen vor, sondern stellte die Ein- und Ausfuhr unter einen Erlaubnisvorbehalt. Zuständig für eine Genehmigung waren der Reichskommissar für Aus- und Einfuhrbewilligung und der Reichskriegsminister.[9] Daneben war der Reichskommissar für Aus- und Einfuhrbewilligung zuständig für die Auflistung der ein- und ausfuhrpflichtigen Kriegsgeräte. Dies geschah durch die Aufnahme der Gegenstände in die „Bekanntmachung des Reichsministers für Aus- und Einfuhrbewilligung betreffend Liste der Kriegsgeräte“[10].

Unter dem Eindruck des zerstörerischen Potentials von (deutschen) Kriegswaffen während des Zweiten Weltkrieges etablierte sich in der Nachkriegszeit ein restriktives Kriegswaffenkontrollrecht, das in seinen Grundaussagen bis heute Bestand hat. Wie bereits nach dem Ende des Ersten Weltkriegs oblag auch nach 1945 die Entmilitarisierung und Entwaffnung nicht dem nationalstaatlichen Souverän, sondern alliiertem Besatzungsrecht. Die präventive Verhinderung einer deutschen Wiederaufrüstung wurde zunächst durch ein allumfassendes Verbot im Umgang mit Waffen intendiert. Die Herstellung, die Einfuhr, die Ausfuhr, die Beförderung und die Lagerung von Waffen wurden durch das Kontrollratsgesetz Nr. 43 vom 20.12.1946[11] verboten. Während die Herstellung und Ausfuhr von Waffen ausnahmslos untersagt wurde, galt für die Einfuhr von Waffen zu genehmigten Zwecken, wie dem inneren Sicherheitsdienst, ein Erlaubnisvorbehalt (Art. 3 KontrollratsG). Bis 1955 folgten weitere, von den Alliierten beschlossene Reglementierungen im Bereich des Waffenrechts. Teils wurde das Umgangsverbot mit Kriegswaffen weiter eingeschränkt, teils wurde das Verbot gelockert.[12]

Eine erste Grundlage für die souveräne Entwicklung eines Kriegswaffenkontrollrechts durch den deutschen Gesetzgeber wurde im Rahmen der Vereinbarungen der Londoner Neunmächtekonferenz von 1954 geschaffen. In der sog. Londoner Akte[13] verzichtete die Bundesrepublik Deutschland zunächst auf die Herstellung der folgenden Kriegsgeräte:

---

7 *Pietsch*, in: Hohmann / John, KWKG, Einf., Rn. 3.
8 RGBl. I S. 1337.
9 *Pottmeyer*, KWKG, Einl., Rn. 9.
10 RGBl. I S. 1337.
11 ABl. KR Nr. 13 S. 234.
12 Zu den näheren Einzelheiten *Pottmeyer*, KWKG, Einl., Rn. 11–16.
13 Bulletin des Press- und Informationsamtes der Bundesregierung v. 6.10.1954, Nr. 188.

- atomare, chemische und biologische Waffen (Ziffer IV),
- weittragende Geschosse, gelenkte Geschosse und Influenz-Minen (Ziffer V),
- Kriegsschiffe mit Ausnahme von kleineren Schiffen für Verteidigungszwecke (Ziffer VI).

Ferner verpflichtete sich die Bundesregierung, ihre Politik in Übereinstimmung mit den Grundsätzen der UNO zu gestalten und sich aller Maßnahmen, die dem defensiven Brüsseler Pakt (später die WEU) und der NATO widersprechen, zu enthalten. Die Londoner Konferenz bereitete die am 5.5.1955 in Kraft getretenen Pariser Verträge[14] entscheidend vor. Im Rahmen der Pariser Verträge wurde der Beitritt der Bundesrepublik Deutschland zur WEU und zur NATO vertraglich vereinbart. Zudem trat mit den Pariser Verträgen der „Deutschland-Vertrag" in Kraft, wonach das Besatzungsstatut aufgehoben und die Bundesrepublik de facto souverän wurde.[15] Neben der Wiedereinräumung der nationalstaatlichen Souveränität, wodurch die autonome Schaffung eines nationalen Kriegswaffenkontrollrechts erst ermöglicht wurde, enthielten die Pariser Verträge internationale Rüstungskontrollstandards. Wie bereits in der Londoner Akte festgelegt, verpflichtete sich die Bundesrepublik auch im Rahmen der Pariser Verträge, auf ihrem Gebiet keine atomaren, biologischen und chemischen Waffen herzustellen (Art. 1 des Protokolls Nr. III über die Rüstungskontrolle[16]). Eine Konkretisierung dieser Waffenarten wurde in der Liste der Anlage II zum Protokoll Nr. III über die Rüstungskontrolle vorgenommen. Neben den benannten Waffenarten verzichtete die Bundesrepublik – wie schon im Rahmen der Londoner Akte – zunächst auch auf die Herstellung von weitreichenden Geschossen, gelenkten Geschossen, Influenzminen (Ziffer IV der Anlage III), Flugkörpern großer Reichweite und Lenkflugkörpern (Ziffer IV der Anlage III) und auf die Herstellung von Kriegsschiffen mit Ausnahme von kleineren Schiffen für Verteidigungszwecke (Ziffer V der Anlage III). Durch Beschlüsse des Rates der WEU[17] wurden die letztgenannten Beschränkungen sukzessive wieder aufgehoben, sodass von den Restriktionen gegenwärtig nur die Herstellungsverbote von ABC-Waffen praktische Bedeutung haben.[18] Die Überwachung der Einhaltung der benannten Rüstungsbeschränkungen oblag dem vertragsgemäß im Mai 1955 gegründeten Amt für Rüstungskontrolle der WEU (vgl. Art. 1 ff. des Protokolls Nr. IV über das Amt der Rüstungskontrolle der Westeuropäischen Union[19]). Als Kontrollinstanz war das

---

14 Vgl. die Bekanntmachung v. 9.5.1955, BGBl. II S. 630.

15 *Puttkamer*, ZaöRV 1956, 448, 463 ff.

16 BGBl. 1955 II S. 266.

17 Vgl. zu den Bekanntmachungen über die jeweiligen Aufhebungen BGBl. 1980 II, S. 1180; 1984 II, S. 680.

18 *Pietsch*, in: Hohmann / John, KWKG, Einf., Rn. 11.

19 BGBl. 1955 II S. 274.

Amt für Rüstungskontrolle befugt, Stichproben, Besichtigungen und Inspektionen in den einschlägigen Produktionsstätten vorzunehmen.[20]

Letztlich konnte der Bundesgesetzgeber erst mit der Aufhebung des Besatzungsrechts im Jahr 1955 und unter Beachtung der benannten völkerrechtlichen Verpflichtungen aus den Pariser Verträgen[21] dem bereits 1949 formulierten Verfassungsauftrag aus Art. 26 Abs. 2 GG nachkommen und ein Ausführungsgesetz für den Umgang mit Kriegswaffen schaffen.

B. Restriktion des Kriegswaffenexports als verfassungsrechtliches Postulat

In Art. 26 Abs. 2 GG ist die Vorgabe konstituiert, dass der Umgang mit Kriegswaffen einer Genehmigungspflicht durch die Bundesregierung unterliegt.

> „Zur Kriegsführung bestimmte Waffen dürfen nur mit Genehmigung der Bundesregierung hergestellt, befördert und in Verkehr gebracht werden. Das nähere regelt ein Bundesgesetz."

Die verfassungsrechtliche Anordnung zur Errichtung eines Kriegswaffenkontrollregimes ergänzt das Verbot der Friedensstörung nach Art. 26 Abs. 1 GG. Danach knüpft Artikel 26 Abs. 2 GG an die friedensgefährdende und destabilisierende Wirkung eines nicht reglementierten Waffenhandels an.[22] Im Herrenchiemseer Verfassungskonvent von 1948 herrschte Einigkeit, dass eine solche konkrete Friedensbemühung erstmals auf verfassungsrechtlicher Ebene abzusichern sei.[23] Die Stimmen, welche ein weitergehendes, generelles Verbot von Kriegswaffen auf deutschem Boden forderten, konnten sich insoweit nicht durchsetzen.[24] Als wichtiges Vorbild für die Debatte um Art. 26 GG galten die Bestimmungen aus der hessischen Landesverfassung.[25] Die Tatsache, dass das deutsche Grundgesetz weltweit eine der

---

20 Seit 1984 beschränkte sich die Überprüfung der WEU nur noch darauf, dass im Bundesgebiet keine biologischen und chemischen Waffen hergestellt werden (*Abelshauser / Schwengler*, Anfänge westdeutscher Sicherheitspolitik 1945–1956, Bd. 4, S. 541).

21 BT-Drs. 3/1589, S. 12.

22 *Bothe*, in: Bonner Kommentar, Band 6, Art. 26, Rn. 32; *v. Heinegg*, in: Epping / Hillgruber, Art. 26, Rn. 29.

23 Parlamentarischer Rat, 12. Sitzung des Grundsatzausschusses v. 15.10.1948.

24 *Carlo Schmid* forderte in der 20. Sitzung des Ausschusses für Grundsatzfragen im Parlamentarischen Rat vom 10.11.1948 „[...] eine klare und unverklausulierte Erklärung [...], daß in Deutschland keine Kanonen mehr gebaut werden sollen, nicht nur für uns, sondern auch für andere nicht." (*Doemming / Füsslein / Matz*, JÖR 1, 1951, 241).

25 Vgl. Art. 69 der hessischen Landesverfassung vom 11.12.1946:
„(1) Hessen bekennt sich zu Frieden, Freiheit und Völkerverständnis. Der Krieg ist geächtet.

wenigen Verfassungen ist, die eine Bestimmung über die Kriegswaffenkontrolle vorsieht[26], zeigt welch hohen Stellenwert dem restriktiven Umgang mit Kriegsmaterial beigemessen wurde. Die Konkretisierung der verfassungsrechtlichen Vorgabe wurde dem Bundesgesetzgeber überlassen und ist durch das „Gesetz über die Kontrolle von Kriegswaffen (KWKG)“[27] erfolgt. Zwischen der Aufhebung des alliierten Besatzungsrechts und dem Inkrafttreten des KWKG am 1.6.1961 wurde ein vorläufiges Kriegswaffengenehmigungsverfahren auf der Grundlage von Art. 26 Abs. 2 GG praktiziert.[28] Als Genehmigungsbehörde fungierte das Bundeswirtschaftsministerium. Aufgrund der eingeschränkten Entwicklungs- und Produktionskapazitäten in der jungen Bundesrepublik war ein expansiver Rüstungsexport zu dieser Zeit jedoch nicht zu befürchten. Vielmehr war man zum Wiederaufbau der eigenen Streitkräfte auf den Import von Rüstungsmaterial angewiesen.[29]

I. Sedes materiae

Ausfuhr (Synonym: Export) meint den Absatz der im eigenen Wirtschaftsgebiet produzierten Güter und Dienstleistungen in fremde Wirtschaftsgebiete.[30] Dass der Kriegswaffenexport von Art. 26 Abs. 2 GG erfasst ist, wird ganz überwiegend als selbstverständlich unterstellt.[31] Auch die Bundesregierung lässt in ihrem jährlich erscheinenden Rüstungsexportbericht keine Zweifel daran erkennen:

---

(2) Jede Handlung, die mit der Absicht vorgenommen wird, einen Krieg vorzubereiten, ist verfassungswidrig.“; *Bothe*, in: Bonner Kommentar, Band 6, Art. 26, Rn. 6.

26 Ebenso enthält die Schweizerische Bundesverfassung in Art. 107 folgende Bestimmungen:
„(1) Der Bund erlässt Vorschriften gegen den Missbrauch von Waffen, Waffenzubehör und Munition.
(2) Er erlässt Vorschriften über die Herstellung, die Beschaffung und den Vertrieb sowie über die Ein-, Aus- und Durchfuhr von Kriegsmaterial.“

27 S. Anlage A.

28 Bekanntmachung des Bundesministers für Wirtschaft vom 28.11.1957 – BAnz. Nr. 233 vom 4.12.1957; *Pottmeyer*, KWKG, Einl., Rn. 27 ff.; *Beschoner*, ZVglRWiss 1990, 262, 268.

29 *Pearson*, Forces and Society 1986, 525, 526.

30 Gabler Wirtschaftslexikon, Band 1, S. 305; das deutsche Außenwirtschaftsrecht definiert die Ausfuhr als „die Lieferung von Waren aus dem Inland in ein Drittland und die Übertragung von Software und Technologie aus dem Inland in ein Drittland einschließlich ihrer Bereitstellung auf elektronischem Weg für natürliche und juristische Personen in Drittländern“ (vgl. § 2 Abs. 3 AWG). Hierbei findet gemeinschaftrechtskonform eine Differenzierung zwischen der *Ausfuhr* in Drittländer und der *Verbringung* von Waren aus dem Inland in das übrige Zollgebiet der Europäischen Union statt. Inhaltlich besteht zwischen den Begriffen Ausfuhr und Verbringen keine Abweichung, vgl. *Just*, in: Hohmann / John, AWG, § 4, Rn. 36.

31 Vgl. exemplarisch *Bothe*, in: Bonner Kommentar, Band 6, Art. 26, Rn. 32 und 40.

„Der deutsche Rüstungsexport wird durch das GG, das Gesetz über die Kontrolle von Kriegswaffen (KrWaffKontrG) und das Außenwirtschaftsgesetz (AWG) i.V.m. der Außenwirtschaftsverordnung (AWV) geregelt."[32]

Zu offensichtlich scheint die Einbeziehung dieses hochsensiblen Industriesektors in den friedenssichernden Anwendungsbereich von Art. 26 GG. Indes ist dem Verfassungsauftrag eine Genehmigungspflicht für Kriegswaffenausfuhren nicht direkt zu entnehmen. Einer Regierungsgenehmigung bedürfen *expressis verbis* lediglich die Herstellung, Beförderung und Inverkehrbringung.

Auch das KWKG, als Ausführungsgesetz zu Art. 26 Abs. 2 GG, stellt dem ersten Anschein nach nicht explizit die Ausfuhr von Kriegswaffen unter den Vorbehalt einer Genehmigungserteilung. In § 2 Abs. 2 KWKG ist der verfassungsrechtliche Terminus der Inverkehrbringung übernommen. Inwieweit hierunter auch die Ausfuhr subsumiert werden kann ist zumindest nicht frei von Schwierigkeiten. Ferner entwickelte sich in der Literatur eine anhaltende Kontroverse zur eigentümlichen Konstruktion des Tatbestandes in § 3 Abs. 3 KWKG. Anstatt den Kriegswaffenexport ausdrücklich einem Genehmigungsvorbehalt zu unterstellen, knüpft § 3 Abs. 3 KWKG an das Vorliegen einer *Beförderungs*genehmigung für den inländischen Transport an. Die Ausfuhr ist hiernach bedingt durch die Erteilung einer Beförderungsgenehmigung nach § 3 Abs. 1 oder Abs. 2 KWKG. Infolgedessen ist es strittig, ob der Gesetzgeber die Ausfuhr selbst (eigenständiger Ausfuhrtatbestand)[33] oder lediglich die inländische Beförderung zum Zwecke der Ausfuhr (Ausfuhrbefö rderungstatbestand)[34] normieren wollte.

Praktische Konsequenzen können sich für die exportierenden Unternehmen auch in strafrechtlicher Hinsicht ergeben.[35] So ist für die Strafverfolgung nach § 22a Abs. 1 Nr. 4 KWKG bedeutsam, ob § 3 Abs. 3 KWKG eine echte Ausfuhrregelung oder lediglich das Erfordernis einer Beförderungserlaubnis für das Inland zu entnehmen ist. Weicht der Kriegswaffenexporteur erst nach Verlassen des Bundesgebiets von den Angaben seines Ausfuhrantrags ab – beispielsweise durch Lieferung

32 Rüstungsexportbericht der Bundesregierung 2012, S. 5.

33 BVerfGE 63, 343, 368; *Meng*, in: v.d. Groeben / Thiesing / Ehlermann, Band 5, Anhang: Extraterritoriale Anwendung des EU-Rechts, Rn. 33; *Schöbener / Herbst / Perkamps*, Internationales Wirtschaftsrecht, Kap. 1, § 2, Rn. 94.

34 *Beschorner*, ZVglRWiss 1991, 262, 280 ff.; *Epping*, Grundgesetz und Kriegswaffenkontrolle, S. 175; *ders.*, RIW 1996, 453, 456; *Tiedemann*, in: FS für Spendel, S. 591, 600; *Pottmeyer* (KWKG, § 3, Rn. 137) stellt fest, dass in §§ 5 Abs. 1, 5 a Abs. 1 AWV ausdrücklich die Formulierung „die Ausfuhr […] bedarf der Genehmigung" gewählt wurde, um entsprechend einen Ausfuhrtatbestand zu normieren. Da diese eindeutige Wortwahl, im etwa zur gleichen Zeit entstandenen KWKG, unterlassen wurde, sei hieraus der Wille des Gesetzgebers abzuleiten, bewusst lediglich die Beförderung unter einen Genehmigungsvorbehalt zu stellen.

35 Vgl. aus der Rspr. BGHSt 38, 205; 41, 348; 48, 213; LG Düsseldorf NStZ 1988, 231.

an den „falschen" Empfänger[36] – kann ein strafbares Verhalten nur angenommen werden, wenn über die Inlandsbeförderung hinaus auch der grenzüberschreitende Warenverkehr vom Regelungsbereich der Norm erfasst ist.[37] Die nach § 4 Abs. 2 der 2. DVO zum KWKG zwingende Angabe im Genehmigungsantrag über den Endverbleib der Waffen steht dem nicht entgegen.[38] Zwar ist die Glaubhaftmachung des Endverbleibs Grundlage für die Entscheidungsfindung der Behörde, jedoch folgt hieraus nicht zwingend, dass eine Endverbleibsklausel auch zum Gegenstand der Genehmigung „aufrückt". Dies kann nur vom Einzelfall aus beurteilt werden. Im Hinblick auf den strafrechtlichen Bestimmtheitsgrundsatz ist hier die konkrete Formulierung der Behörde entscheidend.

Ausgehend von der verfassungsrechtlichen Direktive ist zu ermitteln, ob der Kriegswaffenexport nach deutschem Recht den Anforderungen des speziellen Ausführungsgesetzes zu Art. 26 Abs. 2 GG gerecht werden muss oder ob „lediglich" die außenwirtschaftlichen Grundsätze des AWG Anwendung finden.

1. Der verfassungsrechtliche Ausfuhrtatbestand

Aus welchem Grund im Parlamentarischen Rat darauf verzichtet wurde, einen unmissverständlichen Genehmigungsvorbehalt für Kriegswaffenausfuhren in Art. 26 Abs. 2 GG aufzunehmen lässt sich anhand der Sitzungsprotokolle nicht nachvollziehen. Indes ist auszuschließen, dass eine Regelung betreffend den Export von Rüstungsmaterial, aufgrund der deutschen Kriegsschuld und mangels damaliger Kapazitäten im Rüstungssektor, *a priori* als zu fernliegend für eine Aufnahme in das Grundgesetz galt. Belegt ist dies durch den vorläufigen Entwurf des Abgeordneten

36 Von aktueller Brisanz ist ein strafrechtliches Ermittlungsverfahren gegen Mitarbeiter des Waffenherstellers Heckler & Koch. Medienberichten zufolge soll das Unternehmen in den Jahren 2003 bis 2011 insgesamt 9472 Gewehre vom Typ G-36 nach Mexiko geliefert haben. Dabei seien mehr als die Hälfte der Waffen in die Bundesstaaten Chiapas, Chihuahua, Guerrero und Jalisco geliefert worden, obwohl Ausfuhrgenehmigungen des Bundessicherheitsrates und des BAFA lediglich für Lieferungen an die staatliche Beschaffungsbehörde, die D.C.A.M. in Mexiko-Stadt, erteilt worden seien. In diesem Zusammenhang wird ein Verstoß u.a. gegen das KWKG (§ 22a Abs. 1 Nr. 2, Nr. 4 KWKG) und das AWG (§ 18 Abs. 2 Nr. 1 AWG i.V.m. § 8 Abs. 1 Nr. 1 AWV) geprüft. Zudem stehen mehrere Mitarbeiter des Rüstungsunternehmens im Verdacht, mexikanische Amtsträger bestochen zu haben (§§ 334 Abs. 1, Abs. 3 Nr. 2, 11 Abs. 1 Nr. 2, 25 Abs. 2, 11 Abs. 1 Nr. 2b StGB i.V.m. Art. 2 § 1 Nr. 2a, Nr. 2b IntBestG) - vgl. hierzu BVerfG NZG 2014, 674; LG Stuttgart, Beschluss v. 29.3.2012 - 17 Qs 14/12; *Baars*, in: Tagesschau.de vom 8.5.2015: Waffenexporte von „Heckler & Koch"; *Obermaier / Ott*, in: Süddeutsche.de vom 7.5.2015: G-36-Lieferungen nach Mexiko.

37 Hierzu OLG Düsseldorf NStZ 1987, 565, 566; LG Düsseldorf NStZ 1988, 231.

38 *Holthausen*, RIW 1987, 893, 900 f.; *ders.*, NStZ 1988, 256, 258; *Pottmeyer*, KWKG, § 3, Rn. 156 ff.

Eberhard im Grundsatzausschuss des Parlamentarischen Rates, wonach die Ausfuhr zunächst explizit in den Genehmigungsvorbehalt mit einbezogen war.[39]

Es bleibt zu überprüfen, ob der reduzierten Formulierung auf die letztlich von Art. 26 Abs. 2 GG erfasste Trias (herstellen, befördern, inverkehrbringen) auch eine inhaltliche Kürzung beizumessen ist, oder – so die These des LG Düsseldorf[40] – ob die gewählte Gesetzesfassung nur aus Vereinfachungs- und Abkürzungsgründen vom Parlamentarischen Rat angenommen wurde. Eine Subsumtion der Kriegswaffenausfuhr kommt unter den Tatbestand der Beförderung und/oder des Inverkehrbringens in Betracht. Aufgrund des hohen Gefährdungspotentials von Kriegswaffen für die bedeutenden Schutzgüter von Art. 26 GG (hervorgehoben der Völkerfrieden[41]) ist, unter Beachtung des verfassungsrechtlichen Bestimmtheitsgebots, eine weite Auslegung der Textvorgabe zu wählen.[42]

a) *Befördern*

Nach allgemeinem Begriffsverständnis ist unter Befördern die Verbringung von Gütern mithilfe eines Transportmittels von einem Ort zum anderen zu verstehen.[43] Überwiegend wird davon ausgegangen die Ausfuhr sei vom grundgesetzlichen Beförderungstatbestand mit erfasst.[44]

Dieses Auslegungsergebnis sieht sich im Schrifttum[45] Kritik ausgesetzt:

Nach *Epping* scheitert die Herausbildung eines echten Ausfuhrtatbestandes aus dem Verfassungsauftrag von Art. 26 Abs. 2 GG zwingend aus rechtlichen Gründen. Argumentationsgrundlage *Eppings* ist der Verweis auf die Einhaltung des völkerrechtlichen Territorialitätsprinzips, welches die Regelung des Beförderungsvorgangs ausschließlich auf das deutsche Hoheitsgebiet begrenzt. Der Geltungsbereich des Grundgesetzes sowie der deutschen Verwaltungshoheit beschränke sich auf die Beförderung bis zur Staatsgrenze. „Trennscharf" sei sodann die Beförderung ab Grenzübergang, dem ausländischen Hoheitsgebiet zuzuordnen und vom grundgesetzlichen Genehmigungsvorbehalt nicht mehr erfasst. Der eigentliche Warenexport sei hiernach keine Beförderung im Sinne von Art. 26 Abs. 2 GG.[46]

---

39 Parlamentarischer Rat, Ausschuß für Grundsatzfragen, 12. Sitzung, 15.10.1948 (ohne Drs.-Nr. vervielfältigt), zitiert nach *Doemming / Füsslein / Matz*, JÖR 1 1951, 241: „Waffen und Munition jeder Art dürfen nur mit Genehmigung der Bundesregierung hergestellt, eingeführt, ausgeführt, befördert, gelagert und in Verkehr gebracht werden." (sog. Entwurf Eberhard).

40 LG Düsseldorf NStZ 1988, 231, 232.

41 BVerfGE 47, 327, 382.

42 Vgl. auch *Holthausen*, JZ 1995, 284, 286.

43 Duden: befördern.

44 So LG Düsseldorf NStZ 1988, 232; *Holthausen*, RIW 1987, 893, 894, 899; *ders.*, JZ 1995, 284, 286; *ders.*, RIW 1997, 369, 370; *Pietsch*, in: Hohmann / John, KWKG, § 3, Rn. 15.

45 *Epping*, Grundgesetz und Kriegswaffenkontrolle, S. 174 – 177; *ders.*, RIW 1996, 453, 456 f.; *Pottmeyer*, KWKG, § 3, Rn. 141.

46 *Epping*, a.a.O., S. 175.

Der Verweis *Eppings* auf das Territorialitätsprinzip ist nicht fernliegend. Begriffslogisch haftet dem Warenexport von einem Staatsgebiet in ein anderes ein Auslandsbezug an. Die exakte Bestimmung der Reichweite der innerstaatlichen Regelungskompetenz hat für den Wirtschaftsteilnehmer einschneidende Konsequenzen. Der genehmigungslose „Auslandsbeförderer" würde sich nach § 22a Abs. 1 Nr. 4 KWKG eines Verbrechens strafbar machen. Es stellt sich demnach die grundsätzliche Frage, inwieweit das nationale Recht in seinem sachlichen Anwendungsbereich auf einen Sachverhalt anzuwenden ist, der sich (teilweise) außerhalb des eigenen Staatsgebiets zuträgt. Im sog. „Lotus-Urteil" hat der StIGH hierzu bereits 1927 entschieden, dass es grundsätzlich nicht dem Völkerrecht zuwiderlaufe, wenn innerstaatliches Recht extraterritoriale Wirkung entfaltet.[47] Einschränkend konkretisierte der IGH im sog. „Nottebohm-Fall" Mindeststandards, um einen Auslandssachverhalt dem inländischen Recht und seiner Jurisdiktion zu unterwerfen. Hiernach ist eine extraterritoriale Wirkung nur zulässig, soweit eine „echte" oder „substantiell und hinreichende" Anknüpfung an einen Inlandssachverhalt besteht.[48] Da die einzelnen Staaten im Streitfall regelmäßig eine hinreichende Anbindung für sich in Anspruch nehmen, müssen die Anknüpfungsmomente und ihre Sachnähe von Völkerrechts wegen einem Mindestmaß an Einsichtigkeit genügen.[49]

---

47 StIGH PCIJ Reports Series A No. 10, 4, 19 - (aus dem Englischen) zitiert nach der *Schöbener / Herbst / Perkams*, Internationales Wirtschaftsrecht, Kap. 1, § 2, Rn. 93: „[Aus dem Grundsatz der Gebietsausschließlichkeit] folgt nicht, dass das internationale Recht einem Staat untersage, in seinem Gebiet seine Gerichtsbarkeit in allen Fällen auszuüben, wo es sich um einen Tatbestand handelt, der sich im Ausland ereignet hat und wo er sich nicht auf eine Regel des internationalen Rechts stützen kann, die dies erlaubt. Dieser Standpunkt wäre nur vertretbar, wenn das internationale Recht den Staaten allgemein verbieten würde, Personen, Vermögen und Handlungen außerhalb ihres Gebietes durch ihre Gesetze zu erfassen und der Gerichtsbarkeit ihrer Gerichte zu unterwerfen [...]. Das ist aber sicherlich nicht der gegenwärtige Stand des internationalen Rechts. Weit entfernt davon, den Staaten allgemein die Ausdehnung ihrer Gesetze und Gerichtsbarkeit auf Personen, Vermögen und Handlungen außerhalb ihres Gebietes zu untersagen, lässt es ihnen in dieser Beziehung eine große Freiheit, die nur in gewissen Fällen durch Verbotsregeln beschränkt wird [...]. Unter diesen Umständen kann man von einem Staat nur verlangen, dass er die Grenzen nicht überschreitet, die das internationale Recht seiner Zuständigkeit zieht [...]."; vgl. überdies *Ziegenhain*, RIW 1993, 897, 898 ff.

48 ICJ Rep. 1955, 4, 24, 26; *Gloria*, in: Ipsen, Völkerrecht, § 23, Rn. 88.

49 Hierzu BVerfGE 63, 343, 369: „Für die Auferlegung von Abgaben gegen einen im Ausland lebenden Ausländer, die an einen Sachverhalt anknüpft, der ganz oder teilweise im Ausland verwirklicht worden ist, bedarf es, soll er nicht eine völkerrechtswidrige Einmischung in den Hoheitsbereich eines fremden Staates sein, hinreichender sachgerechter Anknüpfungsmomente für die Abgabenerhebung in dem Staat, der die Abgaben erhebt. Diese Anknüpfungsmomente und ihre Sachnähe müssen von Völkerrechts wegen einem Mindestmaß an Einsichtigkeit genügen. Dieses Erfordernis bildet eine wesentliche tatbestandliche Einschränkung der zulässigerweise von

Der Realakt der Beförderung auf ausländischem Hoheitsgebiet kann somit in völkerrechtlich zulässiger Weise dem sachlichen Regelungsbereich deutscher Verwaltungszuständigkeit nur unterfallen, wenn eine echte Verknüpfung mit einer innerdeutschen Sachlage besteht.[50] Hierbei ist der Zweck des Genehmigungsvorbehalts für den Beförderungsvorgang entscheidend:

Jeder Kriegswaffentransport, ob im LKW-, Bahn-, See-, Fluss- oder Luftfrachtverkehr, ist ein Gefahrguttransport. Im Genehmigungsverfahren ist zu überprüfen, ob eine sichere Verbringung des Materials gewährleistet werden kann. Die Infrastruktur des Beförderungsgebietes sowie die Zuverlässigkeit der Transportunternehmen sind wesentliche Gesichtspunkte für die Erteilung einer Konzession. Insofern sind die Untersuchungsaspekte des tatsächlichen Transportvorgangs nicht kongruent mit der Beurteilung des (End-) Verbleibs der Kriegswaffen. Bestehen keine Bedenken den Abnehmer der Militärgüter betreffend, so kann eine Ausfuhr dennoch versagt werden, soweit ein gefahrloser Transport nicht sichergestellt werden kann. Da deutsche Rüstungsgüter zunehmend auch in Konfliktregionen geliefert werden[51], ist neben der brisanten Frage, in welche Zielländer ein verantwortungsbewusster Rechtsstaat seine Kriegswaffen liefern sollte, auch die komplexe Beurteilung der Anlieferungswege von hoher sicherheitspolitischer Bedeutung. Spezifisches Risiko bei der Verbringung ist das Abhandenkommen der Waffen, beispielsweise durch kriminelle Übergriffe.[52]

Bei Verwirklichung eines Exportrisikos wird konsequenterweise auch Rechenschaft vom Ausfuhrland verlangt werden – die Verantwortung endet nicht an der eigenen Staatsgrenze.[53] Konform mit der US-amerikanischen Völkerrechtslehre ist der Schutz bestimmter Staatsinteressen – vorliegend u.a. die Integrität Deutschlands als Teilnehmer im Wirtschaftsverkehr – zulässiges Anknüpfungsmoment für eine auslandsbezogene Regelung.[54] Ein die Auslandsbeförderung umfassendes

---

einem Staat mit Regelungen seiner eigenen Rechtsordnung zu erfassenden Sachverhalte, eine Begrenzung seiner internationalen Regelungskompetenz. Der rechtlichen Möglichkeit, Ausländer zu Abgaben heranzuziehen, sind durch das Erfordernis der Anknüpfung etwa an die Staatsangehörigkeit, Niederlassung, Wohnsitz oder Aufenthalt im Inland, die Verwirklichung eines Abgabentatbestandes im Inland oder die Herbeiführung eines abgabenrechtlich erheblichen Erfolges im Inland deutliche Grenzen gesetzt."

50 Hierzu auch BGHSt 53, 238, 254.

51 Vgl. Rüstungsexportbericht der GKKE 2013, S. 44 ff.

52 Eine Hervorhebung dieses Aspekts fand durch den einfachen Gesetzgeber in der Gesetzesbegründung zum KWKG statt, vgl. BT-Drs. 3/1589, S. 15.

53 Ebenso *Holthausen*, JZ 1995, 284, 286.

54 *Gloria*, in: Ipsen, Völkerrecht, § 23, Rn. 90; als zuständigkeitsbegründender Anknüpfungspunkt wird insbesondere in westeuropäischen Staaten sowie den wichtigsten Industrienationen das sog. Wirkungsprinzip („*effects doctrine*") als Unterfall zum Territorialitätsprinzip anerkannt. Vorgänge spielen sich hiernach zwar außerhalb des eigenen Staatsgebietes ab, jedoch rufen sie innerhalb der eigenen Staatsgrenzen eine

Genehmigungsverfahren, das länderübergreifende Sicherheitsaspekte in die Gesamtabwägung der Entscheidungsfindung mit einfließen lässt, ist daher nicht nur das Recht, sondern vielmehr auch die Pflicht des Ausfuhrstaates. Eine diesbezügliche Obliegenheit ergibt sich sowohl aus der verfassungsrechtlichen Vorgabe aus Art. 26 Abs. 1 und 2 GG, wonach der potentiell friedensgefährdende Umgang mit Kriegswaffen einer dezidierten Einschränkung bedarf, als auch aufgrund der internationalen Missbilligung von unkontrollierten Rüstungsexporten.[55] Hier eine völkerrechtlich verbotene Einmischung in die inneren Angelegenheiten eines anderen Staates anzunehmen, ist unter Beachtung der aufgezeigten Interessenlage abzulehnen.

Weitere Grundlage für die Inanspruchnahme deutscher Regelungsgewalt liefert die an die Staatsangehörigkeit des Exporteurs anknüpfende Personalhoheit. Hiernach kann ein Staat in gewissen Grenzen das Verhalten seiner eigenen Staatsangehörigen auch insoweit regeln als sie sich außerhalb seines Staatsgebiets aufhalten.[56] Gefolgert wird dies aus dem Prinzip der souveränen Gleichheit der Nationen, wonach den Staaten hinsichtlich ihrer Staatsvölker die ausschließliche Kompetenz zukommt im Rahmen ihrer Personalhoheit den Rechtsstatus ihrer natürlichen und juristischen Personen zu bestimmen.[57] Bei der Ausfuhr von Kriegswaffen durch ein deutsches Rüstungsunternehmen enden die Herrschaftsgewalt und die Verantwortlichkeit des Ausfuhrstaates nicht an der territorialen Grenze des Staatsgebietes. Die Kriegswaffenkontrolle ist nicht allein „objektbezogen".[58] Wesentlicher Kontrollgegenstand ist vielmehr auch die umfassende Beurteilung des handelnden Personenkreises.[59] Das Personalitätsprinzip berechtigt mithin die Auslandsbeförderung zum Gegenstand des hiesigen Verwaltungsverfahrens zu machen.

Freilich lässt sich aus der sachlichen Erstreckung des innerdeutschen Genehmigungsverfahrens über den räumlichen Geltungsbereich des GG und des KWKG hinaus keine Befugnis zur extraterritorialen Hoheitsausübung ableiten. Es ist eine

---

bestimmte Wirkung hervor (*Kment*, Grenzüberschreitendes Verwaltungshandeln, S. 116; *Puttler*, Völkerrechtliche Grenzen von Export- und Reexportverboten, S. 95 f.).

55 Vgl. nur die Bemühungen der internationalen Gemeinschaft zur Verabschiedung des Vertrages über den internationalen Waffenhandel („Arms Trade Treaty") (hierzu Rüstungsexportbericht der Bundesregierung 2013, S. 16 ff.).

56 Hierzu *Bleckmann*, in: GS für Geck, S. 79 ff.; *Epping*, in: Ipsen, Völkerrecht, § 24, Rn. 1; *Herdegen*, Völkerrecht, § 25, Rn. 1, § 26, Rn. 9 ff.

57 *Epping*, ebd.

58 *Fink*, in: v. Mangoldt / Klein / Starck, Band 2, Art. 26, Rn. 73; *Streinz*, in: Sachs, Art. 26, Rn. 44; a.A. *Epping*, Grundgesetz und Kriegswaffenkontrolle, S. 140 f., m.w.N.

59 BT-Drs. 3/1589, S. 17 f.: „Daß Kriegswaffengenehmigungen nicht an Personen erteilt werden dürfen, die nicht die erforderliche Zuverlässigkeit besitzen, bedarf keiner näheren Darlegungen. In [§ 6 Abs. 3 Nr. 3 KWKG] ist daher bestimmt, daß die Genehmigung zu versagen ist, wenn der Antragsteller bzw. sein Vertreter oder der Beförderer für die Vornahme der beabsichtigten Handlung nicht zuverlässig ist. Es wird also keine generelle sondern nur eine spezielle Zuverlässigkeit dieser Person für den Umgang mit Kriegswaffen gefordert."

strikte Differenzierung zwischen dem Geltungsbereich und dem Anwendungsbereich einer Norm vorzunehmen. Während der räumliche Geltungsbereich einer Rechtsnorm das Gebiet festlegt, in dem staatliche Hoheitsgewalt *ausgeübt* wird, bezeichnet der sachliche Anwendungsbereich diejenigen Sachverhalte, die von der gesetzlichen Regelung erfasst sind.[60] Nach diesem Grundsatz ist im nationalen Verwaltungsverfahren die Auslandserstreckung der Regelungsmaterie, wie dargelegt, zulässig. Hingegen endet der Geltungsbereich der deutschen Kriegswaffenkontrolle territorial an der eigenen Staatsgrenze.[61] Aufgrund dieses Interventionsverbots sind jegliche autonome Sicherungs- und Überwachungsmaßnahmen der Exportware außerhalb des eigenen Hoheitsgebiets völkerrechtlich unzulässig. Die behördliche *ex-ante*-Beurteilung, ob es verantwortbar ist, eine Waffenlieferung aus dem eigenen Herrschaftsbereich auszuführen, wird hiervon wie dargestellt nicht tangiert.[62]

Mithin scheitert die Subsumtion eines Kriegswaffenausfuhrtatbestandes unter die verfassungsrechtlich normierte „Beförderung" nicht aufgrund eines Verstoßes gegen das Territorialitätsprinzip. Die diesbezüglich von *Epping* vorgebrachten Argumente vermögen nicht zu überzeugen. Weitergehend ist zu beurteilen, ob der Kriegswaffenexport abschließend über den reinen (grenzüberschreitenden) Beförderungstatbestand erfasst ist oder ob *kumulativ* auch das Inverkehrbringen einer Regierungsgenehmigung bedarf.

b) Inverkehrbringen

Eine Legaldefinition des Tatbestandes aus Art. 26 Abs. 2 GG ist weder dem Verfassungstext selbst noch den Ausführungen des Parlamentarischen Rates zu entnehmen. Unterschiedliche einfachgesetzliche Textstellen sowie das natürliche Begriffsverständnis bieten jedoch hinreichend Ansätze für eine Konkretisierung.[63] Vornehmlich wird das Inverkehrbringen definiert, als „das Bereitstellen einer Ware zum Verkauf oder zur Nutzung"[64]. Ausführlicher formulierte das RG zum Inverkehrbringen von Rauschgift:

---

60 *Gloria*, in: Ipsen, Völkerrecht, § 23, Rn. 87.

61 *Ziegenhain*, RIW 1993, 897, 898.

62 Treffend spricht *Holthausen*, JZ 1995, 284, 286, bei der Ausfuhr von einem „einheitlichen Transportvorgang", welcher sowohl aus inländischer, als auch aus extraterritorialer Beförderung besteht und demzufolge einer gesamtumfassenden Beurteilung im Genehmigungsverfahren bedarf.

63 Vgl. hierzu ausführlich *Epping*, Grundgesetz und Kriegswaffenkontrolle, S. 198 f.; § 2 Nr. 15 Produktsicherheitsgesetz: „Im Sinne dieses Gesetzes ist Inverkehrbringung die erstmalige Bereitstellung eines Produktes auf dem Markt [...]"; Artikels 3 Nummer 8 der Verordnung (EG) Nr. 178/2002: „[Inverkehrbringen ist] das Bereithalten von Lebensmitteln oder Futtermitteln für Verkaufszwecke einschließlich des Anbietens zum Verkauf oder jeder anderen Form der Weitergabe, gleichgültig, ob unentgeltlich oder nicht [...] [*Anm. d. Verf.*]"; § 3 Abs. 9 Chemikaliengesetz: „Inverkehrbringen ist die Abgabe für Dritte oder die Bereitstellung für Dritte."

64 Duden: inverkehrbringen.

„Der Begriff umfasst jedes, gleichviel wie geartete, Eröffnen der Möglichkeit, daß ein anderer die tatsächliche Verfügung über den Gegenstand erlangt und ihn nach eigener Entschließung verwende, also jede Verursachung eines Wechsels in der Verfügungsgewalt."[65]

Zur Feststellung, wer Inhaber der Verfügungsgewalt ist, wird auf das tatsächliche Herrschaftsverhältnis zur Sache abgestellt (unmittelbarer Besitzer oder Besitzdiener). Die Beurteilung der Eigentumsverhältnisse ist für eine wirksame Überwachung nicht entscheidend.[66] Entgegen *Maunz*[67] tritt der *Übergang* der Sachherrschaft als zusätzliches Erfordernis zur Eröffnung der Verfügungsgewalt nicht hinzu.[68] Korrespondierend zur Bereitstellung der Ware ist ein Erwerb dergleichen dem Wortlaut nicht zu entnehmen. Ein hinzutretender Erwerbstatbestand – und somit eine Einengung des Verfassungsauftrags – ist auch nicht geboten. Ersichtlich wird dies, wenn man auf den Zweck des Genehmigungserfordernisses für das Inverkehrbringen abstellt:

Die besondere von Waffen ausgehende Gefahr ist unweigerlich mit dem Verwendungsvorbehalt des Inhabers der Sachherrschaft verbunden. Daher ist die Prüfung über den (End-) Verbleib der Kriegswaffen beim Inverkehrbringen für die Ausfuhrerlaubnis ausschlaggebend. Von der Genehmigungsbehörde ist zu ermitteln, aufgrund welcher Motive eine Aufrüstung vom Empfänger der Waffen angestrebt ist. Hierbei muss beurteilt werden, inwiefern ein möglicher Einsatzvorbehalt des Kriegsmaterials nach rechtsstaatlichen Grundsätzen des Ausfuhrlandes als gerechtfertigt gilt. Äußerste Grenze des Entscheidungsspielraums ist zwingend von Art. 26 Abs. 1 GG vorgegeben. Die Ausfuhrgenehmigung ist hiernach bei ersichtlicher Friedensgefährdung zu versagen. Möglich ist eine dezidierte Gefahrprognose, wenn der Endabnehmer der Waffen benannt ist. Darüber hinaus ist erst recht von einer Gefährdung für die Schutzgüter von Art. 26 GG auszugehen, wenn eine Konkretisierung auf einen bestimmten Endabnehmer nicht stattfindet und eine unbestimmte Anzahl von Erwerbern in Betracht kommt. *Epping* führt hier den (hypothetischen) Fall der Dereliktion des Ausfuhrgutes an, mithin die nicht zielgerichtete Übergabe an Dritte.[69] Der Zweck des Genehmigungsvorbehalts für das Inverkehrbringen gebietet es, weitreichend den Gefahren von Kriegswaffen zu begegnen und den Schutz möglichst früh anzusetzen. Demnach ist die Übergabe der Sachherrschaft nicht erforderlich. Jede Zugänglichmachung ist nach verfassungskonformer Auslegung ein genehmigungsbedürftiges Verhalten.

Dass das Inverkehrbringen der Ware außerhalb des deutschen Staatsgebietes (Sachverhalt mit Auslandsbezug) vom Genehmigungsvorbehalt aus Art. 26 Abs. 2 GG erfasst ist, begegnet – *analog* zur Rechtfertigung der Anwendung deutschen

---

65 RGSt 62, 369, 389.
66 BT-Drs. 3/1589, S. 14; *Pottmeyer*, KWKG, § 2, Rn. 47 ff.
67 *Herdegen*, in: Maunz / Dürig, Art. 26, Rn. 52.
68 Ebenso *Epping*, Grundgesetz und Kriegswaffenkontrolle, S. 203 ff.
69 *Epping*, a.a.O., S. 205 und 207.

Rechts auf die Auslands*beförderung* – keinen völkerrechtlichen Bedenken.[70] Die nach den Prinzipien des Völkerrechts erforderliche Verknüpfung zwischen dem normierenden Staat und dem von ihm normierten Auslandssachverhalt[71] liegt in den Fällen des Inverkehrbringens deutscher Kriegswaffen im Ausland unzweifelhaft vor. So trägt das Kriegswaffenexportland nicht nur die moralische Verantwortung, welchen Staaten es zielgerichtet die Aufrüstung und damit eine erhöhte militärische Schlagkraft ermöglicht. Auch in rechtlicher Hinsicht sind es gerade Vereinbarungen auf völkerrechtlicher Ebene, so zuletzt der Abschluss des multilateralen Vertrages über den internationalen Handel mit konventionellen Waffen („Arms Trade Treaty")[72], welche in den nationalen Genehmigungsverfahren für den Kriegswaffenexport zu beachten sind. Das Völkerrecht lässt demzufolge nicht nur eine innerstaatliche Regelung des betreffenden Auslandssachverhaltes zu. Vielmehr hält es die exportierenden Staaten an, beim Inverkehrbringen des Materials internationale Standards zu beachten.

Unter Zugrundelegung dieses Ergebnisses lässt sich *ein Teilbereich* des Lebenssachverhalts der Ausfuhr unter den verfassungsrechtlichen Tatbestand des Inverkehrbringens subsumieren. Danach bedarf der Vorgang der Zugänglichmachung der Kriegswaffen im Ausland einer Regierungsgenehmigung.

c) Zwischenergebnis

Während die Ausfuhr grundsätzlich zum einen aus dem grenzüberschreitenden Transport der Ware besteht und hierfür der verfassungsrechtliche Tatbestand der Beförderung spezieller Anknüpfungspunkt ist, besteht zum anderen eine Erlaubnispflicht für den Wechsel der tatsächlichen Sachherrschaft der Kriegswaffen außerhalb des eigenen Wirtschaftsgebietes (Inverkehrbringung). Diese rechtliche Aufteilung des einheitlichen Lebenssachverhaltes entspricht den unterschiedlichen Prüfungskriterien der Vorgänge. Die Bewertung des Beförderungsvorgangs betrifft vornehmlich das Wegerisiko, einschließlich der Zuverlässigkeit der Transportperson. Charakterisierende Gefahr des Inverkehrbringens ist in der Regel der Verwendungsvorbehalt des Empfängerlandes sowie die Einhaltung völkerrechtlicher Verpflichtungen, wie z.B. Lieferungsverbote gegenüber Embargostaaten.

Im Zuge des technischen Fortschritts ergeben sich zudem Ausfuhrsachverhalte, welche nicht kumulativ unter den Beförderungs- und den Inverkehrbringungstatbestand subsumierbar sind:

---

70 A.A. *Epping*, Grundgesetz und Kriegswaffenkontrolle, S. 176 f.; *ders.* RIW 1996, 453, 457): Unter Verweis auf das Territorialitätsprinzip lehnt *Epping* auch die Zulässigkeit einer Regelung zum Inverkehrbringen von Kriegswaffen außerhalb des deutschen Hoheitsgebiets ab; harsche Kritik zu *Eppings* Vorbringen: *Hantke / Holthausen / Hucko*, NVwZ 1997, 1195.

71 *Gloria*, in: Ipsen, Völkerrecht, § 23, Rn. 88.

72 Vgl. hierzu u. Zweiter Teil A. I 1. b) cc).

Zunehmend gefahrenträchtig ist der grenzüberschreitende Handel mit Gütern, welche ohne an den klassischen Transport (via LKW, Schiff, Flugzeug) gebunden zu sein, in Umlauf gebracht werden. So findet gegenwärtig im Militärbereich rund um die Informationstechnik eine globale Aufrüstung statt.[73] Neben die Kriegsführung mit konventionellen Waffen tritt die hochtechnisierte kriegerische Auseinandersetzung im und um den virtuellen Raum, da mittlerweile jeder Staat aufgrund der fortschreitenden Computerisierung empfindliche neue Angriffspunkte[74] bietet.[75] Als Kriegsmittel dient Computersoftware.[76] Netzwerkeinrichtungen werden hierbei mittels Schadprogrammen (engl. *Malware*) infiltriert (Cyberkrieg). Bei erfolgreicher Installation von Computerviren oder sog. Trojanern in fremden Netzwerken können ganze Infrastruktureinrichtungen (z.B. Rechenzentren, Militäranlagen, Krankenhäuser, Atomkraftwerke) geschädigt bzw. stillgelegt werden.[77] Da die Rückverfolgung und demzufolge auch die Verantwortlichmachung der Angreifer im virtuellen Raum sehr kompliziert und gemeinhin wenig erfolgsversprechend ist, besteht ein großes Interesse – im Rahmen des Möglichen – den Handel mit derlei Schadprogrammen zu regulieren.[78] Während die Ausfuhr von auf Datenträgern gespeicherter Software eine Doppelgenehmigung sowohl für die Beförderung, als auch für das Inverkehrbringen erfordert, unterliegt die Übermittlung von Software auf elektronischem Weg

---

73 Hierzu *Dietz*, DÖV 2011, 465, 470 ff.

74 Nach Auffassung der Bundesregierung (BT-Drs. 17/6971 S. 4) ist ein Cyber-Angriff dann als bewaffneter Angriff i.S.d. Völkerrechts einzuordnen, wenn dieser in seiner Wirkung die Schwelle zum bewaffneten Konflikt überschreiten würde und sich mit derjenigen herkömmlicher Waffen vergleichen ließe.

75 Hierzu *Dietz*, DÖV 2011, 465, *Gaycken / Krager*, MMR 2011, 3; *Plate*, ZRP 2011, 200; zur Abwehr elektronischer Angriffe auf deutsche Infrastruktureinrichtungen wurde im Februar 2011 das Nationale Cyber-Abwehrzentrum mit Hauptsitz in Bonn gegründet (ausführlich *Linke*, DÖV 2015, 128). Ferner besteht mit dem im Mai 2008 gegründeten NATO Cooperative Cyber Defence Centre of Excellence in Tallinn (Estland) eine internationale militärische Organisation, deren Aufgabe es ist, die Kapazität, Kooperation und die Informationsverteilung in der NATO im Bereich der Cyberabwehr zu verbessern.

76 Wenngleich elektronische Waffen (-Software) noch nicht in die Kriegswaffenliste aufgenommen sind, gebietet der wehrtechnische Fortschritt die stete Revidierung vorhandener Exportkontrollsysteme. Eine Subsumtion elektronischer Waffen unter den verfassungsrechtlichen Kriegswaffenbegriff, sieht sich jedenfalls keinen grundsätzlichen Bedenken ausgesetzt.

77 Nato-Berater *Rex Hughes*: "Die Furcht vor einem virtuellen Pearl Harbor, einem vernichtenden Angriff aus dem Nichts, ist riesig.", zitiert nach *Reißmann*, in: Spiegel Online vom 1.6.2011: Neue Sicherheitsdoktrin: USA erklären das Netz zum Kriegsschauplatz; *Plate*, ZRP 2011, 200, 201 ff.

78 Für militärische Zwecke entwickelte Software und Technologie sind von der Ausfuhrliste zum Außenwirtschaftsgesetz in Teil I A Nr. 0021 ff. aufgenommen und unterliegen somit dem außenwirtschaftrechtlichen Genehmigungserfordernis nach § 5 AWG i.V.m. § 8 AWV.

lediglich dem Genehmigungsvorbehalt für das Inverkehrbringen. Mangels eines physischen Transportes kommt eine Subsumtion unter den Beförderungstatbestand nicht in Betracht.

2. *Einfachgesetzliche Umsetzung*

Entsprechend der verfassungsrechtlichen Vorgabe ist die weitere Ausgestaltung des Exportgenehmigungsverfahrens dem Ausführungsgesetzgeber zu Art. 26 Abs. 2 GG übertragen. Mithin bedarf es im KWKG eines Ausfuhrtatbestandes, der dem friedenssichernden Gebot gerecht wird.[79] Während das bis zum Inkrafttreten des KWKG geltende „Vorläufige Kriegswaffengenehmigungsverfahren nach Art. 26 Abs. 2 Grundgesetz“[80] die Ausfuhr als Unterfall des Inverkehrbringens ausdrücklich aufgeführt hat, ist nunmehr im KWKG *analog* zur verfassungsrechtlichen Textfassung anstatt einer unmissverständlichen *Ausfuhr*regelung lediglich ein Tatbestand für das Inverkehrbringen (§ 2 Abs. 2 KWKG) sowie für die Beförderung (§ 3 Abs. 3 KWKG) aufgenommen.[81] Es ist daher zu überprüfen, ob der Vorgang der Ausfuhr unter diese kriegswaffenkontrollrechtlichen Tatbestände subsumierbar ist.

a) *Beförderungsgenehmigung (§ 3 Abs. 3 KWKG)*

In § 3 KWKG ist die Beförderung von Kriegswaffen und damit einhergehend die Ein-, Aus- und Durchfuhr derselben geregelt:

> „§ 3 Beförderung innerhalb des Bundesgebietes
> (1) Wer Kriegswaffen im Bundesgebiet außerhalb eines abgeschlossenen Geländes befördern lassen will, bedarf der Genehmigung.
> (2) Der Genehmigung bedarf ferner, wer Kriegswaffen, die er hergestellt oder über die er die tatsächliche Gewalt erworben hat, im Bundesgebiet außerhalb eines abgeschlossenen Geländes selbst befördern will.

---

79 Die verfassungsrechtliche Vorgabe gebietet eine Exportregelung unmittelbar im Ausführungsgesetz zu Art. 26 GG. Nicht ausreichend ist eine Regelung im AWG, welche weniger hohe Anforderungen an den Export von sonstigen Rüstungsgütern stellt (insbesondere liegt die Genehmigungskompetenz nach Art. 26 Abs. 2 GG bei der Bundesregierung und nicht bei einer nachgeordneten Behörde, wie z.B. dem BAFA), vgl. *Holthausen*, RIW 1987, 899 f.

80 Hierzu Fn. 28.

81 A.A. *Heinrich*, in: Steindorf / Heinrich / Papsthart, KWKG, § 2, Rn. 1: Hiernach sei die Handlung des Inverkehrbringens im KWKG nicht ausdrücklich geregelt, sondern vom Genehmigungstatbestand der Beförderung (§ 3 KWKG) mit abgedeckt. Diese Auffassung verkennt die klare Systematik des § 2 KWKG, wonach das Inverkehrbringen ausdrücklich in der Überschrift aufgeführt ist und sodann in Absatz 2 eine Konkretisierung erfährt. Zudem ist die Gesetzesbegründung eindeutig: „Der grundgesetzliche Genehmigungstatbestand des Inverkehrbringens von Kriegswaffen ist in [§ 2] Absatz 2 geregelt [...] [*Anm. d. Verf.*]“ (BT-Drs. 3/1589, S. 14).

(3) Kriegswaffen dürfen nur eingeführt, ausgeführt oder durch das Bundesgebiet durchgeführt werden, wenn die hierzu erforderliche Beförderung im Sinne des Absatzes 1 oder 2 genehmigt ist oder hierzu eine Allgemeine Genehmigung gemäß Absatz 4 erteilt wurde. g gemäß Absatz 4 erteilt wurde.
(4) [...]"

Aufgrund der missverständlichen Fassung des gesamten § 3 KWKG bestehen Auslegungsschwierigkeiten, ob es sich beim Absatz 3 um eine echte Ausfuhrregelung handelt[82] oder ob lediglich der inländische Transport bis zur Staatsgrenze dem Genehmigungserfordernis unterfällt[83]. Da der Verfassungsauftrag den gesamten Ausfuhrvorgang erfasst, würde das letztere Auslegungsergebnis hinter der Vorgabe aus Art. 26 Abs. 2 GG zurückbleiben. Die Bedenken hinsichtlich einer auslandsbezogenen Regelung ergeben sich vornehmlich aus der amtlichen Überschrift zu § 3 KWKG, wonach nur die „Beförderung innerhalb des Bundesgebietes" unter einem Genehmigungsvorbehalt steht. Insoweit folgert *Epping*, eine Auslegung, welche den Anwendungsbereich der Norm auf die Auslandsbeförderung erstrecke, gehe über den Wortlaut hinaus und verstoße demnach gegen den verfassungsrechtlichen Bestimmtheitsgrundsatz.[84] Dieses Auslegungsergebnis ist *ad interim* nachvollziehbar, gleichwohl wird verkannt, dass auch eine weitere (verfassungskonforme) Interpretation möglich ist:

Ausgehend von der Erkenntnis, dass der Verfassungsgeber den verschiedenen Gefahren im Zusammenhang mit Waffenausfuhren durch eine Doppelgenehmigungspflicht für die Beförderung und für das Inverkehrbringen zu begegnen versucht, ist auch im KWKG der Gesamtvorgang der Ausfuhr nicht lediglich über die Beförderung nach § 3 Abs. 3 i.V.m. Abs. 1 oder 2 KWKG erfasst.[85] Angelehnt an die Systematik der Vorgängervorschrift zum KWKG gehen die spezifischen Kriegswaffengefahren nicht von der Beförderung als solcher aus, sondern vom Wechsel der

---

82 So OLG Düsseldorf NStZ 1987, 565, 566; LG Düsseldorf NStZ 1988, 231; *v. Bogdandy*, VerwArch 1992, 53, 81 f.; *Holthausen*, RIW 1987, 893; *ders.*, NStZ 1988, 206, 256; *ders.*, JZ 1995, 284; *ders.*, RIW 1997, 369; *Kirchner*, DVBl 2012, 336, 339; *Pietsch*, in: Hohmann / John, KWKG, § 3, Rn. 12 ff.

83 So *Beschorner*, ZVglRWiss 1991, 262, 280 ff.; *Epping*, Grundgesetz und Kriegswaffenkontrolle, S. 175; *ders.*, RIW 1996, 453, 456; *Tiedemann*, in: FS für Spendel, S. 591, 600; *Pottmeyer*, KWKG, § 3, Rn. 137.

84 *Epping*, a.a.O., S. 181 f.; *ders.*, RIW 1996, 453, 458.

85 Für eine Erfassung des Gesamtvorgangs der Ausfuhr unter § 3 Abs. 3 KWKG, vgl. *Holthausen*, JZ 1995, 284, 285; *Pottmeyer*, KWKG, § 3, Rn. 138: „Die Tatsache, daß im vorläufigen Genehmigungsverfahren vor dem Inkrafttreten des KWKG die Ein- und Ausfuhr als Unterfälle des Inverkehrbringens aufgeführt wurden, ist kein Argument für, sondern gegen die Ansicht, die in § 3 Abs. 3 KWKG einen echten Ausfuhrtatbestand erblickt. Denn wenn der Gesetzgeber die Regelung in IV. 1. Der Bekanntmachung vom 28.11.1957 (BAnz. Nr. 233 vom 4.12.1957) in das KWKG hätte übernehmen wollen, so hätte er diese als eigene Tatbestände geregelt und nicht lediglich als Unterfälle der Beförderung."

Sachherrschaft und von der Verwendungsabsicht des Bestellers der Exportware. Insofern ist der zentrale Anknüpfungspunkt für die Beurteilung der Exportgefahren der Tatbestand der Inverkehrbringung nach § 2 Abs. 2 KWKG. Der tatsächliche Vorgang des in- und ausländischen Transports tritt in der Regel als notwendiges Element hinzu und bedarf insoweit einer zusätzlichen Genehmigung.

Der Ausfuhrregelung in § 3 Abs. 3 KWKG kommt somit Klarstellungsfunktion zu, dass die Inverkehrbringungsgenehmigung nach § 2 Abs. 2 KWKG nicht den Beförderungsvorgang mit erfasst. Dabei ergibt sich, entgegen der Überschrift von § 3 KWKG, aus der Systematik der Norm die Erstreckung des Anwendungsbereichs auch auf die Beförderung außerhalb des Bundesgebietes: Begriffslogisch erfasst die in Absatz 3 normierte *Aus*fuhr auch den Lebenssachverhalt ab der Grenzüberschreitung. Dem Tatbestand würde jeglicher eigener Regelungsbereich neben den Absätzen 1 und 2 entzogen, sofern die Prüfungskompetenz der zuständigen Stelle ebenfalls auf den Inlandstransport begrenzt wäre.[86] Im Übrigen würden sich Wertungswidersprüche ergeben, wenn das extraterritoriale Inverkehrbringen ebenso wie die Beförderung der Waffen bis zur deutschen Staatsgrenze einer Genehmigungspflicht unterstünde und einzig der Beförderungsabschnitt von der Grenzüberschreitung bis zur Übergabe an den Besteller vom Genehmigungserfordernis ausgenommen wäre. Der Verweis auf die beiden voranstehenden Absätze bezieht sich daher nicht auf die territoriale Inlandsbegrenzung, sondern ordnet die Genehmigungspflicht lediglich personell zu. Im Fall der Fremdbeförderung steht der Auftraggeber in der Pflicht einen Beförderungsantrag auf seine Person zu stellen (§ 3 Abs. 1 KWKG). Bei der Selbstbeförderung obliegt diese Pflicht dem Selbstbeförderer (§ 3 Abs. 2 KWKG).[87]

Damit ist der gesamte in- und ausländische Transportvorgang im Rahmen des Kriegswaffenexportes nach § 3 Abs. 3 i.V.m. Abs. 1 oder 2 KWKG genehmigungspflichtig.

b) Inverkehrbringungsgenehmigung (§ 2 Abs. 2 KWKG)

Dem vorangegangenen Auslegungsergebnis zufolge bedarf der Kriegswaffenexporteur[88] neben einer Ausfuhrbeförderungsgenehmigung (§ 3 Abs. 3 KWKG) auch einer Konzession für den Vorgang des Inverkehrbringens.[89] Dieser Vorgang unterliegt

---

86 Ebenso *Holthausen* RIW 1997, 369, 373 f.; a.A. *Pottmeyer*, a.a.O., § 3, Rn. 142.

87 Vgl. auch *Holthausen*, JZ 1995, 284, 289; *ders.*, RIW 1997, 369, 374.

88 Ausweislich der Gesetzesbegründung zum KWKG richtet sich die Genehmigungspflicht nach § 2 Abs. 2 KWKG an den Inhaber der tatsächlichen Sachherrschaft über die Kriegswaffen; die Eigentumsverhältnisse sind nicht entscheidend. Verpflichtungsgeschäfte, die dem Überlassen der tatsächlichen Gewalt vorgeschaltet sind, sind nicht genehmigungspflichtig (BT-Drs. 3/1589, S. 14 f.; *Pietsch*, in: Hohmann / John, KWKG, § 2, Rn. 6 und 8).

89 Um die Gefahrenabwehr im Umgang mit Kriegswaffen an gebotener Stelle anzusetzen und im Rahmen der Fremdbeförderung den Wirtschaftsverkehr nicht mit einer Fülle von Einzelgenehmigungen zu überstrapazieren, enthält § 5 Abs. 3 Nr. 1 KWKG das notwenige Korrektiv zum Erfordernis der Inverkehrbringungsgenehmi

neben dem der Herstellung von Kriegswaffen gemäß § 2 KWKG der Genehmigungspflicht:

> „§ 2 Herstellung und Inverkehrbringen
> (1) Wer Kriegswaffen herstellen will, bedarf der Genehmigung.
> (2) Wer die tatsächliche Gewalt über Kriegswaffen von einem anderen erwerben oder einem anderen überlassen will, bedarf der Genehmigung."

„Inverkehrbringen" ist danach die Überlassung der tatsächlichen Verfügungsgewalt *an einen anderen.* Mithin beinhaltet der Tatbestand des KWKG eine finale Komponente und stellt sich insoweit in Widerspruch zum verfassungsrechtlichen Tatbestand des Inverkehrbringens. Um eine möglichst effektive Gefahrenabwehr zu ermöglichen, ist nach Art. 26 Abs. 2 GG bereits die Eröffnung der potentiellen Gefahrenquelle der Genehmigungspflicht unterworfen. „Inverkehrbringen" liegt bereits dann vor, wenn der Inhaber der tatsächlichen Gewalt über die Kriegswaffen, diese aus dem bestehenden Verfügungsverhältnis herauslöst und damit anderen die Zugriffsmöglichkeit auf die Waffen ermöglicht. Die zielgerichtete Übergabe *an einen anderen* ist nicht erforderlich. Demnach ist auch die Dereliktion von der verfassungsrechtlichen Vorgabe erfasst.[90] Trotz des scheinbar eindeutigen Wortlauts von § 2 Abs. 2 KWKG ist die Norm verfassungskonform dahingehend auszulegen, dass auch der nicht auf eine andere Person gerichtete Entäußerungsvorgang eine genehmigungspflichtige Handlung darstellt: Wenn bereits die zielgerichtete Übergabe an einen Abnehmer dem scharfen kontrollrechtlichen Genehmigungsverfahren unterliegt und die Behörde nach Beurteilung der Zuverlässigkeit des Abnehmers ein Ausfuhrverbot aussprechen kann, so muss dieses Instrument erst Recht auch dann zur Verfügung stehen, wenn der Empfänger der Kriegswaffen noch nicht konkretisiert ist.[91] Im letztgenannten Fall wäre eine Überprüfung des Endabnehmers

---

gung(en). Nach dieser (Genehmigungs-) Befreiungsvorschrift wird die Übertragung der tatsächlichen Gewalt auf den Transporteur sowie der Erwerb der tatsächlichen Gewalt vom Transporteur, von der Genehmigungspflicht ausgeklammert, soweit eine Beförderungsgenehmigung nach § 3 Abs. 1 KWKG erteilt wurde und Absender und Empfänger in der Genehmigungsurkunde aufgeführt sind. Indes befreit § 5 Abs. 3 Nr. 1 KWKG nicht den Auftraggeber der Fremdbeförderung von der Genehmigungspflicht der Übertragung der tatsächlichen Gewalt auf den Abnehmer der Waffen. Lediglich die kurzfristige Überlassung der tatsächlichen Sachherrschaft an den Transporteur bedarf keiner *zusätzlichen* Inverkehrbringungsgenehmigung. Diese Interpretation findet seine Rechtfertigung in dem Umstand, dass die Befreiungsvorschrift des § 5 Abs. 3 Nr. 1 KWKG *expressiv verbis* nur auf den Fall des Befördernlassens beschränkt ist. Eine sachliche Rechtfertigung, nur den Selbstbeförderer der Doppelgenehmigungspflicht nach § 2 Abs. 2, § 3 Abs. 3 i.V.m. Abs. 2 KWKG zu unterwerfen, ist nicht ersichtlich.

90 Hierzu Erster Teil B I 1 b); *Epping*, Grundgesetz und Kriegswaffenkontrolle, S. 206 u. 207.

91 A.A. *Epping*, a.a.O., S. 207 ff.; *Heinrich*, in: Steindorf / Heinrich / Papsthart, § 2 KWKG, Rn. 3; *Pottmeyer*, KWKG, § 2, Rn. 62.

nach kriegswaffenkontrollrechlichen Maßgaben von vornherein nicht möglich. Dass dieser Zustand vom Gesetzgeber des KWKG erkennbar nicht bezweckt war, wird wiederum gerade in der Gesetzesbegründung zum betreffenden Tatbestand des Inverkehrbringens ersichtlich. Zutreffend führt der Gesetzgeber aus, die Gefahr friedensstörender Handlungen durch die Verwendung von Kriegswaffen hänge „in erster Linie von der Entscheidung desjenigen ab, der die tatsächliche Sachherrschaft über Kriegswaffen ausübt."[92] Da jedoch für den (hypothetischen) Fall der Dereliktion eine unbestimmte Anzahl von Gefahrverursachern in Betracht kommt, entspricht es dem selbst formulierten gesetzgeberischen Ziel einer effektiven Kriegswaffenkontrolle, bereits die bloße Eröffnung der Zugriffsmöglichkeit auf die Exportware der Genehmigungspflicht nach § 2 Abs. 2 KWKG zu unterstellen.

Neben dem grenzüberschreitenden Verbringen der Waffen ist somit auch die Überlassung der tatsächlichen Verfügungsgewalt an einen anderen gem. § 2 Abs. 2, 2. Alt. KWKG genehmigungspflichtig. Darüber hinaus unterliegt auch das nicht zielgerichtete Zurverfügungstellen des Materials der Genehmigungspflicht.

c) Zwischenergebnis

Weder Art. 26 Abs. 2 GG, noch das KWKG erfassen die Ausfuhr von Kriegswaffen in *einem* „Ausfuhrtatbestand". Tatbestandlich ist die Ausfuhr unter die Genehmigungsvorbehalte für die Beförderung *und* das Inverkehrbringen zu subsumieren. Die Genehmigungsbehörde hat einen Ausfuhrantrag somit „zweigliedrig" zu würdigen: Es bedarf sowohl für den grenzüberschreitenden Transport (3 Abs. 3 KWKG), als auch für den Wechsels der Verfügungsgewalt über die Waffen (§ 2 Abs. 2, 2. Alt. KWKG) einer Konzession.[93]

II. Das KWKG als Ausführungsgesetz zu Art. 26 Abs. 2 GG

1. Parlamentarischer Werdegang und spätere Gesetzesänderungen

Die Ausarbeitungs- und Beratungszeit des KWKG nahm rund sechs Jahre in Anspruch, was auf die ebenso komplexe wie brisante Materie zurückzuführen ist. Federführend bei der Ausgestaltung war das Bundeswirtschaftsministerium unter dem damaligen Minister Ludwig Erhard. Der erste Entwurf eines Kriegswaffengesetzes wurde dem Bundesrat von der Bundesregierung nach drei Jahren Ausarbeitungszeit im Jahr 1959 zur Stellungnahme zugeleitet.[94] Zusammen mit der Stellungnahme des

92 BT-Drs. 3/1589, S. 14.

93 Freilich kann die behördliche Entscheidung *formal* in einer Urkunde für den gesamten Ausfuhrvorgang zusammengefasst werden („Ausfuhrgenehmigung") - wobei die Entscheidungen über die einzelnen genehmigungspflichtigen Handlungen jeweils rechtlich selbständige Verwaltungsakte bleiben (vgl. hierzu BT-Drs. 3/1589, S. 19: „Grundsätzlich ist für jede einzelne genehmigungsbedürftige Handlung eine gesonderte Genehmigung zu erteilen.").

94 BR-Drs. 329/59.

Bundesrates leitete die Bundesregierung den Gesetzentwurf dem Bundestag zu, welcher den Wirtschafts- und Rechtsausschuss zur weiteren Mitberatung hinzuzog.[95] Die Schlussdebatte im Bundestag fand in der 144. Plenarsitzung vom 22.2.1961 statt. Der Gesetzesentwurf wurde in dritter Lesung in der vom Wirtschaftsausschuss formulierten Ausführung ohne Gegenstimmen angenommen. Die Zustimmung des Bundesrates erfolgte kurz darauf, so dass das Gesetz als „Ausführungsgesetz zu Artikel 26 Abs. 2 des Grundgesetzes (Gesetz über die Kontrolle von Kriegswaffen) am 1.6.1961 in Kraft treten konnte.[96] Dem verfassungsrechtlichen Auftrag des Parlamentarischen Rates an den einfachen Gesetzgeber wurde somit nach zwölf Jahren entsprochen.[97]

Das KWKG hat seit dieser Zeit vielfältige Änderungen erfahren, wobei die meisten Änderungen nur Marginalien betrafen. Zu den einschneidenden Überarbeitungen ist das „Gesetz zur Änderung des Waffenrechts" vom 31.5.1978 zu zählen[98]. Hierdurch wurden u.a. mit § 4a KWKG eine Genehmigungspflicht für Auslandsvermittlungsgeschäfte eingeführt. Weiter wurden Strafbarkeitslücken beseitigt und Strafverschärfungen eingeführt. Das Gesetz ist in Reaktion auf die RAF-Terroranschläge des Jahres 1977 zustande gekommen. Eine weitere substanzielle Novellierung erfuhr die hiesige Kriegswaffenkontrolle durch das „Gesetz zur Verbesserung der Überwachung des Außenwirtschaftsverkehrs und zum Verbot von Atomwaffen, biologischen und chemischen Waffen" vom 5.11.1990[99]. Die publik gewordene Unterstützung deutscher Unternehmen am Aufbau eines Chemiewaffenprogramms in Libyen führte zur Einführung eines umfassenden, strafbewährten Verbotes einer Herstellung der genannten Waffen. Das Übereinkommen gegen Antipersonenminen war Anlass zur Gesetzesänderung vom 6.7.1998[100].

Aufgrund der besonderen Gefährlichkeit des verbotswidrigen Umgangs mit Kriegswaffen enthält das Gesetz in den §§ 19 – 22a KWKG Straftatbestände und gehört somit zum Nebenstrafrecht.[101]

2. *Begriffsbestimmung „Kriegswaffe"*

Für eine präzise Behandlung des deutschen Kriegswaffenexportrechts ist eine genaue Unterscheidung der Begrifflichkeiten essentiell. Im Wesentlichen sind folgende

95 BT-Drs. 3/2433.
96 BGBl. 1961 I, S. 444.
97 Vgl. auch *Heinrich*, in: Steindorf / Heinrich / Papsthart, KWKG, Einl., Rn. 3; *Pottmeyer*, KWKG, Einl., Rn. 32.
98 BGBl. 1978 I, S. 641.
99 BGBl. 1990 I, S. 2428.
100 BGBl. 1998 I, S. 1778.
101 Das KWKG enthält insgesamt vier Strafvorschriften: §§ 19 und 20 KWKG (Strafvorschriften gegen atomare, biologische und chemische Waffen), § 20a KWKG (Strafvorschrift gegen Antipersonenminen und Streumunition), § 22a KWKG (Sonstige Strafvorschriften).

Termini zu differenzieren: Rüstungsgüter, sonstige Rüstungsgüter und Kriegswaffen. Während „Rüstungsgüter" als Oberbegriff für alle Kriegswaffen und sonstigen Rüstungsgüter verwendet wird, stellen die sonstigen Rüstungsgüter die Güter dar, welche keine Kriegswaffen sind und somit lediglich vom Anwendungsbereich des AWG erfasst sind. Die rechtliche Überprüfung bezieht sich in dieser Arbeit ausschließlich auf jene Rüstungsgüter, welche unter das KWKG fallen: Die Kriegswaffen.[102]

Ausgangspunkt bei der Bestimmung des Kriegswaffenbegriffs ist Art. 26 Abs. 2 GG. Jedoch bleibt der Verfassungsgeber eine Definition schuldig. Es wird lediglich vorgegeben: „Zur Kriegsführung bestimmte Waffen dürfen nur mit Genehmigung der Bundesregierung hergestellt, befördert und in Verkehr gebracht werden." Wendet man dagegen den Blick vom Verfassungsrecht auf die einfachgesetzlichen Konkretisierungen im KWKG, so verspricht die Überschrift von § 1 KWKG („Begriffsbestimmung") Klarheit zu schaffen. In § 1 Abs. 1 KWKG heißt es:

> „Zur Kriegführung bestimmte Waffen im Sinne dieses Gesetzes (Kriegswaffen) sind die in der Anlage zu diesem Gesetz (Kriegswaffenliste) aufgeführten Gegenstände, Stoffe und Organismen."

Obgleich die amtliche Überschrift eine materielle Ausgestaltung des auslegungsbedürftigen Rechtsbegriffes erwarten lässt, erfolgt im ersten Absatz lediglich der Hinweis auf einen Katalog bereits aufgelisteter Materiale. Das KWKG bedient sich damit einer ähnlichen Technik wie die vorangegangenen kriegswaffenkontrollrechtlichen Gesetze, die zur Umschreibung ihres betreffenden Regelungsgegenstandes ebenfalls den Verweis auf eine enumerative Auflistung vornahmen.[103] Es stellt sich die Frage, ob der Verfassungsauftrag aus Art. 26 Abs. 2 GG durch die Aufzählung des Materials in einer abschließenden Kriegswaffenliste erfüllt ist.

---

102 *Weith / Wegner / Ehrlich*, Grundzüge der Exportkontrolle, S. 101.
103 *Pottmeyer*, KWKG, § 1, Rn. 2.

a) *Formeller oder materieller Kriegswaffenbegriff*

Die Kriegswaffenliste, die dem KWKG als Anlage beigefügt ist[104], enthält eine enumerative[105] Aufzählung aller Gegenstände, Stoffe und Organismen, die nach dem gegenwärtigen Stand der wissenschaftlichen, technischen und militärischen Erkenntnisse zur Kriegführung geeignet sind.[106] Die Bestimmung der Kriegswaffeneigenschaft anhand eines transparenten Katalogs dient zweifellos der Rechtsklarheit und der Bestimmtheit.[107] Nachvollziehbar wird insofern in der Gesetzesbegründung zum KWKG festgestellt, die Kriegswaffenliste habe „gegenüber einer abstrakten Definition den Vorzug, daß jedermann sofort feststellen kann, ob ein Gegenstand, Stoff oder Organismus als Kriegswaffe anzusehen ist oder nicht“[108]. Auch in Rechtsprechung[109] und Literatur[110] herrscht weitestgehend Konsens über einen formellen Kriegswaffenbegriff: Kriegswaffen sind die in der Kriegswaffenliste genannten Gegenstände. Nicht gelistete Gegenstände sind *argumentum e contrario* keine Kriegswaffen. *Puppe* spricht *ergo* von einem Blankett-Begriff ohne deskriptiven Gehalt.[111]

---

104 Die Kriegswaffenliste (s. Anlage B) differenziert zwischen zwei „Waffenkategorien“: In Teil A der Liste werden Waffen aufgeführt, welche in Deutschland weder gehandelt, noch hergestellt werden dürfen (atomare, biologische und chemische Waffen). In Teil B werden die konventionellen Kriegswaffen erfasst. Neben den „vollständigen“ Waffen werden auch bestimmte Teile von Waffen, wie z.B. Rohre und Verschlüsse von Geschützen, als selbständige Positionen aufgeführt. Gemäß der Gesetzesbegründung zum KWKG, ist auch die Aufnahme solcher Gegenstände in die Kriegswaffenliste erforderlich, „weil es sich bei ihnen um die wesentlichen Teile dieser Waffen handelt und sie sehr leicht durch Zufügung der entsprechenden anderen Gegenstände zu vollständigen Kriegswaffen zusammengesetzt werden können [...]“ (BT-Drs. 3/1589, S. 14).

105 BT-Drs. 3/1589, S. 13; OLG Karlsruhe NJW 1992, 1057; *Heinrich*, in: Steindorf / Heinrich / Papsthart, KWKG, § 1, Rn. 1; *Pathe / Wagner*, in: Bieneck, KWKG, § 38, Rn. 4; *Pottmeyer*, KWKG, § 1, Rn. 2; a.A. *Hinze*, WaffenR, KWKG, § 2, Anm. 2 f.

106 BayObLG NJW 1971, 1375; kritisch sieht *Epping* (Grundgesetz und Kriegswaffenkontrolle, S. 36 f.) die Beschränkung des Kriegswaffenbegriffs auf die drei genannten Materien, aufgrund der Tatsache, dass die immer weiter fortschreitende technische Entwicklung eine zu enge Eingrenzung des Begriffs nicht zulässt.

107 *Heinrich*, in: MüKo-StGB, § 22 a, Rn. 2; *Pottmeyer*, Der Zoll-Profi! 2009, S. 5.

108 BT-Drs. 3/1589, S. 13.

109 BVerwGE 61, 24; BGH NStZ 2008, 154; BGH NJW 2001, 384; BGH NStZ 1997, 552; BGH NStZ 1993, 594, m. Anm. *Puppe*; OLG Karlsruhe NJW 1992, 1057.

110 Vgl. u.a. *Fehn*, Kriminalistik 2004, 635; *Heinrich*, in: Steindorf / Heinrich / Papsthart, KWKG, § 1, Rn. 1; *Hernekamp*, in: v. Münch / Kunig, Art. 26, Rn. 27; *Holthausen*, wistra 1997, 129; *Lampe*, in: Erbs / Kohlhaas, KWKG, § 1, Rn. 1; *Pathe / Wagner*, in: Bieneck, KWKG, § 38, Rn. 4; *Pottmeyer*, KWKG, § 1, Rn. 14; gegen einen formellen Kriegswaffenbegriff: *Hinze*, Waffenrecht, KWKG, § 2 Anm. 3.; *Epping* (Grundgesetz und Kriegswaffenkontrolle, S. 82 ff.) stellt im Ergebnis fest, dass das KWKG hinter den verfassungsrechtlichen Vorgaben zurückbleibt.

111 *Puppe*, Anm. zu BGH NStZ 1993, 594, 596.

Fraglich ist, ob diese durchaus praktikable Rechtspraxis auch aus dogmatischer Sicht zu überzeugen vermag.

Der unbestimmte Verfassungsbegriff ist bei Zugrundelegung einer formellen Konkretisierung an die Auftragserfüllung nach § 1 Abs. 2 KWKG durch den einfachen Gesetzgeber gebunden. Abhängig von einem sehr weiten Beurteilungsspielraum, ob Materien „entsprechend dem Stand der wissenschaftlichen, technischen und militärischen Erkenntnisse [...] geeignet sind, [...] Zerstörungen oder Schäden an Personen oder Sachen zu verursachen und als Mittel der Gewaltanwendung bei bewaffneten Auseinandersetzungen zwischen Staaten zu dienen", ist die Möglichkeit eröffnet, die verfassungsrechtliche Vorgabe aus Art. 26 Abs. 2 GG einzuengen (oder zu erweitern). Es wäre dem einfachen Gesetzgeber anheimgestellt, durch die Aufnahme- oder Nicht-Aufnahme bestimmter Materien in die Kriegswaffenliste, das entsprechende weitere Genehmigungsverfahren (Verfahren nach KWKG für Kriegswaffen oder Verfahren lediglich nach AWG für sonstige Rüstungsgüter) von vornherein festzulegen.[112]

Ferner ist die Subsumtion eines Gegenstandes unter den Begriff „Kriegswaffe" an die ständige zeitnahe Revision der Liste gebunden. Bei neuentwickelten Waffen, welche noch nicht in die Kriegswaffenliste aufgenommen sind, ist eine Hinzufügung zumindest mit einem zeitlichen Nachlauf behaftet.[113] Kommt der Verordnungsgeber seinem Auftrag aus § 1 Abs. 2 KWKG nicht nach, kann auch die Einordnung als Kriegswaffe, aufgrund der Entkopplung eines materiellen Wertgehaltes, nicht erfolgen.

Als eine „jeder Enumeration immanenten Schwäche" räumt *Holthausen*[114] ein, dass Rechtsklarheit und Bestimmtheit eines formellen Kriegswaffenbegriffs zulasten von Flexibilität geht. Die starre Einordnung eines Gegenstandes als Kriegswaffe mache in besonderem Maße anfällig für Manipulation. So kann die Umgehung einer Einordnung zu einer gelisteten Waffenart bereits durch geringfügige Modifikationen am betreffenden Gegenstand erfolgen. Etwa kann die Anwendbarkeit der Kriegswaffenliste durch das Entfernen oder Fortlassen unbedeutender oder leicht ersetzbarer Teile oder durch technische Eingriffe, die die Einsatzfähigkeit der Waffe vorübergehend aufheben, umgangen werden.[115]

---

112 Vgl. hierzu *Holthausen*, NStZ 1982, 363, 367: „Weder der Kriegswaffenbegriff noch die grundgesetzlichen Genehmigungstatbestände des Herstellens, Beförderns und Inverkehrbringens noch die Zuweisung der Genehmigungskompetenz an die Bundesregierung stehen demgemäß zur Disposition des (einfachen) Gesetzgebers [...]"

113 Insbesondere im Bereich der Informationstechnologie ist eine rasante technologische Entwicklung zu beobachten, wobei nicht auszuschließen ist, dass künftig etwa auch Schadprogramme (sog. Malware) im Einzelfall als Kriegswaffen i.S.d. verfassungsrechtlichen Vorgabe zu werten sind (vgl. etwa *Dietz*, DÖV 2011, 465); *Epping*, Grundgesetz und Kriegswaffenkontrolle, S. 100.

114 *Holthausen*, wistra 1997, 129.

115 *Holthausen*, wistra 1997, 129.

Überdies kann die Lieferung in Bausätzen erfolgen, welche nicht unter das KWKG fallen. Die Rechtsprechung[116] bedient sich hier der vom Schrifttum überwiegend anerkannten[117] sogenannten Bausatztheorie. Hiernach ist eine Gesamtheit von Teilen jedenfalls dann als Kriegswaffe anzusehen, wenn alle Teile zusammen eine vollständige Kriegswaffe ergeben und wenn sie „mit allgemein gebräuchlichen Werkzeugen ohne großen Aufwand zusammengesetzt werden können (Prinzip der leichten Herrichtbarkeit)“[118].

Wenn die Verfassung dem einfachen Gesetzgeber die Aufgabe der Kriegswaffenkontrolle erteilt, so muss konsequenterweise auch bereits auf Ebene des Verfassungsrechts eine Festlegung des Regelungsgehalts erfolgen. Der maßgebliche Beurteilungszeitpunkt muss unabhängig von einer deklaratorischen Eintragung in die Kriegswaffenliste sein. Es bleibt dem einfachen Gesetzgeber selbstverständlich unbenommen, dass Ergebnis einer vorangegangenen Auslegung in einer Liste zu konkretisieren, um so die einheitliche Handhabung des unbestimmten Rechtsbegriffes zu gewährleisten und das verfassungsgemäße Gebot an Bestimmtheit sicherzustellen. Jedoch können diese Konkretisierungen keine konstitutive Wirkung entfalten. Apodiktisch ist in Art. 26 Abs. 2 GG festgelegt, dass „zur Kriegsführung bestimmte Waffen“ einem Genehmigungsvorbehalt unterliegen. Dass diese Genehmigungspflicht durch die förmliche Auflistung des Materials bedingt ist, engt den Verfassungsauftrag zu sehr ein. Die derzeitige Praxis bleibt hinter der verfassungsrechtlichen Vorgabe zurück.[119] Dem Genehmigungsverfahren dient richtigerweise eine materieller Kriegswaffenbegriff.

b) Bestimmung zur Kriegsführung

Wenn nun die Genehmigungspflichtigkeit der Ausfuhr des entsprechenden Materials unabhängig von der formalen Aufnahme in die Kriegswaffenliste zu beurteilen ist, so ist sich alsdann einer für das Verfahren handhabbaren Definition des verfassungsrechtlichen Terminus zu widmen.

---

116 Vom BGH bestätigt in dem Urteil BGH NJW 1996, 1355.

117 *Achenbach*, NStZ 1994, 421, 423; *Holthausen*, NStZ 1993, 243, 243 f.; *ders. / Hucko*, NStZ-RR 1998, 193, 193 f.; *Pathe / Wagner*, in: Bieneck, KWKG, § 38, Rn. 28 f.; *Pietsch*, in: Hohmann / John, KWKG, § 1, Rn. 19 ff.; kritisch zur Bausatztheorie: *Epping*, Grundgesetz und Kriegswaffenkontrolle, S. 87 ff.; *Pottmeyer*, KWKG, § 1, Rn. 84 -119.

118 BGH NJW 1996, 1355, Ls.

119 Eine Genehmigungspflicht für nicht-gelistete Kriegswaffen ergibt sich direkt aus Art. 26 Abs. 2 GG. Die Befugnis zur Unterbindung des Handelns ohne Genehmigung entnimmt *Epping* (Grundgesetz und Kriegswaffenkontrolle, S. 82 ff.) der polizei- und ordnungsrechtlichen Generalklauseln. Im Verstoß gegen die Genehmigungspflicht aus Art. 26 Abs. 2 GG liegt zugleich ein Verstoß gegen die öffentliche Sicherheit (Unverletzlichkeit der objektiven Rechtsordnung).

Auslegungsbedürftig ist zuvörderst was unter Krieg zu verstehen ist. In einem zweiten Schritt ist zu untersuchen, ob neben einer objektiven Eignung des Gegenstandes zur Kriegsführung auch eine subjektive Komponente erforderlich ist.

aa) Der Kriegsbegriff

Maßgebend für die Eingrenzung des Regelungsgegenstandes ist die Bestimmung des Kriegsbegriffs aus Art. 26 Abs. 2 GG. Erst nach Auslegung der verfassungsrechtlichen Vorgabe findet eine Überprüfung der einfachgesetzlichen Konkretisierung in § 1 Abs. 2 KWKG statt, „denn das Grundgesetz ist als ranghöchstes innerstaatliches Recht nicht nur Maßstab für die Gültigkeit von Rechtsnormen aus innerstaatlicher Rechtsquelle, auch inhaltlich ist jede dieser Rechtsnormen im Einklang mit dem Grundgesetz auszulegen“[120].

aaa) Der Kriegsbegriff im Sinne der verfassungsrechtlichen Vorgabe

In Art. 26 Abs. 2 GG ist der Kriegsbegriff nicht definiert. Zwar ist im vorangehenden Absatz die Führung eines Angriffs*krieges* als Beispielsfall für eine das friedliche Zusammenleben der Völker störende Handlung hervorgehoben, jedoch sind weitergehende begriffliche Konkretisierungen weder dem Gesetzestext noch den historischen Gesetzesmaterialien zu entnehmen. Ebenso wenig finden sich an anderen Stellen im Grundgesetz Anhaltspunkte, wann bei friedensstörenden Handlungen die Schwelle zum Krieg erreicht ist. Der Kriegsbegriff wird außer in Art. 26 GG auch in Art. 4 Abs. 3 und Art. 12 Abs. 2 S. 1 GG verwendet („*Kriegs*dienst“).[121]

Zur Definition des insofern auslegungsbedürftigen Rechtsbegriffes ist ausgehend vom zentralen Rechtsgut des Art. 26 GG – dem friedlichen Zusammenleben der Völker – die völkerrechtliche Begrifflichkeit heranzuziehen.[122]

Nach dem gemeinsamen Art. 2 der vier Genfer Konventionen werden der Krieg bzw. sonstige mit Waffengewalt ausgetragene Auseinandersetzungen zwischen zwei oder mehr Staaten unter dem Begriff „internationaler bewaffneter Konflikt“ erfasst.[123] Ein zwischenstaatlicher bewaffneter Konflikt liegt dabei dann vor, wenn ein Staat unmittelbar Waffengewalt gegen den völkerrechtlich geschützten Bereich eines anderen Staates einsetzt.[124] Obgleich im klassischen Kriegsvölkerrecht nach wie vor die differenzierende Behandlung von internationalen und nicht-internationalen bewaffneten Konflikten aufrecht erhalten wird, erfasst das

---

120 BVerfGE 51, 304, 323.

121 Ausführlich zum Kriegsbegriff des Grundgesetzes *Epping*, Der Staat 1992, 39 ff.; *ders.*, Grundgesetz und Kriegswaffenkontrolle, S. 37 ff.

122 *Bothe*, in: Bonner Kommentar, Band 6, Art. 26, Rn. 23 ff.; *Doehring*, in: Handbuch des Staatsrechts, Band 7, S. 687 ff.; *Epping*, Der Staat 1992, 39, 45 f.; *Streinz*, in: Sachs, Art. 26, Rn. 11.

123 *Zimmermann / Geiß*, in: MüKo-StGB, § 8 VStGB, Rn. 98.

124 *Herdegen*, Völkerrecht, § 56, Rn. 1 ff.; *Ipsen*, in: Ipsen, § 65, Rn. 1 ff.; *Stein / v. Buttlar*, Völkerrecht, Rn. 1212 ff.; *Zimmermann / Geiß*, a.a.O., § 8 VStGB, Rn. 97 ff.

moderne Völkerrecht auch die militärischen Auseinandersetzung innerhalb von Staaten.[125] Hierbei sind solche Konflikte erfasst, in denen Streitkräfte innerhalb eines Staates gegen organisierte bewaffnete Gruppen oder solche Gruppen untereinander kämpfen.[126] Staatsinterne Auseinandersetzungen unterhalb einer gewissen Intensitätsschwelle stellen hingegen keinen bewaffneten Konflikt i.S.d. Humanitären Völkerrechts dar. So gelten gemäß der in Art. 1 Abs. 2 ZP II[127] enthaltenen Regelung innere Unruhen und Spannungen wie Tumulte, vereinzelt auftretende Gewalttaten oder ähnliche Handlungen nicht als nichtinternationalen bewaffneten Konflikte.[128]

Die völkerrechtliche Angleichung beider Konflikttypen ist angezeigt. Entsprechend konstatiert die Arbeitsgemeinschaft Kriegsursachenforschung (AKUF):

> „Zwei Drittel aller Kriege seit 1945 sind innerstaatliche Kriege gewesen und nur ein knappes Viertel internationale Kriege, einschließlich der Dekolonisationskriege. Das fast stetige Wachstum der jährlichen Kriegsbelastung nach dem Zweiten Weltkrieg resultiert eindeutig aus der Zunahme der innerstaatlichen Kriege. Dass das Kriegsgeschehen nach dem Zweiten Weltkrieg von diesen dominiert wird, stellt eine qualitative historische Veränderung gegenüber früheren Perioden dar."[129]

Folgerichtig wird im Völkerstrafrecht eine Unterscheidung zwischen internationalen und internen bewaffneten Auseinandersetzungen zunehmend aufgegeben (vgl. etwa § 8 VStGB).[130] Inzwischen gilt die Anwendung gewohnheitsrechtlicher Grundregeln des Humanitären Völkerrechts auch auf interne Krisen als anerkannt.[131]

In Anlehnung an die völkerrechtliche Entwicklung spricht auch der *Telos* des Art. 26 GG für eine Subsumtion innerstaatlicher bewaffneter Konflikte unter den verfassungsrechtlichen Kriegsbegriff:

Nähert man sich der Begriffsbestimmung über die friedenssichernde Zielrichtung des Art. 26 GG, vermag es *argumentum a fortiori* nicht zu überzeugen, gerade Militärgüter, welche zur internen Repression (Bürgerkriege, Partisanenbekämpfung,

---

125 Eingehende Darstellung zur diesbezüglichen Entwicklung im Völkerrecht: *Thürer*, ZaörV 2000, 557; *Herdegen*, a.a.O., § 56, Rn. 4.

126 JStGH, AC Tadic Nr. 70, Fn. 16; BT-Drs. 14/8524, S. 25.

127 Zusatzprotokoll II über den Schutz der Opfer nicht internationaler bewaffneter Konflikte vom 12.12.1977 zu den Genfer Abkommen vom 12.08.1949 (ZP II), BGBl. 1990 II, 1637.

128 Hierzu *Zimmermann / Geiß*, in: MüKo-StGB, § 8 VStGB, Rn. 109.

129 AKUF: Kriege-Archiv: Kriege und bewaffnete Konflikte seit 1945.

130 Zu den Abgrenzungsproblemen im Bereich der internationalen bewaffneten Konflikten vgl. *Zimmermann / Geiß*, in: MüKo-StGB, § 8 VStGB, Rn. 89.

131 Umfassend hierzu die Studie des Internationalen Komitee vom Roten Kreuz (IKRK): *Doswald-Beck / Henckaerts*, Customary International Humanitarian Law; *Hobe / Kieninger / König / Marauhn / Odendahl / Schmalenbach / Thorn / Zimmermann*, Moderne Konfliktformen: Humanitäres Völkerrecht und privatrechtliche Folgen, S. 140 ff.

Stammesauseinandersetzungen) eingesetzt werden sollen, dem Anwendungsbereich zu entziehen. Das grundrechtliche Friedensverständnis ist dem völkerrechtlichen Gewaltverbot nach Art. 2 Nr. 4 der UN-Charta entlehnt.[132] Diese zentrale Doktrin orientiert sich am (Welt-)Friedensbegriff aus Art. 1 Ziff. 1 UN-Charta. Der Friedensschutz umfasst hiernach neben der Abwehr zwischenstaatlicher Gewaltanwendung auch die Friedensbedrohung durch interne Konflikte, das Vorgehen gegen Genozid und andere massive Verletzungen elementarer Menschenrechte.[133] Verschärfungen innerstaatlicher Konflikte durch Unterstützungshandlungen, wie etwa Waffenexporte, laufen dem deutschen Friedensbekenntnis evident zuwider und konterkarieren den normativen Kern von Art. 26 GG. Unter dieser Vorgabe beschränkt sich der Kriegsbegriff nicht auf Auseinandersetzungen zwischen Staaten.[134] Auch innerstaatliche Auseinandersetzungen von entsprechender Intensität sind vom verfassungsrechtlichen Kriegsbegriff erfasst.

bbb) Verfassungskonforme Konkretisierung durch § 1 Abs. 2 KWKG?

Der verfassungsrechtliche Genehmigungsvorbehalt gilt für Waffen, die für den Einsatz in bewaffneten (zwischenstaatlichen *oder* innerstaatlichen) Konflikten konzipiert sind. Allgemein formuliert liegt ein bewaffneter Konflikt vor, wenn eine Konfliktpartei gegen eine andere Waffengewalt einsetzt. Um einer Störung des friedlichen Zusammenlebens der Völker (Schutzgut des gesamtem Art. 26 GG[135]) wirksam entgegenzutreten, gibt das Verfassungsrecht dem Ausführungsgesetzgeber ein *weites* Begriffsverständnis vor. Das KWKG ist mithin in seinem Anwendungsbereich an die vom Grundgesetz vorgegebenen Grenzen gebunden. Eine einfachgesetzliche Ausführung, welche den sachlichen Gehalt des Verfassungstextes einschränkt, ist unzulässig (Art. 1 Abs. 3 GG). Das BVerfG stellt hierzu fest, dass, soweit sich schon durch Auslegung die Reichweite eines Grundrechtes unmittelbar erschließen lasse, kein Raum für eine konstitutive Regelung durch den einfachen Gesetzgeber bleibe. Versucht dennoch ein Gesetz den Gehalt des Verfassungstextes mit eigenen Worten zu konkretisieren, so geschehe dies auf die Gefahr hin, dass die einfachgesetzliche Ausführung gegen höherrangiges Recht verstoße.[136]

---

132 Zum Gewaltverbot im gegenwärtigen Völkerrecht *Fischer*, in: Ipsen, § 59, Rn. 9 ff.

133 *Fink*, in: v. Mangoldt / Klein / Starck, Art. 26, Rn. 16 ff.; *Herdegen*, in: FS für Rudolf Bernhardt, S. 103 ff.; *ders.*, Völkerrecht, § 41, Rn. 1 ff.; *ders.*, in: Maunz / Dürig, Art. 26, Rn. 13 ff.

134 I.E. ebenso *Epping*, Grundgesetz und Kriegswaffenkontrolle, S. 66 ff.; *Fink*, in: v. Mangoldt / Klein / Starck, Art. 26, Rn. 16 ff.; *Streinz*, in: Sachs, Art. 26, Rn. 12; *Pernice*, in: Dreier, Art. 26, Rn. 22; a.A. *Pathe / Wagner*, in: Bieneck, § 38, Rn. 15; *Pottmeyer*, KWKG, § 1, Rn. 8.

135 *Bothe*, in: Bonner Kommentar, Band 6, Art. 26, Rn. 32.

136 BVerfGE 6, 32, 40 f.; 7, 198, 208 f.; 7, 377, 403 f.; *Epping*, Der Staat 1992, 39, 42.

Der historische Gesetzgeber des KWKG konkretisierte in § 1 Abs. 2 KWKG welche Gegenstände, Stoffe und Organismen in die Kriegswaffenliste aufzunehmen sind:

> „Die Bundesregierung wird ermächtigt, durch Rechtsverordnung mit Zustimmung des Bundesrates die Kriegswaffenliste entsprechend dem Stand der wissenschaftlichen, technischen und militärischen Erkenntnisse derart zu ändern und zu ergänzen, daß sie alle Gegenstände, Stoffe und Organismen enthält, die geeignet sind, allein, in Verbindung miteinander oder mit anderen Gegenständen, Stoffen oder Organismen Zerstörungen oder Schäden an Personen oder Sachen zu verursachen und als Mittel der Gewaltanwendung bei bewaffneten Auseinandersetzungen zwischen Staaten zu dienen."

Expressis verbis reduziert der einfache Gesetzgeber den Begriff des Krieges bzw. der bewaffneten Auseinandersetzung auf zwischenstaatliche Konflikte („bewaffnete Auseinandersetzungen zwischen Staaten"). Der Ausführungsgesetzgeber übersieht, dass im Sinne eines umfassenden Friedensschutzes nach Art. 26 Abs. 1 und 2 GG auch der Waffeneinsatz in innerstaatlichen Konflikten verheerende Folgen für die Bevölkerung hat.[137] Der Kriegsbegriff ist so zu formulieren, dass der Genehmigungsvorbehalt für den Waffenexport möglichst umfassend greift. Eine Begrenzung auf den Staatenkrieg widerspricht dem vorangegangenen Auslegungsergebnis. Der Definitionsversuch des einfachen Gesetzgebers entspricht der verfassungsrechtlichen Vorgabe insofern nicht.[138]

Daneben ist die dreiteilige Kennzeichnung des Waffenbegriffs auf „Gegenstände, Stoffe und Organismen" nach § 1 Abs. 2 KWKG problematisch.[139] Wiederum versucht sich der Kriegswaffenkontrollgesetzgeber einer Konkretisierung des offenen verfassungsrechtlichen Terminus. Auch in diesem Fall wird verkannt, dass die enge Fixierung bei fortschreitender Entwicklung der Technik künftig Materialien nicht zu erfassen vermag, welche gleichwohl Anwendung als Kampfmittel finden. Zur Zeit der Gesetzesbegründung des KWKG in den 50er Jahren des vergangenen Jahrhunderts konnten Entwicklungen etwa im Bereich der ABC- oder der Cyber-Waffen noch nicht abgesehen werden. Einzelne neuentwickelte Kampfmittel lassen sich mitunter nicht ohne Schwierigkeiten unter den Waffenbegriff des KWKG (Gegenstände, Stoffe und Organismen) subsumieren.[140] Durch die von *Epping*

---

137 Hierzu *Kreß*, JZ 2014, 365.

138 Ebenso *Epping*, Grundgesetz und Kriegswaffenkontrolle, S. 39 und 57 f.; es bleibt überdies festzustellen, dass sich in derzeitiger Verwaltungspraxis des weiten Kriegsbegriffs bedient wird. Sowohl die ermessenslenkenden „Politischen Grundsätze der Bundesregierung für den Export von Kriegswaffen und sonstigen Rüstungsgütern" als auch der „Gemeinsame Standpunkt 2008/944/GASP des Rates" beziehen ausdrücklich in ihren Präambeln den Schutz vor interner Repression mit ein.

139 Ausführlich *Epping*, Grundgesetz und Kriegswaffenkontrolle, S. 36 f.

140 Malware-Software lässt sich z.B. nach allgemeinem Sprachverständnis nicht unter die Begriffe Gegenstände, Stoffe und Organismen einordnen.

vorgeschlagene offenen Formulierung wird die skizzierte Problematik vermieden: „Eine Waffe im natürlichen Wortsinn und i.S. des Art. 26 Abs. 2 GG liegt dann vor, wenn das Medium nach der objektiven Beschaffenheit zur Hervorrufung von Verletzungen oder/und Sachbeschädigungen geeignet ist.“[141]

ccc) Zwischenergebnis

Die Restriktion gemäß § 1 Abs. 2 KWKG auf zwischenstaatliche Konflikte ist mit der Verfassung nicht in Einklang zu bringen. Eine verfassungskonforme Auslegung scheitert am klaren Wortlaut der Norm.[142] Der verfassungsrechtliche Kriegsbegriff umfasst jedwede bewaffnete Auseinandersetzung, oberhalb der Schwelle, wie sie in Art. 1 Abs. 2 ZP II konkretisiert ist.

bb) Objektive Eignung oder subjektiver Verwendungsvorbehalt?

Fraglich ist, ob der Verfassungsgeber mit der Wortwahl „zur Kriegsführung bestimmte Waffen“ eine objektive Eignung zur Kriegsführung fordert oder ob die subjektiv vom Inhaber der Waffe abhängige Zweckbestimmung ausschlaggebend sein soll. Die unterschiedlichen Ergebnisse seien anhand eines Beispiels veranschaulicht:

Stellt man ein vollautomatisches Gewehr in der Hand eines Sammlers einer Lieferung von halbautomatischen Pistolen des Kalibers 9 mm zur Aufrüstung einer militanten Gruppe in einem Kriegsgebiet gegenüber, ergibt sich bei objektiver Betrachtung für das Gewehr eine Kategorisierung als Kriegswaffe, da von dieser Waffe grundsätzlich ein erhebliches Schädigungspotential ausgeht. Der Pistole hingegen wird man aufgrund des begrenzteren Schädigungspotentials in der Regel keine Eignung als Kriegswaffe zusprechen. Betrachtet man nun den speziellen Verwendungszweck, wird von der „Kriegswaffe“ keine (konkrete) Gefahr ausgehen, wohingegen die „Nicht-Kriegswaffen“ zur Tötung von Menschen eingesetzt werden.

Es bedarf damit der Auslegung des einheitlichen Tatbestandsmerkmals „zur Kriegsführung bestimmt“. Zur Ermittlung des vom Verfassungsgesetzgeber verfolgten Normzwecks stehen der Wortlaut des Gesetzes, die Teleologie, die Systematik sowie die Entstehungsgeschichte zur Verfügung.[143] Entgegen *Pottmeyer*[144] geht es fehl, bei der Auslegung des unbestimmten Rechtsbegriffs ausschließlich auf die amtliche Begründung zum Kriegswaffenkontrollgesetz abzustellen[145], da der Normzweck bereits auf der Ebene des Verfassungsrechts zu bestimmen ist.

---

141 *Epping*, Grundgesetz und Kriegswaffenkontrolle, S. 37.

142 Zu den Grenzen der verfassungskonformen Auslegung *Schlaich / Korioth*, Das Bundesverfassungsgericht, Rn. 449 f.

143 *Rüthers / Fischer*, Rechtstheorie, § 22, Rn. 696 ff.

144 *Pottmeyer*, KWKG, § 1, Rn. 7.

145 Der einfache Gesetzgeber geht von einer objektiven Bestimmung aus, vgl. BT-Drs. 3/1589, S. 13: „[...] Diese Konsequenzen einer Auslegung des Artikels 26 Abs. 2 GG nach subjektiven Merkmalen machen deutlich, daß sie keine brauchbare Grundlage für die gesetzliche Regelung ist, denn es wäre mehr oder weniger in

Erster Ansatzpunkt bei der Auslegung der Norm ist deren Wortlaut. Der Ursprung des Wortes „bestimmen" geht zurück auf das mittelhochdeutsche „mit der Stimme benennen". Im Duden sind die folgenden sechs Unterbedeutungen genannt: „Festlegen", „für jemanden, etwas vorsehen", „ermitteln", „verfügen", „prägen", „zu etwas veranlassen".[146] Dieser semantischen Einordnung zufolge ist ein aktiver Impuls des Handelnden erforderlich. Bei der Bestimmung zur Kriegsführung ist mithin auf den Horizont des [bestimmenden] Inhabers der Waffe abzustellen. Damit sind nach der Wortauslegung auch subjektive Begriffsmerkmale heranzuziehen. Keine Aussage lässt sich indes darüber treffen, ob neben einer subjektiven Beurteilung zur grundsätzlichen Eignung zur Kriegsführung auch eine konkrete *Verwendung* als Kriegsmittel angestrebt sein muss.[147]

Die Materialien zum Grundgesetz geben Aufschluss darüber, dass eben dieses mehrdeutige Begriffsverständnis kontrovers im Parlamentarischen Rat behandelt wurde. Im Wesentlichen standen folgende Formulierungsvorschläge zur Debatte: Anfänglich wurde der Entwurf diskutiert, jeglichen Umgang mit „Waffen und Munition" unter einen Genehmigungsvorbehalt zu stellen. Eine solche Formulierung wurde als zu weitgehend abgelehnt, da in diesem Fall auch beispielsweise Jagdwaffen erfasst gewesen wären.[148] Ebenso wurde die Formulierung „Kriegsgerät jeder Art" nicht angenommen, da hierunter bereits Rohstoffe, die erst zu Waffen verarbeitet werden müssen, einer Subsumtion unterfielen.[149] Schließlich standen sich die entscheidenden Vorschläge „zur Kriegsführung bestimmte Waffen" und „zur Kriegsführung geeignete Waffen" gegenüber. Bei der maßgeblichen Divergenz zwischen einer Absicht zur Verwendung und der physischen Eignung entschied man sich zugunsten des subjektiven Begriffsmerkmals.[150]

Fraglich ist, wie der Kritik zu begegnen ist, eine subjektive Interpretation des in Rede stehenden Merkmals stünde einer praktikablen Kriegswaffenkontrolle entgegen. Es sei in das Belieben des Einzelnen gestellt, ob ein Gegenstand als Kriegswaffe anzusehen ist oder nicht.[151] Stellt man auf den Sinn und Zweck von Artikel 26 Abs. 2 GG ab, so dient der Genehmigungsvorbehalt der Gefahrprävention. Bei genauer

---

das Belieben des einzelnen gestellt, ob ein Gegenstand als Kriegswaffe anzusehen wäre oder nicht, und von seiner subjektiven Entscheidung hinge es ab, ob die Herstellung, Beförderung und das Inverkehrbringen dieser Gegenstände genehmigungspflichtig wären oder nicht. [...] Allein eine Auslegung des grundgesetzlichen Begriffs der „zur Kriegsführung bestimmten Waffen" nach objektiven Merkmalen ergibt die erforderliche feste Grundlage für eine gesetzliche Regelung."

146 Duden: bestimmen.

147 Vgl. auch *Epping*, Grundgesetz und Kriegswaffenkontrolle, S. 72 f.

148 *V. Doemming / Füsslein / Matz*, JöR n.F. 1, 1951, 241.

149 *V. Doemming / Füsslein / Matz*, a.a.O., 241 f.

150 *V. Doemming / Füsslein / Matz*, a.a.O., 242 f.; zu einem anderen Ergebnis kommt *Epping*, Grundgesetz und Kriegswaffenkontrolle, S. 74.

151 BT-Drs. 3/1589, S. 13; *Epping*, Grundgesetz und Kriegswaffenkontrolle, S. 74 f.; *Pietsch*, in: Hohmann/John, § 1 KWKG, Rn. 4.

Betrachtung des Ausgangspunktes der Gefahr wird man erkennen, dass von der Waffe als solcher keine konkrete Gefahr ausgeht: Das Gewehr richtet keinen Schaden an, solange niemand den Abzug betätigt. Auch wenn man keiner Waffe ein immanentes objektives Gefahrpotential absprechen kann, so ist es doch in das Belieben des Einzelnen gestellt, die Waffe als Schädigungswerkzeug im Krieg einzusetzen. Hier beruht die Argumentation der Kritiker einer subjektiven Begriffsbestimmung eher auf Praktikabilitätserwägungen, als auf einer stringenten Beachtung der verfassungsrechtlichen Vorgabe. Im Übrigen herrscht Einigkeit, dass es bei ABC-Waffen stets einer ergänzenden Feststellung der subjektiven Zweckbestimmung bedarf, um die zivile Nutzung der entsprechenden Substanzen nicht zu behindern.[152]

Ist hiernach nun die Anwendung des KWKG bedingt durch einen subjektiven Vorbehalt die Waffe in einer kriegerischen Auseinandersetzung zu verwenden, so spricht doch eine Vermutung für einen ebensolchen Verwendungsvorbehalt, je höher das Schädigungspotential der betreffenden Waffe ist. Bei klassischem Kriegsgerät (Kampflugzeuge, Artillerie, Kampfpanzer etc.) ist grundsätzlich von einer ausschließlichen Verwendung für kriegerische Auseinandersetzungen auszugehen.[153] Klassische Kriegswaffen fallen somit im Grundsatz ohne besondere Vorprüfung unter das Genehmigungsverfahren nach dem KWKG. Eine Erweiterung ihres Handlungsspielraums hat die Behörde allerdings bei Waffen, die nach herkömmlicher Auffassung nicht als Kriegswaffen angesehen werden (z.B. halbautomatische Handfeuerwaffen) und die auch nicht in die Kriegswaffenliste aufgenommen sind. Hier bietet sich der Behörde eine flexiblere Handhabung als bei einer starren Beurteilung, ob ein Export dem AWG oder den weitergehenden Anforderungen des KWKG entsprechen muss. Geht die zuständige Genehmigungsstelle bei einer Pistolenlieferung von einer Verwendung in einem Kriegsgebiet aus, so sind ihr die strengen Instrumente des Kriegswaffenkontrollrechts nicht versperrt. Die Einschätzung des historischen Gesetzgebers in der Amtlichen Begründung zum KWKG Faustfeuerwaffen, wie Pistolen, seien keine Kriegswaffen, da sie regelmäßig nur der Selbstverteidigung dienen[154], müssen angesichts aktueller Berichte zur Kleinwaffenproblematik als überholt angesehen werden. Nach Angaben der Bundeszentrale für politische Bildung sind zwischen 60 und 90 Prozent der jährlich schätzungsweise 740.000 Todesopfer von bewaffneter Gewalt auf den Einsatz von Kleinwaffen (auch

---

152 Vgl. die sog. Zivilklausel am Anfang der KWL: „Von der Begriffsbestimmung der Waffen ausgenommen sind alle Vorrichtungen, Teile, Geräte, Einrichtungen, Substanzen und Organismen, die zivilen Zwecken oder der wissenschaftlichen, medizinischen oder industriellen Forschung auf den Gebieten der reinen und angewandten Wissenschaft dienen. Ausgenommen sind auch die Substanzen und Organismen der Nummern 3 und 5, soweit sie zu Vorbeugungs-, Schutz- oder Nachweiszwecken dienen."; *Pietsch*, a.a.O., § 1 KWK, Rn. 5.

153 Im wohl rein theoretischen Fall, einer Angabe, einen Panzer ausschließlich und auf Dauer zur Bekämpfung von Waldbränden oder zur Trümmerräumung zu verwenden, ist die Vermutung vom Anspruchsteller zu widerlegen.

154 BT-Drs. 3/1589, S. 13 f.

Handfeuerwaffen) zurückzuführen.[155] In 46 der 49 größeren Konflikte seit 1990 wurden Kleinwaffen und leichte Waffen als wirkungsvolles Kriegsgerät genutzt. Der ehemalige UNO-Generalsekretär Kofi Annan bezeichnete Kleinwaffen mithin als die neuen „Massenvernichtungswaffen".[156]

c) Zwischenergebnis

Zur Kriegsführung bestimmte Waffen im Sinne des Art. 26 Abs. 2 GG sind demnach solche Waffen, die objektiv geeignet und vom Verwender dazu bestimmt sind, bei bewaffneten Konflikten erhebliche Zerstörung oder Schäden an Personen oder Sachen zu verursachen.

III. Eingriff in die Außenwirtschaftsfreiheit

1. Der freie Warenverkehr und die Exportkontrolle von Kriegswaffen

„*In dubio pro libertate*", im Zweifel für die Freiheit, könnte als Leitsatz für das heutige deutsche Außenwirtschaftsrecht gelten. Normiert ist diese Doktrin in § 1 Abs. 1 AWG. Hiernach ist der Außenwirtschaftsverkehr, also der Waren-, Dienstleistungs-, Kapital-, Zahlungs- und sonstige Wirtschaftsverkehr mit fremden Wirtschaftsgebieten grundsätzlich frei. Für die hiesigen Wirtschaftsunternehmen ist dieser Grundsatz, aufgrund der starken Exportorientierung und dem damit einhergehenden hohen Maß an außenwirtschaftlicher Verflechtung, von essentieller Bedeutung. Die nationalen Vorgaben für die Außenwirtschaftsfreiheit ergeben sich in erster Linie aus den Grundrechten. Ausweislich der Begründung des Regierungsentwurfs zum AWG soll die Betonung der Außenwirtschaftsfreiheit „den Leitgedanken der Artikel 2 Abs. 1, Artikel 12 Abs. 1, Artikel 14 GG, die Freiheit der wirtschaftlichen Betätigung im Rahmen der verfassungsmäßigen Ordnung zu gewährleisten, für das Gebiet des Außenwirtschaftsverkehrs besonders herausstellen.".[157]

Dies darf indes nicht darüber hinwegtäuschen, dass das nationale Außenwirtschaftsrecht weitgehend von gemeinschaftsrechtlichen Vorgaben überlagert wird. Zur Stärkung des Europäischen Binnenmarktes (vgl. Art. 26 ff., Art. 114 AEUV) und zur Gewährleistung einer gemeinsamen Handelspolitik (vgl. 207 AEUV) sind die nationalen Volkswirtschaften auch rechtlich zunehmend in einen europäischen Wirtschaftsraum integriert.[158] Da gleichwohl die unionsrechtlichen Vorgaben in nationales Recht, insbesondere das AWG, inkorporiert wurden, gilt zwischen den

---

155 Bundeszentrale für politische Bildung: Kleinwaffen - die wahren Massenvernichtungswaffen.

156 Regionales Informationszentrum der Vereinten Nationen für Westeuropa: Konferenz der Vereinten Nationen über den unerlaubten Handel mit Kleinwaffen und leichten Waffen unter allen Aspekten (9.-20. Juli 2001, New York).

157 BT-Drs. 3/1285, S. 231; *Epping*, Die Außenwirtschaftsfreiheit, S. 9.

158 Ausführlich hierzu *Oppermann / Classen / Nettesheim*, Europarecht, § 19, Rn. 1 ff.; *Ruthig / Storr*, Öffentliches Wirtschaftsrecht, § 2, Rn. 38 ff.; *Schroeder*, Grundkurs

umsetzenden deutschen Verwaltungsbehörden und den betroffenen Unternehmen grundsätzlich deutsches Verwaltungsrecht.[159]

Bestrebungen eines liberalisierten Europarechts finden ihre Grenzen beim Handel mit sensitiven Gütern, wie Rüstungsgütern oder Gütern mit doppelter (ziviler und militärischer) Verwendungsfähigkeit, sog. Dual-Use-Güter. Es besteht ein legitimes Interesse an der Beschränkung des Außenwirtschaftsverkehrs, wenn der sicherheitspolitische Kurs der Mitgliedsstaaten, dementsprechend auch der Bundesrepublik, tangiert ist. Relevant sind sowohl Maßnahmen zum Schutz des eigenen Staates vor inneren und äußeren Feinden, als auch Bestrebungen zur Aufrechterhaltung der internationalen Sicherheit.[160] Zudem sind Engagements im Rahmen der Konfliktprävention, die Beachtung der Menschenrechtslage im Empfängerland und strategische wirtschaftspolitische Ziele bei außenwirtschaftlichen Entscheidungen beachtlich.[161] Hier ist es Aufgabe des Rechtsstaates unternehmerische Interessen an der Freiheit des Außenhandels einerseits und schützenswerte Gemeinwohlziele andererseits in einen Ausgleich zu bringen. In diesem Zusammenhang konstatieren *Simma* und *Khan*:

> „Angesichts zahlreicher nationaler und internationaler Interessen, die mit der Außenwirtschaftsfreiheit in Konflikt geraten können, kann allerdings auch ein noch so von ‚liberalem und weltoffenem Geist' geprägtes Außenwirtschaftsrecht nicht auf jegliche Einflußnahme des Staates auf die grenzüberschreitenden Wirtschaftsströme verzichten."[162]

Ausgangspunkt für die Zuständigkeit von Exportbeschränkungen ist die Kompetenzzuweisung nach Art. 207 AEUV an die Europäische Union.[163] Vom Grundsatz der gemeinsamen Handelspolitik sind jedoch gem. Art. 346 AEUV Maßnahmen ausgenommen, die die wesentlichen Sicherheitsinteressen der einzelnen Mitgliedstaaten, „soweit sie die Erzeugung von Waffen, Munition und Kriegsmaterial oder den Handel damit betreffen".[164] Welches Kriegsgerät genau unter die Ausnahmevorschrift

---

Europarecht, § 18, Rn. 1 ff.; *Streinz*, Europarecht, § 11, Rn. 784 ff.; *Wolffgang*, DVBl. 1996, 277.

159 Vgl. *Bryde*, in: Achterberg / Püttner, Rn. 731: Die unionsrechtlichen Vorgaben „erscheinen dem Bürger gegenüber in der Form des deutschen Außenwirtschaftsrechts"; *Haeberlin*, in: Martinek / Semler / Habermeier / Flohr, § 44, Rn. 10 f.

160 EuGH – C-273/97; C-70/94; C-367/89.

161 *Weith / Wegner / Ehrlich*, Grundzüge der Exportkontrolle, S. 22.

162 *Simma / Khan*, in: FS für Fikentscher, S. 1009, 1010, mit Zitat *Arndt*, in: Steiner, VII F, Rn. 236.

163 *Haeberlin*, in: Martinek / Semler / Habermeier, § 45, Rn. 1.

164 Nach der Rechtsprechung des EuGH besteht im Anwendungsbereich des Art. 346 AEUV eine parallele Kompetenz der einzelnen Mitgliedstaaten und der Union. Der Bereich sicherheitspolitischer Maßnahmen bzw. der Rüstungssektor ist hiernach nicht generell vom Anwendungsbereich des Art. 207 AEUV ausgeschlossen. Lediglich unter bestimmten Voraussetzungen, wenn wesentliche einzelstaatliche

fällt, bestimmt sich gem. § 346 Abs. 2 AEUV anhand einer Positivliste, welche 1958 erlassen und seither nicht mehr geändert wurde.[165] Die Liste enthält neben konventionellen, nuklearen und chemischen Waffen auch einzelne Dual-Use-Güter.[166] Wegen des engen Wortlauts („eigens für militärische Zwecke bestimmt“) sind indes die meisten Güter, die sowohl militärischen, als auch zivilen Zwecken dienen, nicht erfasst.[167] Abhilfe zu einer einheitlichen Behandlung dieser Güter wurde durch die erste Dual-Use-Verordnung der EG geschaffen.[168]

Die Beibehaltung der einzelstaatlichen Zuständigkeits- und Regelungskompetenz im Bereich der Rüstungsexporte entspricht der historischen Zielsetzung der Gemeinschaftsverträge, welche primär auf eine Harmonisierung der Wirtschaftspolitik der Mitgliedstaaten angelegt waren. Der sicherheitspolitische und militärische Bereich hingegen sollte weitestgehend bei den einzelnen Mitgliedstaaten verbleiben.[169] Heute sieht sich die Ausnahmeregelung für einen einzelnen Wirtschaftszweig zunehmender Kritik ausgesetzt.[170] Die extensive Anwendung von § 346 AEUV führte zu einer Zersplitterung des Verteidigungsmarktes[171] und die Anforderungen an das Exportkontrollverfahren unter den Mitgliedstaaten gehen in der Praxis von restriktiven (z.B. in Deutschland) bis hin zu eher liberalen (z.B. in Frankreich oder Großbritannien) Kontrollregimen weit auseinander.[172]

Interessen betroffen sind, dient Art. 346 AEUV als Rechtfertigungsgrund um sich über das Unionsrecht hinwegzusetzen, vgl. EuGH - C-38/06; C-83/94; vgl. die ausführliche Studie zu Art. 346 als „sicherheitspolitische Schutzklausel“ des AEUV: *Eisenhut*, Europäische Rüstungskooperation, S. 122 ff.

165 Die Liste ist veröffentlicht als Antwort der Kommission auf die schriftliche Anfrage E-1324/01 in ABl. 2001 C 364 E/85 f.; aufgrund dessen, dass die Liste überwiegend sehr allgemein gefasst ist, hat der Rat bislang auf eine, dem technischen Fortschritt entsprechende Aktualisierung der Liste verzichtet, vgl. *Wegener*, in: Calliess / Ruffert, Art. 346 AEUV, Rn. 7.

166 *Khan*, in: Geiger / Khan / Kotzur, Art. 346 AEUV, Rn. 8; *Kreuschitz / Weerth*, in: Lenz / Borchardt, Art. 346 AEUV, Rn. 11.

167 Die Frage der Einbeziehung von *Dual-Use*-Gütern wird in der Lehre uneinheitlich beurteilt: Gegen eine Einbeziehung *Karpenstein*, in: Schwarze, Art. 346 AEUV, Rn. 8; *Kokott*, in: Streinz, Art. 346 AEUV, Rn. 9; *Marauhn*, ZaöRV 1994, 779, 797; dafür *Gilsdorf / Brandtner*, in: von der Groeben / Schwarz, Art. 296 EGV, Rn. 13.

168 VO (EG) Nr. 3381/94 vom 19.12.1994; die Zulässigkeit und das Verfahren nationalstaatlicher Exportkontrollen beurteilt derzeit nach der gemeinschaftsrechtlichen Dual-Use-Verordnung vom 5.5.2009 (VO (EG) Nr. 428/09 des Rates).

169 *Jaeckel*, in: Grabitz / Hilf / Nettesheim, Art. 346 AEUV, Rn. 1.

170 *Khan*, in: Geiger / Khan / Kotzur, Art. 346 AEUV, Rn. 2.

171 *Eisenhut*, Europäische Rüstungskooperation, S. 38 - 44.

172 Versuche gleiche Standards im Bereich des Rüstungsexportes zu entwickeln erfolgen über die intergouvernementale Kooperation der Mitgliedstaaten, der Gemeinsamen Außen- und Sicherheitspolitik (GASP). Innerhalb dieses Zusammenschlusses wurde der „Gemeinsame Standpunkt 2008/944/GASP des Rates betreffend

Der deutsche Gesetzgeber hat in erster Linie durch das KWKG, als Ausführungsgesetz zu Art. 26 GG, die grundsätzlichen Instrumentarien zur Regulierung des deutschen Kriegswaffenexports geschaffen. Durch dieses Kontrollregime im Bereich der Kriegswaffenexporte ist neben dem freien Warenverkehr zwischen den Mitgliedstaaten der Europäischen Union auch die verfassungsrechtlich geschützte wirtschaftliche Betätigungsfreiheit deutscher exportierender Unternehmen eingeschränkt. Es gilt zu überprüfen, inwiefern der Eingriff in den Schutzbereich der entsprechende Freiheitsrechte gerechtfertigt ist. Im Folgenden findet jedoch zunächst eine Auseinandersetzung mit der rechtlichen Einordnung des Genehmigungsvorbehalts aus Art. 26 Abs. 2 GG und den entsprechenden einfachgesetzlichen Konkretisierungen des Verfassungsauftrages statt.

2. Die rechtliche Qualität des Eingriffs

Der Kriegswaffenexport setzt eine Genehmigung voraus (vgl. Art. 26 Abs. 2 GG, §§ 2 Abs. 2, 3 Abs. 3 KWKG). Soweit die klare Aussage des (Grund-) Gesetzgebers. Dennoch bedarf es der Auslegung des Genehmigungsvorbehaltes für Kriegswaffenexporte. So hat sich in der verwaltungswissenschaftlichen Historie seit den 1920er Jahren eine Unterscheidung zwischen zwei Arten von Genehmigungsvorbehalten entwickelt: Es wird unterteilt in präventive Verbote mit Erlaubnisvorbehalt und repressive Verbote mit Befreiungsvorbehalt.[173]

Bei präventiven Verboten mit Erlaubnisvorbehalt ist die in Rede stehende Tätigkeit grundsätzlich sozial wertvoll oder zumindest neutral. Das Verbot ist hier allein formeller Natur. Die zuständige Behörde soll vorweg die Prüfungsmöglichkeit haben, ob das Vorhaben im Einzelfall im Einklang mit Recht und Gesetz steht. Liegt kein Verstoß gegen materiell-rechtliche Rechtsvorschriften vor, so ist die Genehmigung zu erteilen. Folgerichtig wird materiell lediglich die allgemeine Handlungsfreiheit des Bürgers wiederhergestellt. Zur Veranschaulichung bemüht *Maurer*[174] das Bild einer Schranke, die hochgezogen wird, soweit eine vorherige Kontrolle zu keinen Einwänden führt.[175]

Beurteilt der Gesetzgeber ein bestimmtes Verhalten hingegen generell als sozialschädlich, will sich aber vorbehalten, in besonders gelagerten Ausnahmefällen

gemeinsame Regeln für die Kontrolle der Ausfuhr von Militärtechnologie und Militärgütern" erarbeitet.

173 Grdl. hierzu, erstmals *Thoma*, VerwArch 1927, 247 ff.; vgl. weiter *Erbguth*, Allgemeines Verwaltungsrecht, § 12, Rn. 37 f.; *Friauf*, JuS 1962, 422 ff.; *Gromitsaris*, DÖV 1997, 401 ff.; *Maurer*, Allgemeines Verwaltungsrecht, § 9, Rn. 51 ff.; aus der Rspr.: BVerfGE 49, 89, 145 ff.; BVerwGE 40, 268; 41, 1, 5 ff.; 56, 71; 71, 324; BVerwG NVwZ 2004, 344, 345 f.

174 *Maurer*, Allgemeines Verwaltungsrecht, § 9, Rn. 51.

175 BVerfGE 46, 120, 157; 49, 89, 145 f.; *Erbguth*, Allgemeines Verwaltungsrecht, § 12, Rn. 38; *Gromitsaris*, DÖV 1997, 401, 401 f.; *Maurer*, a.a.O., § 9, Rn. 51 f.

(z.B. bei überragendem öffentlichen Interesse[176]) eine Befreiung vom Verbot zu erteilen (Dispens), so spricht man von einem repressivem Verbot mit Befreiungsvorbehalt. Die Bewilligung stellt für den Bürger nicht nur einen formell, sondern auch einen materiell begünstigenden Verwaltungsakt dar, da die Freiheitsrechte hier erweitert werden. Bei der Erteilung eines solchen Dispenses ist der Verwaltung ein Ermessen eingeräumt.[177]

Die Einordnung als präventives oder repressives Verbot ist nicht lediglich rechtsdogmatischer Natur. Im Anwendungsbereich des KWKG ergeben sich konkrete Auswirkungen bei der strafrechtlichen Bewertung im Rahmen des § 22a KWKG: Beurteilt man die Genehmigungstatbestände der §§ 2 – 4a KWKG als präventive Verbote, so ist nur das genehmigungslose Handeln tatbestandlich, da der Handlungsunwert erst bei fehlender behördlicher Genehmigung eintritt. Konsequenterweise führt der Irrtum, keiner Genehmigung für entsprechende Handlungen zu bedürfen, zum Vorsatzausschluss gem. § 16 Abs. 1 S. 1 StGB (Tatbestandsirrtum).[178] Geht man von einem repressiven Verbot aus, so ist in jedem Fall der Tatbestand des § 22a KWKG erfüllt. Erst auf Ebene der Rechtswidrigkeit wirkt eine erteilte Genehmigung rechtfertigend.[179] Die irrige Annahme, keiner Genehmigung zu bedürfen, führt in diesem Fall aufgrund eines vermeidbaren[180] Verbotsirrtums zur Strafbarkeit.[181]

---

176 BVerwGE 61, 24, 25.

177 BVerwGE 78, 357, 360 f.; *Gromitsaris*, DÖV 1997, 401, 402; *Maurer*, Allgemeines Verwaltungsrecht, § 9, Rn. 55.

178 Vgl. hierzu *Rengier*, Strafrecht Allgemeiner Teil, § 15, Rn. 1 ff.; *Kindhäuser*, Strafrecht Allgemeiner Teil, § 27, Rn. 1 ff.

179 BGH NJW 1994, 61, 62 f.; *Epping*, Grundgesetz und Kriegswaffenkontrolle, S. 109 f.; *Pathe / Wagner*, in: Bieneck, KWKG, § 34, Rn. 2; *Pietsch*, in: Hohmann / John, KWKG, Einl., Rn. 22; *v. Poser und Groß Naedlitz*, Die Genehmigungsentscheidung nach dem Kriegswaffenkontrollgesetz, S. 31 f.; *Pottmeyer*, KWKG, Einl., Rn. 69.

180 Dem Betroffenen wird in der Regel abverlangt, qualifizierten Rechtsrat einzuholen, vgl. *Sternberg-Lieben*, in: Schönke / Schröder, § 17, Rn. 13 ff.

181 Vgl. BGH NJW 1994, 61, 62 f.; BGH wistra 2003, 65, 66 ff.; zum Irrtum im Waffenrecht OLG Frankfurt a.M. NStZ-RR 2006, 353; *Kindhäuser*, Strafrecht Allgemeiner Teil, § 28, Rn. 1 ff.; *Pietsch*, in: Hohmann / John, KWKG, Einl., Rn. 23; *Pottmeyer*, KWKG, Einl., Rn. 70; für die Annahme eines Erlaubnistatbestandsirrtum, statt eines Verbotsirrtums *Epping*, Grundgesetz und Kriegswaffenkontrolle, S. 109, Fn. 32; zudem ausführlich zur Problematik einer rechtswidrig erteilten Genehmigung *Pottmeyer*, KWKG, § 22a, Rn. 12 ff. und Rn. 22 ff.

a) Der verfassungsrechtliche Genehmigungsvorbehalt

Ob der kriegswaffenkontrollrechtliche Genehmigungsvorbehalt[182] ein präventives Verbot mit Erlaubnisvorbehalt[183] oder ein repressives Verbot mit Befreiungsvorbehalt[184] darstellt, wird unterschiedlich beurteilt.

Da Art. 26 Abs. 2 GG den verfassungsrechtlichen Rahmen für die nähere Ausgestaltung durch das KWKG vorgibt, ist vor einer Auslegung der einfachgesetzlichen Vorschriften auf Ebene des Verfassungsrechts zu bestimmen, welcher Natur der Genehmigungsvorbehalt ist. Eine allein einfachgesetzliche Betrachtungsweise, die auf eine vorgeschaltete Präzisierung der Vorgabe aus Art. 26 Abs. 2 GG verzichtet, ist hingegen unzureichend.[185] Die Notwendigkeit dieser Vorgehensweise sei anhand folgender Hypothese verdeutlicht: Ist durch Auslegung ermittelt, dass der Verfassungsauftrag einen engen Rahmen in Form des repressiven Verbots vorgibt, gebietet der Grundsatz der verfassungskonformen Auslegung, dass die Normen niederer

---

182 Art. 26 Abs. 2 GG: „[...] dürfen nur mit Genehmigung der Bundesregierung [...]; §§ 2 – 4a KWKG: „[...] bedarf der Genehmigung."

183 So *v. Burchard*, Das Umgehungsgeschäft beim Waffenexport in Drittländer aus strafrechtlicher Sicht, S. 19 ff.; *Epping*, Grundgesetz und Kriegswaffenkontrolle, S. 104 ff.; *Pottmeyer*, KWKG, Einl., Rn. 72 ff.; *Sohm*, NZWehrR 1994, 99, 108.

184 So die mittlerweile h.M., etwa BGH NJW 1994, 61 = NStZ 1993, 594 m. Anm. *Puppe; Bothe*, in: Bonner Kommentar, Band 6, Art. 26, Rn. 40; *Brauer*, Die strafrechtliche Behandlung genehmigungsfähigen, aber nicht genehmigten Verhaltens, S. 119; *Fink*, in: v. Mangoldt / Klein / Starck, Art. 26, Rn. 74; *Frank*, in: Stein / Denninger / Hoffmann-Riem, Art. 26, Rn. 47; wohl auch *Herdegen*, in: Maunz / Dürig, Art. 26, Rn. 55; *Hernekamp*, in: v. Münch / Kunig, Art. 26, Rn. 29; *Pietsch*, in: Hohmann / John, KWKG, Einl., Rn. 25; *Streinz*, in: Sachs, Art. 26, Rn. 45; nicht ausdrücklich, aber wohl auch für ein repressives Verbot BVerfG, 2 BvR 1565–97 – NJW 1999, 3325: „Der Export von militärischen oder militärisch nutzbaren Gütern [...] rechtfertigt [...] ein allgemein sozialethisches Unwerturteil."; BVerwGE 61, 24: „Nach dem erkennbaren Zweck des in Art. 26 Abs. 2 Satz 1 GG normierten Verbots mit Genehmigungsvorbehalt ist davon auszugehen, daß zur Kriegsführung bestimmte Waffen grundsätzlich nicht in die Hand von Privatpersonen gehören und eine Genehmigung [...] nur erteilt werden darf, wenn [...] besondere öffentliche Interessen die Erteilung der Genehmigung fordern [...]."

185 *Pottmeyer* (KWKG, Einl., Rn. 73) gesteht dem einfachen Gesetzgeber eine Formulierung zu, welche (vermeintlich) weiter geht als der Verfassungstext aus Art. 26 Abs. 2 GG vorgibt („Hat der Gesetzgeber [des KWKG] aber bewußt die schwächere Formulierung [...] gewählt, so kann dies nur bedeuten, daß er den Umgang mit Kriegswaffen als sozialadäquat und damit vom Grundsatz her als erlaubt ansieht. [*Anm. d. Verf.*]"). Hier wird verkannt, dass das KWKG als (rechtmäßiges) Ausführungsgesetz nicht weitergehen kann, als seine Vorgabe aus Art. 26 Abs. 2 GG. Eine dezidierte Auseinandersetzung mit eben dieser Direktive lässt *Pottmeyer* indes vermissen. Er kann somit nicht stichhaltig belegen, dass sein Auslegungsergebnis für §§ 2 – 4a KWKG noch im Rahmen dessen ist, was vom Grundgesetzgeber festgelegt ist.

Rangstufe (KWKG[186]) so auszulegen sind, dass sie denen der höheren Rangstufe (GG) nicht widersprechen.[187] Mithin wäre die Explizierung des Genehmigungsvorbehaltes nach KWKG an eine restriktivere grundgesetzliche Vorgabe gebunden. Eine Einordnung der §§ 2 – 4a KWKG als präventive Verbote mit Erlaubnisvorbehalt wäre durch das vorangegangene Auslegungsergebnis ausgeschlossen.

aa) Wortlautauslegung

Der maßgebliche, von den Verfassungsgesetzgebern gewollte Regelungszweck ist zuvörderst im Wortlaut von Art. 26 Abs. 2 GG zu suchen.[188]

> „Zur Kriegsführung bestimmte Waffen dürfen *nur mit Genehmigung* der Bundesregierung hergestellt, befördert und in den Verkehr gebracht werden."

Fraglich ist, ob diese Formulierung eine Tendenz zugunsten des einen oder des anderen Ergebnisses zulässt.[189] In abstrakter Betrachtung der Gesetzgebungstechnik wäre es zumindest möglich, vom Wortlaut der Norm her auf ein Regel-Ausnahme-Verhältnis dergestalt zu schließen, dass eine Erlaubnis die Regel und das Verbot die Ausnahme sein soll.[190] Unterliegt etwa ein bestimmtes Verhalten einem Verbot und hat der Gesetzgeber gleichzeitig eine Öffnungsklausel formuliert unter welchen Voraussetzungen eine Genehmigung zu erteilen ist („Die Genehmigung kann erteilt werden, wenn [...]."), so ist zumindest optisch der Bereich des definitiv Verbotenen zugunsten zwar genehmigungsbedürftigen, aber dennoch zu erlaubenden Tuns in den Hintergrund gedrängt.[191] Beispielhaft zeigt sich eine solche Formulierung in Art. 7 Abs. 4 GG[192]:

> „Private Schulen als Ersatz für öffentliche Schulen bedürfen der Genehmigung des Staates und unterstehen den Landesgesetzen. Die Genehmigung ist zu erteilen, wenn die privaten Schulen in ihren Lehrzielen und Einrichtungen sowie in der

186 Da in §§ 2 – 4a KWKG hinsichtlich des Genehmigungsvorbehaltes nicht zwischen präventiven und repressiven Verboten differenziert wird, bedarf es an dieser Stelle insoweit ebenfalls der Auslegung.

187 Vgl. zur verfassungskonformen Auslegung *Bydlinski*, Juristische Methodenlehre und Rechtsbegriff, S. 456; *Röhl / Röhl*, Allgemeine Rechtslehre, § 78, S. 623 ff.

188 *Röhl / Röhl*, a.a.O., § 78, S. 613; *Zippelius*, Juristische Methodenlehre, § 9, S. 41 ff.

189 Generell ist überwiegend von präventiven Verboten mit Erlaubnisvorbehalt auszugehen, vgl. *Detterbeck*, Allgemeines Verwaltungsrecht, § 10, Rn. 504.

190 Beim präventiven Verbot ist die Erteilung der Genehmigung der Normalfall, während beim repressiven Verbot die Erteilung der Genehmigung die Ausnahme darstellt, vgl. *Epping*, Grundgesetz und Kriegswaffenkontrolle, S. 107.

191 Vgl. auch *Schwabe*, JuS 1973, 133, 134.

192 Mit ähnlicher Formulierung, das traditionelle Beispiel für ein präventives Verbot mit Erlaubnisvorbehalt, die Baugenehmigung, vgl. § 75 BauO NRW: „Die Baugenehmigung ist zu erteilen, wenn dem Vorhaben öffentlich-rechtliche Vorschriften nicht entgegenstehen.", hierzu BVerwGE 16, 116, 117 f.

wissenschaftlichen Ausbildung ihrer Lehrkräfte nicht hinter den öffentlichen Schulen zurückstehen und eine Sonderung der Schüler nach den Besitzverhältnissen der Eltern nicht gefördert wird."

Negativ konnotiert wäre hingegen der umgekehrte Fall. Hier ist beispielhaft hervorgehoben, wann eine Genehmigung in der Regel zu versagen ist. Eine solche Formulierung, welche von der Gesetzgebungstechnik eher auf ein repressives Verbot hindeutet, findet sich in § 6 Abs. 2 und Abs. 3 KWKG:

„Die Genehmigung kann *insbesondere* versagt werden, wenn [...]."[193]

Eine noch schärfere Fassung liegt vor, wenn das ausdrückliche Verbot eines bestimmten Verhaltens an den Satzanfang gestellt ist und nur für klar umrissene Ausnahmesachverhalte eine Befreiungsmöglichkeit (Dispens) vorgesehen ist.[194] Nach § 9 Abs. 1 BFernStrG ist es untersagt, bauliche Anlagen in der Nähe von Bundesfernstraßen zu errichten. Nur im Einzelfall kann gem. § 9 Abs. VIII BFernStrG eine Ausnahmegenehmigung erteilt werden.[195]

Entsprechende Formulierungen stehen vorliegend nicht für eine Auslegung zur Verfügung.[196] Mit klarer Sprache stellt das Grundgesetz den Umgang mit Kriegswaffen unter einen Genehmigungsvorbehalt. Die nähere Ausformulierung, betreffend die Anforderungen an die Erteilung einer Genehmigung, ist an den einfachen Gesetzgeber delegiert. Der mehrdeutige Wortlaut[197] lässt, über eine

193 Freilich würden gute Argumente für ein präventives Verbot sprechen, wenn die Norm *abschließend* Versagungsgründe vorgäbe und diese in der Genehmigungspraxis nur von geringer Relevanz wären, während den überwiegenden Anträgen keine Versagungsgründe entgegenstünden. Eine klare Abgrenzung zwischen „Regel" und „Ausnahme" wird dabei praktische Schwierigkeiten bereiten.

194 *Epping*, Grundgesetz und Kriegswaffenkontrolle, S. 108; *Friauf*, JuS 1962, 422, 425 f.; *Mussgnung*, Der Dispens von gesetzlichen Vorschriften, S. 64 ff.; *Schwabe*, JuS 1973, 133, 134.

195 *Friauf*, a.a.O., 422, 422; eine ähnliche Systematik findet sich in § 3 BtMG. Hiernach ist der Erwerb, die Abgabe und die Veräußerung von Betäubungsmitteln im Grundsatz verboten. Eine Abweichung von diesem Grundsatz ist nur gerechtfertigt, wenn ein wissenschaftliches oder anderes öffentliches Interesse besteht.

196 Dass in Art. 26 Abs. 2 GG keine „schärfere" Formulierung gewählt wurde, etwa „Der Umgang mit Kriegswaffen ist verboten. Eine Genehmigung ist ausnahmsweise zu erteilen, wenn...", lässt nicht den Umkehrschluss zu, eine vermeintlich „mildere" Formulierung war in dem Sinne beabsichtigt, dass der Gesetzgeber ein präventives Verbot normieren wollte. Vgl. auch *v. Poser und Groß Naedlitz*, Die Genehmigungsentscheidung nach dem Kriegswaffenkontrollgesetz, S. 21.

197 Ebenso *Friauf*, JuS 1962, 422, 424, der der Formulierung „Das Verhalten bedarf der Genehmigung..." einen mehrdeutigen Sinngehalt beimisst, sich lediglich tendenziell für ein präventives Verbot ausspricht.

grundsätzliche Kontrollbedürftigkeit, keine Einordnung als präventives oder repressives Verbot zu.[198]

bb) Historische Auslegung

Von weitreichender Bedeutung für das Selbstverständnis des „neuen“ deutschen Staates nach der Zäsur des verlorenen Weltkrieges 1945 war die Frage, ob dem Umgang mit (Kriegs-) Waffen vom Grundsatz her ein sozialkonformer (präventives Verbot) oder ein sozialschädlicher (repressives Verbot) Charakter beizumessen ist. Bei der Ermittlung dieses historischen Bedeutungsgehaltes ist der Kontext der Entstehungsgeschichte des Grundgesetzes, als Dokument der bewussten Abkehr von der Vergangenheit[199], autoritativ. Kern dieser Betrachtung ist das Spannungsverhältnis einer zulässigen bewaffneten Verteidigung zu dem Verbot friedensstörender Handlungen.

Die Entscheidung für den Frieden und gegen den Krieg sollte kein obligatorisches politisches Bekenntnis sein, sondern als „Ziel und leitender Programmsatz“[200] das gesamte Grundgesetz überlagern.[201] Dazu gehört, vorangestellt in der Präambel, der Wille des deutschen Volkes, „in einem vereinten Europa dem Frieden der Welt zu dienen“ sowie das Bekenntnis zum Frieden in Art. 1 Abs. 2 GG. Noch konkreter formulierte der Verfassungsgeber schließlich in Art. 26 GG.[202] Friedensgefährdende Handlungen werden in dessen Absatz 1 als unmittelbarer Verstoß gegen die Verfassung („sind verfassungswidrig“) gewertet, was der stärksten rechtlichen Verurteilung entspricht.[203] Vorläufer für die antimilitaristische Konzeption des Bonner Grundgesetzes waren bereits klare Positionierungen gegen die Kriegsführung als politisches Mittel in einigen Länderverfassungen.[204]

Die Verwirklichung dieses verfassungsrechtlichen Plädoyers erfordert mit den Worten *Carl Friedrich von Weizsäckers* „außerordentliche moralische

---

198 I.E. übereinstimmend *v. Poser und Groß Naedlitz*, Die Genehmigungsentscheidung nach dem Kriegswaffenkontrollgesetz, S. 21; dem Wortlaut ein präventives Verbot entnehmend wohl *Epping*, Grundgesetz und Kriegswaffenkontrolle, S. 108 f.; *Pottmeyer*, KWKG, Einl., Rn. 72 f.

199 *Lutz*, Frieden als Gegenstand einer materiellen Verfassungstheorie, S. 3.

200 *Lutz*, a.a.O., S. 8.

201 Vgl. hierzu auch BVerfGE 36, 1, 17.

202 *Simma* und *Khan* sprechen von einem „Normenbündel“ auf verfassungsrechtlicher Ebene (insbesondere bestehend aus der Präambel, Art. 1 Abs. 2, 24 und 26 Abs. 1 GG), durch das ein umfassendes deutsches Engagement für den Frieden garantiert ist (*Simma / Khan*, in: FS für Fikentscher, S. 1009, 1018).

203 „Durch den Ausdruck „verfassungswidrig“ soll die in der Verfassung stärkste rechtliche Verurteilung eines Tuns ausgesprochen werden.“, Parlamentarischer Rat, Hauptausschuss, 6. Sitzung, 19.11.1948, Sten.Prot. S. 72.

204 In Art. 69 der Verfassung des Landes Hessen von 1949 heißt es: „Hessen bekennt sich zu Frieden, Freiheit und Völkerverständigung. Der Krieg ist geächtet.“

Anstrengungen“[205]. Dass diese moralische Verpflichtung als *ultima ratio* auch mit militärischer Handlungsbereitschaft zu verteidigen ist, steht nicht im Widerspruch zum Staatsziel „Frieden“[206], sondern ist als Bedingung in ihm angelegt. Nur wer bereit ist, den Frieden zu verteidigen, wird ihn auf Dauer auch gewährleisten können. Bereits 1946 äußerte *Konrad Adenauer* die konkrete Konzeption einer westbündnisintegrierten deutschen Verteidigungsarmee.[207] Schließlich herrschte in den Beratungen auf Herrenchiemsee sowie im Parlamentarischen Rat Einigkeit, dass ein „nationales Recht auf Selbstverteidigung als ein unverzichtbares nationales Grundrecht“ anzusehen sei.[208] Diese Auffassung steht im Einklang mit dem Völkerrecht, welches in Art. 51 der UN-Charta ein „naturgegebenes Recht zur individuellen oder kollektiven Selbstverteidigung“ garantiert. Obschon ein souveränes militärisches Verteidigungsrecht bereits in den frühen Nachkriegsjahren generell für zulässig erachtet wurde[209], sah man 1949 noch keine Kompetenz für eine „Wehrverfassung“. Zudem sollte einstweilen jeder Anschein vermieden werden, dass der künftige deutsche Staat die Aufstellung einer eigenen Armee anstrebe.[210]

Die junge deutsche Verfassung enthielt somit sowohl eine Wertentscheidung für „Frieden“ als auch (zunächst ungeschrieben[211]) für „Verteidigung“.[212] Aus dieser Erkenntnis heraus ist zu erklären, dass ein Umgang mit Kriegswaffen nicht *a priori* missbilligt wurde.[213] Vielmehr gab der historische Grundgesetzgeber eine

---

205 *C. F. v. Weizsäcker*, Bedingungen des Friedens, S. 9.

206 Ausführlich zur Staatszielbestimmung *Bothe*, in: Bonner Kommentar, Band 6, Art. 26, Rn. 42 f.

207 *Wettig*, Entmilitarisierung und Wiederbewaffnung in Deutschland 1943–1955, S. 237.

208 Vgl. *Baade*, 2. Sitzung des Unterausschusses I des Verfassungskonvents auf Herrenchiemsee v. 18.8.1948; *v. Bretanao*, Parlamentarischer Rat, 6. Sitzung des Hauptausschusses, 19.11.1948, Sten.Prot. S. 71; *Dehler*, 48. Sitzung des Hauptausschusses, 9.2.1949 S. 626; *Buchheim*, Aspekte der Deutschen Wiederbewaffnung bis 1955, S. 119 f.

209 So nahm etwa der Kongress der „Union Europäischer Föderalsiten“ (UEF) im November 1948 eine nichtöffentliche Resolution, die später vom deutschen Teilnehmer *van Starckenbergh* publiziert wurde, an, laut welcher die Deutschen als gleichberechtigter europäischer Partner künftig auch militärisch zur „europäischen Sache“ beitragen sollten (vgl. *Wettig*, Entmilitarisierung und Wiederbewaffnung in Deutschland 1943–1955, S. 237 f.).

210 *V. Bülow*, Der Einsatz der Streitkräfte zur Verteidigung, S. 12 f.

211 Am 22.5.1956 trat die Wehrverfassung in Kraft. In Art. 87 a GG heißt es seitdem: „Der Bund stellt Streitkräfte zur Verteidigung auf.“, ausführlich hierzu *Martens*, Grundgesetz und Wehrverfassung, S. 89 ff.

212 *V. Bülow*, Der Einsatz der Streitkräfte zur Verteidigung, S. 22.

213 Der Vorschlag des Abgeordneten *Schmid*, für ein ausnahmsloses Verbot von Kriegswaffen, fand im Parlamentarischen Rat keine Mehrheit: „Sollen wir nicht eine klare und unverklausulierte Erklärung abgeben, daß in Deutschland keine

Verfassungsschranke vor, wann eine Genehmigung im Sinne von Art. 26 Abs. 2 GG zu versagen ist. Schranke jedes Genehmigungsverfahrens ist die Einhaltung des Staatsziels „Frieden". Entgegen *Bothe*[214] ist es nicht ausreichend, dass diese überragende Doktrin lediglich bei einer Abwägung mit anderen verfassungsrechtlich geschützten Gütern zu berücksichtigen ist. Vielmehr findet die Zulässigkeit jeder Handlung ihre Grenze in Art. 26 Abs. 1 GG.[215] Eine Überschreitung dieser Grenze lässt sich nicht zugunsten anderer Verfassungsgüter rechtfertigen; sie ist in der Rechtsfolge verfassungswidrig.

Wenngleich ein rechtlicher Rahmen für eine gewährende Genehmigung im Sinne von Art. 26 Abs. 2 GG gegeben war, wurde die Waffenproduktion neben der Führung eines Angriffskrieges beispielhaft für eine Friedensgefährdung hervorgehoben.[216] Die geschichtlichen Erfahrungen unterstreichen die destabilisierende Wirkung einer unkontrollierten bzw. verantwortungslosen Rüstungspolitik.[217] Lediglich die Einsicht der Notwendigkeit eines Verteidigungsrechts vermochte ein ausnahmsloses Kriegswaffenverbot auf deutschem Boden zu verhindern. Die Annahme einer grundsätzlich friedensgefährdenden Wirkung von Kriegswaffen ist im Genehmigungsverfahren stets zu widerlegen. Mithin konzipierte der historische Gesetzgeber ein prinzipielles Verbot von Kriegswaffen, hielt sich jedoch die Möglichkeit einer

---

Kanonen mehr gebaut werden sollen, nicht nur für uns nicht, sondern auch für andere nicht?" - hierzu *v. Bretano*: „[Danach], wäre es in Deutschland nicht einmal möglich, Revolver herzustellen, um die Polizei zu bewaffnen. Das ist eine ganz nüchterne Feststellung. Wir sagen, daß keinerlei Kriegsgerät außer mit einer ausdrücklichen Genehmigung der Bundesregierung hergestellt werden kann, und wenn wir oben - was unsere allgemeine Absicht ist - in eindeutiger Weise zum Ausdruck bringen, daß wir den Krieg grundsätzlich als Mittel des Austrags internationaler Streitigkeiten ablehnen, kann nur derjenige, der bösen Willens ist, daraus ein Mißverständnis herleiten [*Anm. d. Verf.*]", vgl. Parlamentarischer Rat, Hauptausschuss, 6. Sitzung, 19. 11.1948, Sten.Prot. S. 74 u. 20. Sitzung, 10.11.1948, Sten.Prot. S. 48 ff.; *Doemming / Füsslein / Matz*, JÖR 1, 1951, 241 f.

214 *Bothe*, in: Bonner Kommentar, Band 6, Art. 26, Rn. 42.

215 Freilich steht hier, in der Frage, wann eine konkrete Gefährdung des Staatsziels „Frieden" anzunehmen ist, die Kontrolldichte der Gerichtsbarkeit im Spannungsverhältnis zur Einschätzungsprärogative der Exekutive, vgl. ausführlich zum Einschätzungsspielraum der Exekutive *Wahl*, NVwZ 1991, 409.

216 „Aber wenn wir schon die Friedfertigkeit betonen, sollten wir auch darüber etwas sagen. [...] Wir sollten die Waffenproduktion von uns aus einer deutschen Kontrolle unterstellen, wobei die Einzelheiten in ein besonderes Gesetz gehören.", *Eberhard*, Parlamentarischer Rat, Grundsatzausschuss, 12. Sitzung, 15.10.1948, Sten.Prot. S. 5 ff.; *Doemming / Füsslein / Matz*, JÖR 1 1951, 241.

217 Nach Auffassung des Abgeordneten. *Eberhard* hätten sich SA und SS nicht bewaffnen können, wenn die Weimarer Verfassung eine Bestimmung enthalten hätte, die den Transport, die Einfuhr, die Lagerung und das Inverkehrbringen von Munition verboten hätte, vgl. Parlamentarischer Rat, Grundsatzausschuss, 12. Sitzung, 15.10.1948, Sten.Prot. S. 5 ff.; *Doemming / Füsslein / Matz*, JÖR 1 1951, 241.

ausnahmsweisen Genehmigungserteilung offen.[218] Dieser Ausnahmecharakter wird durch die ursprüngliche, dem Hauptausschuss in Erster Lesung vorliegenden Formulierung des Art. 29c, gefestigt:

> „Zur Kriegsführung bestimmte Waffen dürfen *außer* mit Genehmigung der Bundesregierung weder hergestellt noch befördert oder in Verkehr gebracht werden. [*Herv. d. Verf*]"

Wie *Epping* zutreffend feststellt, assoziiert die Formulierung „außer", die Ausnahme bzw. die Befreiungsmöglichkeit vom grundlegenden Verbot.[219] Die spätere Ersetzung des Wortes „außer" durch „nur" stellt, wie die Schlussbemerkung des Abgeordneten *Schmid* in der 29. Sitzung des Hauptausschusses des Parlamentarischen Rates vom 5.1.1949 belegt, lediglich eine redaktionelle Korrektur und keine substanzielle Änderung dar.[220] Da diese stilistische Überarbeitung zudem von keiner inhaltlichen Debatte begleitet wurde, ist es insoweit abwegig, den Parlamentariern eine Abkehr von der restriktiven Grundausrichtung von Art. 26 Abs. 2 GG zu unterstellen.[221]

Unter Einbeziehung der Entstehung der Kernaussage von Art. 26 GG ist daher nach der historischen Auslegungsmethode von einem repressiven Verbot mit Befreiungsvorbehalt auszugehen.

cc) Objektiv-teleologische Auslegung

Im Rahmen der teleologischen Interpretation des Genehmigungsvorbehaltes aus Art. 26 Abs. 2 GG, ist ein grundsätzliches Urteil über das Für und Wider von Kriegswaffen zu treffen. Aufgrund der qualitativen Unterscheidung zwischen präventivem (Verhalten ist gemeinhin sozial wertvoll oder zumindest neutral) und repressivem

---

218 Diese restriktive Einordnung ist am ehesten mit damaligem Besatzungsrecht vereinbar, vgl. Art. I Abs. 1 des Kontrollratsgesetzes Nr. 43 (vom 20.12.1946, Amtsblatt des Kontrollrates in Deutschland, S. 234): „Die Herstellung, Einfuhr, Ausfuhr, Beförderung und Lagerung des in dem beigefügten Verzeichnis A angeführten Kriegsmaterials ist verboten."; *Epping*, Grundgesetz und Kriegswaffenkontrolle, S. 119.

219 *Epping*, a.a.O., S. 118 f. m. Fn. 68.

220 Parlamentarischer Rat, 29. Sitzung des Hauptausschusses vom 5.1.1949, Sten.Prot., S. 349: „Die redaktionelle Änderung – das Wort „außer" durch „nur" zu ersetzen – ist wohl allgemein akzeptiert. Ich stelle Ihre Zustimmung fest."

221 Ebenso *Brauer*, Die strafrechtliche Behandlung genehmigungsfähigen, aber nicht genehmigten Verhaltens, S. 119; *Pottmeyer*, KWKG, Einl., Rn. 75.

(Verhalten ist gemeinhin sozialschädlich) Verbot[222] gilt es zu untersuchen, ob der Einsatz von Kriegswaffen dem Verdikt der Sozialschädlichkeit ausgesetzt ist.[223]

Nach bestimmungsgemäßem Gebrauch dienen Kriegswaffen dazu, dem Feind in einer bewaffneten Auseinandersetzung entgegentreten zu können. Eine Waffe ist darauf ausgerichtet, effektiv zu töten, zu verletzen oder Sachen zu beschädigen. Insbesondere die Verwendung von Kleinwaffen erfolgt nahezu ausschließlich im Einsatz gegen Menschen.[224] Sind Waffen somit Mittel zur Kriegsführung und setzt man den Krieg als Antithese zum Frieden, liegt es nahe, Kriegswaffen grundsätzlich einen sozialschädlichen Charakter zuzusprechen. Folgt man dem traditionellen Friedensbegriff, der den Frieden als Abwesenheit von Krieg definiert (*pax est absentia belli)*, ist die getroffene Schlussfolgerung konsequent.[225]

Diese eindimensionale Einordnung versagt bei der Bewertung komplexer Sachverhalte. Nicht jede militärische Passivität steht im Einklang mit dem Ziel der Schaffung und Erhaltung von Frieden. Deutlich wird dies, wenn man dem Friedensbegriff einen positiven Wertgehalt gibt. So ist insbesondere als grundlegend anzusehen: Die Beachtung der Menschenrechte, die Ächtung von Terror und Willkür sowie das Eintreten gegen Folter und Sklaverei.[226] Zum Schutz dieser Güter können nach modernem Völkerrecht militärische Maßnahmen zum Zwecke der Friedenssicherung gerechtfertigt sein (*ius ad bellum* – Recht zum Krieg).[227] Der im Völkerrecht sowie in der deutschen Verfassung vorherrschende Grundsatz des Gewaltverbotes ist somit in Zeiten höchster Not einer Einschränkung zugänglich. Im Falle eines bewaffneten Angriffes sieht das Völkerrecht in Art. 51 der UN-Charta ein Selbstverteidigungsrecht vor. Nationalstaatliches Pendant hierzu ist Art. 87a GG, welcher den Einsatz deutscher Streitkräfte zur Verteidigung zulässt.[228] Weitergehender, dennoch in klar eingegrenztem Rahmen als legitim zu bewerten,

---

222 So die h.M., vgl. nur BVerfGE 46, 120, 157; 49, 89, 145 f.; *Erbguth*, Allgemeines Verwaltungsrecht, § 12, Rn. 38; Gromitsaris, DÖV 1997, 401, 401 f.; *Maurer*, Allgemeines Verwaltungsrecht, § 9, Rn. 51 ff.; für lediglich quantitativen Unterschied zwischen präventivem und repressivem Verbot *Gusy*, JA 1981, 80, 81; *Schwabe*, JuS 1973, 133, 134.

223 Zwar unterliegt nach Art. 26 Abs. 2 GG die Herstellung, Beförderung und das Inverkehrbringen der Waffen einem Genehmigungsvorbehalt, jedoch gebietet der Schutzzweck des gesamten Art. 26 GG, bei der Beurteilung der Sozialschädlichkeit auch bzw. insbesondere auf den Einsatz der Waffen, als unmittelbares Schädigungswerkzeug, abzustellen. Ebenso *Epping*, Grundgesetz und Kriegswaffenkontrolle, S. 114.

224 Zur Kleinwaffenproblematik vgl. *Wisotzki*, in: Die Friedens-Warte 2001, 221 ff.

225 *Schmidt*, Wörterbuch zur Politik, S. 242.

226 *Lutz*, in: Lexikon Rüstung, Frieden, Sicherheit, S. 111; *Simma / Khan*, in: FS für Fikentscher, S. 1009, 1024 f.

227 *Herdegen*, Völkerrecht, § 56, Rn. 1 ff.

228 *Pottmeyer* (KWKG, Einl., Rn. 77) leitet hieraus ab, dass Kriegswaffen vom Grundsatz her nicht sozialschädlich sind.

sind humanitäre Interventionen, also die Anwendung militärischer Gewalt zum Schutz der Bevölkerung im angegriffenen Staat.[229]

Die Verwendung von Kriegswaffen mit einer Gefährdung des Friedens gleichzusetzen, geht damit in dieser Allgemeingültigkeit fehl. Denn auch nach der Konzeption des Grundgesetzes ist ein Kriegswaffeneinsatz grundsätzlich einer Rechtfertigung zugänglich. Gleichwohl stellt eine Rechtfertigung die Ausnahme dar. Die eng begrenzten grundgesetzlichen Vorgaben sowie das Zustimmungserfordernis des Parlaments für militärische Einsätze deutscher Streitkräfte („wehrverfassungsrechtlicher Parlamentsvorbehalt"[230]) belegen den grundsätzlichen Argwohn gegenüber jeglichem Einsatz von Waffengewalt. In Analogie zur strafrechtlichen Lehre über die Rechtfertigung tatbestandsmäßigen Verhaltens ist eine Exkulpation von der regelmäßigen Sozialschädlichkeit eines Waffeneinsatzes nur möglich, wenn im Rahmen dessen gehandelt wurde, was vom (Grund-) Gesetzgeber als *ausnahmsweise* zulässig festgelegt wurde. Demzufolge ist auch nach objektiv-teleologischer Auslegung der Genehmigungsvorbehalt aus Art. 26 Abs. 2 GG als repressives Verbot mit Befreiungsvorbehalt einzuordnen.

dd) Systematische Auslegung

Elementare Grundentscheidung für die deutsche Verfassung ist das uneingeschränkte Bekenntnis zum Frieden. Dieser Friedenswille des deutschen Volkes erhielt an verschiedenen Stellen Einhalt in das Grundgesetz. Art. 26 GG ist Teil dieses prägenden Leitgedankens. Eine materielle Konkretisierung des Friedensbegriffs findet nicht statt, jedoch ist beispielhaft („insbesondere") hervorgehoben, wann „das friedliche Zusammenleben der Völker" gestört ist. Erfasste Handlung ist nach Art. 26 Abs. 1 GG die Vorbereitung eines Angriffskriegs, womit jede Aggression gemeint ist, die sich völkerrechtlich nicht rechtfertigen lässt.[231] Weitere Beispielsfälle für friedensgefährdende – und damit verfassungswidrige – Handlungen stellen das Herstellen, Befördern und Inverkehrbringen von Kriegswaffen dar (Art. 26 Abs. 2 GG). Die Ausführungen des Abgeordneten *Eberhard* im Parlamentarischen Rat dokumentieren die einheitliche Ausrichtung des gesamten Art. 26 GG:

---

229 In engen Grenzen kann der Sicherheitsrat der Vereinten Nationen „die zur Wahrung oder Wiederherstellung des Weltfriedens und der internationalen Sicherheit erforderlichen Maßnahme", auch solche militärischer Art, anordnen (Art. 39 i.V.m. Art. 42 UN-Charta); vgl. weiter BVerfGE 90, 286, 345 ff.; 121, 135, 156 f.; BVerwGE 103, 361, 363 f.; *Fischer*, in: Ipsen, § 59, Rn. 26; *Kreß*, JZ 2014, 365; neben der militärischen Verwendung von Kriegswaffen findet ebenfalls eine friedenssichernde Verwendung durch die (Bundes-) Polizei statt, vgl. *Epping*, Grundgesetz und Kriegswaffenkontrolle, S. 115.

230 Nach der Rspr. des BVerfG geht der Parlamentsvorbehalt aus den Vorschriften der Art. 45 a, b, Art. 87 a Abs. 3, Art. 115 a Abs. 5, Art. 115 b, Art. 115 l Abs. 3 GG hervor (BVerfGE 121, 135); *Pieroth*, in: Jarass / Pieroth, Art. 87a, Rn. 11.

231 *Jarass*, in: Jarass / Pieroth, Art. 26, Rn. 3.

> „Aber wenn wir schon die Friedfertigkeit betonen, sollten wir auch darüber etwas sagen." [...] Wir sollten die Waffenproduktion von uns aus einer deutschen Kontrolle unterstellen, wobei die Einzelheiten in ein besonderes Gesetz gehören."[232]

Diese exemplarische Hervorhebung der Kriegswaffenproduktion als friedensgefährdende Handlung belegt den systematischen Zusammenhang zwischen Art. 26 Abs. 1 *und* Abs. 2 GG. Bestätigt wird dies ferner durch die Gesetzesfassung im Parlamentarischen Rat: Man entschied sich, die bisherigen Artikel 29b (Verfassungswidrigkeit friedensstörender Handlungen) und 29c (Herstellung von Kriegswaffen) zu einem Artikel mit zwei aufeinander aufbauenden Absätzen zusammenzuziehen.[233] Insofern geht es fehlt, mit *v. Poser und Groß Naedlitz*[234], einen Sinnzusammenhang zwischen dem Verbot aus Art. 26 Abs. 1 GG und dem Genehmigungsvorbehalt aus Art. 26 Abs. 2 GG abzulehnen.

Der Beweis der destabilisierenden Wirkung durch eine unverantwortliche Rüstungspolitik wurde in beiden Weltkriegen hinlänglich erbracht. Ein grundsätzliches Verbot im Umgang mit Kriegswaffen ist infolgedessen Teil der 1949 dokumentierten Zäsur. Der deutsche Grundlagenvertrag positioniert die Fundamente des neuen Rechtsstaates vom Grundsatz her auf antimilitaristischer Basis. Diese klare verfassungsrechtliche Verbriefung hin zu einer Friedenspolitik findet im gesamten Art. 26 GG Ausdruck. Auch die Gesetzessystematik streitet für ein repressives Verbot mit ausnahmsweiser Dispensmöglichkeit.

ee) Zwischenergebnis

Das Herstellen, Befördern und Inverkehrbringen von Kriegswaffen unterliegt nach Art. 26 Abs. 2 GG einem repressiven Verbot mit Befreiungsvorbehalt. Folglich ist ein generelles Verbot und nicht lediglich ein Kontrollvorbehalt statuiert. Allein die Wortlautauslegung des verfassungsrechtlichen Genehmigungsvorbehalts lässt keinen eindeutigen Schluss hinsichtlich eines präventiven oder repressiven Verbots zu. Alle weiteren Auslegungsmethoden gelangen zu dem Ergebnis einer grundsätzlichen Friedensgefährdung durch Kriegswaffen. Insbesondere der geschichtliche Kontext, aus welchem heraus das Grundgesetz entstanden ist, spricht für einen limitierten Umgang mit Waffen.

b) Der einfachgesetzliche Genehmigungsvorbehalt

Das KWKG sieht in den §§ 2 – 4a Genehmigungsvorbehalte für die aus der Verfassung vorgegebenen genehmigungspflichtigen Handlungen vor („bedarf der

---

232 Parlamentarischer Rat, Grundsatzausschuss, 12. Sitzung, 15.10.1948, ohne Drs.-Nr. vervielfältigt; *Doemming / Füsslein / Matz*, JÖR 1 1951, 241.

233 Parlamentarischer Rat, Hauptausschuss, 57. Sitzung, 5.5.1949, Sten.Prot. S. 750; *Doemming / Füsslein / Matz*, JÖR 1 1951, 240.

234 *V. Poser und Groß Naedlitz*, Die Genehmigungsentscheidung nach dem Kriegswaffenkontrollgesetz, S. 23.

Genehmigung"). Atomare, biologische und chemische Waffen sowie Antipersonenminen und Streumunition stehen unter dem ausnahmslosen Verbot der §§ 17 – 18a KWKG.

Da das KWKG die Konkretisierung der verfassungsrechtlichen Vorgabe ist, sind an die einfachgesetzlichen Genehmigungsvorbehalte die gleichen Anforderungen zu stellen, wie an Art. 26 Abs. 2 GG. Das vorangegangene Auslegungsergebnis auf Ebene des Verfassungsrechts ist maßgeblich für die Beurteilung der §§ 2 – 4a KWKG. Das Gebot der verfassungskonformen Auslegung[235] gebietet es demzufolge auch die Kontrollbestimmungen der niederen Rangstufe als repressive Verbote mit Befreiungsvorbehalt zu behandeln.[236]

Bestätigt wird die Angleichung an Art. 26 Abs. 2 GG zudem durch die Systematik des KWKG:

Nach § 6 Abs. 1 KWKG besteht ausdrücklich kein Anspruch auf die Erteilung einer Genehmigung. Bei präventiven Verboten hingegen besteht in der Regel ein Anspruch auf die geforderte Leistung. Danach würde die Ablehnung einer Kontrollerlaubnis einen Eingriff in Freiheit und Eigentum darstellen.[237] Dieser Eingriff ist lediglich ausnahmsweise begründet, wenn Rechtsvorschriften einer Erlaubnis entgegenstehen. Vorliegend soll jedoch ein Genehmigungsanspruch *expressis verbis* auch dann versagt werden können, wenn tatbestandlich keine Versagungsgründe entgegenstehen. Geschuldet ist dies der besonderen, hier in Rede stehenden Materie: Unabhängig von der Zuverlässigkeit des einzelnen Antragstellers geht von Kriegswaffen eine immanente Gefahr für die Schutzgüter des Art. 26 GG und des KWKG aus – demnach „besteht kein Anspruch".[238]

---

235 *Bydlinksi*, Juristische Methodenlehre und Rechtsbegriff, S. 456.

236 Ebenfalls für ein repressives Verbot nach KWKG: *Pathe / Wagner*, in: Bieneck, KWKG, § 34, Rn. 2 f.; *Pietsch*, in: Hohmann / John, KWKG, Einl., Rn. 26 ff.; *v. Poser und Groß Naedlitz*, Die Genehmigungsentscheidung nach dem Kriegswaffenkontrollgesetz, S. 31 ff.; für ein präventives Verbot: *Epping*, Grundgesetz und Kriegswaffenkontrolle, S. 121 ff.; *Pottmeyer*, KWKG, Einl., Rn. 72 ff.

237 *Maurer*, Allgemeines Verwaltungsrecht, § 9, Rn. 51 f.

238 BT-Drs. 3/1589, S. 12: „Aus der Entstehungsgeschichte des Artikels 26 Abs. 2, aus seinem Wortlaut und aus seiner Stellung innerhalb des Grundgesetzes ergibt sich, daß er in erster Linie der Sicherung des Friedens, mit anderen Worten: der Kriegsverhütung dienen soll. Er ergänzt damit die allgemeine Vorschrift des Artikels 26 Abs. 1 GG, die alle friedensstörenden Handlungen, insbesondere die Vorbereitung eines Angriffskrieges, für verfassungswidrig und verboten erklärt."; S. 17: „[§ 6 Abs. 1 KWKG] stellt klar, daß auf die Erteilung einer Kriegswaffengenehmigung kein Anspruch besteht. Die Zubilligung eines Rechtsanspruchs auf Erteilung einer Genehmigung ist wegen der besonderen Gefahren, die der Umgang mit Kriegswaffen sowohl in bezug auf außenpolitische als auch auf innenpolitische Belange haben kann, sachlich nicht vertretbar. [*Anm. d. Verf.*]"; vgl auch *v. Poser und Groß Naedlitz*, Die Genehmigungsentscheidung nach dem Kriegswaffenkontrollgesetz, S. 32 f.; a.A. *Epping*, Grundgesetz und Kriegswaffenkontrolle, S. 124 f.; *Pottmeyer*, KWKG, Einl., Rn. 76.

Ferner spricht auch der Wortlaut des übrigen § 6 KWKG für ein repressives Verbot. Die Aufzählung von fakultativen Versagungsgründen („kann insbesondere versagt werden, wenn") in Absatz 2 sowie der unbedingten Versagungsgründe („ist zu versagen") aus Absatz 3 drängen bereits optisch den Bereich des Verbotenen in den Vordergrund.[239] Der gesamte § 6 KWKG gibt keinen Hinweis darauf, wann vom grundsätzlichen Verbot zugunsten einer Kontrollerlaubnis abzuweichen ist. Wohingegen die Auflistung von (fakultativen) Verbotsgründen nicht abschließend ist („insbesondere"). Die geregelten Tatbestände stellen demgemäß auch keine marginale Anzahl von Ausnahmetatbeständen dar.[240]

Dass der Genehmigungsbehörde im Rahmen von § 6 Abs. 2 KWKG ein Entschließungsermessen verbleibt, lässt nicht den Umkehrschluss zu, dass in diesem Anwendungsbereich der Umgang mit Kriegswaffen grundsätzlich erlaubt ist. Insofern ist es nicht nachvollziehbar, wenn *Epping*[241] feststellt, dass außerhalb der schwerwiegenden Versagungsgründe aus § 6 Abs. 3 KWKG eine Genehmigung regelmäßig zu erteilen ist. Vielmehr ist trotz der Formulierung („kann") in § 6 Abs. 2 GG zumindest im Falle einer Gefährdung außenpolitischer deutscher Interessen (Nr. 1)[242] von einem intendierten Ermessen der Behörde auszugehen.[243] Eine Genehmigungserteilung ist hier wohl nur in besonders gelagerten Ausnahmefällen ersichtlich; generell ist von einer Konzession bei Gefährdung hoher Schutzgüter abzusehen.

Keinen Aufschluss über die Ausrichtung des KWKG können aus systematischen Gründen die ermessensleitenden „Politischen Grundsätze der Bundesregierung für den Export von Kriegswaffen und sonstigen Gütern"[244] geben. Hiernach ist der Rüstungsexport in NATO-Länder, EU-Mitgliedsstaaten und gleichgestellte Länder[245] „grundsätzlich nicht zu beschränken" (vgl. Ziffer II Nr. 1 Politische Grundsätze). Insofern liegt es nahe, jedenfalls für die betreffenden Länder, nicht von einem repressiven (Export-) Verbot auszugehen. Eine solche Schlussfolgerung verbietet sich jedoch, wie auch *v. Poser und Groß Naedlitz*[246] nachvollziehbar darlegt. Die Politischen Grundsätze stellen sog. Ermessensrichtlinien dar. Zweck ist es den Genehmigungsbehörden eine Orientierungshilfe für ihre Entscheidung zu geben. Weiter soll durch die Richtlinien eine einheitliche Verwaltungspraxis gewährleistet werden.[247] Indes geben diese verwaltungsinternen Vorschriften keinen Aufschluss über die

239 *Schwabe*, JuS 1973, 133, 134.
240 A.A. *Epping*, Grundgesetz und Kriegswaffenkontrolle, S. 122.
241 *Epping*, a.a.O., S. 124.
242 Da die Aufzählung in § 6 Abs. 2 KWKG nicht abschließend ist („insbesondere"), ist auch bei ähnlich bedeutenden Versagungsgründen von einem intendierten Verwaltungsermessen auszugehen.
243 BVerwGE 72, 1, 6; *Detterbeck*, Allgemeines Verwaltungsrecht, § 8, Rn. 322.
244 Nachrichtlich bekannt gemacht im BAnz Nr. 19 v. 28.1.2000, S. 1299.
245 Dies sind Australien, Japan, Neuseeland und die Schweiz.
246 *V. Poser und Groß Naedlitz*, Die Genehmigungsentscheidung nach dem Kriegswaffenkontrollgesetz, S. 38 f.
247 *Lange*, NJW 1992, 1193, 1195.

Intention des KWKG-Gesetzgebers. Eine verbindliche Interpretation hinsichtlich der Qualität des Genehmigungsvorbehalts obliegt ausschließlich den Gerichten.[248]

Zuletzt unterstreicht das Regelungssystem, welches sich an eine Konzessionserteilung anschließt, den Ausnahmecharakter des Umgangs mit Kriegswaffen. Ungeachtet der allgemeinen verwaltungsrechtlichen Instrumente normierte der Gesetzgeber ausdrücklich einen Widerrufstatbestand (§ 7 KWKG) sowie die Möglichkeit einer Sicherstellung und einer Einziehung (§ 13 KWKG) der Waffen. Die Anforderungen an den Genehmigungsinhaber unterliegen einer fortwährenden Kontrolle durch die Verwaltung. Nach § 13 Abs. 1 Nr. 1 KWKG hat die Behörde etwa einen umfassenden Beurteilungsspielraum, betreffend die Zuverlässigkeit des Genehmigungsinhabers. In Ergänzung zu § 6 KWKG kann eine einmal erteilte Genehmigung nach § 7 Abs. 1 KWKG *jederzeit* widerrufen werden. Die Ausübung des Widerrufsvorbehalts steht im Ermessen der Behörde und orientiert sich vornehmlich an den in § 6 Abs. 2 KWKG angeführten fakultativen Versagungsgründen. Die explizite Durchbrechung des Bestandsschutzes ist im Übrigen in der Entschädigungsvorschrift des § 9 KWKG zum Ausdruck gebracht. Abweichend von § 49 VwVfG findet eine Entschädigung nicht für enttäuschtes Vertrauen, sondern lediglich für materielle Einbußen statt. Bei einem Widerruf, dessen Gründe in der Sphäre des Genehmigungsinhabers liegen, entfällt der Anspruch auf Entschädigung.[249]

Im Rahmen der Vorgabe von Art. 26 Abs. 2 GG sind auch die einfachgesetzlichen Genehmigungsvorbehalte der §§ 2 – 4a KWKG als repressive Verbote mit Befreiungsvorbehalt zu bewerten.

c) Zwischenergebnis

Damit kann festgehalten werden, dass die Kriegswaffenkontrolle – einheitlich für den Export, die Herstellung und die Beförderung – in Form eines repressiven Verbots mit Befreiungsvorbehalt erfolgt. Aufgrund des besonderen Gefährdungspotentials ist der Umgang mit Kriegswaffen vom Grundsatz her sozialschädlich. Der Gesetzgeber behält sich jedoch vor, in Ausnahmefällen eine Befreiung vom regelmäßigen Verbot zu erteilen.

3. Betroffene Grundrechte und Eingriffsrechtfertigung

Der Genehmigungsvorbehalt für den Export deutscher Kriegswaffen stellt einen Eingriff in die grundsätzlich gewährte Außenwirtschaftsfreiheit der ausführenden Unternehmen dar. Die betroffenen Freiheitsrechte finden sich im Unionsrecht sowie im Grundgesetz. Da der Bereich der Rüstungsexporte jedoch nach wie vor von

---

248 *V. Poser und Groß Naedlitz*, Die Genehmigungsentscheidung nach dem Kriegswaffenkontrollgesetz, S. 38 f.; a.A. *v. Burchard*, Das Umgehungsgeschäft beim Waffenexport in Drittländer aus strafrechtlicher Sicht, S. 22 ff.; *Epping*, Grundgesetz und Kriegswaffenkontrolle, S. 125 ff.

249 BT-Drs. 3/1589, S. 18 f.; *v. Poser und Groß Naedlitz*, a.a.O., S. 41.

der gemeinsamen Handelspolitik der EU-Mitgliedsstaaten ausgeklammert ist (vgl. Art. 346 AEUV)[250], tangiert der Genehmigungsvorbehalt vornehmlich den Schutzbereich der nationalen Wirtschaftsverfassung.[251]

a) Art. 12 Abs. 1 GG

Hauptgrundrecht für den Schutz wirtschaftlicher Betätigung ist Art. 12 Abs. 1 GG. Nach dessen Satz 1 haben alle Deutschen das Recht, Beruf, Arbeitsplatz und Ausbildungsstätte frei zu wählen.[252] Gemäß Satz 2 kann die *Berufsausübung* durch Gesetz oder aufgrund eines Gesetzes geregelt werden. Trotz der im Wortlaut angelegten Differenzierung zwischen Berufswahl- und Berufsausübungsfreiheit, hat das BVerfG frühzeitig entschieden, dass es sich bei Art. 12 Abs. 1 GG um eine einheitliches Grundrecht auf Berufsfreiheit handelt.[253] Demzufolge gilt der Regelungsvorbehalt aus Art. 12 Abs. 1 S. 2 GG auch für die Freiheit der Berufswahl nach Art. 12 Abs. 1 S. 1 GG.

Schutzgut ist die Freiheit, einer Erwerbstätigkeit – wie der Ausfuhr von Wirtschaftsgütern –nachzugehen.[254] Den verfassungsrechtlichen Begriff des Berufes definiert das BVerfG als eine auf Dauer angelegte Tätigkeit, die der Schaffung und Erhaltung einer Lebensgrundlage dient.[255] Strittig ist, ob der Schutzbereich von Art. 12 Abs. 1 GG auf erlaubte Tätigkeiten begrenzt ist.[256] Dagegen spricht zunächst, dass es unter dieser Prämisse dem einfachen Gesetzgeber überlassen wäre, durch entsprechende Verbotsgesetze, den Schutzbereich von Art. 12 Abs. 1 GG nach freiem Belieben einzugrenzen.[257] Auf der anderen Seite ist es unbillig, den verfassungsrechtlichen Schutzbereich für jedwede der Schaffung einer Lebensgrundlage dienende Tätigkeit zu eröffnen. In der Literatur wird als Beispiel der „Berufsverbrecher" genannt, dessen Tätigkeit *per se* auf die Verletzung von Schutzgütern anderer abzielt.[258] Hier ist die Eröffnung des Schutzbereichs eines Grundrechts erkennbar verfehlt. Dementsprechend hat auch das BVerfG entschieden, dass nur solche Berufe nicht in den Schutzbereich von Art. 12 GG fallen, die schon auf Grund ihrer Sozial- und

---

250 Hierzu B. III. 1.

251 *Di Fabio*, in: Maunz / Dürig, Art. 2, Rn. 76.

252 Obwohl Art. 12 Abs. 1 GG seinem Wortlaut nach nur für Deutsche i.S.v. Art. 116 GG gilt, ist das Grundrecht der Berufsfreiheit aufgrund europarechtlich gewährleisteter Grundfreiheiten (insbesondere Art. 45, 49, 56, 63 AEUV) faktisch zu einem Grundrecht der Unionsbürger geworden (vgl. *Durner*, in: Ehlers / Fehling / Pünder, Band 1, § 11, Rn. 9; *Hufen*, Staatsrecht II, Grundrechte, § 35, Rn. 11).

253 BVerfGE 7, 377, 401 f. - Apothekenurteil.

254 *Epping*, Die Außenwirtschaftsfreiheit, S. 68.

255 BVerfGE 102, 197, 212; 105, 252, 265.

256 Hierzu BVerfGE 14, 19, 22; *Hufen*, a.a.O, § 35, Rn. 7 f.

257 *Ipsen*, Staatsrecht II, Grundrechte, § 15, Rn. 635; *Wieland*, in: Dreier, Art. 12, Rn. 51; *Gubelt*, in: v. Münch / Kunig, Band 1, Art. 12, Rn. 9.

258 *Ipsen*, Staatsrecht II, Grundrechte, § 15, Rn. 637.

Gemeinschaftsschädlichkeit von vornherein schlechthin nicht am Schutz des Grundrechts teilhaben können.[259]

Angesichts dieser Schutzbereichsbegrenzung stellt sich die grundsätzliche Frage, ob der Industriezweig der Rüstungsproduktion und -ausfuhr den verfassungsrechtlichen Schutz des Art. 12 Abs. 1 GG geniesst. Bei der Beurteilung ist die restriktive Vorgabe aus Art. 26 Abs. 2 GG maßgeblich. Wie dargestellt unterliegt der Kriegswaffenexport einem repressiven Verbot mit Befreiungsmöglichkeit. Im Gegensatz zum präventiven Verbot mit Erlaubnisvorbehalt ist der Umgang mit Kriegswaffen sowohl nach verfassungsrechtlicher, als auch nach einfachgesetzlicher Vorgabe vom Grundsatz her *sozialschädlich*. Diese regelmäßige Annahme der Sozialschädlichkeit des Materials kann jedoch im Einzelfall auch widerlegt werden. Im Unterschied zu den ausnahmslosen Verboten der §§ 17 – 18a KWKG[260] besteht nach §§ 2 – 4a i.V.m. § 6 KWKG die Möglichkeit der Erteilung eines Dispenses. Die Politischen Grundsätze der Bundesregierung für den Export von Kriegswaffen und sonstigen Rüstungsgütern konkretisieren die „Öffnungsklausel" vom generellen Verbot des Kriegswaffenexports, beispielsweise für die Rüstungsausfuhr in Nato-Länder, EU-Mitgliedstaaten und Nato-gleichgestellte Länder (Ziffer II Nr. 1 Politische Grundsätze). Ist nach eingehender Prüfung durch die Genehmigungsbehörde eine Friedensgefährdung im Rahmen von Kooperationen mit verbündeten Staaten nicht zu befürchten, so ist der Kriegswaffenexport in der Regel legitim und demzufolge nicht sozialschädlich. Freilich können auch die Genehmigungsentscheidungen über einzelne Exportanfragen aus den Wirtschaftsunternehmen nicht inzident den verfassungsrechtlichen Schutzbereich der Berufsfreiheit eröffnen oder versperren. Insoweit stehen wiederum Bedenken aus Art. 20 Abs. 3 GG (Grundsatz vom Vorrang der Verfassung) entgegen. Gleichwohl ist die Einhaltung der gewöhnlichen Genehmigungspraxis Indiz für die Legitimität der Betätigung des Exporteurs. Das Interesse einer möglichst umfassenden Grundrechtsgeltung[261] gebietet es jedenfalls von einem „Beruf" im Sinne des Art. 12 GG auszugehen, soweit keine evidenten Verstöße gegen das grundgesetzliche Friedensgebot vorliegen. Damit ist der Schutzbereich der Berufsfreiheit ist für die deutschen Kriegswaffenexporteure grundsätzlich eröffnet.

Durch die Statuierung des repressiven Verbots sind die betroffenen Unternehmen in ihrer wirtschaftlichen Betätigungsfreiheit merklich eingeschränkt. Der Export von Kriegswaffen ist nicht frei, sondern unterliegt der schärfsten Art von Genehmigungsvorbehalt den das deutsche Recht kennt. Zugunsten welcher Zwecke eine Beschränkung des Freiheitsrechts gerechtfertigt ist, beurteilt das BVerfG anhand der im „Apothekenurteil" entwickelten sogenannten „Stufentheorie"[262]. Das Verfassungsgericht unterscheidet zunächst zwischen Einschränkungen der

259 BVerfGE 115, 276, 301.

260 Eine Sonderregelung gilt gem. § 16 KWKG für Atomwaffen, die der Verfügungsgewalt der Nato unterstellt sind.

261 Eingehend hierzu *Grimmer*, Demokratie und Grundrechte, S. 314 f.

262 BVerfGE 7, 377.

Berufs*ausübung* und der Berufs*wahl*. Bei der Regelung der Berufswahl wird weiter differenziert zwischen subjektiven und objektiven Voraussetzungen. Hieran anknüpfend ist angelegt, welche Anforderungen an den zu rechtfertigenden Eingriff zu stellen sind. Während Einschränkungen auf der „Stufe“ der Berufsausübung bereits zugunsten vernünftiger Erwägungen des Gemeinwohls zulässig sind[263], sind subjektive Berufszulassungsbeschränkungen lediglich zum Schutz wichtiger Gemeinschaftsgüter zulässig. Die höchsten Anforderungen sind an die objektiven Zulassungsbeschränkungen zu stellen. Da hier eine Auswahl dem Einfluss des Bewerbers entzogen ist, ist ein Eingriff nur durch schwere Gefahren für überragend wichtige Gemeinschaftsgüter zu legitimieren.[264]

Exportbeschränkungen tangieren die Freiheit der Berufsausübung der ausführenden Unternehmen. Das Erfordernis eines Genehmigungsverfahrens für den Außenwirtschaftsverkehr steht in engem Zusammenhang mit der Ausübung des Tätigkeitsspektrums eines Industrieunternehmens und hat objektiv einen berufsregelnden Charakter.[265] Ein Eingriff in die Berufsausübungsfreiheit ist zweckmäßig, wenn er zugunsten vernünftiger Erwägungen des Allgemeinwohls erfolgt. Die folgenden Motive für die Kriegswaffenkontrolle rechtfertigen den Grundrechtseingriff:

aa) Friedenssicherung

Art. 26 Abs. 1 GG beinhaltet das Verbot jeglicher Handlungen, die geeignet sind, das friedliche Zusammenleben der Völker zu stören. Art. 26 Abs. 2 GG knüpft hieran an und untersagt den freien Waffenhandel und eine uneingeschränkte Rüstungsproduktion.[266] Dem liegt das Verständnis zugrunde, dass von Waffen grundsätzlich eine friedensgefährdende, destabilisierende Wirkung ausgeht. Beide Absätze ergänzen sich und dienen primär dem Zweck der Friedenssicherung.[267] Die Restriktionen in Art. 26 Abs. 2 GG und im KWKG sind Bestandteil eines Netzwerks weltweiter Bemühungen, mit Mitteln des Rechts den Ausbruch von Kriegen zu verhindern,

---

263 BVerfGE 7, 377, 406.

264 BVerfGE 7, 377, 407 f.

265 Mittelbar-faktische Eingriffe in den Schutzbereich von Grundrechten hat das BVerfG im Zusammenhang mit Art. 12 GG auf solche Handlungen begrenzt, die eine „objektiv berufsregelnde“ Tendenz aufweisen und „in einem engen Zusammenhang mit der Ausübung eines Berufs“ stehen. Vgl. BVerfGE 13, 181, 186; 81, 70, 85; 82, 209, 223 f.; 95, 267, 302; *Durner*, in: Ehlers / Fehling / Pünder, Band I, § 11, Rn. 13.

266 BT-Drs. 3/1589, S. 12; BVerfG 38, 1; BVerfG, Beschl. vom 12.2.1979, 1 BvR 840/78 nv., S. 2; BGH NStZ 1983, 172; BayObLG, Beschl. vom 9.11.1970, NJW 1971, 1375, 1376; OLG Düsseldorf, Beschl. vom 29.1.1993, NJW 1993, 2253, 2254; OVG Münster, Urt. vom 11.11.1988, 20 A 1552/85 nv.; *Bothe*, in: Bonner Kommentar, Band 1, Art. 26, Rn. 32; *Epping*, Der Staat 93, 39, 53 f.; *v. Poser und Groß Naedlitz*, Die Genehmigungsentscheidung nach dem Kriegswaffenkontrollgesetz, S. 78; *Pottmeyer*, KWKG, Einl., Rn. 63.

267 BT- Drs. 3/1589, S. 12; *Bothe*, a.a.O., Art. 26, Rn. 42.

das friedliche Zusammenleben der Völker zu schützen sowie Gefahren für den Völkerfrieden und die internationale Sicherheit abzuwehren.[268] Dieser komplexe wie sensible Kontrollauftrag macht ein ausreichendes Maß an Ermessens- und Beurteilungsspielraum erforderlich.[269] Unter anderem außen- und sicherheitspolitische Sachverhalte verlangen Integrität im Abwägungsprozess. Politisch erwächst den Entscheidungsträgern dabei ein notweniges Maß an Beurteilungsfreiheit. Für die Rüstungsindustrie ist der Ausgang langwieriger Genehmigungsverfahren nur sehr eingeschränkt vorhersehbar. Die Unternehmen sind oftmals vom „*Goodwill*" der aktuell handelnden Politakteure abhängig. Das die Berufsfreiheit einschränkende Motiv der Friedenssicherung, findet seine gesetzliche Verankerung vornehmlich in § 6 Abs. 3 Nr. 1 KWKG.

bb) Schutz des deutschen Ansehens im Ausland

Da insbesondere die deutsche Verfassung als reflektierendes Grundsatzwerk eine klare Positionierung gegen jegliche Tendenzen friedensstörender Handlungen darstellt, ist auch der Schutz des deutschen Ansehens im Ausland als unmittelbarer Zweck des Kriegswaffenkontrollverfahrens zu werten.[270] Gerade aufgrund der Erfahrungen des 2. Weltkrieges soll die Bundesrepublik Deutschland gegenüber dem Ausland in keiner Weise mit aggressiven Tendenzen in Verbindung gebracht werden.[271] Diese Zwecksetzung wird mit einer restriktiven Kriegswaffenkontrolle verfolgt.

Die diesbezügliche Einschränkung der Berufsfreiheit erfolg insbesondere durch § 6 Abs. 2 Nr. 1 KWKG, wonach eine Ausfuhrgenehmigung in der Regel nicht erteilt wird, wenn Grund zu der Annahme besteht, dass ihre Erteilung dem Interesse der Bundesrepublik an der Aufrechterhaltung guter Beziehungen zu anderen Ländern zuwiderlaufen würde.[272]

cc) Schutz der inneren Sicherheit

Infolge der RAF-Terroranschläge aus dem Jahr 1977 hat der Bundesgesetzgeber eine weitreichende Novellierung des KWKG vorgenommen.[273] Die Änderungen dienten insbesondere dem Schutz der inneren Sicherheit.[274] So wurde durch die Einführung von § 4a KWKG die Vermittlung von Geschäften über Kriegswaffen, die

268 *Bothe*, a.a.O., Art. 26, Rn. 1.
269 *Weith / Wegner / Ehrlich*, Grundzüge der Exportkontrolle, S. 204.
270 Parlamentarischer Rat, 12. Sitzung des Grundsatzausschusses v. 15.10.1948, Sten. Ber. S. 4 ff.; anders *Pottmeyer*, KWKG, Einl., Rn. 66.
271 Vgl. die Stellungnahme des Abgeordneten *Pensky* in der 81. Sitzung der 8. Wahlperiode des Deutschen Bundestages vom 16.3.1978, Sten. Prot. S. 6433 f.; *Pottmeyer*, a.a.O., Einl., Rn. 65.
272 *V. Poser und Groß Naedlitz*, Die Genehmigungsentscheidung nach dem Kriegswaffenkontrollgesetz, S. 79.
273 BGBl. I, S. 641.
274 Hierzu BT-Drs. 8/1614; *Pottmeyer*, KWKG, Einl., Rn. 38–43 u. 64.

sich nicht im Bundesgebiet befinden, einer Genehmigungspflicht unterstellt. Zweck dieser Bestimmung war, die Verhinderung eines unkontrollierten internationalen Waffenhandels von deutschem Boden aus.[275] Zudem wurde mit der Einführung der Strafvorschrift des jetzigen § 22a Abs. 1 Nr. 6 KWKG eine Lücke geschlossen, die bis dahin den unkontrollierten Besitz von Kriegswaffen in Privathand ermöglichte. Nach vorheriger Rechtslage konnte nämlich derjenige strafrechtlich nicht belangt werden, der Kriegswaffen erbte, fand oder auf ähnliche Weise erlangte.[276]

Nach allgemeiner Definition betrifft die innere Sicherheit den Erhalt der öffentlichen Ordnung und die Abwesenheit von Beeinträchtigungen des inneren Staatsgefüges. Ein Fokus liegt dabei auf der Verhinderung von Angriffen auf staatliche Institutionen.[277] Die Aufwertung militärischer Schlagkraft anderer Staaten durch die Weitergabe von Militärtechnologie kann mittelbar auch Auswirkungen auf die innere Sicherheit haben. Insbesondere können fehlende Endverbleibskontrollen in den Empfängerländern zu einer Stärkung der grenzüberschreitenden Kriminalität und international agierender Terrorismuszellen mit inländischen Anknüpfungspunkten führen.[278]

dd) Rüstungskontrolle und Wirtschaftslenkung

Rüstungskontrolle und Wirtschaftslenkung im Rüstungssektor werden vereinzelt als weitere Zwecksetzungen aufgeführt.[279] Da weder der Wortlaut noch die Gesetzesbegründungen von Art. 26 GG bzw. des KWKG auf die genannten Ziele hindeuten, ist auf die *ratio legis* der Normen in ihrem historischen Entstehungskontext abzustellen.[280] Adressat der Regelungen sind eindeutig auch Unternehmen aus der Rüstungswirtschaft, da sie, bezogen auf ihre Produktpalette, direkten Beschränkungen unterworfen sind. Restriktionen finden von der Entwicklung bis zur Ausfuhr von Kriegswaffen statt. Jedoch kam es den „Gründervätern" des Grundgesetzes nicht auf eine Einschränkung der Wirtschaftsfreiheit an, weil sie die Produktion von Kriegswaffen *per se* kriminalisieren wollten, vielmehr erkannten sie eine friedensgefährdende, destabilisierende Wirkung, welche die Folge eines unkontrollierten Waffenhandels sein kann. Rüstungskontrolle und Wirtschaftslenkung sind als Mittel zum Zweck (Gefahrenabwehr) anzusehen und nicht als Zweck ihrer selbst.[281]

---

275 BT-Drs. 8/1614, S. 1 u. 14, *Pottmeyer*, a.a.O., Einl., Rn. 39.

276 BT-Drs. 8/1614, S. 14; *Pottmeyer*, a.a.O., Einl., Rn. 41.

277 *Steinmetz*, in: MüKo-StGB, Band 3, § 92, Rn. 12.; *Weith / Wegner / Ehrlich*, Grundzüge der Exportkontrolle, S. 204.

278 OVG NRW Urt. v. 2.11.1996, XIV A 1829/75 (n.v.); OLG Düsseldorf NJW 1993, 2253, 2254; *Pietsch*, in: Hohmann / John, KWKG, Einf., Rn. 21; *Weith / Wegner / Ehrlich*, ebd.

279 So *v. Burchard*, Das Umgehungsgeschäft beim Export in Drittländer aus strafrechtlicher Sicht, S. 6, 141; *Hinze*, in: WaffR, § 1 KWKG, Anm. 2.

280 Zu den juristischen Auslegungsmethoden *Honsell*, in: Staudinger, Einleitung zum BGB. Buch 1, Rn. 138 ff.

281 So auch *Pottmeyer*, KWKG, Einl., Rn. 67 f.

b) Art. 14 Abs. 1 GG

Für den Kriegswaffenexport kommt der Eigentumsgarantie aus Art. 14 Abs. 1 GG neben dem außenwirtschaftlichen Basisgrundrecht der Berufsfreiheit nur noch eine untergeordnete Bedeutung zu.

Nach der Rechtsprechung des BVerfG schützt die Eigentumsgarantie jedes vermögenswerte Recht, das dem Einzelnen von der Rechtsordnung zugeordnet worden ist, dass er die damit verbundenen Befugnisse in eigenverantwortlicher Entscheidung zu seinem privaten Nutzen ausüben darf.[282] Mit der Erfassung aller vermögenswerten Rechte unterstellen der BGH, das BVerwG und die herrschende Lehre das „Recht am eingerichteten und ausgeübten Gewerbebetrieb" grundsätzlich auch dem Eigentumsschutz aus Art. 14 Abs. 1 GG.[283] Das BVerfG ist diesbezüglich zurückhaltender. Zwar fasst es „auch das wirtschaftliche Unternehmen mit seinen personellen und gegenständlichen Grundlagen" unter die Eigentumsgarantie.[284] Jedoch konstatiert das Gericht gleichzeitig der Schutz des Gewerbebetriebs könne jedenfalls „nicht weitergehen, als der Schutz, den seine wirtschaftliche Grundlage genießt".[285] Tatsächliche Gegebenheiten und günstige Umweltbedingungen unterfallen danach nicht dem besonderen verfassungsrechtlichen Schutz. Die gängige Faustformel ist, dass Art. 14 GG das Erworbene, Art. 12 GG hingegen den Erwerb als solchen schützt. Bloße Chancen oder Erwerbserwartungen eines Unternehmens sind vom Schutzbereich nicht erfasst.[286]

Die hoheitliche Vereitelung von Gewinnmaximierung durch eine restriktive Rüstungsexportkontrolle berührt nicht die Substanz der Unternehmen.[287] Vielmehr sind die zukünftigen Erwerbschancen, die Erhaltung der Wettbewerbsfähigkeit gegenüber ausländischen Waffenherstellern und die generelle Planungsunsicherheit im politischen Umfeld der Rüstungsindustrie betroffen. Diese Einschränkungen der wirtschaftlichen Betätigungsfreiheit findet ausreichenden Schutz durch Art. 12 Abs. 1 GG. Einzig das abwegige Szenario eines ausnahmslosen Exportverbots deutscher Kriegswaffen könnte einen zusätzlichen eigentumsrechtlichen Bestandsschutz durch Art. 14 Abs. 1 GG rechtfertigen.[288]

---

282 BVerfGE 79, 174, 191; 83, 201, 209; *Ipsen*, Staatsrecht II, Grundrechte, § 17, Rn. 721 ff.

283 BGHZ 111, 349, 356; BVerwGE 81, 49, 54; *Jarass*, in: Jarass / Pieroth, Art. 14, Rn. 10 und 25.

284 BVerfGE 45, 142, 173.

285 BVerfGE 58, 300, 353 („Naßauskiesungsbeschluss").

286 *Durner*, in: Ehlers / Fehling / Pünder, Band 1, § 11, Rn. 20.

287 BVerfGE 17, 232, 247 f.; *Papier*, in: Maunz / Dürig, Art. 14, Rn. 100 f.

288 BGH NJW 1968, 293, 294.

c) Art. 2 Abs. 1 GG

Als Ausfluss der allgemeinen Handlungsfreiheit schützt Art. 2 Abs. 1 GG die Teilnahme am wirtschaftlichen Verkehr und die Vertragsfreiheit[289] – somit auch den Kriegswaffenexport. Jedoch ist hinsichtlich der verfassungsrechtlichen Gewährleistung der Privatautonomie die grundsätzliche Subsidiarität von Art. 2 Abs. 1 GG zu beachten. Für das Recht auf freie wirtschaftliche Gestaltung der Vertragsbeziehungen im Bereich des Außenwirtschaftsverkehrs ist insofern Art. 12 Abs. 1 GG *lex specialis.*[290]

d) Zwischenergebnis

Durch die Restriktionen im Bereich des Kriegswaffenexportes werden Grundrechte deutscher Kriegswaffenexporteure eingeschränkt. Insbesondere wird in den Schutzbereich der Berufsfreiheit der Rüstungsunternehmen eingegriffen. Der Eingriff findet seine Rechtfertigung in den Schutzgütern des KWKG: Der Friedenssicherung, dem Schutz des deutschen Ansehens im Ausland und der inneren Sicherheit.

---

289 BVerfGE 65, 210; 73, 270; 78, 244; 95, 303.

290 *Di Fabio*, in: Maunz / Dürig, Art. 2, Rn. 103.

Zweiter Teil

Die Ausfuhrgenehmigung

Die maßgeblichen Voraussetzungen für die Entscheidung über die Erteilung bzw. Versagung einer Exportgenehmigung für Kriegswaffen sind in § 6 KWKG determiniert. Einleitend schließt § 6 Abs. 1 KWKG in aller Deutlichkeit einen öffentlich-rechtlichen Anspruch auf Erteilung einer Genehmigung aus.[1] Diese für das gesamte Kriegswaffenkontrollrecht richtungsweisende Akzentuierung wird in den Gesetzesmaterialien mit den besonderen Gefahren, die der Umgang mit Kriegswaffen sowohl in Bezug auf außenpolitische als auch auf innenpolitische Belange haben kann begründet.[2] Die restriktive verfassungsrechtliche Vorgabe aus Art. 26 Abs. 2 GG (repressives Exportverbot mit Befreiungsvorbehalt) erfährt an dieser Stelle die wohl signifikanteste Implementierung durch den einfachen Gesetzgeber.

Das KWKG unterscheidet dabei zwischen drei verschiedenen Arten von Genehmigungen: Der Erteilung einer *Einzelgenehmigung*, einer *Dauergenehmigung* (§ 10 KWKG) und einer *Allgemeinen Genehmigung* (§ 8 KWKG).

Gesetzliches Leitbild stellt die Einzelgenehmigung dar, welche lediglich die in der Genehmigungsurkunde aufgeführte Handlung abdeckt.[3] Für den Export klassischer Kriegswaffen setzt sich die Exportgenehmigung aus einer Genehmigung über die Beförderung einer bestimmten Anzahl von Waffen sowie über die Genehmigung für das Inverkehrbringen selbigen Materials zusammen. Hierneben ist die Erteilung einer Dauergenehmigung zulässig. Diese wird für die Vornahme einer einzelnen Handlung für eine bestimmte Zeitdauer erteilt (§ 8 Abs. 1 der 2. DVO zum KWKG).[4] Einzel- und Dauergenehmigung sind mit unmittelbarer Rechtswirkung nach außen gerichtete hoheitliche Regelungen für einen Einzelfall (Verwaltungsakte, § 35 VwVfG), die dem Anwendungsbereich von § 6 KWKG unterfallen.[5]

Desgleichen besteht die Möglichkeit der Erteilung einer Sammelgenehmigung. Im Gegensatz zur Einzel- bzw. Dauergenehmigung gewährt die Sammelgenehmigung besonders zuverlässigen Ausführern eine Vielzahl von Ausfuhren oder Verbringungen an verschiedene Empfänger.[6]

Nicht unter den Genehmigungsbegriff von § 6 KWKG fällt die Allgemeine Genehmigung, die eine unbestimmte Vielzahl von Fällen für eine unbestimmte

1 *Pottmeyer*, KWKG, § 6, Rn. 1: „Soweit ersichtlich, wird in keinem anderen Gesetz in einer so deutlichen Weise zum Ausdruck gebracht, daß auf die Erteilung bestimmter begünstigender Akte kein Anspruch besteht, wie in dieser kriegswaffenkontrollrechtlichen Norm."

2 BT-Drs. 3/1589, S. 17.

3 BT-Drs. 3/1589, S. 19.

4 BT-Drs. 3/1589, S. 19; *Pottmeyer*, KWKG, § 10, Rn. 2 f.

5 BT-Drs. 3/1589, S. 19; *Pietsch*, in: Hohmann / John, KWKG, § 10, Rn. 2; *Pottmeyer*, KWKG, § 6, Rn. 2 f.

6 Rüstungsexportbericht der Bundesregierung 2012, S. 21.

Vielzahl von Personen regelt und demnach als Rechtsverordnung erlassen wird.[7] Eine Allgemeine Genehmigung gilt z.B. für die reine Durchfuhr von Kriegswaffen durch das Bundesgebiet (§ 3 Abs. 4 KWKG).

A. Die Genehmigungsentscheidung

Die behördliche Genehmigungsentscheidung hat sich unmittelbar an den genannten Zweckvorgaben der Kriegswaffenkontrolle auszurichten. Das Fehlen eines Rechtsanspruchs auf Genehmigungserteilung (§ 6 Abs. 1 KWKG) sowie die Möglichkeit eines jederzeitigen Widerrufs einer bereits erteilten Genehmigung (§ 7 KWKG) eröffnen den Entscheidungsträgern für den sensitiven, politisch geprägten Industriezweig des Rüstungsexports den erforderlichen Ermessensspielraum. Das KWKG enthält fakultative (§ 6 Abs. 2 KWKG) und obligatorische (§ 6 Abs. 3 KWKG) Versagungsgründe. Daneben kommt dem „Gemeinsamen Standpunkt der EU zur Waffen- und Rüstungsexportkontrolle“[8] und den „Politischen Grundsätzen der Bundesregierung für den Export von Kriegswaffen und sonstigen Rüstungsgütern“[9] im Rahmen der Ermessensausübung entscheidende Bedeutung zu.[10]

Der Export von Kriegswaffen aus Teil A der Kriegswaffenliste ist schon nicht genehmigungsfähig – diese unterliegen den absoluten Verboten der §§ 17 (Atomwaffen), 18 (biologische und chemische Waffen) und 18a (Antipersonenminen und Streumunition[11]) KWKG.[12]

I. Fakultative Versagungsgründe

§ 6 Abs. 2 KWKG enthält eine beispielhafte Aufzählung von Bedingungen, bei deren Vorliegen die Genehmigung versagt werden kann. Der Formulierung „insbesondere“ ist zu entnehmen, dass die aufgeführten Tatbestände nicht abschließend sind. Aufgrund des weiten Gesetzeszwecks und der Diversität friedensgefährdender Sachverhalte war eine abschließende Aufzählung von Versagungsgründen

---

7 Die Rechtsverordnung wird von der Bundesregierung als Kollegialorgan erlassen. Bisher wurden zwei Verordnungen erlassen: Erste Verordnung über Allgemeine Genehmigungen nach dem Gesetz über die Kontrolle von Kriegswaffen, BAnZ Nr. 150 v. 8.8.1961; zuletzt geändert am 6.6.2013 (BGBl. I, S. 1482); Zweite Verordnung über Allgemeine Genehmigungen nach dem Gesetz über die Kontrolle von Kriegswaffen v. 29.1.1975, BGBl. 1975 I, S. 421.

8 Siehe Anlage D.

9 Siehe Anlage C.

10 *Pathe / Wagner*, in: Bieneck, § 40, Rn. 14; *Pietsch*, in: Hohmann / John, KWKG, § 6, Rn. 3.

11 Antipersonenminen sind in der Kriegswaffenliste in Nr. 43 unter „Minen aller Art“ aufgeführt.

12 *Pathe / Wagner*, in: Bieneck, § 40, Rn. 2; *Ricke*, ZfZ 1995, 306.

untunlich.[13] Gleichwohl geben die angeführten Beispiele der Genehmigungsbehörde und auch den Antragstellern konkrete Anhaltspunkte für die Handhabung des Genehmigungsverfahrens.[14]

Durch die Formulierung „kann“ ist zum Ausdruck gebracht, dass die Behörde über die Genehmigungserteilung bzw. -versagung nach pflichtgemäßem Ermessen zu entscheiden hat.[15] Im Unterschied zu Vorschriften, welche auf der Tatbestandsseite Erlaubnisvoraussetzungen für ein bestimmtes genehmigungspflichtiges Verhalten festlegen und als Rechtsfolge ein Verwaltungsermessen oder eine gebundene Verwaltungsentscheidung konzedieren[16], ist nach § 6 Abs. 1 KWKG ein Anspruch auf Genehmigungserteilung *a priori* nicht vorgesehen. Der Gesetzgeber gibt durch die Hervorhebung von Versagungs "tatbeständen“ vielmehr Maßstäbe vor, wann der Gesetzeszweck in der Regel einer Ausfuhrgenehmigung entgegensteht. Durch einen Negativkatalog ist die Richtung der Ermessensbetätigung in § 6 Abs. 2 KWKG vorgezeichnet. Eine Entscheidung entgegen der gesetzlichen Intention ist nur in Ausnahmefällen einer Rechtfertigung zugänglich. Das BVerwG spricht insoweit auch von einem intendierten Ermessen.[17]

1. Aufrechterhaltung guter Beziehungen zu anderen Ländern (§ 6 Abs. 2 Nr. 1 KWKG)

Eine Ausfuhrgenehmigung kann nach § 6 Abs. 2 Nr. 1 KWKG versagt werden, wenn „Grund zu der Annahme besteht, dass ihre Erteilung dem Interesse der Bundesrepublik an der Aufrechterhaltung guter Beziehungen zu anderen Ländern zuwiderlaufen würde“. Schutzgut sind die auswärtigen Beziehungen zu anderen Staaten. In der Genehmigungspraxis kommt diesem Kriterium entscheidende Bedeutung zu. Die Abhängigkeit des gesamten Kriegswaffenrechts von politischen Vorgaben ist

13 Als weiterer (ungeschriebener) Versagungsgrund kommt z.B. der Grundsatz in Betracht, dass Kriegswaffen nicht an Privatpersonen ausgeliefert werden dürfen (vgl. hierzu BVerwGE 61, 24, 31 f.; OVG Münster, Urteil vom 2.11.1986, XIV A 1829/75 nv.; Urteil vom 11.11.1988, 20 A 1552/85 nv., S. 3, 10 ff.; VG Köln, Urteil vom 26.4.1985, 20 K 4855/83 nv., S. 6 ff.; *v. Poser und Groß Naedlitz,* Die Genehmigungsentscheidung nach dem Kriegswaffenkontrollgesetz, S. 124–128; *Pottmeyer,* KWKG, § 6, Rn. 17.

14 BT-Drs. 3/1589, S. 17; *Hinze,* KWKG, § 6, Anm. 2; *Pottmeyer,* a.a.O., § 6, Rn. 43.

15 *Pottmeyer,* a.a.O., § 6, Rn. 7.

16 Vgl. etwa § 4 Abs. 1 Nr. 1 GastG: „Die Erlaubnis ist zu versagen, wenn Tatsachen die Annahme rechtfertigen, dass der Antragsteller die für den Gewerbebetrieb erforderliche Zuverlässigkeit nicht besitzt [...].“

17 BVerwGE 72, 1, 6 f.; 91, 82, 90; 105, 55, 57 f.; vgl. weiter zum intendierten Ermessen *Detterbeck,* Allgemeines Verwaltungsrecht, Rn. 322; *Ipsen,* Allgemeines Verwaltungsrecht, § 8, Rn. 528; *Volkmann,* DÖV 1996, 282 ff.; kritisch *Bull / Mehde,* Allgemeines Verwaltungsrecht, § 16, Rn. 600 m.w.N. Fn. 37.

namentlich bei diesem Prüfungspunkt evident.[18] Gleichwohl ist der unbestimmte Rechtsbegriff gesetzlich an keiner Stelle näher definiert.[19]

a) *Unbestimmter Rechtsbegriff und verfassungsrechtlicher Bestimmtheitsgrundsatz*

Das Merkmal der auswärtigen Beziehungen ist sehr weit gefasst und stellt den Rechtsanwender aufgrund der Vielgestaltigkeit der möglichen Beeinträchtigungen vor nicht unerhebliche Schwierigkeiten. Hierbei findet das öffentliche Interesse an der Wahrung einer hohen Reputation Deutschlands, gerade auf dem Gebiet der Außenwirtschaft, seine Grenze in der verfassungsrechtlichen Vorgabe der Bestimmtheit von Rechtsnormen (Art. 20 Abs. 3 GG).[20] Zur Konkretisierung dieser Vorgabe ist zu ermitteln, ob Inhalt und Ausmaß von § 6 Abs. 2 Nr. 1 KWKG hinreichend bestimm- und begrenzbar sind und so die Verwaltungsentscheidung in gewissem Maß für den Antragsteller berechenbar ist.[21] Bei der näheren Eingrenzung des unbestimmten Rechtsbegriffs der auswärtigen Beziehungen im Rahmen des KWKG ist insbesondere die zum Außenwirtschaftsrecht ergangene Rechtsprechung heranzuziehen[22]:

Das BVerfG erkannte die verfassungsrechtliche Problematik der Verwendung des Merkmals der Gefährdung der auswärtigen Beziehungen (hier: § 34 Abs. 2 Nr. 3 AWG a.F.) in einem *obiter dictum*.[23] Dabei stellte das Gericht ein „Bestimmtheitsdefizit" aufgrund der praktisch unüberschaubaren Vielfalt möglicher Sachverhaltskonstellationen fest. Einen Verstoß gegen das Bestimmtheitsgebot reklamierten die Verfassungsrichter derweil nicht. Das BVerfG definiert die auswärtigen Beziehungen als „gemeinsame Interessen, die die Bundesrepublik Deutschland mit anderen Staaten verbinden".[24]

Im Rahmen von Verstößen (§ 19 Abs. 1, Abs. 2 Nr. 2 Buchst. c) KWKG und § 34 Abs. 2 Nr. 3 AWG a.F.) gegen die Iran-Embargo-Verordnung (Verordnung (EG) Nr. 423/2007) hatte sich der 3. Strafsenat des BGH im Jahr 2009 in zwei Entscheidungen mit der Auslegung des in Rede stehenden Rechtsguts zu befassen.[25] Der BGH konkretisiert die auswärtigen Beziehungen dabei auf diejenigen Sachverhalte, die für das Verhältnis der Bundesrepublik Deutschland zu anderen Staaten oder zwischenstaatlichen Einrichtungen, insbesondere für die Gestaltung der Außenpolitik,

---

18 *Hannich*, in: FS für Nehm, S. 139, 141 f.
19 *Weith*, Die exportkontrollrechtliche Ausfuhrgenehmigung, S. 40.
20 BVerfGE 80, 137, 161; *Jarass*, in: Jarass / Pieroth, Art. 20, Rn. 58.
21 BVerfGE 56, 1, 12; 87, 234, 263; 108, 52, 75; 110, 33, 53 f.
22 Vgl. etwa BVerfGE 40, 141, 178; 68, 1, 97; 110, 33; 67; BVerfG NJW 1992, 2624; NJW 1993, 1909; BGHSt 53, 128; 53, 238; *Holthausen*, NStZ-RR 1998, 225, 227 f.
23 BVerfGE 110, 33, 67.
24 BVerfG NJW 1993, 1909, 1910.
25 BGHSt 53, 128; 53, 238.

Bedeutung haben.[26] Die Komplexität der internationalen Beziehungen und die Vielfalt der Konfliktmöglichkeiten machten hierbei eine restriktive Interpretation dahingehend erforderlich, dass nicht jede denkbare negative Reaktion irgendeines fremden Staates, sondern nur mögliche *schwerwiegende* Beeinträchtigungen deutscher Interessen eine *erhebliche* Gefährdung der auswärtigen Beziehungen darstellen könnten.[27] Es müssten danach konkrete tatsächliche Umstände festzustellen sein, die die Bundesrepublik in eine Lage bringen könnten, die es ihr unmöglich macht oder es ihr jedenfalls ernsthaft erschwert, ihre Interessen an gedeihlichen Beziehungen zu anderen Staaten zu wahren.[28] Das Tatbestandsmerkmal sei beispielsweise erfüllt, wenn aufgrund der Tat ein Akt starker diplomatischer Missbilligung, eine feindselige Kampagne der führenden Medien eines wichtigen Landes der Völkergemeinschaft oder eine Verurteilung der Bundesrepublik in inter- bzw. supranationalen Gremien ausgelöst werden kann. Hingegen reichten unter diesem Niveau liegende Reaktionen fremder Staaten, wie z.B. eine bloße Demarche, für sich alleine nicht aus.[29]

Die vorgenannten Auslegungsergebnisse beziehen sich auf Straftatbestände mit jeweils empfindlichen Strafandrohungen (§ 19 Abs. 2 KWKG sieht eine Mindestfreiheitsstrafe von 2 Jahren vor, § 34 Abs. 2 AWG a.F. gibt einen Strafrahmen von bis zu fünf Jahren Freiheitsstrafe vor). Die Grenze der Auslegung des unbestimmten Rechtsbegriffs gibt insoweit der strafrechtliche Bestimmtheitsgrundsatz nach Art. 103 Abs. 2 GG vor. Als Ausprägung des allgemeinen verfassungsrechtlichen Bestimmtheitsgrundsatzes, sind an die Konkretheit von Straftatbeständen hohe Anforderungen zu stellen.[30] Der Einzelne soll von vornherein zuverlässig vorhersehen können, welches Verhalten verboten und mit Strafe bedroht ist, damit er in der Lage ist, sich hierauf einzustellen.[31] Diesem Grundsatz entsprechend erfolgte die normkonkretisierende Auslegung von § 19 Abs. 2 KWKG und § 34 Abs. 2 Nr. 3 AWG a.F. zwingend restriktiv: Erfasst sind ausschließlich schwerwiegende (wobei der BGH eine Definierung dieses wiederum auslegungsbedürftigen Begriffs weitgehend offenlässt[32]) Beeinträchtigungen der auswärtigen Beziehungen, welche anhand konkreter tatsächlicher Umstände festzustellen sind.

Die für die Straftatbestände gewonnenen Auslegungsergebnisse sind in zweierlei Hinsicht nicht *in summa* auf § 6 Abs. 2 Nr. 1 KWKG übertragbar:

Zum einen handelt es sich bei § 6 KWKG nicht um eine Strafnorm. Die strengeren Bestimmtheitsanforderungen, welche für Straftatbestände als Korrektiv gelten, finden bei der Auslegung des unbestimmten Rechtsbegriffs im Rahmen der

---

26 BGHSt 53, 128, 132.
27 BVerfG NJW 1993, 1909, 1910; BGHSt 53, 128, 132 f.
28 BGHSt 53, 128, 134 f.
29 BGHSt 53, 128, 135; 53, 238, 250; OLG Hamm ZfZ 1992, 291, 292.
30 BVerfGE 49, 168, 181; 78, 374, 381 ff.; *Pieroth*, in: Jarass / Pieroth, Art. 103, Rn. 51.
31 BVerfGE 78, 374, 381; 87, 363, 391 f.; 105, 135, 153; *Degenhart*, in: Sachs, Art. 103, Rn. 67; *Pieroth*, in: Jarass / Pieroth, Art. 103, Rn. 51.
32 Kritisch hierzu *Safferling*, NStZ 2009, 604.

Genehmigungsgrundsätze keine Anwendung. Maßstab ist die allgemeine Maxime zur Bestimmtheit von Rechtssätzen aus Art. 20 Abs. 3 GG. Zumal die ausdrückliche Versagung eines Anspruchs auf Genehmigungserteilung nach § 6 Abs. 1 KWKG der Verwaltung einen größtmöglichen Ermessensspielraum[33] einräumt, ist die Eingrenzung des Merkmals der Aufrechterhaltung guter Beziehungen zu anderen Ländern weniger restriktiv vorzunehmen. Lediglich die äußeren Grenzen (z.B. die willkürliche Handhabung durch die Entscheidungsträger[34]) dieses Ermessensspielraums müssen abgesteckt und damit die Möglichkeit richterlicher Überprüfung der Einhaltung ebendieser Grenzen gegeben sein.[35] Vor diesem Hintergrund sind nicht nur erhebliche Gefährdungen deutscher Interessen, sondern auch unter dieser Hürde liegende Beeinträchtigungen erfasst. Nicht nur offizielle Reaktionen auswärtiger Regierungen und schwere diplomatische Verwerfungen tangieren die Aufrechterhaltung guter Beziehungen zu anderen Ländern. Jede Maßnahme, welche die Stellung und das Ansehen der Bundesrepublik Deutschland in der internationalen Gemeinschaft zu schwächen vermag, kann als Versagungsgrund im Sinne des § 6 Abs. 2 Nr. 1 KWKG von der Verwaltung vorgebracht werden.[36] Hierzu zählen auch, inoffizielle Äußerungen verantwortlicher Politiker oder diplomatischen Personals sowie ernsthafte Reaktionen der politischen Minderheiten fremder Staaten und Stellungnahmen etablierter Nichtregierungsorganisationen[37]. Ebenso können wahrnehmbare, meinungsbildende Äußerungen auf kulturellem bzw. medialem Gebiet in die Entschlussfindung aufgenommen werden. Ein Verstoß gegen den allgemeinen Bestimmtheitsgrundsatz für Rechtsvorschriften ist derweilen nicht anzunehmen. Je nach Art, Umfang und Empfängerland von Waffenlieferungen, erfolgen Reaktionen zumindest in gewissem Maß vorhersehbar und folgen nicht völlig zufälligen Mustern.[38]

Ferner ist bei der Auslegung des unbestimmten Rechtsbegriffs zwischen dem sich zu verantwortenden Personenkreis zu unterscheiden. Adressat der Strafvorschriften ist der einzelne sich über die Gesetze hinwegsetzende Täter, wohingegen sich aus der Genehmigungserteilung nach den §§ 2 Abs. 2, 3 Abs. 3 KWKG eine Staatenverantwortung ergibt. Bei der Missachtung der Genehmigungsgrundsätze (§ 6 Abs. 2 und 3 KWKG) durch den Exporteur kann der Bundesrepublik allenfalls ein Vollzugsdefizit angelastet werden, wonach die Zuverlässigkeit Deutschlands bei

---

33 Instruktiv hierzu *Pottmeyer*, KWKG, § 6, Rn. 5 ff.

34 BVerfGE 80, 137, 161.

35 BVerfGE 6, 32, 42; 21, 73, 78 ff.; 27, 297, 305 ff.; *Jarass*, in: Jarass / Pieroth, Art. 20, Rn. 58; *Maurer*, JuS 1976, 25.

36 Vgl. auch *Safferling*, in: NStZ 2009, 604, 609.

37 So z.B. das Stockholm International Peace Research Institute (SIPRI), das International Committee of the Red Cross (ICRC) oder Amnesty International.

38 Für ein Verstoß gegen das *strafrechtliche* Bestimmtheitsgebot bei Abhängigkeit der Strafbarkeit von Reaktionen privater Dritter (z.B. Medien) *Safferling*, NStZ 2009, 604, 608 f.

der Erfüllung internationaler Kontrollstandards in Frage gestellt wird.[39] Hingegen findet bei Erteilung einer Exportgenehmigung eine Prüfung möglichen Gefährdungspotentials durch die hiesigen Hoheitsträger statt. Eine genehmigte Proliferation erfährt unmittelbare staatliche Legitimation. Insofern ist der Reputationsschaden bei autorisierter prekärer Ausfuhr für die Bundesregierung signifikant erhöht.

Demnach ist für eine Genehmigungsversagung ausreichend, wenn Waffenlieferungen bei genereller Betrachtung, ihrer Art nach geeignet sind, die Aufrechterhaltung guter Beziehungen zu anderen Ländern mit hinreichender Wahrscheinlichkeit zu beschweren. Auf das wertende Element der *erheblichen Gefährdung* der auswärtigen Beziehung kommt es nicht an. Mithin ist die Interpretation des unbestimmten Rechtsbegriffs weniger restriktiv als innerhalb der kriegswaffenrechtlichen und außenwirtschaftlichen Straftatbestände.

Konkretisierend lassen sich folgende Beispiele für Missbilligungsäußerungen mit politischer bzw. diplomatischer Relevanz anführen[40]:

- die Einberufung des Botschafters oder sonstiger Angehöriger einer deutschen Auslandsvertretung zur Entgegennahme von Protestbekundungen fremder Regierungsvertreter,
- die Einberufung des Botschafters einer ausländischen Vertretung in Deutschland zum Bericht in das Heimatland,
- Reaktionen ausländischer Regierungen und Organisationen auf sicherheits-, wirtschafts- oder kulturpolitischem Gebiet,
- die Entwicklung einer feindseligen Haltung der Bevölkerung eines ausländischen Staates (auch über soziale Netzwerke),
- die Verwarnung bzw. Verurteilung Deutschlands in inter- bzw. supranationalen Gremien,
- Verstimmungen innerhalb internationaler Handelsbeziehungen mit ausländischen Wirtschaftsunternehmen,
- konstruktive Reaktionen ausländischer politischer Minderheiten,
- kritische Berichterstattung von Nichtregierungsorganisationen,
- stigmatisierende ausländische Medienberichterstattungen und sachbezogene, kritische Stellungnahmen im kulturpolitischen Gebiet.

b) Kriegswaffenexport als taugliche Gefährdungshandlung

Eine wichtige Determinante in den internationalen Beziehungen zwischen Staaten stellt zweifelsohne der Export sensiblen Rüstungsmaterials dar. Das innerstaatliche Verwaltungsverfahren zur Kontrolle des Waffenhandels sieht sich unmittelbar

---

39 BGHSt 53, 238, 250; *Harder*, in: Wabnitz / Janovsky, Kap. 21, Rn. 33; *Wagner*, in: MüKo-StGB, Band 5, § 34, Rn. 92.

40 BVerfG NJW 1993, 1909; BGHSt 53, 128, 134 f.; 53, 238, 250; OLG Hamm ZfZ 1992, 291, 292; LG Düsseldorf NStZ 1988, 231, 232; *Bieneck*, in: Bieneck, § 29, Rn. 25; *Hohn*, in: Hohmann / John, AWG, § 34, Rn. 178.

außenpolitischen Reaktionen ausgesetzt, da die Exportentscheidung zwingend immer auch einen grenzüberschreitenden Sachverhalt betrifft. Sowohl die Genehmigung eines Ausfuhrantrags, als auch die Ablehnung eines ebensolchen stellt ein politisches Statement dar, das - so es denn publiziert wird - mitunter mehr Aussagekraft haben kann als eine politisch kommunizierte Einlassung in Beachtung diplomatischer Gepflogenheiten.

Die Beweggründe zur Teilnahme am globalen Waffenhandel sind, ebenso wie die Risiken, abhängig vom Einzelfall sehr unterschiedlich. Militärische bzw. außenpolitische Interessen sind in der Regel Kernpunkte im Exportgenehmigungsverfahren. Der koordinierte Rüstungsexport und damit die Aufrüstung des jeweiligen Empfängerstaates ist Bestandteil des Zusammenhalts regionaler Bündnisse[41] und stärkt die militärische Schlagkraft befreundeter bzw. verbündeter Staaten an strategisch wichtigen Punkten der Welt.[42] Die indirekte militärische Einmischung durch gezielte Aufrüstung erfolgt hierbei, um Einfluss auf die Innen- und Außenpolitik des Empfängerlandes zu nehmen. Zunehmender Kritik sieht sich derweil die Bundesregierung ausgesetzt, da ihr angelastet wird, dass sie den Verkauf von Waffen in Krisenregionen als strategisches Instrument der Außenpolitik nutzt, um Interventionen mit den eigenen Streitkräften aus dem Weg zu gehen.[43]

Ferner sind Rüstungsexportentscheidungen zunehmend von wirtschaftlichen Gesichtspunkten geprägt. Ausfuhraufträge der an deutschen Standorten produzierten Waffen schaffen Arbeitsplätze. Die Rüstungsindustrie stellt zusammen mit Betriebsräten und Gewerkschaften eine einflussreiche Lobby dar, die, unterstützt von einzelnen Bundesländern (z.B. Bayern[44]), gemeinsam Druck auf die politischen Entscheidungsträger ausübt.[45] Wenngleich die Bundesregierung in ihren Politischen Grundsätzen festgelegt hat, dass beschäftigungspolitische Gründe bei der Genehmigungsentscheidung keine *ausschlaggebende* Rolle spielen dürfen, so findet in Zeiten schrumpfender nationaler Verteidigungsetats bei den Bündnispartnern aus Nato und EU eine Akquise auf dem internationalen Rüstungsmarkt statt, bei welcher außenpolitische Interessen mitunter nicht die leitenden Vergabekriterien

41 Mit dem Vertrag von Maastricht richtete die EU 1993 den Politikbereich der Gemeinsamen Außen- und Sicherheitspolitik (GASP) ein. Neben der Nato profiliert sich international seither zunehmend auch die EU als einheitlich auftretender Akteur im Bereich der Außen- und Sicherheitspolitik. Instruktiv hierzu *Fröhlich*, Die Europäische Union als globaler Akteur, S. 81 ff.

42 *Brzoska*, Rüstungsexportpolitik, S. 130; *Haftendorn*, Militärhilfe und Rüstungsexporte der BRD, S. 7 f. u. 14 ff.; *Roeser*, Völkerrechtliche Aspekte des internationalen Handels mit konventionellen Waffen, S. 41; *v. Poser und Groß Naedlitz*, Die Genehmigungsentscheidung nach dem Kriegswaffenkontrollgesetz, S. 55.

43 So z.B. der ehem. Bundeskanzler *Helmut Schmidt* in einem Interview mit Zeit Online (vom 19.12.2013: Bremst die Rüstungsexporte): „Ich halte es für abwegig, statt Soldaten Waffen zu schicken."

44 *Scharnitzky*, in: Süddeutsche.de vom 26.11.2013: Weiß-blaue Waffenschmieden.

45 *Moltmann*, in: HSFK-Report 6/2001, S. 1 f.

darstellen.[46] Seit dem Ausbruch der Finanz- und Wirtschaftskrise im Jahr 2009 stehen die europäischen Rüstungsunternehmen unter verstärktem Druck, da die Beschaffungsausgaben der europäischen Staaten rückläufig sind. Zwischen 2009 und 2011 sind sie um mehr als vier Milliarden Euro auf 38 Milliarden Euro gefallen.[47] Nach Angaben des Stockholmer Friedensforschungsinstituts SIPRI wurden seit 2008 in zwei Drittel aller west- und zentraleuropäischen Staaten Kürzungen im Rüstungsetat vorgenommen.[48] Erfolgen Waffenexporte aus vorwiegend wirtschaftlichen Aspekten und nicht im Rahmen einer strategischen Aufrüstung aus Bündnisinteressen, besteht ein erhöhtes Risiko, in Konflikt mit außenpolitischen Absprachen und Grundsätzen zwischen befreundeten bzw. verbündeten Staaten zu geraten.

Die Reputation des Ausfuhrlandes in der internationalen Gemeinschaft nimmt Schaden, wenn eine Verwendung der Kriegswaffen vom Empfängerland zu Zwecken erfolgt, die den rechtlichen (in Verträgen formulierten) oder tatsächlichen Interessen anderer Staaten zuwiderlaufen. Ein außenpolitischer Ansehensverlust entsteht dabei insbesondere bei Kriegswaffenlieferungen in Spannungs- oder Krisengebiete. Beispielhaft hierfür stehen Waffenexporte aus der EU an Libyen, nach Auslaufen eines 18-jährigen EU-Handelsembargos[49] im Jahr 2004. Allein 2009 lieferten die europäischen Staaten Rüstungsgüter im Gesamtwert von 344 Millionen Euro an die libysche Regierung unter Machthaber *Muammar al-Gaddafi*.[50] Der Krieg in Libyen gegen die eigene Bevölkerung ab Februar 2011 im Zuge des Arabischen Frühlings wurde sonach mit Waffen aus europäischen Rüstungsunternehmen[51] geführt.

Vorhersehbar ist eine Beeinträchtigung des Rechtsguts aus § 6 Abs. 2 Nr. 1 KWKG regelmäßig dann, wenn ein Verstoß gegen Verständigungen mit Partnerländern vorliegt, an bestimmte Staaten bzw. in bestimmte Regionen keine Waffen zu liefern. Solche Absprachen können sich aus völkerrechtlichen Verträgen, Embargos[52] oder politischen Vereinbarungen (sog. *Gentlemen's Agreement*) ergeben. Die Bundesrepublik Deutschland hat bei ihrer Kriegswaffenexportpolitik die folgenden internationalen Abkommen zu beachten:

---

46 *Sohm*, NZWehrr 1994, 99, 102 f.

47 Rüstungsexportbericht der GKKE 2013, S. 27 f.

48 SIPRI Yearbook 2012, S. 173 ff.

49 Hierzu *Kokott*, in: Streinz, EGV, Art. 301, Rn. 44.

50 *Böcking*, in: Spiegel Online vom 23.2.2011: Rüstungsexporte: Wie Europa Libyen mit Waffen versorgte.

51 U.a. genehmigten deutsche Behörden zwischen 2007 und 2009 die Ausfuhr von Abschussanlagen für Panzerabwehrrakten an Libyen (vgl. *Schmid*, in: Zeit Online vom 17.3.2011: Deutschland verhalf Gadhafi zu Raketen).

52 Waffenembargos betreffen im Jahr 2013 die folgenden Länder: Armenien, Aserbaidschan, China, Côte d'Ivoire, Eritrea, Guinea, Irak, Iran, Islamische Republik, Kongo, Demokratische Republik Korea, Demokratische Volksrepublik, Libanon, Liberia, Libyen, Myanmar, Simbabwe, Somalia, Sudan, Südsudan, Syrien, Arabische Republik, Weißrussland, Zentralafrikanische Republik (vgl. Rüstungsexportbericht der Bundesregierung 2013, Anlage 6).

aa) Das „CoCom"-System und Wassenaar-Arrangement

Das Coordinating Committee for Multilateral Strategic Export Controls (CoCom)[53] wurde 1949 zu Beginn des Kalten Krieges von den Westmächten gegründet, um zu verhindern, dass Mitglieder des damaligen Warschauer Pakts Zugang zu neuen westlichen Waffentechnologien erhielten; es war eine Antwort auf Bedrohungen durch die ehemalige Sowjetunion. Eingebürgert hat sich in diesem Zusammenhang der Begriff „Ostembargo".[54] Im System des CoCom arbeiteten 17 Staaten[55] zusammen. Nach dem Ende des Ost-West-Konfliktes war das CoCom–Kontrollregime, mit seiner Begrenzung auf bestimmte Zielländer (Ostblockstaaten, Kuba, Nordkorea, Vietnam), nicht mehr zeitgemäß und wurde zum 31.3.1994 aufgelöst.

Durch das CoCom wurden hoheitliche Maßnahmen der Mitgliedsstaaten in der Exportpolitik koordiniert. Teilweise äußerten sich diese Maßnahmen in einem Handelsverbot (Kollektivembargo) gegenüber fremden Staaten.[56] Jedoch waren diese Beschlüsse nicht rechtlich verbindlich, sondern begründeten lediglich eine politische Verpflichtung der Mitglieder („*Gentlemen`s Agreement*"). Dem CoCom-Regime lag keine völkerrechtliche Vereinbarung zugrunde.[57] Der Embargopolitik unterfielen sämtliche Güter, welche den militärischen Fortschritt der Empfängerländer hätten fördern können. Differenziert wurde anhand drei unterschiedlicher Listen: Eine erste Liste umfasste Nukleargüter, eine zweite Waffen, Munition und Rüstungsmaterial und eine dritte behandelte sonstige Industriegüter („*dual use items*"). Für die nationalen Kontrollverfahren stellten diese strikt geheim gehaltenen Listen[58] politische Leitlinien dar. Ausfuhrverbote für gelistete Güter bildeten insoweit den „Minimum-Standard".[59] Bestand beim nationalen Genehmigungsverfahren eine Divergenz zu den internationalen Bestimmungen, so hatte der entsprechende Staat das Geschäft dem CoCom-Ausschuss zur Entscheidung vorzulegen. Beschlüsse über genehmigungspflichtige Ausfuhren mussten einstimmig von allen Mitgliedern

53 *Comment*, 2 Wiss. Int. L.J. 106, 2137.

54 *Großfeld / Junker*, Das CoCom im Internationalen Wirtschaftsrecht, S. 2.

55 Australien, Belgien, Dänemark, Deutschland, Frankreich, Griechenland, Großbritannien, Italien, Japan, Kanada, Luxemburg, Niederlande, Norwegen, Portugal, Spanien, Türkei und die USA.

56 *Dicke*, Die Intervention mit wirtschaftlichen Mitteln im Völkerrecht, S. 203.

57 *V. Fürstenwerth*, Ermessensentscheidungen im Außenwirtschaftsrecht, S. 115; *Großfeld* / Junker, Das CoCom im Internationalen Wirtschaftsrecht, S. 18; *Hasse*, Theorie und Politik des Embargo, S. 238; hingegen für völkerrechtliche Bindung: *Pfeffer*, Der rechtliche Rahmen des Wirtschaftsverkehrs mit den RGW-Ländern, S. 52; *Vollbrecht*, Warenverkehrslenkung nach dem Aussenwirtschaftsgesetz im Rahmen des Europäischen Gemeinschaftsrechts, S. 90 f.

58 Die Listen wurden erst 1995 im Zusammenhang mit den Verstößen gegen die EAR (Export Administration Regulations) im Strafverfahren U.S. gegen *Walter Lachman* und *Maurice Subilia* veröffentlicht.

59 *Oeter*, RabelsZ 1991, 436, 441 ff.

gefasst werden.[60] In der Bundesrepublik Deutschland war das Bundesamt für Wirtschaft (BAW) – später das BAFA –für die Genehmigung von CoCom-relevanten Gütern zuständig. Insgesamt wurde durch das CoCom-Regime erstmals eine gewisse Harmonisierung bei der Exportkontrolle (insbesondere von konventionellen Rüstungsgütern) auf internationaler Ebene erreicht. Die innerstaatliche Umsetzung im deutschen Kontrollsystem stellt § 7 AWG dar. Die CoCom-Kontrolllisten wurden in die Ausfuhrliste zur AWV überführt.

Die Auflösung des CoCom führte zu einer Lücke im internationalen Kontrollsystem. Es fehlte nunmehr eine Kontrolle des Exportes konventioneller Waffen sowie *Dual-Use*-Güter. Das Wassenaar Abkommen[61], benannt nach seinem niederländischen Gründungsort Wassenaar, wurde im April 1996 konstituiert. Es griff den Regelungsgehalt des abgelösten CoCom auf und erweiterte ihn. Derzeit umfasst das Wassenaar-Arrangement 41 teilnehmende Länder.[62] Bereits bei den Vertragsverhandlungen war eine große Zahl mittel- und osteuropäischer Staaten, einschließlich Russland, involviert.[63] Über eine politische Verantwortung hinaus besteht keine völkerrechtliche Bindung zur Umsetzung der vereinbarten Bestimmungen („*Gentlemen`s Agreement*"). Im Unterschied zum CoCom beschränkt sich das Wassenaar-Arrangement nicht auf bestimmte Empfängerstaaten. Ziel des Abkommens ist, einen Beitrag zur internationalen Sicherheit und Stabilität zu leisten, in dem Transparenz und größere Verantwortung beim Export von Rüstungsgütern gefördert wird.[64] Auf deutsche Initiative wurde das Abkommen im Jahr 2001 als Reaktion auf die Terroranschläge in den USA auf die Terrorismusprävention erweitert.[65]

Die Vereinbarung von Wassenaar enthält keine materiellen Regelungen betreffend das Genehmigungsverfahren von Rüstungsausfuhren. In Fortführung der CoCom-Praxis wurden Listen für Waffen und doppelverwendungsfähige Güter aufgestellt. Die Wassenaar-Listen sind in die deutsche Ausfuhrliste zur AWV und in die Dual-Use-VO inkorporiert. Sie werden entsprechend dem globalen Industriefortschritt fortlaufend revidiert und dienen einem umfangreichen multilateralen Informationsaustausch: Die Staaten benachrichtigen sich gegenseitig über den Export gelisteter Waffen und Dual-Use-Güter. Soweit Bedenken bezüglich einzelner Exporte bestehen, wird ein zwischenstaatliches Konsultationsverfahren bemüht. Der Informationsaustausch findet über ein zentrales Sekretariat mit Sitz in Wien statt. Zweck dieses Informationsaustausches ist, mehr Transparenz in die nationalen Exportverfahren zu bringen. Weiter gilt es, im Wege einer politischen Regulierung,

---

60 *Dichtl*, BB 1994, 1726, 1726.

61 Deutsche VN-Vertretung Wien: Wassenaar Arrangement.

62 Die EU-Mitgliedsstaaten, Argentinien, Australien, Bulgarien, Japan, Kanada, Korea, Neuseeland, Norwegen, Russland, Schweiz, Südafrika, Türkei, Ukraine und die USA.

63 Zu den Schwierigkeiten beim Übergang vom CoCom-System zum Wassenaar-Arrangement *Hofhansel*, Commercial Competition and National Security, S. 3 f.

64 *Lundbo* in: Aussenpolitik 1997, 137, 144.

65 *Vedder / Lorenzmeier*, in: Grabitz / Hilf, Art. 133, Rn. 17 ff.

die Umwegbeschaffung infolge unterschiedlicher nationaler Exportstandards zu verhindern.[66]

bb) Gemeinsamer Standpunkt der Europäischen Union (2008/944 GASP des Rates)[67]

aaa) Rechtsnatur und Inhalt

Die Ausfuhrkontrolle konventioneller Rüstungsgüter unterliegt den nationalstaatlichen Verfahren der einzelnen EU-Länder. Der Einfluss des Unionsrechts ist aufgrund der Ausnahmeregelung des Art. 346 AEUV gering.[68]

Seit 1998 bekennen sich die EU-Mitgliedsstaaten gleichwohl zu Mindeststandards beim Rüstungsexport durch die Einigung auf einen „Verhaltenskodex der Europäischen Union für Waffenausfuhren"[69]. Der sog. *Code-of-Conduct* geht zurück auf einen Entwurf britischer Nicht-Regierungsorganisationen[70]. Zentrales Ziel ist es, die Ausfuhr von Rüstungsgütern aus der EU zu unterbinden, wenn diese zu einer Gefährdung der Menschenrechte und zu einer Destabilisierung im Empfängerland beitragen. Zehn Jahre war der Kodex lediglich politisch bindend. Am 8. Dezember 2008 wurde mit der Verabschiedung eines Gemeinsamen Standpunktes der EU[71] im Rahmen des Arbeitsbereichs der Gemeinsamen Außen- und Sicherheitspolitik (GASP) die „gemeinsamen Regeln für die Kontrolle der Ausfuhr von Militärtechnologie und Militärgütern" in eine rechtlich verbindliche Übereinkunft zwischen den Mitgliedsländern umgewandelt.[72] Die beiden wesentlichen Bestandteile des Regelungswerkes bestehen zum einen aus einem Katalog von Genehmigungskriterien. Zum anderen wurde ein Verfahren zur Unterrichtung über versagte Ausfuhranträge der Mitgliedsstaaten eingerichtet.[73]

Bei der Ausarbeitung der Exportrichtlinien durch das zuständige Gremium des Europäischen Rats, der Working Party on Conventional Arms Exports (COARM), waren drei Mitgliedsstaaten die Protagonisten: Frankreich, Großbritannien und Deutschland. Während die beiden erstgenannten Staaten zunächst keine Bereitschaft zeigten, nationale Souveränität zugunsten einer Europäisierung der Rüstungskontrolle

---

66 *Werner*, RIW 1998, 179, 186.

67 S. Anlage D.

68 *Rapp*, in: Bergmann, Handlexikon der Europäischen Union, S. 688 ff.

69 *Saferworld*, The EU Code of Conduct on Arms Trade, S. 3.

70 *Karpenstein*, in: Grabitz / Hilf, Art. 8, Rn. 3 f.

71 Mit dem Vertrag von Lissabon wurde Art. 15 EUV a.F. durch Art. 29 EUV ersetzt. Aus dem „Gemeinsamen Standpunkt" wurde nunmehr der „Standpunkt der Union"; rechtliche Änderungen ergeben sich nicht (vgl. *Regelsberger / Kugelmann*, in: Streinz, EUV, Art. 29, Rn. 2).

72 Abweichend vom Verhaltenskodex handelt der Gemeinsame Standpunkt namentlich nicht mehr von „Kriegswaffen und sonstigen Rüstungsgütern", sondern von „Militärtechnologie und Militärgütern".

73 *Pietsch*, in: Hohmann / John, Anhang 4 zum KWKG, Rn. 4.

aufzugeben, pochte Deutschland auf eine Angleichung an die hiesigen, im Vergleich zu den meisten anderen EU-Staaten, restriktiven Reglementierungen.[74] Für Deutschland galt hier unter anderem einer Diskriminierung der nationalen Rüstungsindustrie entgegenzuwirken. In Großbritannien und Frankreich wurden seit Beginn der 90er zunehmend die Stimmen lauter, welche auf eine zurückhaltendere Rüstungspolitik drängten.[75] Insbesondere Veröffentlichungen von Nicht-Regierungsorganisationen sensibilisierten die eigene Bevölkerung für die Auswirkungen der liberalen nationalen Rüstungsausfuhrpolitik[76] auf globale Krisenregionen. Zu innenpolitischen Skandalen führten in Frankreich beispielsweise die Versenkung der *HMS Sheffield*, einem Zerstörer der britischen *Royal Navy* während des Falkland-Krieges, durch eine *Exocet*-Rakete aus französischer Produktion oder die Waffenlieferungen an das Hutu-Regime in Ruanda bis 1994 und an den Irak bis kurz vor Ausbruch des zweiten Golfkrieges. In Großbritannien trugen Veröffentlichungen über das Ausmaß der Rüstungsexporte an den Irak zum Regierungswechsel 1997 bei.[77]

Durch die Verabschiedung des Gemeinsamen Standpunktes sind ermessensleitende Kriterien kodifiziert, die eine einheitliche und gleichmäßige Ermessensausübung[78] bei der Rüstungskontrolle innerhalb der EU gewährleisten sollen. Nach Art. 29 EUV sind die einzelnen Mitgliedstaaten gehalten, die Bestimmungen des Gemeinsamen Standpunktes in ihren nationalen Ausfuhrkontrollregelungen anzuwenden. In Deutschland ist der Gemeinsame Standpunkt integraler Bestandteil der „Politischen Grundsätze der Bundesregierung für den Export von Kriegswaffen und sonstigen Rüstungsgütern". Soweit die Politischen Grundsätze eine restriktivere Ausrichtung verfolgen, haben sie Vorrang. Weiterhin ist gem. Art. 4 Abs. 2 des Gemeinsamen Standpunktes die letztliche Entscheidung über die Gewährung oder Versagung einer Ausfuhrgenehmigung ausschließlich den einzelnen Mitgliedsstaaten vorbehalten.

Formal kommt dem Gemeinsamen Standpunkt – im Unterschied zum vorangegangenen EU-Verhaltenskodex – rechtliche Bindungswirkung zu. Er ist als Beschluss i.S.v. Art. 288 Abs. 4 AEUV für die Mitgliedsstaaten normativ.[79] Indes wirken die Ausfuhrstandards aufgrund ihres konzeptionellen Charakters lediglich auf politisch-diplomatischer Ebene. Angesichts der weiten außen- und sicherheitspolitischen Einschätzungsprärogative der einzelnen Regierungen hinsichtlich der

---

74 *Davis*, The Regulation of Arms and Dual-Use Exports, S. 83 f.

75 *Karpenstein*, in: Grabitz / Hilf, Art. 8, Rn. 3 ff.; *Pietsch*, in: Hohmann / John, Anhang 4 zum KWKG, Rn. 1 f.

76 *Davis*, The Regulation of Arms and Dual-Use Exports, S. 83.

77 *Dembinski / Schumacher*, HSFK-Report 9/2005, 18 f.

78 *Maurer*, Allgemeines Verwaltungsrecht, § 24, Rn. 10.

79 *Cremer*, in: Calliess / Ruffert, EUV, Art. 29, Rn. 6; *Regelsberger / Kugelmann*, in: Streinz, EUV, Art. 29, Rn. 7.

spezifizierten Versagungskriterien, ist die Geltendmachung einer rechtswidrigen Genehmigungsentscheidung durch einen Mitgliedsstaat unwahrscheinlich.[80]

An dieser Stelle nur kurz dargestellt seien die acht Kriterien, die als Maßstab für die Ausfuhrpolitik der EU-Staaten fungieren. Danach sind Ausfuhranträge zu verweigern, wenn die Genehmigungserteilung im Widerspruch zu internationalen Verpflichtungen der Europäischen Union stünde (insbesondere die Nichtverbreitungsabkommen für Massenvernichtungswaffen). Die Beachtung dieses ersten Kriteriums ergibt sich selbstredend schon aus der völkerrechtlich verbindlichen Teilnahme an den jeweiligen Regimen. Das zweite Genehmigungskriterium statuiert einen zentralen Bestandteil des europäischen Anspruchs an eine verantwortungsvolle Ausfuhrpolitik, nämlich die Beachtung der Menschenrechtslage im Endbestimmungsland. Ebenfalls ist eine Genehmigung zu versagen, wenn durch Waffenlieferung im Empfängerland bewaffnete Konflikte ausgelöst, verlängert oder verschärft würden (Kriterium 3). Nach Kriterium 4 werden die EU-Staaten keine Rüstungsgüter exportieren, wenn die Aufrechterhaltung von Frieden, Sicherheit und Stabilität in der jeweiligen Empfängerregion gefährdet würde. Dies ist anzunehmen, wenn das Empfängerland ein aggressives Verhalten gegenüber Drittstaaten zeigt, wofür verschiedene Indizien sprechen, wie z.B. die gewaltsame Durchsetzung von Gebietsansprüchen. Auch Auswirkungen auf die nationale Sicherheit, etwa durch Einsetzung der verkauften Technologie gegen die eigenen Streitkräfte bzw. die Streitkräfte befreundeter Nationen, finden in Kriterium 5 Berücksichtigung.[81] Weiter findet das Verhalten des Käuferstaates gegenüber der internationalen Gemeinschaft, insbesondere seine Haltung zum Terrorismus, im Rahmen der Entscheidungsfindung Beachtung (Kriterium 6). Die Gefahr eines ungenehmigten Reexportes aus dem Käuferland ist nach siebtem Kriterium ebenso von Relevanz, wie die ungenehmigte Abzweigung oder Nachkonstruktion von Militärtechnologie (*reverse engineering*). Zuletzt steht die mangelnde wirtschaftliche Leistungsfähigkeit des potentiellen Empfängerlandes einer Rüstungsausfuhr entgegen.[82]

bbb) Notifizierungs- und Konsultationsverfahren

Wesentliches Attribut zur Absicherung des Schutzgutes der auswärtigen Beziehungen sind die Verfahrensvorgaben bei abgelehnten Ausfuhranträgen nach Art. 4

---

80 Vgl. die Stellungnahme auf eine Kleine Anfrage an die Bundesregierung (BT-Drs. 17/10230, S. 5): „Die Bundesregierung bewertet nicht die Einzelfallentscheidungen der anderen EU-Mitgliedstaaten bezüglich Anträgen auf Ausfuhrerlaubnis für Rüstungsgüter."

81 Vgl. den Wortlaut: Die Erfüllung der ersten vier Kriterien *sollen* zu einer Versagungsentscheidung führen. Die Kriterien 5,6 und 7 sind bei der Entscheidung zu *berücksichtigen.* Kriterium 8 (wirtschaftliche Leistungsfähigkeit) ist zu *beurteilen* und in der Gesamtabwägung zu *berücksichtigen.*

82 Zu den einzelnen Kriterien vgl. u.a. *Karpenstein*, in: Grabitz / Hilf, Art. 8, Rn. 3–5; *Pietsch*, in: Hohmann / John, Anhang 4 zum KWKG, Rn. 4 ff.

des Gemeinsamen Standpunktes. Danach müssen abgelehnte Anträge allen Mitgliedstaaten mitgeteilt werden (Notifizierungspflicht). Beabsichtigt ein EU-Land trotz Vorliegens einer Ablehnungsanzeige („*Denial*") eines Partnerlandes „eine im Wesentlichen gleichartige Transaktion" innerhalb von drei Jahren nach der mitgeteilten Genehmigungsverweigerung zu gestatten, so ist eine vorherige Konsultation des ablehnenden Staates verpflichtend.[83] Entschließt sich das betreffende Land auch nach Informationsaustausch im Rahmen des Konsultationsverfahrens für eine Exportgenehmigung, so ist eine erneute Unterrichtung des Staates, welcher selbige Ausfuhr untersagte, vorzunehmen. Im Rahmen dieser Unterrichtung sind die Gründe für den stattgegeben Antrag darzulegen. Die den Export zulassende Regierung steht in der Rechtfertigungspflicht; die finale Entscheidung bleibt in einzelstaatlicher Verantwortlichkeit.

Durch die Notifizierungs- und Konsultationspflichten soll innerhalb der EU die Transparenz im Bereich der Rüstungsausfuhren erhöht und eine Annäherung der unterschiedlichen einzelstaatlichen Standards voran gebracht werden. Ebenfalls wird die Schaffung gleicher Wettbewerbsbedingungen in der europäischen Wehrindustrie verfolgt.[84] Eine zentrale Datenbank für Verweigerungsmitteilungen verwaltet das Generalsekretariat des Europäischen Rates. Diese Datenbank ist als Informationsquelle allen Mitgliedstaaten zugänglich.

Die Verweigerungsmitteilung hat nach dem EU-Benutzerleitfaden zum Gemeinsamen Standpunkt[85] zu erfolgen, wenn „die Regierungsbehörde einen Antrag auf Ausfuhrgenehmigung abgelehnt hat, der schriftlich (per E-Mail, Fax oder Schreiben) gestellt wurde und hinreichende Angaben enthielt, um der zuständigen Behörde eine Entscheidung zu ermöglichen." Essentielle Angaben des Genehmigungsantrags sind die Nennung des Bestimmungslandes, eine spezifizierte Warenbeschreibung und genaue Angaben zum Käufer sowie zum vorgesehenen Endverwender. Fakultativ sollte darüber hinaus eine Mitteilung erfolgen, wenn eine bereits erteilte Ausfuhrgenehmigung widerrufen wird oder wenn im Rahmen anderer Exportkontrollregime bereits eine Verweigerungsmitteilung erfolgte.[86]

ccc) Bewertung

Der Einfluss des Unterrichtungsverfahrens auf die Rüstungsexportpolitik der EU-Mitgliedstaaten ist als begrenzt zu bewerten. Während sich durch Ablehnungsnotifizierungen in gewisser Weise Minimalstandards innerhalb der EU etablieren können, werden positiv beschiedene Exportanträge nicht publiziert. Findet zeitweilen ein stiller Konsens der führenden europäischen Exportnationen hin zu einer laxeren Ausfuhrpolitik statt, so ergeben sich Veränderungen hinsichtlich der Handhabungen des Gemeinsamen Standpunktes, ohne dass diplomatische Verstimmungen

83 *Pathe / Wagner*, in: Bieneck, § 36, Rn. 22.
84 BT-Drs. 17/10230, S. 6.
85 Veröffentlicht im Amtsblatt der EU, C18/1 vom 21.1.2014.
86 Benutzerleitfaden zum Gemeinsamen Standpunkt, S. 6 f.

offen zu Tage treten. Vorschläge zu einem grundsätzlichen Informationsaustausch bei Exportvorhaben in bestimmte Ländergruppen konnten sich insoweit nicht durchsetzen. Im Jahr 2004 wurde diskutiert das Waffenembargo der EU gegenüber China aufzuheben und als milderes Mittel eine *„toolbox"* in den Verhaltenskodex aufzunehmen. Es wurde in Erwägung gezogen, mittels dieses Instrumentes vor Erteilung einer Ausfuhrgenehmigung in den jeweiligen Post-Embargo-Staat einen Informationsaustausch hinsichtlich der Einhaltung maßgeblicher Bestimmungen des Kodex einzuführen.[87] Die Integration eines gesonderten Konsultationsverfahrens vor Erteilung einer Genehmigung für Waffenexporte in Post-Embargo-Staaten und Drittländer, entsprechend der in den Politischen Grundsätzen der Bundesregierung vorgenommenen Differenzierung[88], ist angesichts steigender Konflikte in den entsprechenden Regionen angebracht.[89] Der Gemeinsame Standpunkt erhielte hierdurch eine signifikante Aufwertung.[90] Indessen ist die Bereitschaft zur Aufgabe nationalstaatlicher Souveränität unter den EU-Ländern in diesem wirtschaftlich relevanten Bereich derzeit nicht zu erkennen.[91]

Beabsichtigt eine Regierung eine Genehmigung zu erteilen obwohl eine im Wesentlichen gleichartige Transaktion von einem anderen Mitgliedstaat versagt wurde, beschränkt sich das weitere Konsultationsverfahren auf diese beiden Parteien (vgl. Artikel 4 Abs. 1 des Gemeinsamen Standpunktes).[92] Eine breite Diskussion, etwa innerhalb der gesamten COARM-Arbeitsgruppe, ist nicht vorgesehen. Somit führen sachbezogene Unstimmigkeiten in der Regel nicht zu einem gemeinsamen Informationsaustausch zwischen allen Vertretern der EU-Länder. Förderlich für die einheitliche und transparente Rechtsanwendung des Gemeinsamen Standpunktes wäre dahingegen ein offener Diskurs im Kollektiv über die Auslegung der Versagungskriterien.

Ferner obliegt die Auslegung, inwiefern ein Genehmigungsantrag mit einer *wesentlich gleichen* verweigerten Transaktion korreliert, dem wirtschaftlich profitierenden „Ausfuhrstaat". Politischer Argumentationsspielraum besteht sowohl hinsichtlich etwaiger Divergenzen zwischen den Empfängerländern, als auch bei Art und Umfang der Lieferungen. Exemplarisch sei hier die Rolle Deutschlands im internationalen Geschäft mit Kriegsschiffen und U-Booten hervorgehoben. Diffizile Staaten wie Saudi Arabien, die Vereinigten Arabischen Emirate, Brunei und Algerien

---

87 Im Vordergrund dieser Überlegungen standen wirtschaftliche Interessen an der Aufhebung des strikten Waffenembargos gegenüber China. Vgl. hierzu *Depauw*, in: Flemish Peace Institute, Background note 18.1.2010, S. 3 ff.

88 Es wird unterschieden zwischen Nato-Ländern, EU-Mitgliedstaaten, Nato-gleichgestellten (Australien, Japan, Neuseeland, Schweiz) und sonstigen Ländern (Drittländern).

89 Arbeitsgemeinschaft Kriegsursachenforschung an der Universität Hamburg, Aktuelle Kriege und bewaffnete Konflikte (2011).

90 Rüstungsexportbericht der GKKE 2012, S. 81.

91 BT-Drs. 17/10230, S. 1.

92 *Pathe / Wagner*, in: Bieneck, § 36, Rn. 22.

gehören zu den Kunden der deutschen Marinewerften.[93] Als Rechtfertigung wird regelmäßig die Unterscheidung zu Waffengattungen angeführt, welche ihre primäre Anwendung im Bodenkampf finden und vermeintlich eher zur unmittelbaren internen Repression eingesetzt werden können.[94] Die Diskussion der Gleich- bzw. Ungleichheit von Ausfuhranfragen wird mithin in der Regel nicht Gegenstand des Notifikations- und Konsultationsverfahrens, sondern bleibt Teil einer autonomen Vorentscheidung der einzelnen Regierungen. Bewertet ein Staat nach seiner Auffassung ein Rüstungsgeschäft für opportun, so kann eine politische Verteidigung unter Verweis auf eine vermeintliche Ungleichheit zur Entscheidung eines anderen Staates geführt werden.

Von besonderer praktischer Bedeutung im hiesigen Kriegswaffenkontrollverfahren ist das Instrument der Voranfrage. Hierdurch wird den Rüstungsunternehmen ermöglicht, frühzeitig zu klären, ob bei Zustandekommen des Kaufvertrages auch die erforderliche Ausfuhrgenehmigung zu einem späteren Zeitpunkt – vorbehaltlich etwaiger Änderungen der Sachlage – erteilt würde. Insbesondere bei potentiellen Vertragspartnern außerhalb der Nato ist eine Voranfrage betreffend die Genehmigungsfähigkeit des Geschäfts regelmäßig der erste Kontakt zwischen Rüstungsindustrie und Hoheitsträger.[95] In Anbetracht dessen ergibt sich eine Unvollständigkeit im Notifizierungsverfahren, wenn nach Art. 4 Abs. 2 a.E. des Gemeinsamen Standpunktes die Mitteilung einer verweigerten förmlichen Voranfrage in das Ermessen der Behörde gestellt ist.[96] Zwar wird ein ablehnender Staat oftmals ein Interesse an der Notifizierung der jeweiligen Voranfrage haben, um die gesetzten Standards auch von europäischen Wettbewerbern einfordern zu können. Gleichwohl gebietet die Zielvorgabe nach möglichst umfassender Transparenz im europäischen Kriegswaffenkontrollverfahren, das wichtige Institut der (konkreten) Voranfrage gleichsam verpflichtend in den Gemeinsamen Standpunkt aufzunehmen.

93 Rüstungsexportbericht der GKKE 2012, S. 63 ff.; *Friederichs*, in: Zeit Online vom 23.4.2013: Rüstungsexporte: Milliarden mit Kriegsschiffen.

94 Ungeachtet der wirtschaftspolitisch geleiteten Bewertung von Kriegsschiffexporten, können die entsprechenden Rüstungstransfers selbstverständlich auch Auswirkungen auf kriegerische Handlungen auf dem Festland haben. Möglich ist unter anderem ein von Schiffen oder U-Booten ausgehender Einsatz von Marschflugkörpern, die Mobilmachung von militärischen Einheiten oder die gezielte Kommunikationsüberwachung.

95 Zuständig für Voranfragen über Kriegswaffenausfuhren ist das Auswärtige Amt. Eine Entscheidung über Voranfragen richtet sich nach den gleichen Kriterien wie bei Genehmigungsanträgen. Der positive Bescheid über eine Voranfrage macht eine Exportgenehmigung nicht obsolet (Rüstungsexportbericht der Bundesregierung 2013, S. 9). Vgl. hierzu *Pottmeyer*, KWKG, § 9, Rn. 54 ff.

96 Ursprünglich war im britisch-französischen EU-Verhaltenskodex-Entwurf eine Gleichstellung zwischen Genehmigungsantrag und verifizierter Voranfrage vorgesehen (*Pietsch*, in: Hohmann / John, Anhang 4 zum KWKG, Rn. 14).

Im Ganzen besteht mit dem Unterrichtungsverfahren ein Mechanismus, welcher eine Vereinheitlichung von Mindeststandards innerhalb der EU intendiert. Eine Verschlechterung der auswärtigen Beziehungen im Sinne von § 6 Abs. 2 Nr. 1 KWKG wird eintreten, soweit notifizierte Ablehnungsentscheidungen von anderen Mitgliedstaaten unterlaufen werden. Da jedoch positive Bescheidungen über Rüstungsausfuhren grundsätzlich nationale Angelegenheiten bleiben, ist eine gesamteuropäische Rüstungsexportpolitik mit allgemeinverbindlicher Ausrichtung nicht durch den Gemeinsamen Standpunkt in seiner derzeitigen Form zu erreichen.[97]

cc) Arms Trade Treaty (ATT)

Der ATT ist ein globaler Vertrag über den Waffenhandel. Erstmalig besteht durch ihn eine völkerrechtliche Grundlage zur Regulierung der weltweiten Rüstungstransfers. Die Verhandlungen zum ATT fanden zunächst auf einer internationalen Konferenz unter der Leitung der Vereinten Nationen im Juli 2012 in New York statt, scheiterten jedoch am Einspruch der USA und Russlands.[98] Auf Betreiben der Generalversammlung der Vereinten Nationen wurde schließlich für März 2013 eine weitere Verhandlungsrunde anberaumt. Auf dieser Konferenz wurde der Vertragstext erarbeitet, welcher am 2.4.2013 mit deutlicher Mehrheit (155 Ja-Stimmen, 3 Nein-Stimmen (Iran, Nordkorea und Syrien), 22 Enthaltungen (u.a. Russische Föderation, China, Indien, Indonesien und arabische Staaten) und 13 Abwesenheiten) von der Generalversammlung angenommen wurde. Nach der Ratifizierung durch den 50. Staat ist der ATT am 25.12.2014 in Kraft getreten. Die Hinterlegung der Ratifikationsurkunde von Deutschland erfolgte bereits am 2.4.2014. Vorher trat nach der Zustimmung des Bundesrates das innerstaatliche Vertragsgesetz zum ATT am 26.10.2013 in Kraft.[99]

Ziel des Vertrages ist die Schaffung von „global gültigen, rechtlich bindenden, gemeinsamen Mindeststandards für den grenzüberschreitenden Handel mit konventionellen Rüstungsgütern“. Insbesondere sollen Ausfuhren einer strukturierten Gefahranalyse unter Beachtung international vergleichbarer Entscheidungskriterien unterzogen werden.[100] Zur Umsetzung des Vertrages verpflichtet sich jeder Vertragsstaat zur Errichtung eines nationalen Exportkontrollregimes. Der Geltungsbereich des Vertrages bezieht sich auf die sieben Kategorien des UN-Waffenregisters[101], auf

---

97 Weiterer Beleg für das uneinheitliche Auftreten der EU ist gegenwärtig die Uneinigkeit in der Frage einer Bewaffnung des syrischen Aufstands gegen das „Assad-Regime“ (vgl. *Schmidt / Meier / Seibert / Ziedler*, in: Tagesspiegel vom 28.5.2013: Waffenembargo gegen Syrien: EU kann sich nicht auf eine Linie einigen.

98 Rüstungsexportbericht der GKKE 2012, S. 15 ff.

99 BGBl. 2013 II S. 1426; vgl. auch die Bekanntmachung über die vorläufige Anwendung des Vertrages, BGBl. 2014 II S. 353 ff.

100 Rüstungsexportbericht der Bundesregierung 2013, S. 16 f.

101 Erfasst sind Kampfpanzer, gepanzerte Kampffahrzeuge, großkalibrige Artilleriesysteme, Kampfflugzeuge, Angriffshubschrauber, Kriegsschiffe, Flugkörper und

Kleinwaffen und leichte Waffen, auf Munition sowie auf Bauteile und Komponenten (vgl. Art. 2–4 ATT). Das Kernstück des Vertrages stellen die Art. 6 (Verbote) und Art. 7 (Ausfuhr und deren Bewertung) dar. Danach sind Transfers (Ausfuhr, Einfuhr, Durchfuhr sowie Umladung und Vermittlungstätigkeiten) verboten, wenn dadurch gegen Maßnahmen der Vereinten Nationen, gegen Waffenembargos oder sonstige völkerrechtliche Verpflichtungen verstoßen würde. Darüber hinaus muss ein Transfer unterbleiben, soweit positive Kenntnis darüber besteht, dass das Material zur Begehung von Völkermord, Verbrechen gegen die Menschlichkeit, schweren Verletzungen der Genfer Abkommen, Angriffen auf zivile Objekte oder Zivilpersonen oder zu anderen Völkerrechtsverstößen eingesetzt wird. Liegt kein Verbotstatbestand nach Art. 6 ATT vor, hat jeder Vertragsstaat gem. Art. 7 Abs. 1 ATT eine Bewertung des potentiellen Exportgeschäftes vorzunehmen. Mit einzubeziehen in die Bewertung sind: Ein möglicher Beitrag für Frieden und Sicherheit, die Menschenrechtssituation, die Beachtung des humanitären Völkerrechts, geschlechtsspezifische Gewalt, Terrorismusgefahren und Risiken durch die grenzüberschreitende organisierten Kriminalität. Nur, wenn ein „überwiegendes Risiko" besteht, dass eine der genannten negativen Auswirkungen eintritt (Art. 7 Abs. 3 ATT) und gleichzeitig keine Maßnahmen bestehen um den negativen Folgen entgegenzuwirken (Art. 7 Abs. 2 ATT), darf die Ausfuhr nicht genehmigt werden.

Sanktionsinstrumente die bei Nichtbeachtung der Verbotstatbestände Anwendung finden, sind im Regelungswerk nicht vorgesehen. Jedoch besteht nach Art. 13 ATT eine jährliche Berichtspflicht. Die Vertragsstaaten müssen dem Sekretariat jährlich bis zum 31. Mai für das vorangegangene Kalenderjahr einen Bericht über genehmigte oder tatsächlich erfolgte Ausfuhren und Einfuhren konventioneller Waffen vorlegen. Die eingegangenen Berichte werden an alle Vertragsstaaten zur Kenntnisnahme verteilt.

Für die deutsche Kriegswaffenexportpraxis wird das internationale Regelwerk keine wesentliche Auswirkungen haben, da die nunmehr geltenden ATT-Standards deutlich hinter den strengen deutschen Bestimmungen zur Exportkontrolle zurückbleiben.[102] Dennoch wir die Einigung auf weltweit geltende Regeln für den internationalen Waffenhandel als enormer Fortschritt gewertet.[103] Ob der ATT seinem Ziel letztlich gerecht wird, verbindliche Voraussetzungen und Transparenz im internationalen Waffenhandel zu schaffen, wird sich in den nächsten Jahren zeigen.

Abfeuereinrichtungen für Flugkörper. Darüber hinaus findet der Vertrag auch auf den Handel mit Kleinwaffen und leichten Waffen Anwendung.

102 Rüstungsexportbericht der GKKE 2013, S. 106.

103 *Ordemann*, AW-Prax 2013, 205.

2. *Fehlende Staatsbürgerschaft oder Wohnsitz oder gewöhnlicher Aufenthalt außerhalb des Bundesgebietes (§ 6 Abs. 2 Nr. 2 KWKG)*

Ein weiterer Grund für eine Versagung der Ausfuhrgenehmigung liegt nach § 6 Abs. 2 Nr. 2 KWKG vor, wenn eine in der Vorschrift benannte Person keinen Bezug zum Bundesgebiet aufweist. Der Regelung liegt die Erwägung zugrunde, dass eine ausreichende Exportkontrolle nur dann möglich ist, wenn der Genehmigungsinhaber Deutscher ist und seinen Wohnsitz und gewöhnlichen Aufenthalt im Bundesgebiet hat.[104]

a) Relevanter Personenkreis

aa) § 6 Abs. 2 Nr. 2a KWKG

Erfasst sind nach § 6 Abs. 2 Nr. 2a KWKG der Antragsteller, sein gesetzlicher Vertreter, bei juristischen Personen das vertretungsberechtigte Organ oder ein Mitglied eines solchen Organs, bei Personenhandelsgesellschaften ein vertretungsberechtigter Gesellschafter sowie der Leiter eines Betriebes oder eines Betriebsteiles des Antragstellers. *Argumentum e contrario* findet die Vorschrift keine Anwendung auf juristische Personen und Personenhandelsgesellschaften als solche. Vertretungsberechtigtes Organ bei einer juristischen Person ist der Vorstand, bei einem mehrköpfigen Vorstand die einzelnen Vorstandsmitglieder. Hierzu gehören bei der GmbH die einzelnen Geschäftsführer. Soweit eine KGaA Antragsteller ist, müssen die persönlich haftenden Gesellschafter die Erfordernisse der Vorschrift erfüllen.[105] Bei der GbR ist es ausreichend, wenn die vertretungsberechtigten Gesellschafter – und nicht alle Gesellschafter – einen Bezug zum Bundesgebiet aufweisen, da auch die GbR als Personengesellschaft anerkannt ist.[106]

Der Versagungsgrund des § 6 Abs. 2 Nr. 2a KWKG ist bereits dann erfüllt, wenn in einem mehrköpfigen vertretungsberechtigten Gremium schon bei einer Person die erforderlichen Voraussetzungen nicht vorliegen.[107]

Den Vorstandsmitgliedern und Gesellschaftern gleichgestellt ist der Leiter eines Betriebes oder eines Betriebsteils, da gleichfalls eine umfangreiche Verantwortung in der Führung der Geschäfte nach außen und innen besteht.[108] Der Betrieb ist die organisatorische Einheit von persönlichen, sachlichen und immateriellen Mitteln

---

104 *Pottmeyer*, KWKG, § 6, Rn. 50; die interessante Frage, inwieweit die Anknüpfung an die Staatsangehörigkeit und den inländischen Wohnsitz ausführender Personen nach § 6 Abs. 2 Nr. 2 KWKG mit EU-Recht (Diskriminierungsverbot des Art. 18 AEUV) vereinbar ist, bietet Anlass für eine eigenständige rechtliche Überprüfung.

105 *Hinze*, Waffenrecht, KWKG, § 6, Anm. 4; *Pottmeyer*, KWKG, § 6, Rn. 53 f.

106 Statt vieler *Sprau*, in: Palandt, § 705, Rn. 1; noch zur „alten" Rechtsauffassung *v. Poser und Groß Naedlitz*, Die Genehmigungsentscheidung nach dem Kriegswaffenkontrollgesetz, S. 106; *Pottmeyer*, a.a.O., § 6, Rn. 56.

107 *Pottmeyer*, a.a.O., § 6, Rn. 55.

108 BAGE 75, 153, 155 f.; *Pottmeyer*, a.a.O., § 6, Rn. 57.

zur Erreichung eines bestimmten arbeitstechnischen Zwecks.[109] Der Teilbetriebsleiter führt einen organisatorisch und räumlich getrennten Betriebsteil oder leitet in einem großen Betrieb eine bestimmte Abteilung. Je nach Komplexität der Aufgabenzuteilung kommen als Teilbetriebsleiter auch Personen in Betracht, die nicht zum Teil der leitenden Angestellten gehören.[110]

Die Anwendbarkeit der Vorschrift auf den gesetzlichen Vertreter des geschäftsunfähigen oder in seiner Geschäftsfähigkeit beschränkten Antragstellers hat geringe praktische Relevanz.[111] Erfasst sind hier beispielsweise Fälle, in denen ein Minderjähriger ein einzelkaufmännisch geführtes Rüstungsunternehmen erbt. Hierneben ist die Variante auf Parteien kraft Amtes, wie den Insolvenzverwalter oder den Testamentsvollstrecker, anzuwenden.[112]

bb) § 6 Abs. 2 Nr. 2b KWKG

Neben dem Antragsteller bzw. seinen Vertretern muss nach § 6 Abs. 2 Nr. 2b KWKG auch der Beförderer der Kriegswaffen Deutscher sein oder seinen Wohnsitz oder den gewöhnlichen Aufenthalt im Bundesgebiet haben. Mittels Auslegung ist zu ermitteln, wer als Beförderer im Sinne der Regelung anzusehen ist. Da der Auftraggeber der Beförderung bereits vom Anwendungsbereich des § 6 Abs. 2 Nr. 2a KWKG erfasst ist, entfällt dieser Personenkreis nunmehr für eine Subsumtion.[113] Es bestehen drei Auslegungsmöglichkeiten[114]:

Als Beförderer im Sinne des KWKG könnte der Spediteur anzusehen sein. Spediteur ist nach § 453 HGB der Betreiber eines gewerblichen Unternehmens, in dessen Rahmen er es übernimmt, Güterversendungen durch Frachtführer oder durch Verfrachter von Seeschiffen für Rechnung eines anderen in eigenem Namen zu besorgen. Der Spediteur schuldet als Hauptpflicht, anders als der Frachtführer, nicht die Ortsveränderung des Gutes, sondern lediglich die Organisation der Beförderung und gegebenenfalls der Verwahrung des Gutes durch geeignete Ausführungsgeschäfte im Sinne des § 454 Abs. 2 HGB.[115] Da die unmittelbare Ausführung in der Regel nicht dem Spediteur obliegt, könnte der *Telos* der Norm einer Parität von Beförderer und Spediteur entgegenstehen. Zweck der Einbeziehung des Beförderers in den Anwendungsbereich ist, den Gefahren im Zusammenhang mit dem Transportvorgang entgegenzutreten. Namentlich steht das Abhandenkommen der Kriegswaffen

---

109 *Kortstock*, in: Nipperdey Lexikon Arbeitsrecht.

110 *Pottmeyer*, KWKG, § 6, Rn. 58 m.w.N.

111 *V. Poser und Groß Naedlitz*, Die Genehmigungsentscheidung nach dem Kriegswaffenkontrollgesetz, S. 105; *Pottmeyer*, a.a.O., § 6, Rn. 52.

112 *Potrykus*, KWKG, § 6, Anm. 9.

113 Vgl. auch *Hinze*, Waffenrecht, KWKG, § 6, Anm. 4; *v. Poser und Groß Naedlitz*, Die Genehmigungsentscheidung nach dem Kriegswaffenkontrollgesetz, S. 109.

114 *Pottmeyer*, KWKG, § 3, Rn. 55 ff.

115 *Koller*, Transportrecht, § 453 HGB, Rn. 3.

im Fokus.[116] Unmittelbare Verantwortung trägt der Inhaber der Verfügungsgewalt, *ergo* der tatsächlich Transportierende. Betrachtet man jedoch den umfassenden Pflichtenkatalog des Spediteurs im Hinblick auf den Beförderungsvorgang, so ist im Sinne einer effektiven Gefahrenabwehr grundsätzlich auch die Person des Speditionsunternehmers im Rahmen des Versagungsermessens der Behörde beachtlich.[117] Soweit ein Spediteur vom Auftraggeber mit der Versendung der Ware betraut ist[118], bestimmt dieser sowohl das Beförderungsmittel als auch den Beförderungsweg. Hierneben obliegt ihm die Auswahl des ausführenden Transporteurs. Dieser unterliegt während des Transportvorgangs den Weisungen des Spediteurs (vgl. § 454 Abs. 1 HGB).[119] Der sichere Transport der Kriegswaffen hängt demnach maßgeblich von der Organisation des Beförderungsvorgangs ab. Der Spediteur ist als lenkender Beteiligter Beförderer im Sinne von § 6 Abs. 2 Nr. 2b KWKG.

Hierneben ist der Frachtführer (so LKW-Frachtführer, Deutsche Bahn) unmittelbar an der Beförderung der Kriegswaffen beteiligt. Frachtführer ist derjenige, der aufgrund eines Frachtvertrages Güter zum Bestimmungsort selbst oder durch Erfüllungsgehilfen befördert (vgl. § 407 HGB). Der Frachtführer bzw. Fuhrunternehmer[120] trägt die Obhut über die Kriegswaffen. Vertragscharakteristische Hauptleistung ist der vollständige und sichere Transport. Transportrisiken sind durch gewissenhafte Organisation und die Auswahl zuverlässiger Fahrer zu minimieren. Für das Verschulden seiner Erfüllungsgehilfen hat der Frachtführer nach § 278 BGB einzustehen.[121] Es ist in das Ermessen der Behörde gestellt, eine Kriegswaffenausfuhr zu versagen, wenn der Frachtführer den Anforderungen von § 6 Abs. 2 Nr. 2 a.E. KWKG nicht entspricht.[122]

Fraglich ist, ob auch der unmittelbar ausführende Transporteur (LKW-Fahrer), welcher in der Regel als Erfüllungsgehilfe für den Frachtführer fungiert, als Beförderer im Sinne des KWKG anzusehen ist. Der verfassungsrechtliche Auftrag einer umfassenden Gefahrenabwehr gebietet es augenscheinlich, den im direkten Kontakt zu den Waffen stehenden Fahrer mit in den Anwendungsbereich der Norm einzubeziehen. Schließlich ist der Fahrer den typischen Transportrisiken direkt ausgesetzt. Nachlässigkeiten oder ein zweckwidriger Umgang mit dem Transportgut durch den Transportierenden (als letztes Glied in der Kette) können zu unkalkulierbaren Risiken führen. Die Amtliche Begründung zum KWKG ist nicht eindeutig, ob der

---

116 BT-Drs. 3/1589, S. 15.

117 A.A. *v. Poser und Groß Naedlitz*, Die Genehmigungsentscheidung nach dem Kriegswaffenkontrollgesetz, S. 109; *Pottmeyer*, KWKG, § 3, Rn. 58 ff.

118 Ob ein Speditionsunternehmen vom Auftraggeber zwischengeschaltet oder direkt der Frachtführer beauftragt wird, ist in der Geschäftspraxis unterschiedlich.

119 *Janßen*, in: Hartenstein / Reuschle, Kap. 7, Rn. 35 ff.; *Koller*, Transportrecht, § 454 HGB, Rn. 3 ff.

120 BT-Drs. 3/1589, S. 15.

121 *Koller*, Transportrecht, § 407 HGB, Rn. 42 ff.

122 Auch *v. Poser und Groß Naedlitz*, Die Genehmigungsentscheidung nach dem Kriegswaffenkontrollgesetz, S. 110 f.; *Pottmeyer*, KWKG, § 3, Rn. 64 ff.

unmittelbar Ausführende kriegswaffenrechtlich als Beförderer zu klassifizieren ist. In den Gesetzesmaterialien findet sich im Rahmen der Erläuterungen zu § 3 KWKG folgende Formulierung:

> „Der Beförderer, d.h. der Fuhrunternehmer (LKW-Frachtführer, Deutsche Bundesbahn) oder derjenige, der die Beförderung ausführt (LKW-Fahrer), bedarf also keiner Genehmigung.“[123]

Dieser Wortlaut lässt sich unterschiedlich interpretieren. Nach Auffassung *Pottmeyers* liegt eine Differenzierung zwischen dem Fuhrunternehmer *als* Beförderer im Sinne des KWKG und dem unmittelbar Ausführenden (LKW-Fahrer) vor, welcher *de iure* nicht als Beförderer anzusehen sei.[124] Gleichfalls ist eine weitere Lesart möglich. Der Gesetzgeber könnte den Beförderer als Fuhrunternehmer *oder* als denjenigen, der die Beförderung ausführt, konkretisiert haben. Der Unternehmer und der unmittelbar Ausführende stünden – beide als Beförderer – im Kumulativverhältnis. Das „oder“ hat danach einschließende Funktion zwischen zwei zur Wahl stehenden Möglichkeiten.[125]

Trotz der mehrdeutigen Formulierung ist *Pottmeyer* im Ergebnis beizupflichten. Den einzelnen Fahrer einer behördlichen Prüfung zu unterziehen ist nicht praktikabel. Die innerbetrieblichen Arbeitsabläufe machen es in der Regel nicht möglich, Dienstpläne für Transporte monatelang im Voraus (entsprechend dem erheblichen Zeitpunkt für die Behördenentscheidung) ohne kurzfristige Abweichungsmöglichkeit zu gestalten. Vielmehr obliegt es dem Unternehmer, die Struktur und Organisation seines Betriebes mit zuverlässigen Mitarbeitern sicherzustellen. Der ausführende Transporteur ist in das jeweilige Unternehmen des Frachtführers eingegliedert. Er nutzt die vorgefundene Ausstattung und ist umfassenden Weisungen unterworfen. Für ein Fehlverhalten des Fahrers haftet der Frachtführer. Ein gewissenhafter Unternehmer wird daher ein Interesse daran haben, ausschließlich Fahrer einzusetzen, die ihrerseits über die erforderlichen Zuverlässigkeitserfordernisse verfügen. Der Fuhrunternehmer muss den besonderen kriegswaffenrechtlichen Anforderungen entsprechen.[126] Etwaige Unzulänglichkeiten der Mitarbeiter spiegeln sich in der Beurteilung des Gesamtunternehmens wider. Die Nationalität bzw. der Wohnsitz oder gewöhnliche Aufenthalt des tatsächlich Transportierenden ist sonach nicht entscheidend. Beförderer im Sinne von § 6 Abs. 2 Nr. 2 b KWKG sind der Spediteur – soweit dieser zwischengeschaltet ist – und der Frachtführer.

---

123 BT-Drs. 3/1589, S. 15.

124 Vgl. *Pottmeyer*, KWKG, § 3, Rn. 61 ff., diesem folgend *v. Poser und Groß Naedlitz*, Die Genehmigungsentscheidung nach dem Kriegswaffenkontrollgesetz, S. 110 f.

125 Duden: oder.

126 *Koller*, Transportrecht, § 407 HGB, Rn. 46 ff.; *Pottmeyer*, KWKG, § 3 Rn. 65.

cc) § 6 Abs. 2 Nr. 2c KWKG

Schließlich steht es im Ermessen der Behörde, eine Kriegswaffengenehmigung zu versagen, wenn derjenige, der die tatsächliche Gewalt über die Waffen dem Beförderer überlässt oder von ihm erwirbt[127], nicht den Erfordernissen der Vorschrift entspricht (§ 6 Abs. 2 Nr. 2c KWKG). Die genannten Vorgänge unterliegen nach § 2 Abs. 2 KWKG grundsätzlich der Genehmigungspflicht. Allerdings entschied sich der Gesetzgeber für eine Ausnahmeregelung: Da die aufgezählten Übertragungsakte notwendigerweise mit jeder Beförderung einhergehen, sind ebendiese Handlungen aus Praktikabilitätsgründen nach § 5 Abs. 3 Nr. 1 KWKG von der Genehmigungspflicht befreit. Sie gelten als von der Beförderungsgenehmigung nach § 3 Abs. 1 und 3 KWKG mit abgedeckt.[128] Um jedoch auch in den genannten Konstellationen das erforderliche Maß an Kontrolle zu gewährleisten, ist der Behörde grundsätzlich ein Versagungsermessen eingeräumt, wenn der Überlasser oder der Erwerber der tatsächlichen Gewalt über die Waffen keinen Bezug zum Bundesgebiet hat.[129] Eine Einschränkung muss hier jedoch für den Bereich des Kriegswaffenexportes erfolgen. Da der Erwerb vom Beförderer beim Export regelmäßig an einen Personenkreis erfolgt, welcher keinen Bezug zum Bundesgebiet hat, hätte dies zur Konsequenz, dass praktisch jeder Ausfuhrantrag unter Verweis auf § 6 Abs. 2 Nr. 2c KWKG versagt werden könnte.[130] Dem steht das gesamte Regelungssystem der Kriegswaffenkontrolle entgegen, welches im Rahmen von § 6 KWKG und in den Politischen Grundsätzen der Bundesregierung konkrete Anforderungen an den jeweiligen Empfänger statuiert. Der pauschale Verweis auf die Nationalität würde dieses differenzierende System konterkarieren.

b) Bezug zum Bundesgebiet

Es besteht die Möglichkeit der Versagung einer Ausfuhrerlaubnis, wenn eine der o.g. Personengruppen entweder nicht Deutscher im Sinne des Grundgesetzes ist oder seinen Wohnsitz oder seinen gewöhnlichen Aufenthalt außerhalb des Bundesgebietes[131] hat. Das Versagungsermessen der Behörde ist bereits bei Fehlen einer dieser Eigenschaften eröffnet.

---

127 Nach der Amtlichen Begründung zum KWKG (BT-Drs. 3/1589, S. 14) sind Inhaber der tatsächlichen Gewalt der unmittelbare Besitzer (§ 854 BGB) sowie der Besitzdiener (§ 855 BGB); ausführlich hierzu *Pottmeyer*, a.a.O., § 2, Rn. 47 ff.

128 BT-Drs. 3/1589, S. 16 f.; *v. Poser und Groß Naedlitz*, Die Genehmigungsentscheidung nach dem Kriegswaffenkontrollgesetz, S. 113.

129 *V. Poser und Groß Naedlitz*, ebd.

130 Nach § 6 Abs. 2 KWKG ist die Genehmigungsversagung bei „Tatbestands" erfüllung intendiert (sog. intendiertes Ermessen).

131 Unter Bundesgebiet ist der Staatsraum zu verstehen, über den die Bundesrepublik Deutschland ihre staatliche Souveränität ausübt (vgl. *Epping*, in: Maunz / Dürig, Art. 115a, Rn. 30).

Deutscher i.S.v. Art. 116 GG ist derjenige, der die deutsche Staatsangehörigkeit besitzt. Eine Konkretisierung findet in § 3 StAG statt. Hierneben sind als Deutsche auch jene anzusehen, die als Flüchtling oder Vertriebener deutscher Volkszugehörigkeit oder als dessen Ehegatte oder Abkömmling in dem Gebiet des Deutschen Reiches nach dem Stand vom 31.12.1937 Aufnahme gefunden haben.

Für die Beurteilung des Wohnsitzes im Bundesgebiet ist das gemeinrechtliche Verständnis, welches § 7 BGB zugrunde liegt, maßgeblich, wonach jemand seinen Wohnsitz an dem Ort hat, an den er immer wieder zurückkehrt. Daran anknüpfend hat das Reichsgericht den Wohnsitz definiert als „den räumlichen Mittelpunkt des gesamten Lebens einer Person, ein Zustandsverhältnis, das durch die Verknüpfung der Lenkung und Leitung einer Person an einem Ort hergestellt wird".[132] Diese Definition wird dem heutigen Wohnsitzbegriff nicht in Gänze gerecht, da nach § 7 Abs. 2 BGB auch die Begründung weiterer Wohnsitze möglich ist. Der räumliche Mittelpunkt des Lebens einer Person kann jedoch nicht an mehreren Orten gleichzeitig sein. Der Wohnsitz ist sonach besser als *räumlicher Schwerpunkt der Lebensverhältnisse* einer Person zu definieren.[133]

Neben dem Wohnsitz ist der gewöhnliche Aufenthalt für die Ausfuhrgenehmigung relevant. Den gewöhnlichen Aufenthalt hat jemand dort, wo er sich dauernd aufhält.[134] Entscheidend ist die tatsächliche körperliche Anwesenheit der Person. Eine rechtliche Anknüpfung an den jeweiligen Ort (z.B. durch Begründung eines Wohnsitzes) ist nicht entscheidend. Die ständige ununterbrochene Anwesenheit der Person ist nicht erforderlich, so dass auch bei kurzfristigem Ortswechsel der einmal begründete Aufenthalt nicht beendet wird.[135] Da der Wohnsitz einer Person an mehreren Orten sein kann, ermöglicht das zusätzliche Kriterium des gewöhnlichen Aufenthalts, die Kriegswaffenausfuhr zu versagen, wenn sich zwar *ein* Wohnsitz der in § 6 Abs. 2 KWKG genannten Personen im Bundesgebiet befindet, der gewöhnliche Aufenthalt jedoch im Ausland ist.

3. Nachweis anderer Genehmigungen (§ 6 Abs. 2 Nr. 3 KWKG)

Letztlich kann eine Ausfuhrgenehmigung versagt werden, wenn eine im Zusammenhang mit der genehmigungsdürftigen Handlung nach anderen Vorschriften erforderliche Genehmigung nicht nachgewiesen wird.

§ 6 Abs. 2 Nr. 3 KWKG verlangt nicht, dass die weiteren Genehmigungen bereits vor der Antragstellung nach KWKG vorliegen müssen. Möglich ist jedoch die Ausübung des Versagungsermessens bei Ablehnung einer erforderlichen Genehmigung nach einem anderen Gesetz.[136] Auf diese Weise soll eine Koordinierung

132 So RGZ 67, 191, 193; *Schmitt*, in: MüKo-BGB, Band 1, § 7, Rn. 8 f.

133 Vgl. *Schmitt*, ebd.

134 *V. Hein*, in: MüKo-BGB, Band 10, Art. 5 EGBGB, Rn. 141 ff.

135 RGZ 91, 287, 288; *Ellenberger*, in: Palandt, § 7, Rn. 2 f.; *Koenig*, in: Pahlke / Koenig, § 9, Rn. 8.

136 *Hinze*, Waffenrecht, KWKG, § 6, Anm. 5.

der Entscheidung der verschiedenen Genehmigungsbehörden bewirkt werden. Die Bestimmungen der unterschiedlichen Behörden sollen im Ergebnis nicht voneinander abweichen.[137] Berührungspunkte bestehen vornehmlich zum AWG, zum WaffG und zum SprengG.[138]

II. Ermessenslenkung: Die Politischen Grundsätze der Bundesregierung[139]

Das der Behörde in § 6 Abs. 2 KWKG eingeräumte Genehmigungsermessen findet durch die „Politischen Grundsätze der Bundesregierung für den Export von Kriegswaffen und sonstigen Rüstungsgütern" eine Konkretisierung. Die Politischen Grundsätze geben einen gewichtigen Maßstab für die Erteilung der Exportgenehmigung. Sie geben den Entscheidungsträgern eine Direktive an die Hand, wie über Rüstungsexportanträge zu befinden ist. Die Grundsätze sind zentraler Bestandteil im Gesamtkontext der deutschen Wirtschafts- und Außenpolitik.[140]

1. Entstehungsgeschichte

Erste politische Grundsatzentscheidungen hinsichtlich der Belieferung fremder Staaten mit deutschen Rüstungsgütern wurden von der CDU-FDP Koalition unter Bundeskanzler *Erhard* formuliert.[141] Auslöser war die Nahostkrise von 1965. Im Spannungsverhältnis stand die Aufnahme diplomatischer Beziehungen Deutschlands zu Israel mit den Sicherheitsinteressen der an Israel angrenzenden arabischen Staaten.[142] Zu schweren außenpolitischen Verstimmungen führte hierbei das Bekanntwerden eines geheimen deutsch-israelischen Militärhilfeabkommens. Als Reaktion auf die Veröffentlichung des brisanten Materials proklamierte die Bundesregierung die rüstungsexportpolitische Maxime, keinerlei Waffenlieferungen in Spannungsgebiete zuzulassen.[143] Schließlich konkretisierte die damalige

---

137 *Pottmeyer*, KWKG, § 6, Rn. 68.

138 Ausführlich zum Verhältnis des KWKG zu anderen Gesetzen *Pottmeyer*, a.a.O., Einl., Rn. 161 ff.

139 S. Anlage C.

140 *Pietsch*, in: Hohmann / John, Anhang 2 zum KWKG, Rn. 2.

141 Protokoll der 164. Sitzung des Deutschen Bundestages, 8076 A – 8077 A.

142 *Geiger*, Atlantiker gegen Gaullisten, S. 342 f.; *Pietsch*, in: Hohmann / John, Anhang 2 zum KWKG, Rn. 1; *Wagner*, EA 1965, 359 ff.

143 Vgl. *Carstens* (Protokoll der 164. Sitzung des Deutschen Bundestages, 8076 A): „Die Bundesregierung hat, wie mehrfach bekanntgegeben worden ist, den Beschluss gefaßt, künftig keine Vereinbarungen über die Lieferung von Waffen in Spannungsgebiete einzugehen. Diese Grundsatzentscheidung ist nicht auf irgendein bestimmtes Land bezogen, sondern gilt für Spannungsgebiete schlechthin."; Die Verwendung des unbestimmten Begriffs „Spannungsgebiete" sollte sich in der damaligen sensiblen weltpolitischen Lage noch als bedenklich erweisen. Mit „Spannungsgebiete" wurde in der Öffentlichkeit Krisenregionen wie der Nahe Osten

Bundesregierung ihre Exportprinzipien im Zusammenhang mit Rüstungsanfragen einiger afrikanischer Staaten. In Verfolgung einer restriktiven Zielvorgabe sollten keine Waffen an Staaten geliefert werden, welche im Konflikt mit Nachbarstaaten stehen. Deutsche Waffen sollten nicht als Aggressionsmittel dienen. Zudem sollte ein angemessenes Verhältnis zwischen Ausrüstungshilfe und Entwicklungshilfe beachtet werden.[144]

Die ersten offiziell veröffentlichten „Politischen Grundsätze der Bundesregierung für den Export von Kriegswaffen und sonstigen Rüstungsgütern" wurden 1971 von der SPD-FDP Koalition verabschiedet.[145] Erstmals wurde zwischen Rüstungsausfuhren in NATO-Länder und Nicht-NATO-Länder differenziert. Bis heute ist dies das entscheidende Charakteristikum deutscher Exportpolitik. Gegenüber NATO-Verbündeten sind grundsätzlich keine Ausfuhrbeschränkungen vorgesehen, wohingegen der Export von Kriegswaffen in Länder außerhalb der NATO in der Regel unterbleiben soll.[146] Ferner bekannte sich die Bundesregierung in den Grundsätzen von 1971 ausdrücklich dazu, Kriegswaffen nicht in Spannungsgebiete zu liefern.[147]

Eine vollständige Neufassung der Rüstungsexportrichtlinie wurde am 28.4.1982 beschlossen.[148] Hintergrund hierfür waren vorangegangene Diskussionen im Bundestag und der Öffentlichkeit über Unzulänglichkeiten im deutschen Rüstungsexportregime. Die folgenden Meldungen standen Ende 1980 im öffentlichen Diskurs: Nach Ermittlungen der Staatsanwaltschaft war die Firma Rheinmetall an illegalen Waffenlieferungen nach Südafrika, Argentinien und Saudi Arabien beteiligt. Zudem hat der damalige Bundeskanzler *Schmidt* eine mögliche Ausfuhr von Kampfpanzern des Typs Leopard 2 an Saudi Arabien nicht dementiert. Schließlich wurde bekannt, dass die Bundesregierung der Genehmigung des Baus von U-Booten für Chile zugestimmt hatte.[149]

---

oder der Kongo assoziiert. Außer Acht gelassen wurde jedoch, dass das objektiv gefahrträchtigste Spannungsgebiet Mitteleuropa als politische und geografische Grenze zwischen NATO-Staaten und Warschauer Pakt war. In Bedrängnis wäre die Bundesrepublik geraten, wenn andere Staaten ebenfalls den genannten Aspekt in ihre Exportregime aufgenommen und Deutschland eine militärische Hilfe unter Verweis hierauf verweigert hätten (*Wagner*, EA 1966, 221, 229 f.).

144 *Wagner*, EA 1966, 221, 224.

145 Militärpolitik Dokumentation 18/1980; *Brzoska*, Rüstungsexportpolitik, S. 101 f.; *Matties*, Kriege in der Dritten Welt, S. 108.

146 BMVg, Weißbuch 1971/1972, S. 148 f.

147 Die Festlegung, welche Ländern als Spannungsgebiete gelten, erfolgte durch das Auswärtige Amt.

148 Bulletin, Presse und Informationsamt der Bundesregierung, Nr. 38 (5.5.1982), S. 309 ff.; *Pietsch*, in: Hohmann / John, Anhang 2 zum KWKG, Rn. 1.

149 Der Spiegel 1982, Nr. 19, S. 19, 20 f.: „Jetzt steht die Tür sperrangelweit offen"; *Brzoska*, Rüstungsexportpolitik, S. 108 f.

Paradox ist, dass auf den kritischen Anstoß, eine Änderung der Grundsätze hin zu einer weniger beschränkenden Kontrollpolitik erfolgte.[150] Während die grundlegende Unterscheidung zwischen NATO- und Nicht-NATO-Ländern übernommen wurde, gab man das Postulat, nicht in Spannungsgebiete zu liefern, in dieser Ausdrücklichkeit auf. Ersatzweise wurde der weniger zwingende Passus eingefügt, die Lieferung von Kriegswaffen dürfe nicht zu einer Erhöhung bestehender Spannungen beitragen (Nr. 13 Politische Grundsätze a.F.). Ähnlich unpräzise ist die Neuformulierung, dass die „innere Lage des betreffenden Landes" einer Genehmigungserteilung nicht entgegenstehen dürfe (Nr. 12 Politische Grundsätze a.F.). Zudem erwächst politischer Argumentationsspielraum durch die Aufnahme einer Positivklausel. Danach könnten im Einzelfall „vitale Interessen der Bundesrepublik Deutschland" für eine Waffenlieferung sprechen. Vitale Interessen seien außen- und sicherheitspolitische Interessen unter Berücksichtigung der Bündnisinteressen (Nr. 9 Politische Grundsätze a.F.).[151] Das US-Außenministerium resümierte zur Reform der Rüstungsexportgrundsätze, die erneuerten politischen Vorgaben von 1982 seien weniger restriktiv.[152]

Die derzeitige Form der Politischen Grundsätze wurde von der rot-grünen Bundesregierung unter Bundeskanzler *Schröder* am 20.1.2000 beschlossen und am 28.1.2000 im Bundesanzeiger bekannt gemacht.[153] Diese orientieren sich im Wesentlichen an den zuvor geltenden Maßstäben. Als neue Elemente wurde der Hinweis auf den Verhaltenskodex der Europäischen Union für Waffenexporte, der Menschenrechtsstatus und der Aspekt der nachhaltigen Entwicklung etwaiger Empfängerländer sowie die Verpflichtung der Bundesregierung, dem Deutschen Bundestag jährlich einen Bericht über genehmigte Rüstungsexporte vorzulegen, hinzugefügt.[154]

Die neuen Grundsätze wurden vom Bundessicherheitsrat, dem Kabinettsausschuss für sicherheits- und rüstungspolitische Fragen[155], ausgearbeitet. Begleitet

150 Der Spiegel (1982, Nr. 19, S. 19) kommentierte die Neufassung der Politischen Grundsätze wie folgt: „Jetzt steht die Tür sperrangelweit offen. Die neuen Richtlinien zum Rüstungsexport lassen der Bundesrepublik viel Spielraum. Künftig können deutsche Waffen in alle Welt, Spannungsgebiete eingeschlossen, verkauft werden. Selbst Panzerlieferungen an die Saudis, vor Jahresfrist am SPD-Widerstand gescheitert, wären durch die dehnbaren Formeln gedeckt."

151 Vgl. auch *Brzoska*, Rüstungsexportpolitik, S. 110 f.

152 "West Germany has for many years followed a restrictive arms export policy which eschews the sale of major lethal weapons to areas of tension. Bonn may now be moving toward a somewhat less stringent policy in which potential sales may be considered individually in the light of West Germany's arms exports, however, have been to European nations and are outside the scope of this report." (US Department of State, Conventional Arms Transfers in the Third World, 1972–81, S. 8).

153 BAnz. Nr. 19 v. 28.1.2000, S. 1299 ff.

154 BT-Drs. 14/2470, S. 1.

155 Näher *Glawe*, DVBl 2012, 329.

wurde dieser Prozess von einer regierungsinternen Kontroverse: Im Oktober 1999 beschied der Bundessicherheitsrat positiv über die Ausfuhr eines Leopard 2 Kampfpanzers zu militärischen Testzwecken an die Türkei.[156] Bei dem Quorum über die Ausfuhrgenehmigung kam es zu einer Pattsituation zwischen bündnisgrün geführten und SPD geführten Ministerien. Die Grünen positionierten sich, ob der diffizilen Menschenrechtssituation in der Türkei, vehement gegen den Export. Ausschlaggebend war schließlich die befürwortende Stimme von Bundeskanzler *Schröder*.[157] In Besorgnis einer Präjudizentscheidung für nachfolgende Exportanträge zur Aufrüstung der türkischen Streitkräfte mit deutschen Kampfpanzern, setzten sich die Grünen für die Aufnahme eines ausdrücklichen Passus in die Politischen Grundsätze ein, wonach die Menschenrechtslage im Empfängerland als zentrales Kriterium hervorgehoben wird.[158]

Formal stellen die neuen Bestimmungen Verschärfungen gegenüber den bis dato geltenden Grundsätzen dar.[159] Die „Politischen Grundsätze der Bundesregierung für den Export von Kriegswaffen und sonstigen Rüstungsgütern“ in der Fassung vom 20.1.2000 sind Gegenstand der weiteren Darstellung.

2. Rechtsnatur

Ihrer Rechtsnatur nach handelt es sich um Verwaltungsvorschriften, die bestimmen, in welcher Weise das eingeräumte Verwaltungsermessen einzusetzen ist (sog. ermessenslenkende Verwaltungsvorschriften).[160] Es soll eine einheitliche und gleichmäßige Ermessensausübung sichergestellt werden.[161] Die Ermächtigung zum Erlass der Grundsätze beruht auf der Befugnis der Behörden zur Organisation und Leitung ihres Geschäftsbereichs; einer speziellen gesetzlichen Rechtsgrundlage bedarf es nicht.[162] Die Bundesregierung ist nach § 11 Abs. 1 KWKG zuständige Genehmigungsstelle und war demnach zum Erlass der Verwaltungsrichtlinien befugt. Da die Bundesregierung von ihrer durch § 11 Abs. 2 und 3 KWKG i.V.m. § 1 der 1. DVO zum KWKG eingeräumten Delegationsmöglichkeit Gebrauch gemacht hat, gelten

156 *Wessels*, AW-Prax 2000, 181.

157 *Wessels*, AW-Prax 2000, 57.

158 Vormals fand eine Beurteilung der Menschenrechtssituation unter dem Prüfungspunkt „innere Lage des betreffenden Landes“ statt (*Brzoska*, Rüstungsexportpolitik, S. 110); Berliner Zeitung vom 26.10.1999: Koalition legt Streit um Panzerlieferungen an die Türkei bei.

159 Hierzu *Frank*, HFSK-Standpunkte 3/2000, S. 4 f.

160 BT-Drs. 13/5966, S. 6; 18/587, S. 3; *Epping*, DWiR 1991, 276, 281; *Kirchner*, DVBl 2012, 336, 342; *Pathe / Wagner*, in: Bieneck, § 36, Rn. 10; *Pietsch*, in: Hohmann / John, Anhang 2 zum KWKG, Rn. 1.; *Pottmeyer*, KWKG, Einl., Rn. 228; *Sohm*, NZWehrr 1994, 99, 105; *Weith / Wegner / Ehrlich*, Grundzüge der Exportkontrolle, S. 205.

161 BVerwG DVBl 1982, 198; *Maurer*, Allgemeines Verwaltungsrecht, § 24, Rn. 10.

162 BVerfGE 26, 338,396; 67, 222, 229; *Erbguth*, Allgemeines Verwaltungsrecht, § 27, Rn. 3.

die Ermessensvorgaben auch für die jeweilig eingesetzten Ministerien und deren Entscheidungsträger.[163]

Den Politischen Grundsätzen der Bundesregierung fehlt die unmittelbare Außenwirkung. Sie sind Innenrecht der Verwaltung. Jedoch bildet sich durch ihre Anwendung in Exportfragen eine Verwaltungspraxis, durch die sich die Verwaltung selbst bindet.[164] Gleich gelagerte Anträge der Rüstungsunternehmen, die den Kriterien der Richtlinie unterliegen, dürfen nicht ohne sachlichen Grund unterschiedlich behandelt werden. Andernfalls kommt es zu einem Verstoß gegen den verfassungsrechtlichen Gleichheitsgrundsatz. Der Bürger hätte nach Art. 3 Abs. 1 GG einen Anspruch auf Gleichbehandlung (sog. mittelbare Außenwirkung von Verwaltungsvorschriften).[165]

Außerhalb dieser mittelbaren rechtlichen Verbindlichkeit sind die Grundsätze, entsprechend ihrem Namen lediglich politisch verpflichtend.[166] Der rechtsverbindliche Rahmen für den Export deutscher Kriegswaffen ist abschließend vom Verfassungsgeber (Art. 26 Abs. 2 GG) und in der näheren Ausgestaltung vom parlamentarischen Gesetzgeber (KWKG) vorgegeben. Die Regierung muss sich jedoch an den selbstgesetzten Richtlinien messen lassen. Wichtiges Instrumentarium ist hierbei der jährlich erscheinende Rüstungsexportbericht, welcher in gewisser Weise einen Abgleich der Zielvorgabe mit der tatsächlichen Ausfuhrpraxis ermöglicht.

3. *Die Grundsätze*

a) *Restriktive Zielvorgabe*

Das Bekenntnis zu einer restriktiven Rüstungsexportpolitik ist in der Präambel der Politischen Grundsätze für den Export von Kriegswaffen und sonstigen Rüstungsgütern vorangestellt und gilt nach allgemeinem Verständnis für alle Genehmigungsentscheidungen.[167]

Der Erlass ermessensleitender Verwaltungsvorschriften für diesen besonderen Bereich des Außenhandels bewegt sich im engen Rahmen der Verfassungsvorgabe (Vorrang des Gesetzes).[168] Nach Art. 26 Abs. 2 GG ist der Handel mit Kriegswaffen grundsätzlich *verboten* und nur in Ausnahmefällen einer Rechtfertigung zugänglich (repressives Verbot mit Befreiungsvorbehalt).[169] Somit ist die rechtlich unverbindliche Proklamation einer restriktiven Rüstungspolitik zunächst nur die Repetition

---

163 BVerwGE 104, 220, 227; *Epping*, DWiR 1991, 276, 281.

164 *Weith / Wegner / Ehrlich*, Grundzüge der Exportkontrolle, S. 205.

165 BVerwGE 52, 193, 199; *Maurer*, Allgemeines Verwaltungsrecht, § 24, Rn. 21.

166 *Wessels*, AW-Prax 2000, 181, 182.

167 BT-Drs. 10/1346, S. 5; 12/2555, S. 1 f.; 12/3229, S. 14; 18/587, S. 3; Rüstungsexportbericht der Bundesregierung 2012, S. 6 ff.; *Sohm*, NZWehrr 1994, 99 m.w.N.

168 BVerfGE 9, 338, 349; 34, 269, 286 f.; *Bull / Mehde*, Allgemeines Verwaltungsrecht, § 6, Rn. 226; *Jarass*, in: Jarass / Pieroth, Art. 20, Rn. 32 ff.

169 Vgl. hierzu S. 47 ff.

geltenden Rechts. Entscheidend ist, ob die Genehmigungspraxis den obligatorischen Maßstäben standhält.

In quantitativer Hinsicht korreliert das Bekenntnis zur Zurückhaltung nicht mit der Genehmigungspraxis: Seit Inkrafttreten der „neuen“ Politischen Grundsätze ist das Rüstungsexportvolumen – ungeachtet des schwierigen Gesamtumfeldes auf dem Weltrüstungsmarkt[170] – stetig gewachsen. Vergleicht man den Wert der Gesamtausfuhren aus dem Jahr 2000 (Ausfuhrgenehmigungen in Höhe von 4,8 Mrd. Euro) mit den Werten aus 2012 (Ausfuhrgenehmigungen in Höhe von 8,9 Mrd. Euro), so hat nahezu eine wertmäßige Verdopplung stattgefunden. Mit einem Anteil von sieben Prozent aller Rüstungsausfuhren ist die Bundesrepublik drittgrößter Rüstungsexporteur weltweit.[171]

Tabelle 1: Ausfuhrgenehmigungen in den Jahren 1999–2013[172]

Jahr	Einzelausfuhr-genehmigungen (Mio. €)	Sammelausfuhr-genehmigungen (Mio. €)
1999	3,026	335
2000	2,846	1,969
2001	3,686	3,845
2002	3,257	2,550
2003	4,864	1,328
2004	3,806	2,437
2005	4,215	2,032
2006	4,189	3,496
2007	3,668	5,033
2008	5,788	2,546
2009	5,043	1,996
2010	4,754	737
2011	5,414	5,380
2012	4,704	4,172
2013	5,846	2,494

170 BT-Drs. 18/192, S. 1 ff.; *Moltmann*, HFSK-Standpunkte 1/2011, S. 3; *Schladebach*, RIW 2010, 127, 128.

171 SIPRI, Trends in international Arms Transfers, 2013, S. 3.

172 Vgl. Rüstungsexportberichte der Bundesregierung aus den Jahren 1999–2013.

b) *Kriegswaffenexporte in EU-Mitgliedstaaten, NATO-Staaten und NATO-gleichgestellte Staaten*

Zentrales Charakteristikum der Exportgrundsätze ist die Differenzierung nach Ländergruppen. Das Bekenntnis zur restriktiven Rüstungsexportpolitik gilt uneingeschränkt nur für Ausfuhren in sogenannte Drittstaaten. Dagegen sind Kriegswaffenausfuhren in NATO-Länder, NATO-gleichgestellte Länder (Australien, Neuseeland, Japan, Schweiz) und EU-Mitgliedstaaten privilegiert. In Abhängigkeit der Länderzugehörigkeit divergiert der Entscheidungsspielraum der Genehmigungsbehörde. An Bündnispartner stellen Genehmigungen die Regel und Ablehnungen die Ausnahme dar, wohingegen Drittländer nur in Ausnahmefällen beliefert werden sollen.[173]

Die Unterscheidung nach Empfängerstaaten ist getragen von politischen Interessen. Die Einbindung in NATO und die EU ist Kernelement der Sicherheit der Bundesrepublik.[174] Zur Sicherung von Frieden und Wohlstand wird von Deutschland als Bündnispartner ein angemessener Beitrag zur militärischen Stabilität innerhalb des Bündnisses erwartet. Hierzu gehört grundsätzlich auch, der privatwirtschaftlichen Rüstungsindustrie die Versorgung verbündeter Staaten mit Militärgütern zu ermöglichen.[175] Gleichwohl steht die Reichweite der Legitimität rüstungswirtschaftlicher Entscheidungen nicht im Belieben politischer Akteure, sondern findet seine Schranke unmittelbar in der Verfassung. Es bedarf nach Art. 26 Abs. 2 GG einer Rechtfertigung für den grundsätzlich verbotenen Kriegswaffenexport, der den Anforderungen an das Friedensgebot standhält.[176] Die Motivvorgaben und die Restriktionen der Politischen Grundsätze sind hieran zu messen.

Tabelle 2: Hauptempfänger der EU-, NATO- und NATO-gleichgestellten Ländern (2011–2013)[177]

	Empfängerland	**Ausfuhrgenehmigungen (Mio. €)**
1	USA	1,839
2	Niederlande	1,034
3	Großbritannien	812
4	Italien	483
5	Frankreich	468

173 Rüstungsexportbericht der Bundesregierung 2012, S. 7.

174 *Pietsch*, in: Hohmann / John, Anhang 2 zum KWKG, Rn. 10.

175 *Weith / Wegner / Ehrlich*, Grundzüge der Exportkontrolle, S. 210.

176 *Bothe*, in: Bonner Kommentar, Band 6, Art. 26, Rn. 28 ff.; *Streinz*, in: Sachs, Art. 26, Rn. 9 ff.

177 Vgl. Rüstungsexporteberichte der Bundesregierung aus den Jahren 2011–2013.

	Empfängerland	Ausfuhrgenehmigungen (Mio. €)
6	Kanada	456
7	Schweiz	375
8	Türkei	313
9	Spanien	254
10	Schweden	232

aa) Sicherheitsinteressen im Rahmen des NATO-Bündnisses und der EU

Nach den Exportgrundsätzen hat sich die Kriegswaffenausfuhr „an den Sicherheitsinteressen der Bundesrepublik Deutschland im Rahmen des Bündnisses und der EU zu orientieren“ und ist in diesem Bereich „grundsätzlich nicht zu beschränken“ (Ziffer II Nr. 1 Politische Grundsätze).[178]

Die Waffenlieferungen dienen der Stärkung der militärischen Schlagkraft der Bündnispartner aus NATO und EU und bedienen somit ein sicherheitspolitisches Eigeninteresse des exportierenden Staates. Auf der Grundlage von Art. 51 UN-Charta (Recht zur Selbstverteidigung) rekurriert der Aufbau eines kollektiven Verteidigungssystems. Die militärische Verteidigungsbereitschaft der Bundesrepublik Deutschland ist nicht allein durch die Unterhaltung eigener Streitkräfte gewährleistet, sondern ergibt sich aus dem Verbund mit befreundeten Staaten.[179] Bündnisse kollektiver Selbstverteidigung sind die NATO[180] und die EU im Rahmen

178 Ein Anteil von 38 Prozent des Wertes der Einzelausfuhrgenehmigungen für Rüstungsgüter (Kriegswaffen und sonstige Rüstungsgüter) entfiel im Jahr 2013 auf EU-, NATO- und NATO-gleichgestellte Staaten (2012: rund 45 Prozent) (vgl. Rüstungsexportbericht der Bundesregierung 2013, S. 6).

179 Zum kollektiven Verteidigungssystem *Heinemann*, Vom Zusammenwachsen des Bündnisses, S. 266 ff.; *Schürr*, Der Aufbau einer europäischen Sicherheits- und Verteidigungsidentität im Beziehungsgeflecht von EU, WEU, OSZE und NATO, S. 19 ff.

180 Art. 5 NATO-Vertrag: „Die Parteien vereinbaren, daß ein bewaffneter Angriff gegen eine oder mehrere von ihnen in Europa oder Nordamerika als ein Angriff gegen sie alle angesehen werden wird; sie vereinbaren daher, daß im Falle eines solchen bewaffneten Angriffs jede von ihnen in Ausübung des in Artikel 51 der Satzung der Vereinten Nationen anerkannten Rechts der individuellen oder kollektiven Selbstverteidigung der Partei oder den Parteien, die angegriffen werden, Beistand leistet, indem jede von ihnen unverzüglich für sich und im Zusammenwirken mit den anderen Parteien die Maßnahmen, einschließlich der Anwendung von Waffengewalt, trifft, die sie für erforderlich erachtet, um die Sicherheit des nordatlantischen Gebiets wiederherzustellen und zu erhalten. [...]“.

ihrer Gemeinsamen Sicherheits- und Verteidigungspolitik[181]. Die einzelnen Mitgliedstaaten setzen im sogenannten Bündnisfall („*casus foederis*") ihre Streitkräfte zur Unterstützung eines bedrohten Bündnispartners ein. Wird das Gebiet auch nur eines alliierten Staates angegriffen, sind alle zur gemeinsamen Abwehr der feindlichen Störungen verpflichtet. Dieses wechselseitige Garantieversprechen ist eine elementare Sicherheitskomponente in der Staatengemeinschaft.[182] Die verfassungsrechtliche Legitimation der Bündnisverteidigung ergibt sich aus Art. 24 Abs. 2 GG und Art. 87a Abs. 1 GG.[183] Darüber hinaus sind das NATO-Bündnis und die EU auf gegenseitige kollektive Sicherheit angelegt, d.h. die Mitgliedstaaten verzichten untereinander auf den Einsatz von Gewalt.[184]

Grundlage der militärischen Beistandspflicht ist das Bekenntnis zu einer politischen Wertegemeinschaft innerhalb der NATO und EU-Staaten. In den Präambeln der Verträge sind die „Grundsätze der Freiheit, der Demokratie und der Achtung der Menschenrechte und Grundfreiheiten und der Rechtsstaatlichkeit" festgehalten. Das Eintreten für eine bürgerlich-liberale Gesellschaft und die Absicht unveräußerliche Grundrechte zu verteidigen, machen die Aufrechterhaltung von Streitkräften erforderlich. Ein politisches System erlangt erst dann Glaubwürdigkeit, wenn es im Stande ist, Absichtserklärungen auch umsetzen und verteidigen zu können.[185] Um als *ultima ratio* einem Angriff auf die Gemeinschaft mit militärischen Mitteln begegnen zu können, ist die bündnisinterne Versorgung mit Militärmaterial wesentlicher Bestandteil des Zusammenhalts der Mitgliedstaaten. In Art. 3 des NATO-Vertrages ist diese wirtschaftlich-militärische Kooperation fixiert:

> „Um die Ziele dieses Vertrags besser zu verwirklichen, werden die Parteien einzeln und gemeinsam durch ständige und wirksame Selbsthilfe und gegenseitige Unterstützung die eigene und die gemeinsame Widerstandskraft gegen bewaffnete Angriffe erhalten und fortentwickeln."

---

181 Art. 42 Abs. 7 EUV: „Im Falle eines bewaffneten Angriffs auf das Hoheitsgebiet eines Mitgliedsstaats schulden die anderen Mitgliedsstaaten ihm alle in ihrer Macht stehende Hilfe und Unterstützung, im Einklang mit Artikel 51 der Charta der Vereinten Nationen. [...]"

182 *Depenheuer*, in: Maunz / Dürig, Art. 87a, Rn. 128.

183 BVerfGE 90, 286, 355 ff.

184 BVerfGE 90, 286, 349: „Das System gegenseitiger kollektiver Sicherheit begründet durch ein friedenssicherndes Regelwerk und den Aufbau einer eigenen Organisation für jedes Mitglied einen Status völkerrechtlicher Gebundenheit, der wechselseitig zur Wahrung des Friedens verpflichtet und Sicherheit gewährt. Ob das System dabei ausschließlich oder vornehmlich unter den Mitgliedstaaten Frieden garantieren oder bei Angriffen von außen zum kollektiven Beistand verpflichten soll, ist unerheblich."; *Heinegg*, in: Beck'scher Online-Kommentar GG, Art. 24, Rn. 33.3.

185 *Schürr*, Der Aufbau einer europäischen Sicherheits- und Verteidigungsidentität im Beziehungsgeflecht von EU, WEU, OSZE und NATO, S. 20 f.

Die Weitergabe von Militärtechnologie ist im Verbund von NATO und EU somit politisch angestrebt; sie ist für die Bündnisfähigkeit unverzichtbar. Zudem erfordert die Transformation der Streitkräfte von reinen Aufgaben der Landesverteidigung zu einer weltweit einsetzbaren Krisenreaktionsarmee eine Anpassung der Waffensysteme. Innerhalb der NATO-Verbände ist eine länderübergreifende Abstimmung bzw. Standardisierung von zunehmend komplexeren militärischen Kampfmitteln notwendig.[186] Die verbündeten Streitkräfte müssen aufeinander abgestimmt das gesamte Spektrum der militärischen Schlagkraft umfassen, um präventiv mögliche Gegenspieler abzuschrecken und um den Eintritt von Aggressionen wirksam erwidern zu können.[187] Die Exportverfahren der Mitgliedstaaten sowie die Marktstrukturen in der Rüstungsindustrie haben sich an diesem Erfordernis zu orientieren. Gleichlaufend zur zunehmenden Konvergenz der Ausrichtung verbündeter Streitkräfte entsprechen abgeschottete nationale Rüstungsmärkte nicht dem Anspruch zukunftsfähiger Bündnispolitik.[188]

Art. 26 Abs. 2 GG steht der vorbehaltlichen Öffnung des deutschen Rüstungsmarktes für die Bündnispartner aus NATO und EU nicht entgegen. Das verfassungsrechtliche Kriegswaffenexportverbot lässt in Ausnahmefällen eine Befreiung von der Restriktion zu (Befreiungsvorbehalt), soweit eine unsachgemäße Verwendung der Waffen im Einzelfall nicht zu erwarten ist.[189] Da sich die Mitgliedstaaten innerhalb der Bündnisse völkerrechtlich verbindlich zu den Zielen und Grundsätzen der Vereinten Nationen (vgl. Art. 1 und 2 UN-Charta) bekannt haben, ist das universelle Friedensgebot von den Empfängern der Kriegswaffen anerkannt.[190] Die begrenzte Liberalisierung der Waffenausfuhren innerhalb der Bündnisse ist mithin Ausdruck der Komplementarität zwischen der Beitrittsbefugnis nach Art. 24 Abs. 2 GG und der Einschränkung sicherheitspolitischen Handelns nach Art. 26 GG. Hiernach darf die Bundesrepublik *a priori* nur einem defensiven, auf Friedenswahrung gerichteten System beitreten. Die Betätigung innerhalb der Bündnisse erfolgt im Rahmen der Grundstrukturen der Verfassungsordnung der Bundesrepublik Deutschland.[191] Vorbehaltlich genauer Einzelfallprüfungen vermögen Kriegswaffenexporte an

---

186 Bekannt wurde ein Fall, in dem europäische Truppenverbände im Rahmen des Kosovoeinsatzes aufgrund inkompatibler Funksysteme die militärische Kommunikation nicht sicherstellen konnten und auf handelsübliche Mobiltelefone zurückgreifen mussten (*Eisenhut*, Europäische Rüstungskooperationen, S. 31 m.w.N.).

187 *Eisenhut*, ebd.; *Haftendorn*, Militärhilfe und Rüstungsexporte der BRD, S. 14 ff.

188 Vgl. zum militärpolitischen Projekt der Entwicklung einer gemeinsamen europäischen Drohne Süddeutsche.de vom 19.12.2013: Gemeinsame Drohne, getrennte Kassen.

189 Vgl. hierzu S. 47 ff.

190 Vgl. die Präambel zum NATO-Vertrag: „Die Parteien dieses Vertrags bekräftigen erneut ihren Glauben an die Ziele und Grundsätze der Satzung der Vereinten Nationen und ihren Wunsch, mit allen Völkern und Regierungen in Frieden zu leben."

191 *Pernice*, in: Dreier, Art. 24, Rn. 65; *Randelzhofer*, in: Maunz / Dürig, Art. 24, Rn. 41 f.

Bündnispartner einen Dispens vom grundsätzlichen Verbot nach Art. 26 Abs. 2 GG regelmäßig zu rechtfertigen.[192]

bb) Restriktionen aufgrund besonderer politischer Gründe

Die Zugehörigkeit potentieller Kriegswaffenempfängerstaaten zur NATO oder der EU macht eine Einzelfallprüfung im Genehmigungsverfahren nicht obsolet. Es besteht lediglich grundsätzlich die Vermutung, dass aufgrund der vertraglichen Verpflichtungen die Waffen entsprechend der Bündnispolitik und unter Beachtung der Grenzen des Gewaltverbotes und der Friedenssicherungspflicht verwendet werden. Prüfmaßstab sind nicht politische Absichtserklärungen, sondern die tatsächlichen Verhältnisse im Empfängerstaat.

Relevante Aspekte im Genehmigungsverfahren sind insbesondere die Menschenrechtslage, die politische Stabilität im Land (innere Lage) und regionale Konflikte. Entscheidend ist, dass eine voraussichtliche Verwendung des Materials entsprechend der völkervertraglichen Pflichten erfolgt. Eine vertragliche Zusicherung zwischen den Bündnispartnern dergestalt, die Waffen nur zu Verteidigungszwecken im Sinne von Art. 5 NATO-Vertrag zu verwenden, findet in der Praxis nicht obligatorisch statt.[193]

Ein publizierter und außenpolitisch brisanter Fall[194] von Restriktionen der Bundesrepublik gegenüber einem NATO-Vertragspartner ist der Lieferungsstopp sämtlicher Rüstungsmaterialien an die Türkei im Jahr 1992. Die Bundesregierung war damals zu der Überzeugung gekommen, dass die Türkei gegen völkervertragliche Pflichten verstoßen hatte und empfangene Waffen nicht ausschließlich zur Verteidigung des NATO-Vertragsgebietes verwendet hatte. Es galt zu befürchten, dass deutsche Waffen weiterhin zur internen Repression gegen die in der Türkei lebende

---

192 Dass unter den Bündnispartnern Einigkeit darüber herrscht, bei internationalen Konflikten in engen Grenzen auch außerhalb der Bündnisverteidiung militärisch zu intervenieren, steht nicht in Divergenz zum Friedensverständnis des Grundgesetzes. Äußerste Grenze staatlichen Handelns ist nach verfassungsrechtlichem und völkerrechtlichem Verständnis das Gewaltverbot nach Art. 2 Nr. 4 UN-Charta. Der Begriff des Friedens i.S.v. Art. 26 Abs. 1 GG und Art. 24, 39 UN-Charta hat hiernach im Laufe der Zeit eine materielle Anreicherung erfahren und erschöpft sich auch nach verfassungsrechtlichem Verständnis nicht in der Abwesenheit militärischer Gewaltausübung (*Bothe*, in: Bonner Kommentar, Band 6, Art. 26, Rn. 19, 23; *Hernekamp*, in: v. Münch / Kunig, Band 2, Art. 26, Rn. 8). Vom Friedensschutz umfasst ist in engen Grenzen ferner das Eingreifen in interne Konflikte (Bürgerkriege), das Vorgehen gegen massive Menschenrechtsverletzungen und die Bedrohungen durch international agierende Terrororganisationen (*Herdegen*, in: Maunz / Dürig, Art. 26, Rn. 14).

193 BT-Drs. 17/2207, S. 14.

194 Der türkische Außenminister sah das bilaterale Verhältnis zwischen Deutschland und der Türkei, ob des Embargos, auf dem „Gefrierpunkt" angelangt (*Refflinghaus*, in: ZfTS 2001, 52, 57).

kurdische Minderheit eingesetzt worden wären.[195] Das Rüstungsembargo währte nicht lange. Eine begrenzte Wiederaufnahme der Kriegswaffenexporte fand noch im selben Jahr, nach einem fragwürdigen politischen Kompromiss statt. Obgleich die Bundesregierung einforderte, deutsche Waffen seien nur bei einem Angriff auf das Bündnisgebiet einzusetzen und die Türkei insoweit einwilligte, verwies der türkische Außenminister in selbiger Erklärung auf Ziffer 13 des strategischen Konzepts der NATO vom November 1991, wonach auch der internationale Terrorismus eine unmittelbare Bedrohung für die Bündnispartner darstellen könne und etwaige militärische Reaktionen rechtfertige.[196] Da der Kampf gegen die kurdische Minderheit aus Sicht der Türkei als Akt der Terrorismusbekämpfung eingestuft wurde, war der politischen Übereinkunft kein wirklicher Mehrwert beizumessen.[197]

Gleichermaßen stehen Kriegswaffenlieferungen im Rahmen der NATO-Bündnissolidarität im Spannungsverhältnis zu Risiken in dem bis heute nicht gelösten Zypernkonflikt. Gegenstand des Konflikts ist der territoriale Status des nördlichen Teils der Insel, welcher seit 1974 von der international nicht anerkannten Türkischen Republik Nordzyperns besetzt ist. Diese regionalen Spannungen innerhalb des NATO-Vertragsgebietes bergen bei Zuspitzung der türkisch-zyprischen Auseinandersetzungen die Gefahr, dass Kriegsausrüstungen, vornehmlich auch maritime Komponenten, bei militärischen Handlungen eingesetzt werden.[198]

Bis heute ist die Türkei einer der Hauptabnehmer deutscher Militärtechnologie. In den Jahren 2010 bis 2013 exportierte die Bundesrepublik Rüstungsgüter im Wert von 512 Millionen Euro in die Türkei.[199] Die Regierung rechtfertigt das hohe Auftragsvolumen mit Fortschritten der Türkei in den Bereichen Demokratie, Rechtsstaatlichkeit und Schutz der Menschenrechte. Zumal habe die EU-Kommission im Jahr 2005 festgestellt, die Türkei erfülle nunmehr die Beitrittskriterien der EU („Kopenhagener Kriterien").[200]

Spätestens seit den neusten Veröffentlichungen über Menschenrechtsverletzungen durch die türkische Regierung im Zusammenhang mit den Protesten und Demonstrationen auf dem Taskim-Platz in Istanbul im Jahr 2013 dürften sämtliche Beitrittserwägungen vorerst zu revidieren sein. Nach Angaben der türkischen

---

195 Hierzu BT-Drs. 12/3264; *Pietsch*, in: Hohmann / John, Anhang 2 zum KWKG, Fn. 21.

196 Der türkische Außenminister in einem Schreiben an die Bundesregierung vom 2.6.1992 (BT-Drs. 12/3264, S. 2): „I am pleased to inform you that the Government oft he Republic of Turkey, too, shares the views expressed in your letter and the understanding expressed therein. The Government of Turkey, in this context, recalls the new strategic concept of the Alliance as agreed in Rome on November 7, 1991 inter alia para 13 of it."

197 *Refflinghaus*, in: ZfTS 2001, 52, 57.

198 Übersicht zum Zypernkonflikt *Schmid*, in: Zeit Online vom 18.7.2002: Ewiger Krisenherd.

199 Vgl. hierzu Tabelle 3.

200 BT-Drs. 17/14402, S. 10.

Ärztevereinigung wurden bei den Kundgebungen gegen die Regierung vier Menschen getötet und etwa 7500 verletzt.[201] Angesichts solcher massiven repressiven Maßnahmen gegen friedliche Demonstranten sowie der weiterhin andauernden Kurdenproblematik im Land ist die derzeitige Rüstungsexportpraxis mit den restriktiven Vergabevorgaben Deutschlands und der EU nur schwer zu vereinbaren. Außenpolitische Beweggründe (etwa Solidaritätsmaßnahmen innerhalb des NATO-Bündnisses) sind keine isolierten Motive für Exportvorhaben, vielmehr stehen sie im Kontext der gesamtpolitischen Lage des potentiellen Empfängerstaates. Das Beispiel des NATO-Partners Türkei zeigt, dass im Einzelfall Rüstungsausfuhren in verbündete Staaten dem Schutzauftrag von Art. 26 GG zuwiderlaufen können und insoweit die Exportpolitik der Bundesregierung einer steten Revision bedarf.[202]

Tabelle 3: Rüstungsexporte in die Türkei in den Jahren 2010–2013[203]

	Einzelausfuhrgenehmigungen (Mio. €)	**Güterbeschreibung**
2010	199	u.a. Panzer, gepanzerte Fahrzeuge, Abfeuereinrichtungen und Teile für Flugkörper, Flugkörperabwehrsystem, Abfeuereinrichtungen
2011	140	u.a. Teile für Panzer, gepanzerte Fahrzeuge, amphibische Fahrzeuge, Flugkörper, Feuerleiteinrichtungen, Kleinwaffen, Munition
2012	89	u.a. Teile für Panzer, gepanzerte Fahrzeuge, amphibische Fahrzeuge, Abfeuereinrichtungen, elektronische Ausrüstung, Teile für Kriegsschiffe und U-Boote
2013	84	u.a. Teile für Panzer, Panzerhaubitzen, gepanzerte Fahrzeuge, Abfeuereinrichtungen und Teile für Flugkörper, Flugkörperabwehsysteme

201 Hierzu *Hermann*, in: FAZ.NET vom 29.6.2013: Proteste - Die Türkei erlebt eine Zäsur; BT-Drs. 17/14402, S. 1 f.; zur allgemeinen Menschenrechtslage in der Türkei attestiert Amnesty International aktuell einen desolaten Zustand (Amnesty International Report 2013, S. 438).

202 Den vagen Verlautbarungen der Bundesregierung sind keine Ambitionen zu mehr Konturenschärfe in der diesbezüglichen Rüstungsexportpraxis zu entnehmen (BT-Drs. 17/14402, S. 10 f.): „Eine Einstellung der justiziellen und militärischen Zusammenarbeit mit der Türkei wird nicht erwogen. [...] Die Bundesregierung beobachtet die Entwicklungen in der Türkei sehr sorgfältig und trifft ihre Entscheidungen im Lichte aller aktuellen Entwicklungen."

203 Vgl. Rüstungsexporteberichte der Bundesregierung aus den Jahren 2010–2013.

cc) Zwischenergebnis

Durch das grundgesetzkongruente Friedensschutzniveau im Rahmen des NATO-Bündnisses und der EU besteht eine widerlegbare Vermutung, dass Kriegswaffenexporte an Bündnispartner den hiesigen Anforderungen entsprechend verwendet werden. Die liberale Exportpraxis zwischen der Bundesregierung und NATO-Ländern, NATO-gleichgestellten Ländern und EU-Mitgliedstaaten verstößt grundsätzlich nicht gegen deutsches Kriegswaffenkontrollrecht.

c) Kriegswaffenexporte in „sonstige Länder"

Der Kriegswaffenexport in Länder außerhalb der EU und der NATO erfolgt nach Ziffer III Nr. 1 Politische Grundsätze restriktiv und darf insbesondere nicht zum Aufbau zusätzlicher, exportspezifischer Kapazitäten führen. Innerhalb der „sonstigen Länder" finden keine weiteren privilegierenden Differenzierungen nach einzelnen Ländern oder Regionen statt. Mithin ist die Aufzählung der Länder, welche aus Bündnisinteressen den NATO-Staaten gleichgestellt sind (Australien, Neuseeland, Japan, Schweiz), abschließend.

Unterschiedlich restriktiv gestalten sich jedoch die Beschränkungen, je nachdem, ob Kriegswaffen oder dem AWG unterfallende sonstige Rüstungsgüter ausgeführt werden sollen:

Nach den Politischen Grundsätzen werden *Kriegswaffen*exportanträge in „sonstige Länder" regelmäßig nicht genehmigt. Begründete Ausnahmen ergeben sich, „wenn besondere außen- oder sicherheitspolitische Interessen der Bundesrepublik Deutschland unter Berücksichtigung der Bündnisinteressen" für eine Genehmigungserteilung sprechen (Ziffer III Nr. 2 Politische Grundsätze).[204] Der Export *sonstiger Rüstungsgüter* kann genehmigt werden, wenn Schutzzwecke des Außenwirtschaftsrechts nicht entgegenstehen (Ziffer III Nr. 3 Politische Grundsätze). Entsprechend dem divergierenden Gefahrpotential von Kriegswaffen und sonstigen Rüstungsgütern sind die diesbezüglichen Formulierungen in den Politischen Grundsätzen unterschiedlich konnotiert. Während einerseits Kriegswaffenexporte ausschließlich bei besonderer Motivlage (außen- oder sicherheitspolitische Interessen) gerechtfertigt sind, genügt es andererseits bei Anträgen „nur" AWG-genehmigungspflichtiger Güter, wenn dem Vorhaben keine schützenswerten Belange nach § 4 Abs. 1 AWG entgegenstehen.[205] Diese Unterscheidung ist konsequent und orientiert sich an der besonderen verfassungsrechtlichen Vorgabe für den Umgang mit Kriegswaffen. Nur bei Vorliegen eines Ausnahmetatbestandes ist die Dispensierung vom grundsätzlichen Kriegswaffenverbot gerechtfertigt.[206] Während verbündeten

---

204 Die früheren Politischen Grundsätze enthielten den Passus, dass bei Vorliegen eines „vitalen Interesses" ausnahmsweise eine Genehmigung erteilt werden kann (BT-Drs. 12/4241, S. 12).

205 Rüstungsexportbericht der Bundesregierung 2012, S. 7.

206 Art. 26 Abs. 2 GG verbietet generell den Umgang mit Kriegswaffen und gestattet eine Befreiung von diesem grundsätzlichen Verbot nur in besonders gelagerten

Staaten die Militärtechnologie im Rahmen der Bündnissolidarität grundsätzlich zugänglich gemacht werden kann, bedarf es für den Export an Drittstaaten gleichfalls eines besonderen Motivs, welches den Anforderungen von Art. 26 GG entspricht.

Die Politischen Grundsätze sind an dieser Stelle restriktiver als der Kriterienkatalog des Gemeinsamen Standpunktes. Nach europäischem Konzept bedarf es für Kriegswaffenexporte in Drittländer keiner Positivbegründung. Eine Genehmigung ist danach lediglich dann zu versagen, wenn der Bestellerstaat den Kriterien des Gemeinsamen Standpunktes nicht entspricht, z.B. im Bezug auf das Erfüllen grundlegender Menschenrechtsstandards. Die nachfolgende Darstellung beschränkt sich auf den Export von Kriegswaffen.

Tabelle 4: Rüstungsexporte in Drittländer in den Jahren 2008–2013 (alle Angaben in Mio. €)[207]

	2008	**2009**	**2010**	**2011**	**2012**	**2013**	**Gesamt (in Mio. €)**
Algerien	0.5	9	20	217	287	826	**1,360**
Brasilien	18	115	13	64	14	53	**408**
Brunei	0.09	434	1	0.5	2	4	**442**
Indien	52	68	97	90	97	108	**512**
Irak	7	26	54	244	113	21	**465**
Israel	25	33	32	63	49	267	**469**
Katar	5	1	4	6	18	673	**709**
Rep. Korea	1,910	190	271	199	148	207	**2,925**
Pakistan	93	62	97	14	33	47	**346**
Saudi-Arabien	170	168	153	140	1,237	361	**2,229**
Singapur	350	166	54	344	146	206	**1,266**
Ver. Arabische Emirate	142	541	263	357	125	129	**1,557**

Ausnahmefällen (repressives Verbot mit Erlaubnisvorbehalt), hierzu *Erster Teil* B. III. 2. a).

207 Dargestellt sind die Wertangaben der Ausfuhrgenehmigungen an die zwölf Hauptempfängerstaaten, vgl. Rüstungsexportberichte der Bundesregierung 2008–2013.

aa) Motive

aaa) Außen- oder sicherheitspolitische Interessen

Die Interessenlage bei Kriegswaffenexporten an Länder, welche nicht zum Kreis der Verbündeten aus NATO und EU (bzw. diesen gleichgestellte Staaten) gehören, ist oftmals undurchsichtig. Dies ist in Deutschland mehr noch als in anderen Staaten der Fall. Bemüht man etwa einen Vergleich zur amerikanischen Exportpolitik, so wird dort von Politikern ausgesprochen, was ohnehin offensichtlich ist: Kriegswaffenlieferungen sind Gestaltungselemente der Außenpolitik.[208] Hierzulande werden die Motive für die Aufrüstung von Drittstaaten weniger offen formuliert. Die Ursachen hierfür resultieren zum einen aus dem geschichtlichen Hintergrund der Bundesrepublik Deutschland. Aufgrund der Verantwortung für millionenfaches Leid während des Zweiten Weltkriegs, haben es deutsche Politiker traditionell vermieden, nationale außenpolitische Interessen klar zu definieren. Allenfalls selbstverständliche Bekundungen ohne konkreten Inhalt, wie „Deutsche Außenpolitik ist Friedenspolitik"[209] sind als politische Grundpfeiler verlautbart.[210] Ferner gibt das Auswärtige Amt an, die deutsche Rüstungsexportpolitik sei kein Instrument außenpolitischer Einflussnahme.[211]

Hierneben fehlt es in der Regel an publizierten Begründungen einzelner Exportentscheidungen, anhand derer eine grundsätzliche Systematik deutscher Außen- und Sicherheitspolitik auszumachen wäre. Entscheidungen über Rüstungsexporte von besonderer politischer Bedeutung (in der Regel Exporte in Drittländer) werden vom geheim tagenden Bundessicherheitsrat getroffen. Der Rüstungsexportbericht dokumentiert lediglich den Umfang der jährlichen Ausfuhren ohne Motive darzulegen.

Eine Konkretisierung der außen- und sicherheitspolitischen Absichten ist der Bundesregierung seit 2011 zu entnehmen. Deutschland enthielt sich am 17.3.2011 bei der Abstimmung über die Libyenresolution[212] im Sicherheitsrat der Vereinten Nationen als einziger westlicher Staat und trug die Entscheidung über Reaktionen auf die Verschärfungen des Bürgerkriegs in Libyen nur passiv mit. Diese außenpolitische Zurückhaltung wurde sowohl von der Staatengemeinschaft, als auch innerhalb der deutschen Politik, Wissenschaft und Öffentlichkeit mit harscher Kritik quittiert und resultierte in einem Umdenken der hiesigen Politakteure.[213] Die Rufe nach mehr außen- und sicherheitspolitischem Engagement Deutschlands führten zur Neuausrichtung der deutschen Außenpolitik, festgehalten im Projekt der

---

208 *Frank*, The Arms Trade in International Relations, S. 157 ff. m.w.N.

209 Auswärtiges Amt: Außen - und Europapolitik - Frieden, Sicherheit, Abrüstung.

210 *Kasper*, Systemtheoretische Analyse des Einflusses der deutschen Wirtschaft auf die deutsche Außenpolitik, S. 83 ff.

211 Auswärtiges Amt: Außen- und Europapolitik - Nationale Exportkontrolle.

212 Resolution 1973 des UN-Sicherheitsrates (ABl. L 78 v. 24.3.2011, S. 24).

213 *Brose*, in: Der Tagesspiegel vom 14.3.2014: Verantwortung - die Kehrseite von Einfluss und Wohlstand.

sogenannten „Ertüchtigungsinitiative". Hiernach sollen „strategische Partner und Regionalorganisationen auf dem Gebiet der Sicherheit und Verteidigung unterstützt werden", so die Aussage von Bundeskanzlerin Merkel. Neben der Ausbildung von Sicherheitskräften in Krisenstaaten ist ausdrücklich auch der Rüstungsexport als fördernde Maßnahme vorgesehen.[214] Ohne den direkten Einsatz der eigenen militärischen Kräfte sollen strategische Partner außerhalb der NATO und EU gezielt aufgerüstet werden, um selbstständig einen Beitrag zur regionalen Sicherheit leisten zu können. Waffenlieferungen dienen nach der außenpolitischen Neuausrichtung mithin offenkundig als Mittel zur Selbsthilfe in fragilen Regionen. Dieser Ansatz der „Ertüchtigungsinitiative" soll sich auf deutsches Betreiben auch europäisch im Rahmen der Gemeinsamen Sicherheits- und Verteidigungspolitik (GSVP) etablieren.[215]

Freilich ist dieses politische Fanal kein grundlegend neuer Aspekt in der deutschen Kriegswaffenexportpraxis. Von je her wurden Waffen aus strategischen Interessen an Länder außerhalb des NATO-Bündnisses und der EU geliefert. Gleichwohl ist das nunmehr erfolgte offensive Bekenntnis zu Rüstungsexporten als Mittel der Außenpolitik neuartig. Eine breite gesellschaftliche Debatte über den Paradigmenwechsel ist bis dato ausgeblieben.

Die Verfolgung außen- und sicherheitspolitischer Motive durch Kriegswaffenausfuhren kann auf zwei verschiedene Weisen erfolgen: Zum einen durch aktive Militärhilfeprogramme zugunsten fremder Staaten und zum anderen durch eine passive selektive Genehmigungspolitik.[216]

Militärhilfen können unterschiedlichste Transferleistungen an Empfängerstaaten umfassen. Das Spektrum der Handlungsmöglichkeiten reicht von finanziellen Unterstützungen über militärische Ausbildungsprogramme bis hin zu Lieferungen von Kriegswaffen. Die Unterstützungsleistungen erfolgen in der Absicht, strategische Partner zu stärken und Einfluss auf die gesellschaftlichen Verhältnisse und die außenpolitische Orientierung der Empfängerstaaten zu nehmen.[217] Beihilfe zur Aufrüstung wurde in der Vergangenheit sowohl durch Weitergabe alter Bundeswehrbestände als auch durch die Subventionierung von Aufträgen an die deutsche

---

214 Bundeskanzlerin *Merkel* in der Regierungserklärung vom 18.12.2013 (Bulletin der Bundesregierung, Nr. 107-1); auf der Münchner Sicherheitskonferenz 2014 betonte auch Bundespräsident *Gauck*, „die Bundesrepublik solle sich als guter Partner früher, entschiedener und substantieller einbringen" (die Rede ist abgedruckt auf der Internetseite des Bundespräsidialamtes).

215 Die Initiative wurde in einem deutschen Papier zur Vorbereitung des Gipfeltreffens der Staats- und Regierungschefs der EU im Dezember 2013 vorgestellt: „Die *Enable-and-Enhance*-Initiative zielt darauf ab, Partner durch Beratung und Ausbildung zu ertüchtigen. Dies müsste begleitet werden durch die Stärkung ihrer Sicherheitskräfte und -strukturen, um zu gewährleisten, dass den Partnern adäquate und moderne Ausrüstung zur Verfügung steht, um ihre Aufgaben zu erfüllen." (zitiert aus *Puglierin / Feyock / v. Diepen*, in: IP 2014, 60, 61.

216 *Brzoska*, in: Handbuch zur deutschen Außenpolitik, S. 650, 655.

217 So *Haftendorn*, Militärhilfe, S. 10.

Rüstungsindustrie betrieben. Bis Mitte der 1990er Jahre erfolgten Militärhilfeprogramme unter anderem an die NATO-Verbündeten Türkei, Griechenland und Portugal.[218] Israel schenkte der Bundesregierung im Rahmen der Golfkriegshilfe für etwa 500 Millionen Euro drei U-Boote. Weiter wurde im Jahr 2005 das deutsch-israelische „Abkommen über die Hilfe der Regierung der Bundesrepublik Deutschland für den Bau von zwei U-Booten für die israelische Marine“ geschlossen, wobei sich die Bundesregierung verpflichtete, ein Drittel der Kosten für den Bau der U-Boote (ca. 1 Milliarde Euro) zu übernehmen und für ein weiteres Drittel der Anschaffungskosten israelische Rüstungsgüter zu importieren.[219] Die Motivlage ist hierbei ob der historisch geprägten deutsch-israelischen Beziehung eine besondere: Die Sicherheit Israels ist Teil deutscher Staatsräson.[220] Jüngst beschloss die Bundesregierung Waffenlieferungen zur Unterstützung der Regierung der Autonomen Region Irakisch-Kurdistan im Kampf gegen die Terrormiliz des sog. Islamischen Staates (IS).[221]

Hauptsächlich erfolgt die Lenkung der deutschen Rüstungsexportpolitik passiv durch die Erteilung von Genehmigungen für Exportgeschäfte zwischen der deutschen Rüstungsindustrie und ausländischen Bestellerstaaten.[222] Die regionale Streuung der Waffenexporte hängt somit zunächst einmal von der Nachfrage ausländischer Interessenten ab.[223] Bei jeder Entscheidung über die Ausfuhr von Kriegswaffen in Drittländer ist die sicherheits- und außenpolitische Motivlage divergent. Militärstrategische Reflexionen, konträre bündnispolitische Absichten oder außenwirtschaftliche Interessen sind Direktiven einer komplexen Evaluierung. Die spezifischen Exportinteressen sind in einer Gesamtabwägung mit den Absichten des Empfängerlandes, der politischen Lage in der Region und der Sicherstellung des Endverbleibs in Ausgleich zu bringen. Auswirkungen auf das zwischenstaatliche Verhältnis ergeben sich sowohl bei einer Genehmigungserteilung, als auch

---

218 BT-Drs. 12/5521; *Brzoska*, Rüstungsexportpolitik, S. 134 ff.; *ders.*, in: Handbuch zur deutschen Außenpolitik, S. 650, 655.

219 Zum Ganzen *Brzoska*, in: Handbuch zur deutschen Außenpolitik, S. 650, 655; weitere Angaben entnommen aus *Bertges*, Der fragmentierte europäische Verteidigungsmarkt, S. 157; *Nassauer*, in: taz.de vom 17.7.2011: Deutsche Finanzhilfe für U-Boot-Kauf - Israels sechster „Delfin“.

220 Hierzu Münchner Merkur vom 29.5.2008: Berlin: Existenzrecht Israels Teil der Staatsräson.

221 Vgl. die Regierungserklärung der Bundeskanzlerin zur Debatte „Humanitäre Hilfe für die Flüchtlinge im Irak und Kampf gegen die Terrororganisation IS“ (PlenProt 18/48, S. 4417 ff.).

222 Zur Förderung von Rüstungsprojekten steht zudem das Instrument der sogenannten Hermes-Bürgschaften zur Verfügung. Hierbei handelt es sich um Exportkreditversicherungen. Die Bürgschaften dienen jedoch ausschließlich der Absicherung deutscher Exporteure sowie deren Kreditgeber vor Zahlungsausfällen seitens der Besteller. Die Bundesregierung verfolgt mit der Bürgschaftserklärung nicht die finanzielle Unterstützung des Empfängerstaates im Sinne der dargestellten Militärhilfeprogramme (hierzu BT-Drs. 16/1756).

223 *Brzoska*, Rüstungsexportpolitik, S. 156.

bei Versagung eines Waffengeschäftes. Während positive Entscheidungen zur Stärkung politischer und militärischer Partnerschaften beitragen können, können Ablehnungen die außenpolitischen Beziehungen nachhaltig stören. Dies kann beispielsweise unmittelbar spürbar sein, wenn essentielle Abhängigkeiten von Drittländern bestehen. Eine derartige Dependenz ergibt sich etwa bei Disparitäten von Rohstoffvorkommen. Da Deutschland wie die meisten westlichen Staaten auf den Import von Erdöl angewiesen ist, kann als Reaktion auf die Versagung eines Militärtechnologietransfers, die zukünftige Ölversorgung durch den entsprechenden Staat restringiert werden.[224]

Die weltweit massivste Aufrüstung findet aktuell im Nahen und Mittleren Osten statt. Staaten wie Saudi-Arabien, Katar, Kuwait oder die Vereinigten Arabischen Emirate verfügen aufgrund ihres reichhaltigen Vorkommens an Rohstoffen über die ausreichenden finanziellen Mittel zur Ausstattung ihres Militärs mit modernsten Waffen. Allein Saudi-Arabien erhöhte seinen Militärhaushalt zwischen 2003 und 2012 um 111 Prozent auf 54,2 Milliarden US-Dollar.[225] Gleichzeitig existiert in den Ölmonarchien keine eigene wettbewerbsfähige Rüstungsindustrie, was sie zu lukrativen Partnern auf dem internationalen Rüstungsmarkt macht. Deutschland gehört zu den wichtigsten Lieferanten der Golfregion. In den Fokus der Öffentlichkeit gerieten insbesondere Panzergeschäfte mit Saudi-Arabien und Katar. Presseberichten zufolge billigte der Bundessicherheitsrat im Juni 2011 den Export von bis zu 200 Kampfpanzern des Typs Leopard 2 der deutschen Rüstungskonzerne Krauss-Maffei Wegmann und Rheinmetall an Saudi-Arabien. Die Lieferung im Wert von rund 5 Milliarden Euro sieht sich scharfer Kritik in der Öffentlichkeit ausgesetzt und war mehrfach Gegenstand von Debatten im Bundestag.[226] Kritiker führen insbesondere die problematische Menschenrechtslage im Golfstaat ins Feld.[227] Ähnliche Vorbehalte stehen einem sich anbahnenden milliardenschweren Kampfpanzerexport gen Katar entgegen.[228]

Von politischer Seite findet die Aufrüstung einzelner Golfstaaten ihre Begründung in dem Bestreben für mehr Stabilität in der Region zu sorgen und einen militärisch schlagfertigen Gegenspieler zum Iran zu fördern.[229] Insbesondere eine mögliche Entwicklung atomarer Waffen auf iranischer Seite birgt eine unkontrollierbare Gefahr für die Nachbarstaaten im Nahen und Mittleren Osten, darunter auch Israel als enger Partner deutscher Außenbeziehungen.

---

224 *Krause*, EA 1981, 363; 369.
225 Angaben entnommen aus *v. Boemcken / Grebe*, APUZ 37/2013, 28, 29 m.w.N.
226 BT-Drs. 17/14657; 17/4824; 18/576.
227 Vgl. etwa die Stellungnahme im Rüstungsexportbericht der GKKE 2012, S. 55.
228 BT-Drs. 17/5949.
229 Handelsblatt vom 26.2.2013: Rüstungsexportpolitik: De Maizière sieht Iran als Grund für Waffenexporte.

Tabelle 5: Kriegswaffenausfuhren Naher/Mittlerer Osten 2007–2013 (Werte in Tsd. €)[230]

	2007	2008	2009	2010	2011	2012	2013
Afghanistan	-	16	-	7,963	-	3,325	75
Ägypten	1,371	-	702	13	-	-	-
Irak	-	-	-	27,572	159,465	125,603	6
Israel	770	726	5,145	1,104	245	991	57,317
Jordanien	-	2,129	-	-	-	24	2,537
Katar	852	-	-	21,345	-	-	1,990
Kuwait	242	728	2,210	7,413	-	885	-
Libanon	52	1,303	153	58	30	74	41
Oman	-	-	2,091	-	2,918	430	1,480
Pakistan	7,322	3,367	45,538	64,952	-	19,333	15,026
Saudi-Arabien	10,079	13,085	8,697	30,300	29,599	9,895	32,257
Ver. Arabische Emirate	7,824	87,774	43,252	36,285	33,758	21,795	102,292
Gesamt	28,512	109,128	107,788	197,005	226,015	182,355	213,021

Die beispielhafte Hervorhebung der Region Naher und Mittlerer Osten zeigt, dass der einseitigen Mobilmachung einzelner potentieller Konfliktparteien ein strategisches Konzept zugrunde liegt, wonach die gezielte Aufrüstung eines Militärapparates abschreckende Wirkung auf politische Gegner haben soll. Die immanente Gefahr der Hochrüstung einer Konfliktpartei ist das entstehende militärische Ungleichgewicht in der Region, das die konträren Staaten ebenfalls zur Nachrüstung bewegen könnte. Beispiel erster Hand für die Entwicklung einer sogenannten Rüstungsdynamik war das „Wettrüsten" zwischen den USA und der Sowjetunion während des Kalten Krieges.

Die Parteinahme durch Rüstungsentscheidungen in regionalen Konflikten findet in der dargestellten „Ertüchtigungsinitiative" seine Bestätigung. Dabei ist die Ausstattung mit militärischen Mitteln geeignet, um konkret auf die Machtverhältnisse im Empfängerstaat bzw. in der Region einzuwirken und westlich orientierte Kräfte zu stärken. Es entstehen auf diese Weise Sicherheitspartnerschaften außerhalb der klassischen politischen und militärischen Bündnisse. Mithilfe von Rüstungsexporten

230 Vgl. Rüstungsexporberichte der Bundesregierung 2007–2013.

wird versucht, auf die Innen- und Außenpolitik des Empfängerstaates Einfluss zu erlangen um die eigenen Sicherheitsdoktrinen umzusetzen. Der Kampf, beispielsweise gegen den internationalen Terrorismus oder die Sicherung von Handelswegen, kann somit unterhalb der Schwelle eines Kampfeinsatzes der eigenen Truppen geführt werden.[231] Gleichwohl lassen sich Partnerschaften aus außen- und sicherheitspolitischen Interessen nicht um jeden Preis rechtfertigen. Die Empfängerländer müssen den rechtlich vorgegebenen Standards entsprechen. Die Politischen Grundsätze der Bundesregierung und auch der Gemeinsame Standpunkt der EU geben konkrete Maßstäbe vor, welche die außen- und sicherheitspolitischen Anstrengungen begrenzen.

bbb) Selbstverteidigungsrecht nach UN-Charta

Auch Drittstaaten will die Bundesregierung bei einer Selbstverteidigungshandlung nach Art. 51 UN-Charta „im Rahmen einer Gesamtabwägung aller relevanten Umstände" durch Rüstungsexporte Unterstützung gewähren (Ziffer III Nr. 5 S. 2 Politische Grundsätze).[232] An Länder die sich in bewaffneten äußeren Konflikten befinden oder bei denen die Gefahr eines Ausbruchs solcher Konflikte besteht, können Lieferungen hiernach ausnahmsweise genehmigt werden.

Um die Lage in Konfliktregionen durch Waffenlieferungen nicht zusätzlich zu verschärfen, sind bei der Exportentscheidung die engen Grenzen von Art. 51 UN-Charta zu beachten. Die bewaffnete Selbstverteidigung ist ausschließlich bei einem bewaffneten Angriff zulässig. Einwirkungen, die unterhalb der Schwelle des bewaffneten Angriffs liegen, berechtigen auch dann nicht zur Selbstverteidigung, wenn sie wesentliche Interessen, wie z.B. wirtschaftliche und politische Rechte des Staates, verletzen.[233] Nach wohl herrschender Meinung, unter Einschluss des IGH, rechtfertigen gewaltsame Aggressionen mit geringer Eingriffsintensität (z.B. vereinzelt gebliebene Grenzscharmützel) ebenfalls nicht die militärischen Gegenwehr.[234] Ziel der engen Auslegung von Art. 51 UN-Charta – als Ausnahme zum allgemeinen Gewaltverbot nach Art. 2 Ziffer 4 UN-Charta – ist die militärische Interessendurchsetzung unter Verweis auf eine vermeintliche Verteidigungshandlung zu verhindern.[235] Nur innerhalb der völkerrechtlichen Grenzen ist die militärtechnische Unterstützung einer Konfliktpartei zulässig. Darüber hinaus sind im Einzelfall stets die Gesamtumstände des Konflikts zu bewerten, etwa: Provokationen

---

231 Aktuell wird von der EU ein umfassendes Konzept zur Herstellung der maritimen Sicherheit im Golf von Guinea erarbeitet. Ziel ist es, Hilfe zur Entwicklung einer regionalen Strategie zu leisten, wonach Anrainerstaaten in der Region befähigt werden sollen, wirksam dem Kampf gegen Piraterie und Überfällen auf See begegnen zu können (hierzu *Puglierin / Feyock / v. Diepen*, in: IP 2014, 60, 61 ff.).

232 BT-Drs. 13/10104, S. 2.

233 *Fischer*, in: Ipsen, § 59, Rn. 28.

234 *Bothe*, in: Graf Vitzthum / Proelß, S. 588; *Randelzhofer*, in: Simma, Art. 51, Rn. 4 ff.

235 *Bothe*, ebd.

des angegriffenen Staates, die Verhältnismäßigkeit reaktiver militärischer Mittel, die Verteidigungsstrategie und der historische Kontext.

Ein besonderes Prognoseermessen im Genehmigungsverfahren wird sich regelmäßig im Fall eines drohenden Konfliktes ergeben, innerhalb dessen eine Aufrüstung unter Verweis auf die Herstellung der Verteidigungsbereitschaft stattfindet. Zwar begründet sich das Verteidigungsrecht grundsätzlich erst durch einen tatsächlich vorliegenden und nicht durch einen nur zu erwartenden Angriff, jedoch schließt dies nicht aus, dass eine Aufrüstung *zur* Verteidigung vorangeht. Machte man die Exportgenehmigung suspensiv von der Bedingung eines Schadenseintritts durch Angriffshandlungen abhängig, so sähen sich insbesondere Staaten ohne eigene Rüstungsindustrie einem feindlichen Erstschlag schutzlos ausgeliefert. Die Genehmigungsbehörde hat zu beurteilen, ob die Kriegswaffen künftig lediglich defensiv im Rahmen von Art. 51 UN-Charta eingesetzt werden. Dabei ergibt sich insbesondere die Frage der Zulässigkeit präventiver Selbstverteidigungsmaßnahmen gegen drohende Aggressionen.

Exemplarisch seien in diesem Konnex die fortwährenden Rüstungsexporte an Israel hervorgehoben.[236] Die extensive Exportpolitik findet in der sicherheitspolitischen Zusammenarbeit mit Israel seine Begründung. Es soll im Besonderen auf die Kräfteverhältnisse zum verfeindeten Iran eingewirkt werden, der in aller Regelmäßigkeit mit der atomaren Vernichtung Israels droht.[237] Problematisch ist, ob bei Zuspitzung der Lage im Nahen Osten ein präventiver Erstschlag Israels, gefördert durch Wehrtechnik deutscher Hersteller, eine Handlung im Rahmen der völkerrechtlich garantierten Selbstverteidigung darstellen würde. Ein derartiger Erstschlag gegen eine potentielle militäratomare Bedrohung wäre keine neuartige Zäsur im nahöstlichen Spannungsgebiet: Bereits 1981 bombardierte Israel unter Verweis auf eine existenzielle Gefahrenlage eine irakische Nuklearanlage.

Unstrittig ist, dass die iranische Drohrhetorik unterhalb der Schwelle eines bewaffneten Angriffs liegt. Mithin wäre nach engem Wortlautverständnis von Art. 51 UN-Charta eine bewaffnete Gegenwehr kein probates Mittel der Verteidigung; die Politischen Grundsätze stünden einer militärtechnischen Unterstützung entgegen. Derweil ist Gegenstand einer andauernden Kontroverse in der Völkerrechtswissenschaft die zeitliche Konturierung der Verteidigungslage nach Art. 51 UN-Charta. Hierzu werden in der Literatur im Wesentlichen zwei Auffassungen vertreten:

Unter Verweis auf den Wortlaut („im Falle eines bewaffneten Angriffs", *engl.*: „if an armed attack occurs") legt ein Teil der Literatur das Recht zur Verteidigung eng aus. Um einzelstaatliche Gewalt im höchstmöglichen Maß auszuschalten, sei jede Ausdehnung des Anwendungsbereichs auf präventive Verteidigungsmaßnahmen

236 Zwischen 2008 und 2013 wurden Rüstungsausfuhren nach Israel im Wert von 469 Mio. Euro genehmigt (vgl. hierzu Tabelle 4).

237 Handelsblatt vom 29.11.2012: Rüstungsexporte: Deutschland beliefert Israel massiv mit Waffen.

unzulässig. Rechtfertigt sei ausschließlich die *Reaktion* auf einen gegenwärtigen Angriff.[238]

Nach der wohl herrschenden Meinung sind von Art. 51 UN-Charta auch Verteidigungsmaßnahmen erfasst, die der Abwehr eines unmittelbar bevorstehenden Angriffs dienen.[239] Hiernach sind Handlungen zulässig, wenn eine Gefahrenlage „gegenwärtig und überwältigend" ist und „keine Wahl der Mittel und keinen Augenblick der Überlegung lässt" (sog. *Webster*-Formel[240]); insbesondere darf keine Zeit mehr bleiben, auf Maßnahmen des Sicherheitsrates zu warten. Diese Ansicht vermag zu überzeugen. Angesichts des Zerstörungspotentials moderner Kriegswaffen ist es realitätsfremd, Staaten auf ein Abwarten des unmittelbar bevorstehenden gegnerischen Angriffs zu verweisen und lediglich reaktive Handlungsoption zuzulassen. Indes ist die Erweiterung des Anwendungsbereichs auf *unmittelbar* bevorstehende Angriffe begrenzt. Die darüber hinausgehende zeitliche Ausdehnung der Verteidigungslage auf sog. *pre-emptive strikes* (vorbeugende Gewaltanwendung[241]), d.h. Reaktionen auf Dauergefahren ohne ein konkretes zeitliches Moment (etwa die Führung eines Präventivkrieges aufgrund nuklearer Aufrüstung potentieller Aggressoren), ist unzulässig. Eine entsprechende Erweiterung des Selbstverteidigungsrechts würde im Bereich des zentralen völkerrechtlichen Gewaltverbots die Konturenschärfe verwischen und unübersehbare Grauzonen entstehen lassen.[242]

Der bloße Verweis auf eine latente Angriffslage reicht für die ausnahmsweise Lieferung von Kriegsmaterial in Spannungsgebiete (Ziffer III Nr. 5 S. 2 Politische Grundsätze) nicht aus. Die objektive Beurteilung der Bedrohungslage muss ergeben, dass ein ausschließlich defensiver Verwendungsvorbehalt unter Beachtung der Grenzen von Art. 51 UN-Charta besteht. Überzeugende Beweise müssen vom Empfängerstaat dargelegt werden.

ccc) Militärische Versorgungssicherheit und volkswirtschaftliche Interessen

In den Politischen Grundsätzen ist der Aspekt der militärischen Versorgungssicherheit der Bundesrepublik Deutschland nicht ausdrücklich aufgeführt. Gleichwohl wird in politischen Debatten regelmäßig ein Zusammenhang zwischen Rüstungsexporten und deren mittelbaren Auswirkungen auf die Handlungsfähigkeit der Bundeswehr (und auch der Polizei) hervorgehoben (sicherheitspolitisches Interesse)[243]:

---

238 *Fischer*, in: Ibsen, § 59, Rn. 29 f.; *Randelzhofer*, in: Simma, Art. 51, Rn. 4 und Rn. 34 f. m.w.N.

239 *Bothe*, Graf Vitzthum / Proelß, S. 589 m.w.N.; *Eick*, ZRP 2004, 200, 201 f.; *Murswiek*, NJW 2003, 1014, 1016.

240 Benannt nach dem amerikanischen Außenminister, welcher die Formel im sog. *Caroline*-Fall im Jahr 1837 prägte.

241 Umfassende Einlassung zur vorbeugenden Selbstverteidigung *Schiffbauer*, Vorbeugende Selbstverteidigung im Völkerrecht.

242 *Eick*, ZRP 2004, 200, 201.

243 PlenProt 17/219, S. 27083 ff.

Der Erhalt der deutschen Rüstungsindustrie lasse sich nur sicherstellen, wenn die Unternehmen nicht lediglich auf die Produktion für einen inländischen Käuferkreis restringiert sind. Konsequenz des Rückgangs der hiesigen privatwirtschaftlichen Waffenherstellung wäre eine Abhängigkeit von ausländischen Produzenten. Neben dem volkswirtschaftlichen Aspekt, dass Ausgaben für die Ausstattung der Bundeswehr nicht mehr der deutschen Wirtschaft zufließen würden, wirke sich ein Verlust der Rüstungsautonomie militärstrategisch bzw. militärpolitisch aus: Die militärische Nachschubversorgung wäre aus innerdeutschem Verantwortungskreis herausgelöst. Zudem ginge ein Hochtechnologiesektor verloren und damit ein wehrtechnischer Beitrag Deutschlands innerhalb der Gemeinsamen Sicherheits- und Verteidigungspolitik der EU.[244] Es ist zu ermitteln, ob die dargelegten Erwägungen Rüstungsexporte zu rechtfertigen vermögen.

Nach der Rechtsprechung des Bundesverfassungsgerichts umfasst der in Art. 87a Abs. 1 S. 1 GG vorgegebene Verfassungsauftrag, Streitkräfte zur Verteidigung aufzustellen, „auch das Gebot, das innere Gefüge der Streitkräfte so zu gestalten, daß sie ihren militärischen Aufgaben gewachsen sind“[245]. Erforderlich für die zuverlässige Verteidigung der äußeren Sicherheit der Bundesrepublik ist die Ausstattung der Bundeswehr mit zeitgemäßer Wehrtechnik. Die vermeintliche Kontiguität zwischen der Ausfuhr inländisch hergestellter Kriegswaffen und der militärischen Versorgungssicherheit ergibt sich aus produktionstechnischer Hinsicht: Die inländische Rüstungsindustrie kann dem Anspruch einer *umfassenden* militärischen Versorgung mit modernsten Waffensystemen für Heer, Luftwaffe und Marine („Erhalt der Ausrüstungskompetenz“[246]) bei einer Produktion lediglich für die nationalen Streitkräfte nicht genügen. Eine Kapazitätsauslastung der herstellenden Unternehmen ist langfristig nicht lediglich über Bundeswehraufträge zu generieren.[247] Die erheblichen Forschungs- und Infrastrukturinvestitionen, die notwendigerweise in der modernen Herstellung von Wehrtechnik anfallen, lassen sich in der Regel nur durch eine hohe Produktionsquote refinanzieren.[248] Bei isolierter Betrachtung der nationalen Rüstungsindustrie ist es ohne den Export der eigenen Produkte nicht möglich, rentabel und auf technisch hohem Niveau, ein breites Spektrum an Militärtechnologie anzubieten. Auszugleichen wäre eine niedrige Produktionsquote

---

244 Der ehem. Verteidigungsminister de Maizière zur Bedeutung der Rüstungsindustrie für die Sicherheitspolitik: „Hierzu benötigen wir eine leistungsfähige und innovative wehrtechnische Industrie. Eigene wehrtechnische Fähigkeiten sind die Voraussetzung, um den europäischen Integrationsprozess mit zu gestalten.“ (zitiert in BT-Drs. 17/8097); *Krause*, EA 1981, 363, 368.

245 BVerfGE 28, 243, 261; 48, 127, 159 f.

246 *Henning Otte* (CDU/CSU) in Aktuelle Stunde des Deutschen Bundestages vom 22.5.2014, PlenProt 18/36, S. 3075.

247 *Brzoska*, Rüstungsexportpolitik, S. 163 f.

248 *Roeser*, Völkerrechtliche Aspekte des internationalen Handels mit konventionellen Waffen, S. 44.

lediglich durch massive staatliche Subventionierung von Rüstungsprojekten bzw. durch die Verstaatlichung der inländischen Rüstungsindustrie.

Entsprechend der dargestellten liberalen Genehmigungspraxis bei Rüstungsanfragen von Partnerstaaten aus NATO und EU entspricht zumindest eine Ausweitung der Marktanteile deutscher Rüstungsunternehmen durch Exportorientierung auf ebendiese Staaten dem außenwirtschaftsrechtlichen Kontext. Aus wirtschaftlichen Gesichtspunkten scheint es angesichts sinkender Rüstungsetats in den westlichen Staaten darüber hinaus angezeigt, Auftragsrückgänge auch durch eine Marktöffnung für Staaten außerhalb der EU und des NATO-Bündnisses zu kompensieren.[249] So gibt der Industriekonzern Rheinmetall an, ab 2015 rund 50% seines Rüstungsumsatzes mit Kunden außerhalb Europas erzielen zu wollen. Hierbei hebt das Unternehmen als Absatzmärkte der Zukunft die Regionen Mittlerer Osten und Nordafrika sowie Asien hervor.[250]

Tabelle 6: Absatzmärkte Rheinmetall Defence 2006–2012 (Angaben in Prozent)[251]

Jahr	**Deutschland**	**Europa**	**Nordamerika**	**Asien/Mittlerer Osten**
2006	37	45	9	7
2007	35	41	9	14
2008	34	34	10	19
2009	36	30	10	16
2010	34	30	11	20
2011	37	29	11	18
2012	33	31	8	23

Neben produktionstechnischen bzw. betriebswirtschaftlichen Begründungsversuchen für den Erhalt einer eigenen privatwirtschaftlichen Rüstungsindustrie erfolgt in aller Regelmäßigkeit in der politischen Debattenkultur das „Arbeitsplatz-Argument“ als Rechtfertigung für eine expansive Rüstungsexportpolitik.[252]

249 Infolge der Finanz- und Eurokrise sind die Militärausgaben der EU-Mitgliedstaaten allein zwischen 2006 und 2014 um rund ein Drittel zurückgegangen (*Fröhlich*, Die Europäische Union als globaler Akteur, S. 173 m.w.N.); bereits *Sohm*, NZWehr 1994, 99, 102.

250 Rheinmetall AG, Geschäftsbericht 2013, S. 21.

251 Vgl. Rheinmetall AG, Geschäftsberichte 2006–2012 (der Geschäftsbericht 2013 weist keine prozentualen Angaben für die dargestellten Absatzmärkte aus).

252 Vgl. etwa *Julia Bartz* (CDU/CSU) in Aktuelle Stunde des Deutschen Bundestages vom 22.5.2014, PlenProt 18/36, S. 3075: „Lassen Sie uns in dieser Debatte bitte ehrlich bleiben. Wenn wir keine Rüstungsexporte wollen, dann müssen wir auch den 80.000 Beschäftigten der Rüstungsbranche sagen: Verlasst unser Land. – Unsere

Der Kernbereich der wehrtechnischen Industrie umfasst in Deutschland etwa 90 Unternehmen mit rund 80.000 Beschäftigten. Volkswirtschaftlich spielt der Rüstungsexport mit einem Anteil von lediglich 0,2 % am BIP nach Angaben der Bundesregierung eine untergeordnete Rolle.[253]

Tabelle 7: Abhängigkeit deutscher Arbeitsplätze von Rüstungsproduktionen im Jahr 2011[254]

Produktion	Arbeitsplätze
Kampfflugzeug Eurofighter	20,000
Schützenpanzer PUMA	4,000
Transportflugzeug A400 M	7,000
Fregatte F125	1,100
U-Boot 212 A	840

Im Genehmigungsverfahren sollen beschäftigungspolitische Gründe nach Ziffer III Nr. 2 Politische Grundsätze „keine *ausschlaggebende* Rolle spielen", *argumentum e contrario* erhalten Arbeitsplatzmotive bisweilen Einhalt in den Entscheidungsprozess.[255] Mit welcher Gewichtigkeit beschäftigungspolitische Erwägungen zur konkreten Verwaltungsentscheidung beitragen, entzieht sich im Nachhinein praktisch jeglicher Bewertung.

Es stellt sich die grundsätzliche Frage, ob der von politischer und wirtschaftlicher Seite erzeugte Druck in Richtung auf mehr Rüstungsexporte in Einklang mit

Partner im Ausland rollen ihnen den roten Teppich aus; denn dort gibt es weniger bis gar keine Bedenken in Bezug auf Rüstungsexporte."

253 BT-Drs. 11/4842, S. 7; 17/8097, S. 4, 6.

254 BT-Drs. 17/8097, S. 6 f.

255 BT-Drs. 13/10104, S. 3; vgl. auch die Debatte im Deutschen Bundestag PlenProt 17/119, S. 13803 f.: *Katja Keul* (Die Grünen): „Können Sie ausschließen, dass bei der Entscheidung des Bundessicherheitsrates beschäftigungspolitische oder gar industriepolitische Gründe eine Rolle gespielt haben?" - *Hans-Joachim Otto* (Parlamentarischer Staatssekretär beim Bundesminister für Wirtschaft und Technologie): „[...] ich möchte aber, um das klarzustellen, die entsprechende Stelle der Rüstungsexportrichtlinien der Bundesregierung zitieren: In den Politischen Grundsätzen heißt es: Beschäftigungspolitische Gründe dürfen keine ausschlaggebende Rolle spielen. Dies bedeutet allerdings im Umkehrschluss, dass sie eine gewisse Rolle spielen dürfen, sozusagen als nachrangige Gründe. ich kann mir vorstellen, dass dies auch bei ähnlichen Entscheidungen in der Vergangenheit der Fall war. Dies wäre auch völlig legitim gewesen, weil die Politischen Grundsätze wie erwähnt niedergelegt worden sind. Ausschlaggebend ist das sicherheits- und bündnispolitische Interesse. Nachrangig können auch beschäftigungspolitische Gründe eine Rolle spielen."

den Grundaussagen deutschen Kriegswaffenrechts zu bringen ist. Hierbei sind die Ermessensrichtlinien an höherrangigem Recht zu messen. Die absoluten Grenzen und gleichzeitig den Kern des Kriegswaffenrechts gibt Art. 26 Abs. 2 GG vor. Danach ist jeglicher Umgang mit Kriegswaffen wegen des immanenten Risikopotentials im Grundsatz nicht erlaubt (repressives Verbot mit Befreiungsvorbehalt).[256] Die Dispensierung erfolgt ausschließlich bei Vorliegen eines Rechtfertigungsgrundes. Wann im Einzelfall der Wirtschaftsverkehr mit Kriegswaffen zu gestatten ist, ergibt sich wiederum aus dem *Telos* des gesamten Art. 26 GG. Die Norm steht im Kontext der Gefahrenabwehr zur Friedenserhaltung. Der Umgang mit Kriegswaffen steht mithin unter dem Vorbehalt des verfassungsrechtlichen Friedensgebots.[257] Danach ist die Ausstattung der Bundeswehr wegen des Verfassungsauftrags der wirksamen militärischen Landesverteidigung legitim (Art. 87a GG) und auch die Belieferung der Bündnispartner steht grundsätzlich unter der Ägide der Friedenswahrung (Art. 24 Abs. 2 GG).

Die weitergehenden exportorientierten Ansätze aus Politik und Wirtschaft sind beachtlich, wenn sie eine Verbotsausnahme im Sinne von Art. 26 Abs. 2 GG rechtfertigen können. Dies ist der Fall, wenn ein sicherheitspolitischer Nutzen der Kriegswaffenexporte ersichtlich ist und das Friedensgebot eingehalten wird.

Weder das kommerzielle Interesse der Rüstungsindustrie an der Erweiterung des Abnehmerkreises auf Drittstaaten, noch das hieran angelehnte Argument der Schaffung und Sicherung von Arbeitsplätzen dokumentieren einen sicherheitspolitischen Nutzen und somit eine hinreichende Rechtfertigung für einen Dispens. Beschäftigungspolitische Gründe dürfen nicht nur keine ausschlaggebende Rolle im Genehmigungsverfahren spielen, sondern im Ergebnis darf dieses Motiv gar keine Rolle spielen.[258] Die Zugänglichmachung von Technologie, deren Zweck in der Tötung von Menschen liegt, darf nicht aus betriebs- oder volkswirtschaftlichen Gesichtspunkten erfolgen. Die Integration der Kriegswaffenkontrolle unmittelbar in die Verfassung belegt, dass Kriegswaffen keine den Gesetzen des Marktes unterliegende gewöhnliche Ware sind.

Ein nationales Interesse an militärischer Versorgungssicherheit besteht zweifelsfrei. Die Verbände sind entsprechend auszustatten, um die militärspezifische Gefahrenabwehr gewährleisten zu können.[259] Indes gibt die Verfassung nicht vor, dass zur Versorgung der Streitkräfte eine eigene autarke wehrtechnische Industrie aufrechtzuerhalten ist. Zumal eine national-isolierte Reflexion einzelner Rüstungsmärkte

256 Vgl. hierzu S. 47 ff.

257 *Bothe*, in: Bonner Kommentar, Band 6, Art. 26, Rn. 42.

258 Bundeswirtschaftminister *Gabriel* nimmt im Rüstungsexportbericht der Bundesregierung 2013 wie folgt Stellung: „Wirtschaftsexporte sind kein Mittel der Wirtschaftspolitik. Sie sind ein Instrument der Sicherheitspolitik. [...] Das Bundeswirtschaftsministerium würde auch dann keine Genehmigungen für zweifelhafte Geschäfte erteilen, wenn sie mit der Sicherung von Arbeitsplätzen gerechtfertigt werden."

259 BVerwG, NVwZ-RR 97,351.

nicht der transnationalen Eingliederung in ein System gegenseitiger kollektiver Sicherheit entspricht.[260] „Die Bundeswehr war und bleibt in erster Linie eine Armee im Bündnis und für das Bündnis“, so der ehemalige Verteidigungsminister *Volker Rühe*.[261] Innerhalb des NATO-Bündnisses und insbesondere innerhalb der Gemeinsamen Sicherheits- und Verteidigungspolitik der EU (GSVP) ist jedem Verbündeten ein Beitrag zur militärischen Verteidigungsbereitschaft abzuverlangen. Dies inkludiert auch ein Zusammenwirken im wehrtechnischen Bereich.[262] Entstehende strategische Abhängigkeiten von ausländischen Firmen aus NATO und EU-Staaten bergen aufgrund gemeinsamer Sicherheitsstrategien (vgl. etwa die GSVP) grundsätzlich keine wesentlichen Nachschubrisiken. Es ist abwegig, davon auszugehen, Deutschland werde in Zukunft militärische Operationen ohne den politischen Rückhalt der Bündnispartner unternehmen. Gleichfalls wird zunehmend auch in der EU erkannt, dass die Fragmentierung in nationale Rüstungsmärkte militärstrategisch und wirtschaftlich ineffizient ist.[263] Das Einsparpotential eines grenzüberschreitenden Wettbewerbs bei Integration der Rüstungsindustrie in den EU-Binnenmarkt wurde bereits Anfang der 1990er Jahre auf bis zu 9,3 Milliarden Euro beziffert.[264] Derweil fand eine innereuropäische Konsolidierung lediglich im Bereich Luft- und Raumfahrt statt. Aus einer Fusion deutscher, französischer und spanischer Flugzeugbauer ging mit der Airbus Group (vormals EADS) einer der größten Rüstungskonzerne hervor. Die Reorganisation hin zu einer universellen europäischen Rüstungsindustrie führt neben einer militärisch sinnvollen Vereinheitlichung und Abstimmung neuer Waffensysteme, auch zu einer Senkung der Produktionskosten durch steigende Stückzahlen für einen größeren Abnehmerkreis. Freilich konterkariert weiterhin die unionsrechtliche Ausklammerung der Kriegsmaterialexporte vom Europäischen Binnenmarkt (Art. 346 AEUV) in gewisser Weise bisherige Versuche zur Förderung europäischer Kooperationen auf dem Rüstungsmarkt, wie zuletzt die Verabschiedung der Verteidigungsgüterrichtlinie der EU.[265] Gleichwohl ist die militärische Versorgungssicherheit zukünftig im Verbund mit den Partnerstaaten herzustellen. Grenzüberschreitende Konsolidierungen und ein unbedingter Eintritt

---

260 BVerfGE 90, 286, 349 f.; 104, 151, 213.

261 Militärgeschichtliches Forschungsamt, Volker Rühe - in der Mitte Europas, S. 73.

262 Ausführlich zu einer gemeinsamen Rüstungs- und Rüstungsindustriepolitik in der EU *Rhode*, SWP-Studie 2004, Rüstung in Europa.

263 Es gibt in Europa für alle wichtigen Waffensysteme mehrere (System-) Anbieter (*Rhode, a.a.O., S. 18); Walker / Gummett*, Nationalism, Internationalsim and the European Defense Market.

264 Eine diesbezügliche Studie wurde 1992 von der Europäischen Kommission in Auftrag gegeben (zitiert nach *Rhode*, a.a.O., Fn. 3).

265 Hierzu *Schladebach*, RIW 2010, 127; weitere Instrumente zur Förderung europäischer Rüstungskooperationen: *Western European Armaments Group* (WEAG), *Organisation Conjointe de Coopération en Matiére de'Armament* (OCCAR), *Letter of Intent* (LoI) (hierzu *Dembinski / Schumacher*, HFSK-Report 9/2005 S. 12, Fn. 36, 37).

in den Rüstungswettbewerb innerhalb der verbündeten Nationen bauen nationale Überkapazitäten ab.

Es besteht nicht zuletzt ein sicherheitspolitisches Interesse, redundante industrielle Strukturen abzubauen, statt wirtschaftliche Nachteile eines abgeschotteten nationalen Rüstungsmarktes durch Erschließung fragwürdiger Abnehmerregionen zu kompensieren. Etwaige wirtschaftliche Probleme nationaler Rüstungsunternehmen stellen nicht die militärische Versorgungssicherheit der Bundeswehr in Frage. Sie dokumentieren allenfalls Überkapazitäten und den Konsolidierungsbedarf in den einzelnen nationalen Rüstungsindustrien. Zumal eine Kompensierung wegbleibender Kriegswaffennachfrage der eigenen und der verbündeten Streitkräfte durch wirtschaftlich motivierte Erweiterung des Abnehmerkreises auf Drittstaaten den von der Verfassung vorgegeben Ausnahmecharakter der Verbreitung von Kriegswaffen *ad absurdum* führen würde.

Die Ausfuhr von Kriegswaffen ist innerhalb der engen rechtlichen Grenzen ausschließlich aufgrund sicherheitspolitischer Begründung zu konzedieren. Betriebs- oder volkswirtschaftliche Motive dienen nicht der Ausnahmerechtfertigung. Ein Konnex zwischen der militärischen Versorgungssicherheit der Bundeswehr und dem umfassenden Erhalt einer autarken deutschen Rüstungsindustrie ist nicht zu erkennen.

bb) Restriktionen

In Ziffer III Nr. 4 und 5 Politische Grundsätze gibt die Bundesregierung vor, wann Ausfuhrgenehmigungen zwingend zu versagen sind. Das Ermessen der Entscheidungsbehörde ist reduziert; der Behörde ist es untersagt, außerhalb des engen Anwendungsbereichs von Art. 51 UN-Charta, Kriegswaffenausfuhren in Krisenregionen zu genehmigen („Ermessensreduzierung auf Null“[266]). Gleichwohl bleibt den Entscheidungsträgern bei der Risikobewertung des Ziellandes (Prognoseentscheidung) ein Beurteilungsspielraum.[267] Ziffer III Nr. 6 und 7 Politische Grundsätze nennt Kriterien die im Rahmen des Abwägungsprozesses zu *berücksichtigen* sind. Auch dort ist im Ergebnis die Ausfuhrgenehmigung nicht zu erteilen, wenn die nachhaltige Entwicklung des Empfängerlandes durch Rüstungsgeschäfte gefährdet ist oder wenn die Einhaltung internationaler Verpflichtungen nicht sichergestellt wird. Obgleich die Versagungskriterien unter Ziffer III („sonstige Länder“) aufgeführt sind, erhalten sie fraglos ebenfalls Einlass in den Entscheidungsprozess bei Anträgen von Partnerstaaten aus NATO und EU. Aufgrund der Vielgestaltigkeit nationalstaatlicher Verpflichtungen, kann man den aufgeführten Kriterien keinen Anspruch auf Vollständigkeit beimessen.[268]

---

266 BVerwGE 11, 95, 97.

267 Zum Beurteilungsspielraum bei Prognoseentscheidungen und Risikobewertungen BVerwGE 72, 300, 316 f.; 79, 208, 213 ff.; 81, 185, 190 ff.; 82, 295, 299 ff.

268 *Pietsch*, in: Hohmann / John, Anhang 2 zum KWKG, Rn. 16.

aaa) Die Menschenrechtslage im Empfängerland

(1) Begriffsbestimmung und Eingrenzung

Die Menschenrechtslage im Empfängerland ist ein maßgebendes Kriterium im Genehmigungsverfahren und ist in den Politischen Grundsätzen gleich an mehreren Stellen aufgeführt (Präambel, Ziffer I Nr. 2 und 3, Ziffer III Nr. 4 Politische Grundsätze). Ausfuhrgenehmigungen sollen nicht erteilt werden, wenn hinreichender Verdacht besteht, dass die Waffen zur internen Repression oder zu sonstigen fortdauernden und systematischen Menschenrechtsverletzungen eingesetzt werden (Ziffer II Nr. 3 Politische Grundsätze). Die Bundesregierung entspricht hiermit dem Standard des Gemeinsamen Standpunktes der EU für Waffenausfuhren, wonach eine Genehmigung zu verweigern ist, „wenn eindeutig das Risiko besteht, dass das zur Ausfuhr bestimmte Gerät zur internen Repression benutzt werden könnte" (Kriterium 2). Während der Benutzerleitfaden zum Gemeinsamen Standpunkt[269] Anhaltspunkte zum Begriffsverständnis der Menschenrechte enthält, geben die Politischen Grundsätze wenig Aufschluss über die Reichweite dieses entscheidenden Kriteriums.

Menschenrechte sind vom internationalen Recht garantierte Rechtsansprüche von Personen gegen den Staat oder staatenähnliche Gebilde, die dem Schutz grundlegender Aspekte der Person und ihrer Würde in Friedenszeiten und im Krieg dienen.[270] Es hat sich eine Klassifizierung in drei „Generationen" von Menschenrechten eingebürgert.[271] Die klassisch-liberalen Menschenrechte („erste Generation"), heute zumeist als bürgerliche und politische Rechte bezeichnet, garantieren unter anderem den Schutz des Lebens und der körperlichen Integrität der Person. Ebenso fallen hierunter die Rechte auf ein faires gerichtliches Verfahren, auf die freie Meinungsäußerung und auf die freie Ausübung politischer Rechte.[272] Die „zweite Generation" umfasst die wirtschaftlichen, kulturellen und sozialen Rechte, so das Recht zur Sicherung der Existenz (z.B. Recht auf Nahrung), faire Arbeitsbedingungen und das

---

269 Veröffentlicht im Amtsblatt der EU, Ausgabe C18/1 vom 21.1.2014.

270 Die Allgemeine Erklärung der Menschenrechte (AEMR), auch UN-Menschenrechtscharta, von 1948 (Resolution 217 A) umfasst 30 Artikel und etwa ebenso viele Menschenrechte: Menschenwürde, Gleichheitsgrundsatz, Recht auf Leben, Freiheit und Sicherheit, Verbot von Sklaverei und Zwangsarbeit, Folterverbot, Anspruch auf Anerkennung der Rechtsperson, Recht auf ein faires Gerichtsverfahren, keine willkürlichen Festnahmen, Schutz der Privatsphäre, Recht auf Freizügigkeit, Asylrecht, Recht auf Staatsangehörigkeit, Schutz der Familie, Recht auf Eigentum, Religionsfreiheit, Meinungsäußerungsfreiheit, Versammlungs- und Vereinigungsfreiheit, soziale Sicherheit, Recht auf Nahrung, Recht auf faire Arbeitsbedingungen, Recht auf Bildung und Ausbildung, freie Wissenschaft, Recht auf soziale und internationale Ordnung; *Kälin / Künzli*, Universeller Menschenrechtsschutz, S. 34.; *Weiß*, in: Menschenrechte, Ein interdisziplinäres Handbuch, S. 228 ff.; *Winkler*, in: Bergmann, Handlexikon der Europäischen Union, S. 655 f.

271 *Buergenthal / Thürer*, Menschenrechte, S. 29 ff.

272 *Kälin / Künzli*, Universeller Menschenrechtsschutz, S. 34.

Recht auf Bildung.[273] Zu den Solidaritätsrechten („dritte Generation") gehören etwa die Rechte auf Entwicklung, auf Frieden und auf saubere Umwelt.[274]

Die unterschiedlichen „Generationen" implizieren ein gewisses hierarchisches Gefälle der möglichen Rechtsbeeinträchtigungen. So findet mitunter eine Unterscheidung zwischen fundamentalen und nicht-fundamentalen Menschenrechten statt. Rechte auf Leben, Sicherheit, Freiheit und Subsistenz werden zum Teil als höherwertiger eingeordnet, da durch sie erst die Inanspruchnahme anderer Menschenrechte ermöglicht wird.[275]

Nach den Politischen Grundsätzen sind *fortdauernde* und *systematische* Menschenrechtsverletzungen im Empfängerland beachtlich. Bei einem hinreichenden Verdacht des Missbrauchs der Waffen ist eine Genehmigung grundsätzlich zu versagen. Ferner wird auf die Regelung im EU-Verhaltenskodex verwiesen, wonach die Feststellung *schwerwiegender* Menschenrechtsverletzungen Kriterium im Genehmigungsverfahren ist. Konkretisierungen zur Intensität der Beeinträchtigungen bieten auch die europäischen Auslegungshilfen zum Begriff der internen Repressionen. Umfasst sind danach insbesondere „Folter sowie andere grausame, unmenschliche und erniedrigende Behandlung oder Bestrafung, willkürliche Schnell-Hinrichtung, das Verschwindenlassen von Personen, willkürliche Verhaftungen und andere schwere Verletzungen der Menschenrechte und Grundfreiheiten, wie sie in den einschlägigen Menschenrechtsübereinkünften, einschließlich der Allgemeinen Erklärung der Menschenrechte und des Internationalen Pakts über bürgerliche und politische Rechte, niedergelegt sind."[276]

Hieraus den Rückschluss zu ziehen, die Menschenrechtssituation im Empfängerland müsse eine besondere Schwelle unterschreiten, um Beachtung im Genehmigungsverfahren zu finden, wird dem komplexen Schutzmechanismus der unterschiedlichen Rechte nicht gerecht. Der grundsätzlichen Aufteilung in schwerwiegende und weniger schwerwiegende Verletzungen steht die Unteilbarkeit und Interdependenz aller Menschenrechte entgegen. Die einzelnen Rechte bedingen sich gegenseitig und sollen *in ihrer Gesamtheit* gewährleistet sein.[277] Es lässt sich nur vom Einzelfall aus beurteilen, wann eine relevante Verletzung vorliegt und der rechtsbrechende Staat als besonders ungeeignet für den Empfang militärischen Materials gilt. Die schematische Feststellung, dass etwa nur Eingriffe in die körperliche Integrität eine besondere Schwere der Menschenrechtsverletzung begründen, ist für das Kriegswaffenkontrollverfahren ungeeignet.[278]

---

273 *Kälin / Künzli*, ebd.

274 *Kälin / Künzli*, ebd.

275 *Sieckmann*, in: Menschenrechte, Ein interdisziplinäres Handbuch, S. 165, 168 f.

276 Benutzerleitfaden zum Gemeinsamen Standpunkt, S. 41.

277 Vgl. Schlussdokument der Weltkonferenz über Menschenrechte vom 14. bis zum 25. Juni 1993 in Wien, abgedruckt in: EA 1993, D 498 ff.; *Mahler / Weiß*, in: Studien zu Grund- und Menschenrechten 11, S. 39 ff.

278 Similär Benutzerleitfaden zum Gemeinsamen Standpunkt, S. 42: „Ob eine Menschenrechtsverletzung als „schwerwiegend" einzustufen ist, muss durch eine

Ferner steht die Systematik der verfassungsrechtlich geprägten deutschen Kriegswaffenkontrollvorgaben einer gesonderten Anforderung an die Eingriffsintensität einer Menschenrechtsverletzung entgegen. In Anbetracht des repressiven Verbots von Kriegswaffenexporten, bedarf es für ausnahmsweise Lieferungen einer Rechtfertigung (z.B. Bündnisinteressen). Dahingegen ist eine ablehnende Behördenentscheidung nicht mit entsprechender Justifikation, etwa dem Vorliegen einer besonderen Qualität von Menschenrechtsverletzungen, zu versehen (vgl. § 6 Abs. 1 KWKG). Verletzungen müssen weder *schwerwiegend*, noch *fortdauernd* oder *systematisch* sein. Auch erstmalige Beeinträchtigungen, wie die Einschränkung der Meinungsäußerungsfreiheit durch staatliche Demonstrationsstörungen, können als Kriterium im Genehmigungsverfahren einer gezielten militärischen Aufrüstung entgegenstehen.

(2) Wahrscheinlichkeitsgrad und Kausalität

Zu versagen ist eine Ausfuhrgenehmigung nach Ziffer I Nr. 3 Politische Grundsätze dann, wenn der *hinreichende Verdacht* des Missbrauchs der Kriegswaffen besteht. Die Anforderungen an die Wahrscheinlichkeit eines Gefahreintritts sind weniger hoch, als in Kriterium 2 des Gemeinsamen Standpunktes, wonach ein *eindeutiges Risiko* bestehen muss. Da die Politischen Grundsätze insofern restriktiver sind, genießen sie den Vorrang.

Bei der Bestimmung des Wahrscheinlichkeitsgrades des Gefahreneintritts könnte auf die strafprozessualen Anforderungen zurückgegriffen werden.[279] Nach § 203 StPO ist der hinreichende *Tat*verdacht die entscheidende Schwelle zur Eröffnung des Hauptverfahrens.[280] Ein hinreichender Verdacht besteht, wenn nach vorläufiger Tatbewertung eine Verurteilung in der Hauptverhandlung wahrscheinlich ist.[281] Auf das Kriegswaffenkontrollverfahren ist dieser enge Beurteilungsrahmen nicht zu übernehmen. Da ausdrücklich kein Anspruch auf Genehmigungserteilung besteht (§ 6 Abs. 1 KWKG), sind schützenswerte Interesse nicht in gleichem Maße in Ausgleich zu bringen, wie beispielsweise im Strafprozess.

Übertragbar ist die sich zum polizei- und ordnungsrechtlichen Gefahrbegriff entwickelte Dogmatik. Demnach setzt die konkrete Gefahr des Missbrauchs der Kriegswaffen voraus, dass im Zeitpunkt des zu beurteilenden Verhaltens (*ex-ante*-Sicht) aus der Perspektive der Genehmigungsbehörde bei verständiger Würdigung

---

Beurteilung jedes Einzelfalles und unter Berücksichtigung aller spezifischen Gegebenheiten und aller relevanten Aspekte festgestellt werden. [...] Die Verstöße müssen jedoch nicht systematisch erfolgen oder weit verbreitet sein, um im Rahmen einer Beurteilung nach Kriterium 2 als „schwerwiegend" eingestuft zu werden."

279 Vgl. hierzu auch *Pietsch*, in: Hohmann / John, Anhang 2 zum KWKG, Rn. 7.

280 BGHSt 29, 354.

281 BGHSt 23, 304, 306; *Meyer-Goßner*, in: Meyer-Goßner, § 203, Rn. 2 f.; *Pfeiffer*, StPO, § 203, Rn. 2.

der Sachlage eine hinreichende Wahrscheinlichkeit für einen Schadenseintritt besteht.[282] Eine hinreichende Wahrscheinlichkeit liegt dabei zwischen der Sicherheit und der nahezu, aber nicht völlig auszuschließenden Möglichkeit der Rechtsgutbeeinträchtigung.[283] Die Wertigkeit des zu schützenden Rechtsgutes spielt bei der Beurteilung eine entscheidende Rolle. Je wesentlicher die drohende Schädigung und je höherrangiger das betroffene Rechtsgut, desto geringere Anforderungen sind an die Wahrscheinlichkeit des Gefahreintritts zu stellen.[284]

Der verantwortungslose Umgang mit Kriegswaffen stellt ein hohes Gefährdungspotential für Menschenleben und die Ausübung von Menschenrechten dar. Mithin reicht für die erforderliche Wahrscheinlichkeit von Rechtsgutbeeinträchtigungen das Vorliegen tatsächlicher Anhaltspunkte, die eine zweckwidrige Verwendung des Materials als möglich erscheinen lassen.[285]

Unter anderem die folgenden Anhaltspunkte sind bei der Beurteilung des Empfängerlandes von besonderer Relevanz:[286]

- Die politische Stabilität (eine demokratisch legitimierte Regierung, keine Unterdrückung oppositioneller Kräfte),
- das Vorhandensein einer effektiven und rechtsstaatlichen Justiz,
- die Haltung zum internationalen Terrorismus,
- die Gewährleistung und Umsetzung von Menschenrechtsstandards,
- der Stand der Ratifizierung einschlägiger internationaler und regionaler Menschenrechtsübereinkünfte,
- die Zusammenarbeit mit internationalen und regionalen Menschenrechtsmechanismen (z.B. innerhalb der Vereinten Nationen),
- die Teilnahme an international und regional geführten Dialogen zu Menschenrechtsfragen,
- der generelle Informationsstand über die Menschenrechtssituation im Empfängerland.[287]

Gefordert wird nach den Richtlinien der Bundesregierung eine kausale Verbindung zwischen Waffenlieferungen und etwaigen Menschenrechtsverletzungen.[288] Eines strengen Kausalitätsnachweises, wonach die Kriegswaffen unmittelbar zur internen Repression eingesetzt werden, bedarf es indes nicht. Ausreichend sind mittelbare Auswirkungen auf die allgemeine Menschenrechtslage. Dass eine isolierte

---

282 Instruktiv *Ossenbühl*, DÖV 1976, 466; *Poscher*, DV 2008, 345, 352 ff.; *Schenke*, Polizei- und Ordnungsrecht, § 3, Rn. 77.

283 *Pieroth / Schlink / Kniesel*, Polizei- und Ordnungsrecht, § 4, Rn. 6 f.

284 BVerwGE 45, 51, 58; 88, 348, 351 f.

285 BVerfGE 69, 315, 353 f.; 87, 399, 409.

286 Hierzu Benutzerleitfaden zum Gemeinsamen Standpunkt, S. 41 f. (mit Verzeichnis der wichtigsten Internationalen Menschenrechtsübereinkünften, S. 47 f.).

287 Vgl. etwa Amnesty International Report 2013, Zur weltweiten Lage der Menschenrechte.

288 BT-Drs. 14/1938, S. 1 f.

Betrachtung untunlich ist, findet Unterstützung im pauschalen Verweis auf die Menschenrechtssituation im Empfängerland (Ziffer I Nr. 3 a.E. Politische Grundsätze).[289] Bereits der Besitz von Kriegswaffen kann eine destabilisierende Wirkung entfalten. Ein militärisch hochgerüsteter Staatsapparat kann in Verbindung mit politischen Drohansprachen die Ausübung von Menschenrechten (z.B. das Recht auf freie Meinungsäußerung), auch ohne einen unmittelbaren Waffeneinsatz, entscheidend einschränken. Zudem besteht, insbesondere bei Entwicklungsländern, die Gefahr der Beeinträchtigung einer nachhaltigen Entwicklung, bei Bindung knapper Ressourcen im Rüstungsetat. Unverhältnismäßige Aufwendungen wirken sich rückschließend auf den Sozialbereich oder andere elementare Ausgabenbereiche aus.[290]

Wichtige Beurteilungskriterien sind Art und Umfang der Waffenlieferungen. Eine Prüfung hat dahingehend zu erfolgen, ob sich die Waffen bestimmungsmäßig zur internen Repression einsetzen lassen – wobei kaum eine militärische Ausrüstung auszumachen ist, welche nicht zumindest unterstützend repressiven internen Maßnahmen dienen kann. So ist beispielsweise auch der schwere Kampfpanzer Leopard 2 in einer Version erhältlich, welche sich bestimmungsgemäß auch für Kampfeinsätze im Landesinneren, einschließlich urbaner Operationen (u.a. Aufstandsbekämpfungen, Niederschlagung von Demonstrationen), eignet.[291]

Ein besonderes Gefahrpotential für Menschenrechtsverletzungen birgt die Ausfuhr von Kleinwaffen und leichten Waffen. Dem Einsatz von Kleinwaffen (z.B. Maschinenpistolen, Sturmgewehre, leichte Mörser) fallen in internen Konflikten die meisten Menschen zum Opfer.[292] Die günstigen Beschaffungskosten, schnelle Verbreitungswege und ein geringer Transportaufwand tragen wesentlich zur Destabilisierung in Konfliktregionen bei. Aufgrund dessen legt die Bundesregierung nach eigener Aussage „zum Zwecke der Kohärenz zwischen Außen-, Sicherheits-, Außenwirtschafts- und Entwicklungspolitik strenge Maßstäbe an die Genehmigungserteilung für Exporte von Kleinwaffen in Drittstaaten, speziell Entwicklungsländer, an".[293] In der Genehmigungspraxis spiegelt sich dieser Standpunkt – zumindest in quantitativer Hinsicht – nicht wieder. Deutschland gehört weltweit zu den größten Exporteuren von kleinen und leichten Waffen.[294]

---

289 *Pietsch* (in: Hohmann / John, Anhang 2 zum KWKG, Rn. 6) hingegen macht eine grundsätzliche Versagung der Genehmigungserteilung von einem *unmittelbaren* Einsatz der Kriegswaffen gegen die Schutzgüter abhängig.

290 *Wessels*, AW-Prax 2000, 181, 182.

291 Zu erheblichen Kontroversen in der Öffentlichkeit führte das Bekanntwerden der vom Bundessicherheitsrat erteilten Genehmigung über eine Lieferung von bis zu 270 Leopard 2 Panzern in der Version A7+ an Saudi-Arabien (vgl. *Kirchner*, DVBl 2012, 336, 342 f.).

292 Rüstungsexportbericht der Bundesregierung 2012, S. 26.

293 Rüstungsexportbericht der Bundesregierung 2012, S. 12.

294 Im Jahr 2012 hat die Bundesregierung Einzelgenehmigungen für Kleinwaffen in einem Gesamtwert von 76,15 Mio. Euro erteilt (Vorjahr: 37,9 Mio. Euro) (vgl.

Zu den Rüstungsexporten, welche eine ungeschriebene Sonderbehandlung im Genehmigungsverfahren genießen, zählen Kriegsschiffe und U-Boote.[295] Die vom ehemaligen Außenminister *Hans-Dietrich Genscher* in den achtziger Jahren proklamierte Devise „alles was schwimmt, geht“, hat in Betrachtung der jüngeren Exportstatistiken an Aktualität keine Einbuße erfahren.[296] Unlängst genehmigte die Bundesregierung den Bau zweier Fregatten für einen Verkauf nach Algerien sowie den Bau eines Patrouillenbootes für das Käuferland Brunei. Aktuelle Berichte der Menschenrechtsorganisation Amnesty International weisen für die Empfängerstaaten eine desolate Menschenrechtslage aus.[297]

Als Rechtfertigung für die liberale Exportpolitik im Bereich Marinekriegswaffen wird nach wie vor die mangelnde Einsatzfähigkeit bei inneren Konflikten angeführt.[298] Zu Recht wird dies unter Verweis auf neue verfügbare Technologien und Waffen für Kriegsschiffe und U-Boote kritisiert.[299] Auch die Kriegsmarine kann zumindest mittelbar zur internen Repression eingesetzt werden. Möglich ist unter anderem ein von Kriegsschiffen ausgehender Einsatz von Marschflugkörpern, Drohnen oder die Mobilmachung und Verlegung von Infanterieeinheiten.

Aufgrund der Wertigkeit der gefährdeten Rechtsgüter ergibt sich bei der Beurteilung einer Verwendung deutscher Kriegswaffen gegen Menschenrechte eine weite Einschätzungsprärogative für die Entscheidungsträger.

Angaben im Rüstungsexportbericht der Bundesregierung 2012, S. 27); Rüstungsexportbericht der GKKE 2012, S. 41.

295 „Solange wir unsere restriktive Exportpolitik betreiben, haben wir stets bei Über- und Unterwasserschiffen die Dinge anders betrachtet. Und zwar deswegen, weil zum Beispiel U-Boote in inneren Auseinandersetzungen eines Landes nicht eingesetzt werden können. Damit kann man normalerweise aufständische Demokraten, Republikaner nicht bekämpfen. Daß in letzter Zeit auch hier Beschäftigungsargumente hinzugekommen sind, will ich nicht leugnen. Aber sie sind nicht ausschlaggebend gewesen.“, so der ehem. Verteidigungsminister *Apel* (BT-Drs. 8/138, S. 10933).

296 Im Jahr 2012 wurden 612 Einzelausfuhrgenehmigungen für Kriegsschiffe in einem Wert von 217 Mio. Euro erteilt (vgl. Rüstungsexportbericht der Bundesregierung 2012, S. 23); *Friederichs*, in: Zeit Online vom 23.4.2013: Rüstungsexporte: Milliarden mit Kriegsschiffen; *Moltmann*, in: HSFK-Standpunkte 1/2011, S. 4.

297 Amnesty International Report 2013, Zur weltweiten Lage der Menschenrechte, S. 48 ff.

298 BT-Drs. 14/422, S. 2 ff.; *Krause*, EA 1981, 363, 366; als weiteres Argument wird genannt, dass seit dem Zweiten Weltkrieg keine größeren kriegerischen Auseinandersetzungen auf See mehr ausgetragen worden seien (*Brzoska*, Rüstungsexportpolitik, S. 122).

299 So im Rüstungsexportbericht der GKKE 2009, S. 58 f.

bbb) Innere Lage im Empfängerland

Kriegswaffenexportgenehmigungen werden nicht erteilt, wenn die innere Lage des Empfängerlandes einer militärischen Aufrüstung entgegensteht (Ziffer III Nr. 4 Politische Grundsätze). In der nicht abschließenden Konkretisierung werden bewaffnete interne Auseinandersetzungen, innere Repression oder fortdauernde systematische Menschenrechtsverletzungen hervorgehoben. Eine entsprechende Regelung findet sich in Kriterium 3 des Gemeinsamen Standpunktes der EU.

Der Restriktionsaspekt „innere Lage“ greift die wirtschaftlichen, sozialen und politischen Entwicklungen und die Stabilität im Empfängerland auf.[300] Bedeutender Gradmesser der inneren Lage in einem Land ist die hier eigens behandelte Beachtung der Menschenrechte.[301] Daneben bemisst sich die innere Lage anhand unterschiedlichster Faktoren. Negative Beeinflussungen können sich aus feindseligen Beziehungen zwischen verschiedenen Gesellschaftsgruppen ergeben, z.B. aufgrund der ethnischen oder sozialen Herkunft, des Geschlechts, der Sprache, religiöser, politischer oder sonstiger Überzeugungen, der Auslegung historischer Ereignisse oder aufgrund von Unterschieden in Bezug auf Wohlstand und Eigentum.[302] Die Diskrepanzen können innerhalb der Gesellschaftsgruppen ausgetragen werden, sie können sich aber auch direkt gegen den Staat als solchen richten. Ebenfalls können gezielte Unterdrückungen vom Staat gegen einzelne Personen oder Gesellschaftsgruppen ausgehen. Die schärfsten Formen innerer Auseinandersetzungen sind bewaffnete Unruhen und schließlich der Bürgerkrieg.

Ab welcher Gewaltstufe ein interner Konflikt im Genehmigungsverfahren zu berücksichtigen ist, lässt sich nicht anhand starrer Klassifikationen beurteilen. Der Formulierung „fortdauernde und systematische Menschenrechtsverletzungen“ ist jedoch zu entnehmen, dass die Beeinträchtigungen einen gewissen Erheblichkeitsgrad überschreiten müssen. Ein Beurteilungsspielraum wird sich regelmäßig dort ergeben, wo interne Auseinandersetzungen unterhalb der Schwelle einer bewaffneten Unruhe liegen. Zu bewerten ist, ob die Exportgüter zu einer Verschärfung bestehender Spannungen beitragen (Gewaltspirale) bzw. innerhalb gegenwärtiger oder zukünftiger Konflikte Verwendung finden können. Die gebotene Politik der Zurückhaltung in Bezug auf Kriegswaffenexporte kann bei fehlenden Rechtfertigungsmomenten mitunter schon bei kleineren Tumulten und vereinzelt gebliebenen Waffeneinsätzen von Polizeikräften einen Ausfuhrstopp begründen.[303] Anhaltspunkte für die Signifikanz innerer Unruhen bietet auch die versicherungsrechtliche Rechtsprechung. Danach sind innere Unruhen relevant, wenn zahlenmäßig nicht unerhebliche Teile des Volkes in einer die öffentliche Ruhe und Ordnung störenden Weise in Bewegung geraten und Gewalttätigkeiten gegen Personen oder Sachen

---

300 Benutzerleitfaden zum Gemeinsamen Standpunkt, S. 51.

301 Vgl. hierzu S. 119.

302 Benutzerleitfaden zum Gemeinsamen Standpunkt, S. 51.

303 Vgl. zum nichtinternationalen bewaffneten Konflikt nach § 8 VStGB *Zimmermann*, ZRP 2002, 97, 102.

verüben, wobei es auf die Beweggründe nicht ankommt.[304] Nicht erfasst bleiben Gewalttätigkeiten oder Straftaten einzelner Personen, wie Sabotageakte, Fälle von Vandalismus oder gewalttätige Aktionen wie Prügeleien bei öffentlichen Veranstaltungen ohne politischen Hintergrund (z.B. Sportveranstaltungen). Entscheidend ist jeweils das objektive Gesamtbild der Ereignisse.[305]

Überschreiten die Unruhen ein bestimmtes Maß an Intensität und werden Positionen innerhalb einer Organisationsstruktur auch mit Waffengewalt durchgesetzt, spricht man von einem internen (nichtinternationalen) bewaffneten Konflikt.[306] Der Internationale Strafgerichtshof für das ehemalige Jugoslawien (JStGH) entwickelte folgende Indizien für das Vorliegen eines bewaffneten nichtinternationalen Konflikts: Insbesondere seien maßgebend, die Schwere der Attacken und ihre Häufigkeit, die Anzahl der Opfer, die zeitliche und territoriale Ausdehnung sowie ein kollektiver Charakter der Kampfhandlungen, die Art und Verteilung der eingesetzten Waffen, die territoriale Kontrolle der beteiligten Parteien, der Umfang und Einfluss von Regierungshandlungen, die Anzahl der durch die Unruhen Vertriebenen sowie die Behandlung des Konflikts durch den Sicherheitsrat der Vereinten Nationen.[307]

Die schärfste Form des internen bewaffneten Konflikts ist der Bürgerkrieg. Hierunter fallen innerstaatliche bewaffnete Auseinandersetzungen zwischen der Regierung und oppositionellen Bewegungen bzw. bei Fehlen einer etablierten Regierung zwischen zwei oder mehreren politischen Gruppen, um die Macht im Staat.[308] Gegenwärtig lehren sowohl die Kämpfe in Syrien zwischen Regierungstruppen und verschiedenen Oppositionsgruppen, als auch die Entwicklungen im Ukrainekonflikt, dass der Bürgerkrieg „ein Hauptübel unserer Zeit" darstellt.[309]

Die Parteinahme in Bürgerkriegen steht nicht erst seit dem Eingriff der NATO im Kosovokonflikt 1998/99 im Diskurs der Völkerrechtswissenschaft.[310] Zuletzt dokumentierte sich die zunehmende externe Einmischung staatlicher und internationaler Akteure in der Verabschiedung der Resolution 1973 des UN-Sicherheitsrates im März 2011, die den Weg zur militärischen Intervention gegen den libyschen Machthaber Gaddafi freigab. Die Bundesregierung stimmte der Resolution nicht zu.[311] Im Kern der Diskussion steht das Spannungsverhältnis zwischen dem völkerrechtlichen Menschenrechtsschutz und dem ebenfalls garantierten Prinzip

---

304 BGH VersR 1975, 126.

305 *Benkel / Hirschberg*, in: Benkel / Hirschberg, BUZ § 3, Rn. 28.

306 Freilich sind die Übergänge von unbewaffneten Unruhen und Protesten zu internen bewaffneten Konflikten fließend.

307 *Zimmermann / Geiß*, in: MüKo-StGB, Band 8, § 8 VStGB, Rn. 111 m.w.N.

308 *Ipsen*, in: Ipsen, § 65, Rn. 12; *Roeser*, Völkerrechtliche Aspekte des internationalen Handels mit konventionellen Waffen, S. 208.

309 *Kreß*, JZ 2014, 365, 365.

310 Etwa *Caflisch / Stein / Tomuschat*, ZaöRV 2002, 1142; *Kreß*, a.a.O., 365; *Scheuner*, in: FS für von der Heydte, S. 526 f.

311 *Merkel*, in: FAZ.NET vom 22.3.2011: Völkerrecht contra Bürgerkrieg: Die Militärintervention gegen Gaddafi ist illegitim.

staatlicher Souveränität. Das Verbot der Einmischung in die inneren Angelegenheiten eines Landes (Interventionsverbot) findet unmittelbare Beachtung auch bei ausländischen Einwirkungsmaßnahmen unterhalb der Schwelle eines militärischen Einsatzes („subversive Intervention"), mithin in der Rüstungsexportpolitik.[312] Das Interventionsverbot als Bestandteil des Völkergewohnheitsrechts untersagt die gewaltsame bzw. indirekte nichtmilitärische Parteinahme zur Entscheidung eines Bürgerkrieges zulasten der etablierten Regierung.[313] Im Nicaragua-Fall führte der IGH zum Schutzobjekt des Interventionsverbotes aus:

> „Eine verbotene Intervention muß sich auf Angelegenheiten beziehen, in denen es jedem Staat erlaubt ist, frei zu entscheiden. Eine dieser Angelegenheiten ist die Wahl eines politischen, wirtschaftlichen, sozialen und kulturellen Systems, sowie die Gestaltung der Außenpolitik. Eine Intervention ist unrechtmäßig, wenn sie in bezug auf diese Wahlmöglichkeiten Zwangsmittel anwendet. Der Zwang ist besonders deutlich bei einer Intervention, mit der Gewalt angewendet wird, entweder in Gestalt einer direkten militärischen Aktion oder in indirekter Weise durch Unterstützung subversiver oder terroristischer bewaffneter Aktivitäten in einem anderen Staat."[314]

Inwiefern Einschränkungen des Schutzgutes der staatlichen Souveränität im Rahmen humanitärer Interventionen zum Schutz der Menschenrechte geboten sind, ist angesichts des Leids einer Bevölkerung unter der Herrschaft von Despoten (so die Diktatur *Gaddafis* in Libyen) heftig umstritten.[315] Ungeachtet dessen, ist die Beurteilung der Frage, ob Kriegswaffenexporte als zweckmäßiges Mittel zur Unterstützung von oppositionellen Kräften rechtmäßig sein können, losgelöst von der völkerrechtlichen Diskussion um die ausnahmsweise Zulässigkeit einer Militärintervention aus humanitärer Motivlage, vorzunehmen. Ein spezifisches Erfordernis deutscher Kriegswaffenkontrolle steht entsprechend der Regelung in Ziffer III Nr. 4 Politische Grundsätze der militärtechnischen Unterstützung von Bürgerkriegsparteien entgegen: Die Sicherstellung des Endverbleibs der Kriegswaffen.

Voraussetzung der Ausfuhrgenehmigung nach § 3 Abs. 3 KWKG (i.V.m. § 2 Abs. 2 KWKG) ist gem. § 4 Abs. 2 der 2. DVO zum KWKG die Abgabe einer Endverbleibserklärung. Konkretisierungen finden sich in Ziffer IV Politische Grundsätze. Nach § 4 Abs. 2 der 2. DVO zum KWKG sind der Genehmigungsbehörde die Angaben

---

312 *Wengler*, Völkerrecht, Band 2, S. 1043.

313 In Teilen der Literatur wird vertreten, dass jedwede Einmischung von Drittstaaten in einen Bürgerkrieg, unabhängig, in welcher Form und an welche Seite die Unterstützung gewährt wird, unzulässig sei. Unter Verweis auf die Staatenpraxis sowie auf das Schutzgut des Interventionsverbotes („Schutzobjekt des Interventionsverbotes ist das jeweils bestehende politische System eines Staates", so der IGH im Nicaragua-Fall) ist die Theorie der strikten Nichteinmischung abzulehnen. Vgl. hierzu auch die Ausführungen in *Roeser*, Handel mit konventionellen Waffen, S. 210 ff. u. Fn. 194.

314 Zitiert nach *Wengler*, NJW 1986, 2994, 2997.

315 Vgl. etwa *Kreß*, JZ 2014, 365.

über den Endverbleib der Waffen „glaubhaft zu machen". Es muss die überwiegende Wahrscheinlichkeit bestehen, dass das Material beim eingetragenen Endabnehmer verbleibt.[316] Diese Endverbleibszusage wird im Konfliktstadium eines Bürgerkrieges nicht gelingen. Aufgrund der politischen Instabilität in Bürgerkriegsregionen ist in der Regel nicht abzusehen, wer langfristig als obsiegende Partei aus dem Konflikt hervorgeht und sich des Kriegsmaterials bemächtigen wird. Mitunter könnte als mögliches Szenario nicht ausgeschlossen werden, dass bei späteren militärischen Interventionen deutsche Streitkräfte mit deutschen Waffen bekämpft werden.

Die selbst vorgegebene – dem restriktiven Kontext deutschen Kriegswaffenkontrollrechts entsprechende – Ermessensreduzierung bei Anträgen von Ländern mit fragiler innerer Lage, sollte auch für zukünftige Regierungsanstrengungen im Rahmen der Ertüchtigungsinitiative[317] Maßstab bleiben.

ccc) Spannungsgebiete

Die Genehmigungsbehörde muss einen Exportantrag verweigern (Ermessensreduzierung auf Null: „wird nicht genehmigt"), wenn das Empfängerland in bewaffnete Auseinandersetzungen verwickelt ist oder wenn ebensolche drohen (aktueller oder potentieller bewaffneter zwischenstaatlicher Konflikt, Ziffer III Nr. 5, 1. Tiret Politische Grundsätze). Eine Exporterlaubnis wird weiter nicht erteilt, wenn *im* Empfängerland ein Ausbruch bewaffneter Auseinandersetzungen droht oder bestehende Spannungen und Konflikte durch den Export ausgelöst, aufrechterhalten oder verschärft würden (potentieller innerstaatlicher bewaffneter Konflikt oder negative Auswirkungen auf aktuelle innerstaatliche Spannungen und Konflikte, Ziffer III Nr. 5, 2. Tiret Politische Grundsätze).[318] Letzteres Kriterium ist in seinem Anwendungsbereich weitestgehend kongruent zum Versagungsgrund „innere Lage" in Ziffer III Nr. 4 Politische Grundsätze.

Ein Verwendungsvorbehalt der Exportware im Konflikt wird entgegen der insofern strengeren gesetzlichen Vorgabe aus § 6 Abs. 3 Nr. 1 KWKG nicht gefordert. Das abstrakte Gefährdungspotential von Kriegswaffen in instabilen Regionen ist für eine Ausfuhrbeschränkung ausreichend. Eine bewaffnete Auseinandersetzung liegt vor, wenn ein Staat unmittelbar Waffengewalt gegen den völkerrechtlich geschützten Bereich eines anderen Staates oder gegen das eigene Volk einsetzt oder wenn ein ebensolches Szenario droht.[319] Mithin liegt eine bewaffnete Auseinandersetzung nicht vor, solange die feindseligen Aktivitäten unterhalb der Schwelle des Waffeneinsatzes, d.h. der Anwendung entsprechender technischer Instrumentarien[320]

---

316 *Pottmeyer*, KWKG, § 3, Rn. 158.

317 Vgl. hierzu S. 106 f.

318 Die gewählte Formulierung in den Grundsätzen ist insofern missglückt, als dass „bestehende Spannungen" begriffslogisch nicht ausgelöst werden können.

319 *Ipsen*, in: Ipsen, § 66, Rn. 5.

320 Inkludiert ist auch die Anwendung von Cybergewalt (z.B. in Form eines Angriffs auf Infrastruktureinrichtungen fremder Staaten).

bleiben.[321] Zum Zeitpunkt der Genehmigungsentscheidung muss das Konfliktniveau noch nicht die Intensität einer bewaffneten Auseinandersetzung erreicht haben. Die potentielle Förderung einer Gewaltspirale ist ausreichend für eine Versagungsentscheidung.

Fraglich bleibt, ob jegliche *bewaffnete* Auseinandersetzung zur obligatorischen Ausfuhrversagung führt oder ob der Genehmigungsbehörde unterhalb einer gewissen Eingriffsschwelle ein Ermessensspielraum zu gewähren ist. Zu denken ist beispielsweise an vereinzelt gebliebene Grenzzwischenfälle. Um der Behörde bei entsprechender sicherheitspolitischer Motivlage einen gewissen Handlungsspielraum zu belassen, scheint es sachgerecht, kleinere Zwischenfälle in ansonsten friedlichen Staaten nicht unter den Sachverhalt der bewaffneten Auseinandersetzung zu subsumieren oder jedenfalls in der Rechtsfolge von einer obligatorischen Entscheidung abzusehen.[322]

Bei der Risikoanalyse des Empfängerlandes bzw. der gesamten Region hat die Genehmigungsbehörde umfassende Informationen heranzuziehen und auszuwerten. Neben Datenquellen des Auslandsgeheimdienstes sind Informationen zu beziehen über etwaige UN-/EU- oder OSZE- Missionen vor Ort, aus Quellen der UN (Generalversammlung, Sicherheitsrat, UN-Waffenregister), des IStGH oder weiterer internationaler und regionaler Einrichtungen, bei nationalen und internationalen Forschungsinstituten oder aus Berichten von Nichtregierungsorganisationen.[323]

Entscheidungsrelevant sind die verschiedensten Faktoren, etwa:[324]

- bereits bestehende Spannungen in der Region oder im Empfängerland,
- die hinreichende Wahrscheinlichkeit der Verschärfung bestehender Auseinandersetzungen zu einem bewaffneten Konflikt,
- eine latente zwischen- bzw. innerstaatliche Konfliktlage mit Ursprüngen in vergangenen Auseinandersetzungen,
- Erhebung von Gebietsansprüchen,
- Auswirkungen der einseitigen Aufrüstung durch das Empfängerland auf andere Regionalmächte (Interpretation als subversive Drohung).

Die der Verwaltung bei der Einzelfallentscheidung erwachsende Einschätzungsprärogative hat sich am restriktiven Gesamtentwurf des Kriegswaffenkontrollverfahrens zu orientieren. An die Wahrscheinlichkeit des Gefahreintritts sind ob der hohen Wertigkeit der einschlägigen Schutzgüter keine zu hohen Anforderungen zu stellen.

ddd) Nachhaltige Entwicklung

Weiteres Kriterium im Genehmigungsverfahren ist der gesamtwirtschaftliche Kontext, in welchem der Kriegswaffenimporteur eine Aufrüstung zu tätigen gedenkt.

---

321 *Ipsen*, in: Ipsen, § 66, Rn. 5.

322 *Randelzhofer*, in: Simma, Art. 51, Rn. 19.

323 Benutzerleitfaden zum Gemeinsamen Standpunkt, S. 55 f.

324 Benutzerleitfaden zum Gemeinsamen Standpunkt, S. 57 ff.

Nach Ziffer III Nr. 6 Politische Grundsätze „wird berücksichtigt", ob die nachhaltige Entwicklung durch unverhältnismäßige Rüstungsausgaben ernsthaft beeinträchtigt wird.[325] Das grundsätzlich legitime Bedürfnis einen nationalen Sicherheitsapparat aufzubauen und zu erhalten soll im ausgewogenen Verhältnis zu den finanziellen und wirtschaftlichen Ressourcen des Empfängerlandes stehen. Eine Ermessensreduzierung dergestalt, keine Rüstungsausfuhren an finanziell schwach aufgestellte Staaten, insbesondere Entwicklungsländer, zu genehmigen, ist der gewählten Formulierung nicht zu entnehmen. Dennoch ist die Richtung der Ermessensbetätigung vorgezeichnet. Im Falle einer ernsthaften Beeinträchtigung der nachhaltigen Entwicklung *soll* ein Exportgeschäft unterbleiben (intendiertes Ermessen).[326] Bei einem ausnahmsweise Abweichen von der Vorgabe reicht der einfache Verweis auf das jedem Staat gewährte grundsätzliche Recht zur Selbstverteidigung nicht aus; es bedarf einer qualifizierten Rechtfertigung.

Das wechselseitige Verhältnis zwischen dem Ziel einer möglichst geringen Ressourcenbindung im Rüstungssektor und der Unterhaltung eigener Streitkräfte zur Friedenssicherung war bereits vor der Aufnahme in die Politischen Grundsätze der Bundesregierung aus dem Jahr 2000 Gegenstand internationaler Vereinbarungen. In Art. 26 UN-Charta verpflichten sich die Mitgliedstaaten „die Herstellung und Wahrung des Weltfriedens und der internationalen Sicherheit so zu fördern, daß von den menschlichen und wirtschaftlichen Hilfsquellen der Welt möglichst wenig für Rüstungszwecke abgezweigt wird".

Neben der grundsätzlichen Bestrebung einer weltweiten Abrüstung gilt es zu verhindern, dass Einplanungen im Militärhaushalt zu Lasten von Staatsaufgaben, etwa in den Bereichen Bildung, (zivile) Infrastruktur oder Sozialpolitik gehen. Es stünde augenscheinlich im Widerspruch, unterstützte man wirtschaftlich leistungsschwache Staaten über Fördermaßnahmen und Entwicklungshilfeleistungen und verwendeten ebendiese Staaten die finanziellen Mittel zum Aufbau unverhältnismäßiger Militärapparate.[327] Die Genehmigungsbehörde hat zu beurteilen, inwieweit dem Anschaffungsvorhaben eine solide Finanzplanung zugrunde liegt. Von Relevanz sind die generell vorgesehenen und in der Vergangenheit bereitgestellten Mittel zur Ausrüstung von Militär und Polizei. Diese Ausgaben zu anderen Staatsausgaben sowie zum Bruttoinlandsprodukt in Vergleich zu setzen. Für das konkrete Geschäft ist zudem zu berücksichtigen, welche voraussichtlichen Folgekosten, etwa für Wartung, Zubehör, Schulung und Personal entstehen und ob eine entsprechende Finanzierung für die Zukunft sichergestellt ist.[328]

---

325 Auf europäischer Ebene wird die haushaltsrechtliche Nachhaltigkeit der Importbemühungen gem. Kriterium 8 des Gemeinsamen Standpunktes berücksichtigt.

326 BVerwGE 72, 1, 6; 105, 55, 57 f.

327 Zum Missverhältnis zwischen Rüstungsanschaffungen und der wirtschaftlichen Situation in Entwicklungsländern *Neumann*, in: Arms Transfers in the Modern World, S. 235 f.; *Pietsch*, in: Hohmann / John, Anhang 2 zum KWKG, Rn. 17.

328 Hierzu Benutzerleitfaden zum Gemeinsamen Standpunkt, S. 90 ff.

eee) Sonstige Restriktionen

Schließlich ist in Ziffer III Nr. 7 Politische Grundsätze ein Katalog von weiteren Versagungsgründen aufgeführt, welcher im Wesentlichen Kriterium 6 des Gemeinsamen Standpunktes entspricht. Die Kriterien knüpfen unmittelbar an das Staatenverhalten innerhalb der internationalen Gemeinschaft an. Der konkrete Verwendungsvorbehalt steht nicht im Vordergrund. In gewisser Weise ist der Regelung ein Sanktionscharakter beizumessen. Die Teilhabe an moderner Waffentechnologie ist bedingt durch die Einhaltung internationaler Standards. Da jedoch das tatbestandliche Verhalten Rekurs auf eine interpretierbare und recht konturlose Staatenpraxis nimmt, erwächst der Genehmigungsbehörde in der Regel ein weiter Ermessensspielraum in der Beurteilung der Einhaltung von Verpflichtungen auf internationalem politischen Feld. Im Einzelnen sind die folgenden Kriterien aufgeführt:

Unterstützung oder Förderung des Terrorismus und der internationalen organisierten Kriminalität

Eine allgemeinverbindliche, international geltende Definition des Begriffs Terrorismus besteht nicht. Die EU versteht unter Terrorismus vorsätzliche Handlungen, die durch die Art ihrer Begehung oder den jeweiligen Kontext ein Land oder eine internationale Organisation ernsthaft schädigen können, wenn sie mit dem Ziel begangen werden, – die Bevölkerung auf schwer wiegende Weise einzuschüchtern oder – öffentliche Stellen oder eine internationale Organisation rechtswidrig zu einem Tun oder Unterlassen zu zwingen oder – die politischen, verfassungsrechtlichen, wirtschaftlichen oder sozialen Grundstrukturen eines Landes oder einer internationalen Organisation ernsthaft zu destabilisieren oder zu zerstören.[329] Die internationale organisierte Kriminalität lässt sich eingrenzen auf Straftaten, welche auf eine arbeitsteilige, planvolle Begehungsweise mehrerer international organisatorisch verbundener Personen beruht. Hierzu sind insbesondere zu zählen, der grenzüberschreitende Drogenhandel, Schleuserkriminalität oder Menschenhandel.[330] Im Genehmigungsverfahren ist jedwede „Unterstützung und Förderung" der kriminellen Aktivitäten zu *berücksichtigen.* Entsprechende Begünstigungen können in vielerlei Hinsicht erfolgen. Direkte staatliche Unterstützungen von Terroristen oder Banden durch finanzielle Leistungen oder durch Weitergabe von Waffen aus staatlichen Beständen sind denkbar. Schwieriger scheint indes die Beurteilung einer wirksamen innerstaatlichen Sicherheitsstrategie gegen kriminelle Organisationen. Zu Fragen ist, ob dem Käuferland die richtigen Mittel zur Verfügung stehen, um etwa die Wiederausfuhr bzw. die Abzweigung von Kriegsmaterial zu verhindern. Ein korrumpierender und politisch schwacher Staatsapparat kann verdeckt zur Protektion terroristischer und organisiert krimineller Gruppen beitragen. Es gilt

---

329 Rahmenbeschluss des Rates der Europäischen Union 2002/475/JI, ABl. 2002 L 164.

330 *Wasmeier*, in: v.d. Groeben / Schwarze, Band 1, Art. 31, Rn. 61 ff.

eine Unterstützung oder Förderung durch ein *Unterlassen* von Maßnahmen gegen Kriminelle aufzudecken. Diesbezügliche Evaluierungen erfolgen zugleich im Rahmen der Überprüfung von Endverbleibsangaben des Käuferlandes nach § 4 Abs. 2 der 2. DVO zum KWKG. Entsprechende Angaben sind glaubhaft zu machen.[331]

Einhaltung internationaler Verpflichtungen

Zu den internationalen Verpflichtungen gehört insbesondere das Bekenntnis zum allgemeinen Gewaltverzicht, welches seine völkerrechtliche Verankerung in Art. 2 Ziffer 4 UN-Charta erfährt. Ein gewisses Maß an Allgemeingültigkeit erfährt das UN-Gewaltverbot gem. Art. 2 Ziffer 6 UN-Charta auch für Nichtmitgliedstaaten. Hierneben ist die Beachtung des humanitären Völkerrechts in internationalen und nicht-internationalen Konflikten von herausragender Bedeutung für die Exportentscheidung.[332] Die Berücksichtigung dieses Kriteriums ist wesentlicher Bestandteil der gesamten Kriegswaffenkontrolle; dass eine entsprechende Berücksichtigung stattfindet ist selbsterklärend. Innerhalb der fakultativen und obligatorischen Versagungsgründen in § 6 Abs. 2 und 3 KWKG ist die Einhaltung internationaler Verpflichtungen Prüfungsgegenstand. Auch im Rahmen der ermessenslenkenden Politischen Grundsätze ist die Einhaltung der internationalen Verpflichtungen von grundlegender Bedeutung (so etwa die Beachtung der Menschenrechte). Die abschließende Hervorhebung in Ziffer III Nr. 7, 2. Tiret Politische Grundsätze stellt dies wiederholend klar.

Teilnahme an der internationalen Rüstungskontrolle

Verbindliche völkerrechtliche Abrüstungsvereinbarungen und auch sog. Gentlemen's Agreements sind maßgebliche Handlungsformen zur Begrenzung des unkontrollierten Waffenhandels. Staaten, welche die internationalen Rüstungsabkommen nicht anerkennen und beachten, sollen weitgehend vom Handel mit Rüstungsgütern ausgeschlossen werden. Durch die Aufnahme von Ziffer III, Nr. 7, 3. und 4. Tiret in die Politischen Grundsätze wird diese Direktive von der Bundesregierung unterstrichen.[333] Zu den internationalen Rüstungskontrollmaßnahmen gehören die folgenden Systeme: der Atomwaffensperrvertrag, das Biowaffenübereinkommen, das Chemiewaffenübereinkommen, die Australische Gruppe, das Trägertechnologiekontrollsystem,

331 *Pottmeyer*, KWKG, § 3, Rn. 154.

332 Einen Überblick über relevante internationale Verträge enthält der Benutzerleitfaden zum Gemeinsamen Standpunkt, Anlage 2.

333 BT-Drs. 18/933; Rüstungsexportbericht der Bundesregierung 2013, S. 12: „Die Exportkontrollpolitik für konventionelle Rüstungsgüter wird in verschiedenen Bereichen maßgeblich durch verbindliche völkerrechtliche Abrüstungsvereinbarungen bestimmt. Die Bundesregierung unterstützt entsprechende Initiativen und tritt nachdrücklich für die strikte Anwendung der international vereinbarten Regelungen ein. Darüber hinaus befürwortet und unterstützt sie alle Schritte, die zu einer weltweiten Anerkennung dieser Verpflichtungen führen können."

die Proliferation Security Initiative, das UN-Waffenregister und das Wassenar Arrangement. Zum entscheidenden Baustein in der internationalen Kriegswaffenkontrolle könnte der multilaterale Vertrag zum Handel mit konventionellen Waffen („Arms Trade Treaty") werden, welcher erstmalig Vereinbarungen von global gültigen, rechtlich bindenden, gemeinsamen Mindeststandards für den grenzüberschreitenden Waffenhandel zwischen Staaten darbietet.[334] Die Beachtung der von den UN, der OSZE oder der EU verhängten Waffenembargos gegenüber Staaten, nicht-staatlichen Organisationen und Einzelpersonen durch den Empfängerstaat, steht gleichfalls im Fokus der Genehmigungsentscheidung.[335]

d) Sicherstellung des Endverbleibs

Um der unlauteren Verbreitung von Kriegswaffen gem. der Vorgabe aus Art. 26 Abs. 2 GG Einhalt zu gebieten, ist die Sicherstellung des Endverbleibs wesentliches Kennzeichen der Exportkontrolle. Die Endverbleibsregelungen in Ziffer IV Politische Grundsätze gelten sowohl für Exporte in Drittländer, als auch für die Weitergabe an NATO- und EU-Staaten. Das Erfordernis einer entsprechenden Sachverhaltsermittlung ergibt sich aus der Natur der Sache: *Conditio sine qua non* für den Schadenseintritt durch Waffengewalt ist die konkrete Verwendung durch den Besitzer. Grundlage jeder Genehmigungsentscheidung ist mithin die Bestimmung des künftigen Verwenders. Hierbei bezieht sich die Revision freilich nicht ausschließlich auf den Erstabnehmer der Kriegswaffen, sondern auf die nachhaltige Sicherstellung eines zuverlässigen Umgangs. Die Bundesregierung überprüft vor Genehmigungserteilung (*ex ante*) „alle vorhandenen Informationen über den *Endverbleib* der betroffenen Rüstungsgüter"[336]. Ließe man im Genehmigungsverfahren die Beurteilung der nachträglichen Weitergabe außer Acht, konterkarierte man das Kontrollsystem, welches entscheidend auf den Endverbleib deutschen Kriegsmaterials ausgerichtet ist. Die Sicherstellung des Endverbleibs erfolgt nach Ziffer IV Nr. 1 Politische Grundsätze *in der Regel* dergestalt, dass der Endempfänger eine schriftlich Zusicherung über den Verbleib der Rüstungsgüter abgibt. Darüber hinaus können „weitere geeignete Dokumente" verlangt werden. Hierzu zählen z.B. weitergehende Erläuterungen des Empfängers zum beabsichtigten Verwendungszweck, technische Unterlagen oder Internationale Einfuhrbescheinigungen (*International Import Certificates*).[337] Eine Verschärfung ergibt sich für Kriegswaffen sowie sonstige Rüstungsgüter, die nach Umfang oder Bedeutung für eine Kriegswaffe wesentlich sind. Dieses Material ist nur bei Vorliegen einer amtlichen Endverbleibserklärung, die ein Reexportverbot mit Erlaubnisvorbehalt enthält, genehmigungsfähig (Ziffer

334 Vgl. hierzu S. 83.
335 Eine Übersicht zu den aktuellen Embargos ist der Hommage des BAFA zu entnehmen.
336 BT-Drs. 17/2207, S. 14.
337 BT-Drs. 17/3861, S. 4.

IV Nr. 2 KWKG). Es bedarf für die Weitergabe der Waffen an dritte Länder eines schriftlichen Einverständnisses der Bundesregierung (Ziffer IV Nr. 3 KWKG).

Der Reexportvorbehalt erhielt aufgrund sicherheitspolitischer Notwendigkeit Einhalt in die Politischen Grundsätze, um dem Risiko der unerwünschten Weiterverbreitung durch Weiterverkauf oder durch Lizenzvergaben ins Ausland entgegen zu treten. Die Lückenhaftigkeit in der (Re-)Exportkontrolle wurde derweil in den vergangenen Jahren wiederholt aufgezeigt. So tauchten deutsche Kriegswaffen regelmäßig in Staaten auf, welche vom direkten Export ausgeschlossen waren: Das deutsche Sturmgewehr G36 wurde sowohl von georgischen Streitkräften, als auch im libyschen Bürgerkrieg von *Gaddafis* Truppen und später von den Aufständischen verwendet. Woher Georgien und Libyen die Sturmgewehre bezogen haben ist bis heute ungeklärt.[338] Eine Veröffentlichung von Reexportgenehmigungen durch die Bundesregierung findet nicht statt.

Während es im Sinne einer umfassenden Exportkontrolle geboten erscheint auch den Reexport der deutschen Aufsicht zu unterstellen, so bestehen gleichwohl rechtliche Bedenken gegen dieses erweiterte Kontrollinstrument.

aa) Auslandswirkung des Reexportvorbehalts

Die Reexportvorschriften der Politischen Grundsätze erweitern den Anwendungsbereich des deutschen Kriegswaffenkontrollverfahrens auf einen Sachverhalt, welcher sich vollständig außerhalb des eigenen Territoriums zuträgt. Durch die Verzichtserklärung macht der ausländische Rechtsinhaber eine künftige Weiterveräußerung des Importgutes von der Zustimmung der deutschen Bundesregierung abhängig und extendiert die deutsche Verwaltungshoheit auf das Rechtsgebiet seines Staates (Ziffer IV Nr. 2 i.V.m. Nr. 3 Politische Grundsätze). Klärungsbedürftig ist, ob durch die hiesigen Verwaltungsvorschriften extraterritoriale Souveränitätsbereiche in völkerrechtlich unzulässiger Weise tangiert sind.[339]

Wie bereits erörtert, wird bei der Geltung staatlicher Rechtssätze zwischen dem räumlichen und dem sachlichen Anwendungsbereich unterschieden.[340] Während der räumliche Geltungsbereich einer Norm das Gebiet festlegt, in welchem die Rechtsdurchsetzung mittels staatlicher Zwangsausübung zulässig ist (innerhalb der eigenen Staatsgrenze), bezeichnet der sachliche Anwendungsbereich diejenigen Sachverhalte, auf die sich der Regelungsgehalt der Norm erstrecken darf. Die Erstreckung des sachlichen Anwendungsbereichs über den räumlichen Geltungsbereich hinaus, ist völkerrechtlich zulässig, soweit eine hinreichende Anknüpfung

---

338 BT-Drs. 17/3861, S. 1 f.; 18/1296, S. 1; *Neshitov*, in: Süddeutsche.de vom 1.9.2011: G36-Gewehre in Libyen gefunden: Gaddafis Truppen schießen mit deutschen Waffen.

339 Dies würde den Tatbestand einer völkerrechtlich verbotenen Einmischung in die inneren Angelegenheiten des fremden Staates darstellen (vgl. *Fischer*, in: Ipsen, § 59, Rn. 50 ff.).

340 Vgl. hierzu S. 21 ff.

an eine innerstaatliche Regelungsmaterie besteht.[341] Mithin müsste die Weitergabe der Kriegswaffen vom Importeur an einen dritten Staat, in sachlicher Nähe zum deutschen Verwaltungsverfahren für den Kriegswaffenexport stehen.[342]

aaa) Völkerrechtliche Anknüpfungspunkte

In der Völkerrechtswissenschaft haben sich die folgenden Anknüpfungskriterien zur Bestimmung einer hinreichenden Beziehung zwischen der Regelungszuständigkeit eines Staates zu einem Sachverhalt mit Auslandsbezug etabliert: Das *Territorialitätsprinzip*, das *Personalitätsprinzip*, das *Wirkungsprinzip* und darüber hinaus das *Universalitäts-* oder *Weltrechtsprinzip*.[343]

Als grundlegendster Anknüpfungsmodus im Bereich der internationalen Jurisdiktion gilt das Territorialitätsprinzip. Danach ist die Regelungszuständigkeit begründet, wenn sich der Sachverhalt ganz oder wenigstens in wesentlichen Teilen auf dem Staatsgebiet des normsetzenden Staates vollzieht oder es um den Status von Sachen und Rechten geht, die auf dem Staatsgebiet belegen sind.[344] Während das Territorialitätsprinzip (im Konglomerat mit dem Wirkungsprinzip) bei der Exportkontrolle maßgeblich ist – dort entscheidet die Behörde des Exportstaates, ob die im Land befindliche Ware ausgeführt werden darf – findet die Anknüpfung an das Staatsgebiet bei einem Reexport keine Anwendung. Der Reexport betrifft lediglich die Grenzüberschreitung vom Reexportstaat zum Drittstaat und weist diesen Vorgang betreffend keinen räumlichen Bezug zum ursprünglich exportierenden Staat auf. Hingegen sieht sich mitunter auch der erstausführende Staat Repressalien ausgesetzt, wenn „seine“ Waffen über Umwege in „die falschen Hände“ geraten. Zuständigkeitsbegründendes Bindeglied könnte mithin das Wirkungsprinzip, als Unterfall zum Territorialitätsprinzip[345], darstellen. Hierbei gilt es zu beachten, dass die Anknüpfungsmomente und ihre Sachnähe von Völkerrechts wegen einem Mindestmaß an Einsichtigkeit und Bestimmtheit genügen müssen.[346] Erforderlich ist ein unmittelbarer „Staatsbezug“; formulierte Ziele des regelnden Staates müssen durch den Weiterexport gefährdet werden.[347] Auswirkungen könnten sich auf

---

341 *Epping / Gloria*, in: Epping, § 23, Rn. 87 ff. *Kment*, Grenzüberschreitendes Verwaltungshandeln, S. 104 ff.

342 *Gärditz*, in: Menzel / Pierlings / Hoffmann, S. 284, 285 ff., *Kment*, a.a.O., S. 108; *Verdross / Simma / Geiger*, Territoriale Souveränität und Gebietshoheit, S. 90 f.

343 *Geiger*, Grundgesetz und Völkerrecht, S. 275 ff.; *Linke*, Europäisches Internationales Verwaltungsrecht, S. 96; *Puttler*, Völkerrechtliche Grenzen von Export- und Reexportverboten, S. 95; *Sandrock*, ZVglRWiss 1968, 1, 4 ff.

344 *Kment*, Grenzüberschreitendes Verwaltungshandeln, S. 112; *Schwarze*, Die Jurisdiktionsabgrenzung im Völkerrecht, S. 19.

345 Vgl. hierzu American Law Institute: Restatement of the Law 3rd, The Foreign Relations Law of the United States, § 402.

346 So BVerfGE 63, 343, 369.

347 *Epping / Gloria*, in: Epping, § 23, Rn. 90 ff.; *Meng*, ZaöRV 1997, 269, 291 f.; *Sandrock*, ZVglRWiss 1968, 1, 10 f.

die Außen- und Sicherheitspolitik ergeben, wobei eine gewisse Intensität der Beeinträchtigungen erreicht werden muss. In der Regel werden Auswirkungen auf die Außenbeziehungen des ursprünglichen Inverkehrbringers der Waffen nicht in relevantem Maße vernehmbar sein, ist es doch der reexportierende Staat, welcher durch seine Ausfuhrentscheidung unmittelbar etwaige Friedensgefährdungen (z.B. die Missachtung von Embargoverpflichtungen) provoziert. Lediglich bei Kenntnis (zum Zeitpunkt der „Erst“ ausfuhr) des regelnden Staates von missbräuchlichen Weitergabeabsichten des Importeurs wird sich eine internationale Verantwortung ergeben.[348] Ebenfalls ist nicht allgemeingültig festzustellen, dass eine hinreichende Gefährdung spezifischer sicherheitspolitischer Interessen, bei Fehlen von restringierenden Reexportmaßnahmen, für den regelnden Staat besteht. Nur in Einzelfällen wird die Verwirklichung des eigenen Sicherheitskonzeptes entscheidend von der Nichtkontraktion mit einem bestimmten Staat abhängen. So etwa, wenn eine besonders gefährliche neue Waffentechnologie im regelnden Staat entwickelt wurde und nicht in die Hände des aufrüstenden potentiellen Gegners gelangen soll.[349] Dieses Sicherheitsrisiko rechtfertigt gleichwohl nicht die *universelle* Aufnahme von Reexportvorbahlten in die nationalen Verwaltungsverfahren (unverhältnismäßige Ausdehnung völkerrechtlicher Zuständigkeiten).

Ebenfalls ist eine Anknüpfung über das Personalitätsprinzip nicht herzustellen. Danach ist die zuständigkeitsbegründende Beziehung zu einem Auslandssachverhalt die Staatsangehörigkeit des betroffenen Personenkreises.[350] Es wird zwischen dem aktiven und dem passiven Personalitätsprinzip unterschieden. Das aktive Personalitätsprinzip geht der Frage nach, an welchen Personenkreis die inländische Regelung adressiert ist. Beim Reexport sind Staatsangehörige des regelnden Staates grundsätzlich nicht direkt involviert.[351] Die Weitergabe der Waffen erfolgt durch die ausländischen Reexporteure. Eine Anknüpfung lässt sich folglich nicht herstellen. Das passive Personalitätsprinzip bezweckt den Schutz von Personen nach dem Recht ihres Heimat- oder Aufenthaltsstaates, wobei eine Anknüpfung zulässigerweise nur bei schwerwiegenden Bedrohungen oder massiven Gefährdungen des Personenkreises erfolgt. Neben der Zuständigkeitsbegründung durch das Wirkungsprinzip fehlt ein weitergehender eigenständiger Anwendungsbereich des passiven Personalitätsprinzips regelmäßig.[352] Mangels einer *konkreten* Gefährdung der inländischen Bürger durch Reexportentscheidungen des fremden Staates scheidet eine Anknüpfung auch nach dem passiven Personalitätsprinzip aus.

---

348 *Eo ipso* ergibt sich hieraus kein Argument für Reexportkontrollen, da bei *ex ante*-Kenntnis missbräuchlicher Weitergabeabsichten des Importeurs, bereits der Export durch den regelnden Staat zu unterlassen ist.

349 *Puttler*, Völkerrechtliche Grenzen von Export- und Reexportverboten, S. 97.

350 *Epping / Gloria*, in: Epping, § 24, Rn. 3 ff.

351 *Geiger*, Grundgesetz und Völkerrecht, S. 275 f.; *Kment*, Grenzüberschreitendes Verwaltungshandeln, S. 114 ff.; *Satzger*, Internationales und Europäisches Strafrecht, § 4, Rn. 7.

352 *Kment*, ebd.

Schließlich könnte das Universalitäts- bzw. Weltrechtsprinzip eine Rechtfertigung für das Instrument der Reexportkontrolle darstellen. Das Weltrechtsprinzip ist wichtiger Bestandteil des Völkerstrafrechts.[353] Es umfasst den Schutz bestimmter, ausgewählter Rechtsgüter, an welchen die gesamte Staatengemeinschaft ein besonderes Interesse hat.[354] Die Verfolgung von Kriegsverbrechen, terroristischen Anschlägen oder weiteren schwerwiegenden Menschenrechtsverletzungen sind etwa erfasst (völkerrechtliche Kernverbrechen – *„the most serious crimes of concern to the international community"*).[355] Das Weltrechtsprinzip stellte mithin einen zuständigkeitsbegründenden Anknüpfungspunkt dar, wenn dem *Reexportstaat* „echte Weltrechtsdelikte" anzulasten sind. Die Belieferung eines dritten Staates mit Kriegswaffen fällt nicht unter den Katalog der völkerrechtlich geächteten Tatbestände.[356] Etwaige Verletzungen durch dritte Staaten rechtfertigen grundsätzlich nicht den Eingriff in die Souveränitätsrechte des importierenden Staates.

Zum Zeitpunkt der Herauslösung der Waffen aus dem eigenen Herrschaftsbereich (*ex ante*) ist der Importstaat umfassend auch hinsichtlich möglicher Reexportentscheidungen zu überprüfen. Ein darüber hinausgehender dauerhafter Zugriff auf die exportierte Ware lässt sich völkerrechtlich nicht herleiten.

bbb) Rechtsgeschäftlicher Anknüpfungspunkt

Möglicherweise ist die Erweiterung der Verwaltungszuständigkeit über den räumlichen Geltungsbereich der inländischen Rechtsnormen hinaus, aufgrund der Verzichtserklärung des ausländischen Vertragspartners nach Ziffer IV Nr. 2 i.V.m. Nr. 3 Politische Grundsätze, Anknüpfungsmoment für eine ansonsten völkerrechtlich fehlende Regelungskompetenz. Die Rechtsnatur der amtlichen Endverbleibserklärung mit Reexportvorbehalt ist nicht eindeutig:

Im Unterschied zur privaten Endverbleibserklärung ist bei der amtlichen Erklärung der Endverwender der Waffen keine Person des Privatrechts, sondern eine staatliche Stelle.[357] Da Kriegswaffen grundsätzlich nicht in Privathand abgegeben werden[358], kommen Exportverträge zumeist zwischen Industrieunternehmen und

353 Hierzu *Oehler*, Internationales Strafrecht, S. 511 ff.

354 Zur Verurteilung eines bosnischen Serben durch ein deutsches Gericht wegen eines in Bosnien-Herzegowina verübten Verbrechens des Völkermordes: BVerfG NJW 2001, 1848; vgl. zur Verfolgung von Weltrechtsdelikten nach deutschem Völkerstrafrecht § 1 VStGB: „Dieses Gesetz gilt für alle in ihm bezeichneten Straftaten gegen das Völkerrecht, für die in ihm bezeichneten Verbrechen auch dann, wenn die Tat im Ausland begangen wurde und keinen Bezug zum Inland aufweist."

355 *Ambos*, in: MüKo-StGB, Band 6/2, VStGB, § 1, Rn. 8; *Kment*, Grenzüberschreitendes Verwaltungshandeln, S. 119 ff.

356 *Ambos*, a.a.O., § 1, Rn. 8 f.

357 BAFA, Kurzdarstellung Exportkontrolle, S. 13.

358 BVerwGE 61, 24, 31 f.; OVG Münster, Urt. v. 2.11.1976, XIV A 1829/75 nv., S. 8 f.; *v. Poser und Groß Naedlitz*, Die Genehmigungsentscheidung nach dem Kriegswaffenkontrollgesetz, S. 124–128; *Pottmeyer*, KWKG, § 6, Rn. 17.

staatlichen Abnehmern zustande. Fraglich ist, ob die Endverbleibszusage im Rahmen dieser vertraglichen Beziehung privatrechtlicher Natur ist oder ob ein öffentlich-rechtliches Rechtsverhältnis zur deutschen Genehmigungsbehörde begründet wird: Das Endverbleibsdokument wird vom Rüstungsexporteur eingeholt und der zuständigen Behörde zusammen mit dem Antrag auf Erteilung einer Ausfuhrgenehmigung gem. § 4 Abs. 2 der 2. DVO zum KWKG vorgelegt. Da im praktischen Verfahrensablauf regelmäßig kein direkter Kontakt zwischen Behörde und Importeur besteht, könnte eine öffentlich-rechtliche Rechtsbeziehung abzulehnen sein. Gleichwohl ist dem Importeur in der Regel klar, dass seine Erklärung unmittelbare Wirkung gegenüber der Verwaltung hat, da ohne die entsprechende Verpflichtungserklärung seinerseits die Ausfuhr nicht genehmigt würde.[359] Zudem gibt der Wortlaut des amtlichen Endverbleibsdokuments Aufschluss darüber, wer Erklärungsempfänger der Endverbleibszusage ist: „End-use Certificate for presentation to the Export Control Authorities of the Federal Republic of Germany“[360]. Angesichts des Erlaubnisvorbehalts für Reexporte (schriftliches Einverständnis der Bundesregierung erforderlich) geht ferner der Regelungsgegenstand klar über die vertragliche Beziehung zum Exporteur hinaus. Demnach ist die Verzichtserklärung des Importeurs als einseitige empfangsbedürftige öffentlich-rechtliche Willenserklärung zu werten.[361] Erklärungsempfänger ist die Genehmigungsbehörde für den Kriegswaffenexport.[362]

Schließlich gilt es zu überprüfen, ob die Erklärung ihrem Inhalt nach zulässig ist. Durch die Ausdehnung der Verwaltungshoheit auf den ausländischen Reexportsachverhalt werden die Souveränitätsrechte des Importstaates empfindlich beschnitten. Eine unzulässige Einmischung in den extraterritorialen Rechtsbereich liegt nicht vor, soweit der Rechtsinhaber wirksam auf seine Rechte verzichtet hat. Zur Disposition über die staatlichen Rechte ist ausschließlich der Hoheitsträger befugt. Im Bereich des Kriegswaffenexports ist der Vertragspartner der deutschen

---

359 *Puttler*, Völkerrechtliche Grenzen von Export- und Reexportverboten, S. 43 f.

360 BAFA, (Muster-) End-Use Certificate, Anlage 1.

361 Vgl. *Middel*, Öffentlich-rechtliche Willenserklärungen, S. 97 ff.

362 Abgrenzung: Das Rechtsverhältnis zwischen der deutschen Genehmigungsbehörde und dem Importstaat ist i.d.R. nicht als Verwaltungsvertrag i.S.v. von §§ 54 ff. VwVfG auszulegen, da eine rechtlich verpflichtende Erklärung (Verzichtserklärung) ausschließlich vom Importstaat abgegeben wird. Ein vertraglicher Ausgleich von Einzelinteressen findet lediglich im Verhältnis zum Ausfuhrunternehmen statt (Genehmigungserteilung wird von der Einreichung einer entsprechenden Endverbleibszusage des Käufers abhängig gemacht). Auch wird durch die Endverbleibszusage (*government-to-government*) keine Absprache auf völkerrechtlicher Ebene getroffen. Zwar ist die deutsche Behörde Empfänger der Endverbleibserklärung, indes mangelt es an den gängigen völkerrechtlichen Verfahrensgrundsätzen zwischen den Völkerrechtssubjekten (vgl. zum *zusammengesetzten* und *einfachen Verfahren Heintschel v. Heinegg*, in: Ipsen, § 10, Rn. 8 ff.). Ein direkter Kontakt zwischen der Genehmigungsbehörde und dem Importstaat findet in der Praxis nicht statt. Es ist das Ausfuhrunternehmen, welches die erforderliche Erklärung seines Vertragspartners einholt und an die zuständige Genehmigungsstelle weiterleitet.

Industrie grundsätzlich ein staatlicher Abnehmer.[363] Mithin ist es der Importstaat selbst, welcher zulässigerweise die Erstreckung fremden Verwaltungsrechts auf sein Territorium zulässt.[364] Gleichfalls stellt das obligatorische Erfordernis der Abgabe einer entsprechenden Endverbleibserklärung keinen Eingriff in die Vertragsfreiheit bzw. in die Rechte des Importeurs dar, da kein Anspruch auf die Versorgung mit Rüstungsmaterial besteht. Die Bedingung ist insoweit lediglich ein Minus zum totalen Exportverbot von Kriegswaffen.

bb) Zwischenergebnis

Zusammenfassend ist zu erkennen, dass die restriktive Endverbleibsregelung in den Politischen Grundsätzen ihre völkerrechtliche Legitimierung durch die Verzichtserklärung des Importstaates erhält. Eine weitergehende *direkte* Einflussnahme auf den späteren Umgang mit den Kriegswaffen besteht für die deutschen Behörden nicht. Der extraterritorialen Hoheits*ausübung*, etwa durch Kontrollmaßnahmen auf fremdem Hoheitsgebiet, steht das völkerrechtliche Interventionsverbot entgegen.[365] Handlungsinstrument bei Verstößen gegen Endverbleibszusagen bleibt die Versagung künftiger Ausfuhranträge (vgl. Ziffer IV Nr. 4 Politische Grundsätze - Sanktionsklausel).

4. *Rüstungsexportbericht*

Der Rüstungsexportbericht der Bundesregierung informiert den Deutschen Bundestag und die Öffentlichkeit über die deutsche Rüstungsexportpolitik. Der Rüstungsexportbericht erscheint seit 1999 und wird als Bundestagsdrucksache sowie auf der Internetseite des Bundesministeriums für Wirtschaft und Energie veröffentlicht.[366] Der Bericht wird jährlich vor der parlamentarischen Sommerpause publiziert und berichtet über die Exportentscheidungen des Vorjahres. Zudem soll jährlich ein Zwischenbericht vorgelegt werden, welcher über Entscheidungen des laufenden Jahres informiert.[367] Entsprechend der neuerlichen sog. Transparenzoffensive bei Rüstungsentscheidungen hat die Bundesregierung die Geschäftsordnung des Bundessicherheitsrates ergänzt. Danach soll der Sicherheitsrat den Bundestag künftig unverzüglich, spätestens zwei Wochen nach der Tagung des Sicherheitsrates, über

---

363 BVerwGE 61, 24, 31 f.

364 Mangels Dispositionsbefugnis wäre die Erklärung eines Reexportverzichtes durch einen nichtstaatlichen Importeur ohne das ausdrückliche Einverständnis des Hoheitsträgers in der Regel unzulässig (vgl. hierzu *Puttler*, Völkerrechtliche Grenzen von Export- und Reexportverboten, S. 123 ff.).

365 *Ipsen*, in: FS für Bernhardt, 1041, 1048.

366 Ein parlamentarischer Anspruch auf mehr Transparenz im Bereich der Rüstungsexporte durch Veröffentlichung von Statistiken wurde bereits weit vor 1999 verlautbart, vgl. etwa BT-Drs. 10/1964.

367 BMWi, Monatsbericht 7–2014, S. 2 (veröffentlicht auf der Homepage des BMWi); BT-Drs. 18/587, S. 1 f.

Rüstungsexportentscheidungen unterrichten.[368] Die Erstellung des Rüstungsexportberichtes erfolgt durch das federführende Bundesministerium für Wirtschaft und Energie und wird innerhalb der gesamten Bundesregierung abgestimmt.[369] Die Veröffentlichung der Rüstungsexportentscheidungen geht zurück auf eine Koalitionsvereinbarung der rot-grünen Bundesregierung unter dem damaligen Bundeskanzler *Gerhard Schröder*. Damit wurde eine alte Forderung nach größerer Transparenz beim Rüstungsexport aus Oppositionszeiten der beiden Regierungspartner eingelöst.[370]

Inhaltlich beginnen die Rüstungsexportberichte mit einem Vorwort des Bundeswirtschaftsministers[371]. Zumeist wird in den einleitenden Worten versucht, die zurückliegenden Genehmigungsentscheidungen politisch zu rechtfertigen. Selbstverständlich ist die deutliche Hervorhebung des Bekenntnisses zu einer restriktiven und verantwortungsvollen Rüstungsexportpolitik, unabhängig der politischen Couleur des Ausstellers (und unabhängig der veröffentlichten Zahlen), in jedem Bericht zu finden. Daneben beinhaltet der Report eine Darstellung der rechtlichen und politischen Entscheidungsgrundlagen, die einschlägigen Kontrolllisten, Waffenembargos und umfangreiche Erläuterungen, Übersichten und Vorjahresvergleiche.[372]

Bei den Veröffentlichungen der Exportdaten findet eine Unterscheidung zwischen Genehmigungen zur Ausfuhr von Rüstungsgütern (d.h. Kriegswaffen und sonstige Rüstungsgüter) und tatsächlich erfolgten Ausfuhren von Kriegswaffen statt.[373] Grund für die unterschiedliche Behandlung und Veröffentlichung zwischen allen Rüstungsgütern und Kriegswaffen ist, dass über die tatsächliche Ausfuhr sonstiger Rüstungsgüter keine zuverlässigen statistischen Daten erhoben werden.[374] Eine Auflistung der konkreten Exportgeschäfte findet im Bericht nicht statt. Vielmehr werden alle genehmigten Vorhaben *in summa* aufgeführt. In Anlage 8 des Rüstungsexportberichtes werden Anzahl und Gesamtwert der im Berichtsjahr erteilten Genehmigungen dargestellt. Zudem wird angegeben, auf welche Positionen der Ausfuhrliste sich die Genehmigungen beziehen. Rückschlüsse auf *konkrete* Geschäfte mit Empfängerstaaten lassen sich hieraus nicht ziehen. Weitreichendere Einblicke werden für die 20 wichtigsten Bestimmungsländer gewährt. Diese Länder betreffend, erfolgt in Anlage 7, neben der Mitteilung des Gesamtwertes der erteilten Genehmigungen, auch eine Beschreibung der betroffenen Güter und deren

---

368 BT-Drs. 18/1626.

369 *Weith / Wegner / Ehrlich*, Grundzüge der Exportkontrolle, S. 219.

370 *Pathe / Wagner*, in: Bieneck, § 36, Rn. 14; *Wessels*, AW-Prax 2000, 181, 182.

371 So im Rüstungsexporbericht der Bundesregierung 2013. Vormals wurden die Ergebnisse einführend in einer „Zusammenfassung" dargestellt.

372 *Weith / Wegner / Ehrlich*, Grundzüge der Exportkontrolle, S. 219.

373 Da die tatsächlichen Ausfuhren i.d.R. niedriger sind, als die Anzahl der erteilten Ausfuhrgenehmigungen (nicht alle Genehmigungen werden letztlich für eine Ausfuhr genutzt), ist in der politischen Diskussion oftmals zu beobachten, dass von Regierungsseite versucht wird, die Aufmerksamkeit auf die tatsächlich erfolgten Ausfuhren zu lenken, vgl. etwa PlenProt 17/133, S. 15662 ff.

374 *Weith / Wegner / Ehrlich*, Grundzüge der Exportkontrolle, S. 220.

jeweiliger prozentualer Anteil am Gesamtwert der Genehmigungen für das entsprechende Land. Gleichwohl bezieht sich auch hier die prozentuale Zuordnung auf die pauschalierten Positionen der Ausfuhrliste, sodass Konklusionen auf konkrete Rüstungsgeschäfte regelmäßig nicht möglich sind.[375]

Auch die Anzahl der abgelehnten Ausfuhranträge wird im Exportbericht aufgeführt. Indes bietet diese Zahl keine verlässliche Angabe über die tatsächlichen „Ablehnungspraxis". Über das ausfuhrrechtliche Instrument der Voranfrage[376] erfahren die anfragenden Unternehmen bereits in einem früheren Verfahrensstadium, ob ein Ausfuhrantrag Aussicht auf Erfolg haben wird oder nicht. Bei mangelnder Erfolgsaussicht unterbleibt mithin regelmäßig die Stellung eines Ausfuhrantrages.[377] Im Hinblick auf die besonders destabilisierende Wirkung der Anhäufung von Kleinwaffen in Krisengebieten, berichtet die Bundesregierung in ihrem Rüstungsexportbericht gesondert über die Entwicklung der Ausfuhrgenehmigungen dieser Waffen.

Obwohl die Herausgabe des Rüstunsgexportberichtes weder nach Art. 26 Abs. 2 GG, noch nach KWKG verpflichtend ist, hat sich der jährliche Report in der Rüstungsexportpraxis etabliert. Die transparente Darlegung genehmigter Rüstungsgeschäfte ist Grundvoraussetzung für eine demokratische Auseinandersetzung in diesem sensiblen Politikfeld. Gleichwohl ersetzt die freiwillige Offenlegung von Fakten zur Genehmigungspraxis in Form der Rüstungsexportberichte nicht den originären Informationsanspruch des Parlaments über Entscheidungen der Exekutive.

5. *Exkurs: Informationsrecht des Bundestages über Rüstungsexportentscheidungen*

Infolge der Aufdeckung geplanter Panzerlieferungen des deutschen Herstellers *Krauss-Maffei Wegmann* an Saudi-Arabien im Sommer 2011 durch den Spiegel[378] entbrannte zwischen der parlamentarischen Opposition und der Bundesregierung eine Kontroverse über die Kontrollkompetenz des Bundestages bei Rüstungsexportentscheidungen. Die Abgeordneten wandten sich in der Fragestunde des Deutschen Bundestages vom 6.7.2011[379] an die Regierungsvertreter, um Informationen über die geplante Lieferung von Leopard 2 Panzern an den Golfstaat zu erhalten.

375 So können z.B. Waffen mit einem Kaliber von über 20mm i.S.v. Position 0002 der Ausfuhrliste verschiedene Waffen sein. In Betracht kommen etwa Geschütze, Haubitzen, Kanonen, Mörser, Panzerabwehrwaffen etc.

376 Mittels einer (gesetzlich nicht geregelten) Voranfrage kann rechtsverbindlich geklärt werden, ob für ein in Aussicht stehendes, aber derzeit noch nicht konkretisiertes Ausfuhrvorhaben, eine Genehmigung erteilt werden könnte.

377 Im Jahr 2013 wurden lediglich 71 Anträge für die Genehmigung der Ausfuhr von Rüstungsgütern abgelehnt (vgl. Angaben Rüstungsexportbericht der Bundesregierung 2013).

378 Der Spiegel 27/2011, S. 14 ff: „Leos" für die Saudis.

379 PlenProt 17/119, S. 13802 ff.

Daneben folgten schriftliche Fragen zum Exportgeschäft.[380] Nachdem sich die Bundesregierung, unter Verweis auf die Geheimhaltung der Sitzungen im Bundessicherheitsrat jeglicher Informationen über einen etwaigen Kontrakt mit Saudi-Arabien verweigerte[381], machten einige Abgeordnete eine Rechtsverletzung vor dem BVerfG geltend. Die im Oktober 2014 ergangene Entscheidung im Organstreitverfahren[382] zwischen den Abgeordneten *Ströbele*, *Keul* und *Roth* (alle Bündnis/90 Die Grünen) und der Bundesregierung ist Gegenstand der folgenden Reflexion zum Informationsrecht des Bundestages über Rüstungsexportentscheidungen.

a) Anspruchsgrundlage

Dem Bundestag obliegt die parlamentarische Kontrolle über das Regierungshandeln. Um dieser verfassungsrechtlich zugewiesenen Aufsichtsfunktion wirksam nachkommen zu können, bedarf der Bundestag derjenigen Informationen, die es ihm ermöglichen, Exekutiventscheidungen retrospektiv zu beurteilen. Er hat daher grundsätzlich ein Auskunftsrecht gegenüber der Bundesregierung.[383] Ziel der Kontrolle ist, das Handeln der Regierung transparent und nachvollziehbar zu machen.[384]

Ein „Recht auf Information" ist im Grundgesetz nicht *expressis verbis* verbrieft. Gleichwohl verpflichtet Art. 38 Abs. 1 S. 2 GG den einzelnen Abgeordneten, seine Entscheidungen nur seinem Gewissen nach zu treffen. Da eine gewissenhafte Entscheidungsfindung jedoch nur bei Kenntnis des zu bewertenden Sachverhalts möglich ist, wird aus Art. 38 Abs. 1 S. 2 GG ein Frage- und Interpellationsrecht des Parlaments abgeleitet.[385] Interpellationsbefugnisse unterschiedlichster Art sind vornehmlich in der Geschäftsordnung des Bundestages näher konkretisiert.[386] Danach gehören mündliche Fragen im Bundestag sowie schriftliche Anfragen (vgl. §§ 105, 104, 105 und 106 GO-BT) zum planmäßigen Repertoire der Parlamentarier.[387] Korrespondierend steht der Interpellation eine grundsätzliche Antwortpflicht der Bundesregierung gegenüber.[388] Die Wahrnehmung der Kontrollfunktion durch das Parlament ist entscheidender Bestandteil des Grundsatzes der Gewaltenteilung

380 BT-Drs. 17/6658, S. 24 und 28.

381 PlenProt 17/119, S. 13798.

382 BVerfGE 137, 185.

383 BVerfGE 67, 100, 130; 76, 363, 382; 74, 1, 48; *Butzer*, in: Epping / Hillgruber, Art. 38, Rn. 25; *Klein*, in: Maunz / Dürig, Art. 38, Rn. 55; *Magiera*, in: Sachs, Art. 38, Rn. 35.

384 Dazu *Krebs*, Kontrolle in staatlichen Entscheidungsprozessen; *Meyn*, Kontrolle als Verfassungsprinzip; *Steffani*, in: Schneider / Zeh, § 49.

385 BVerfGE 70, 324, 355; 80, 188, 218; 124, 161, 188; *Butzer*, in: Epping / Hillgruber, Art. 38, Rn. 112; zur Abgrenzung des Zitierrechts nach Art. 43 Abs. 1 GG vom allgemeinen Interpellationsrecht BVerfGE 13, 123, 125; *Kirchner*, ZParl 2012, 362, 365.

386 *Achterberg*, Parlamentsrecht, S. 434 ff.; *Magiera*, in: Schneider / Zeh, § 52; *ders*, in: Sachs, Art. 38, Rn. 39 f.; *Klein*, in: Maunz / Dürig, Art. 43, Rn. 55.

387 *Butzer*, in: Epping / Hillgruber, Art. 38, Rn. 112; *Siefken*, ZParl 2010, 18, 20 ff.

388 BVerfGE 57, 1, 5; 67, 100, 129; 70, 324, 355; 124, 78, 118; *Frenzel*, Jura 2010, 220, 221.

nach Art. 20 Abs. 2 S. 2 GG. Nach dem Machtverteilungsprinzip des Grundgesetzes kann und darf die Exekutive nicht eigenmächtig agieren (*Checks and Balances*).[389] Durch die stete Verantwortlichkeit vor dem Bundestag als Gegenspieler zur Bundesregierung wird eine Mäßigung der Staatsgewalt generiert.[390] Zur Durchsetzung des parlamentarischen Informationsrechtes steht u.a. das Organstreitverfahren vor dem BVerfG (Art. 93 Abs. 1 Nr. 1 GG) zur Verfügung.[391]

Leitet sich demnach ein Frage- und Informationsrecht des Deutschen Bundestages bzw. einzelner Abgeordneter aus Art. 38 Abs. 1 S. 2 i.V.m. Art. 20 Abs. 2 S. 2 GG ab, so ist dieses originäre Parlamentsrecht nicht schon durch den Rüstungsexportbericht der Bundesregierung als befriedigt zu werten. Die Ausübung des Interpellationsrechtes obliegt nach dem Prinzip der politischen Machtverteilung dem Parlament.[392] Die Abgeordneten artikulieren, ihrem Informationsinteresse entsprechend, Anfragen an die Vertreter der Bundesregierung. Die Systematik und Ausgestaltung der Interpellation unterscheidet sich grundlegend von der turnusmäßigen Faktendokumentation im Rüstungsexportbericht. Ferner ist der Regierungsreport i.d.R. nicht hinreichend präzise, um das parlamentarische Interesse an konkreten Exportentscheidungen zu befriedigen.[393]

b) Grenzen der Parlamentskontrolle

Das parlamentarische Informationsrecht besteht nicht grenzenlos. Es ist durch kollidierendes Verfassungsrecht beschränkbar. Eine Auskunftsverweigerung kann unter den folgenden Gesichtspunkten gerechtfertigt sein:

Zunächst ergibt sich ein Verweigerungsrecht bei Angelegenheiten, die nicht in die Zuständigkeit der Bundesregierung fallen.[394] Besteht kein Zusammenhang zu Exekutivkompetenzen, ist eine Auskunft grundsätzlich bereits mangels der erforderlichen Sachverhaltskenntnis faktisch nicht möglich. Gleichfalls kann sich eine Unzumutbarkeit der Antwortpflicht ergeben, wenn die Arbeits- und Funktionsfähigkeit der Bundesregierung durch Überhandnahme von Informationsersuchen beeinträchtig ist.[395]

Eine maßgebliche Begrenzung des Interpellationsrechts erschließt sich aus dem verfassungsrechtlichen Grundsatz der Gewaltenteilung. Während einerseits das

---

389 *Grzeszick*, in: Maunz / Dürig, Art. 20, Rn. 29 ff.

390 BVerfGE 3, 225, 247; 7, 183, 188; 9, 268, 279; 22, 106, 111; 34, 52, 59; 95, 1, 15; *Haberland*, Die verfassungsrechtliche Bedeutung der Opposition nach dem Grundgesetz; *Pieroth / Haghu*, Stärkung der Rechte der Abgeordneten und der Opposition in den Landesverfassungen, S. 78 ff. und 101 ff.

391 *Butzer*, in: Epping / Hillgruber, Art. 38, Rn. 29.

392 Zum parlamentarischen Frageverfahren *Siefken*, ZParl 2010, 18.

393 BVerfGE 137, 185, 266, Rn. 205.

394 BVerfGE 124, 161, 189.

395 BVerfGE 110, 199, 214 ff.; 124, 78, 122; *Butzer*, in: Epping / Hillgruber, Art. 38, Rn. 128; *Klein*, in: Maunz / Dürig, Art. 38, Rn. 232.

Machtverteilungsprinzip eine effektive Kontrolle der Bundesregierung durch das Parlament vorgibt, gilt es andererseits ein Mitregieren der Legislative durch Überschreitung des Interpellationsrechts zu verhindern. Nach der Rechtsprechung des Bundesverfassungsgerichts setzt die Verantwortung der Regierung gegenüber dem Parlament und dem Volk notwendigerweise einen „Kernbereich exekutiver Eigenverantwortung" voraus, der einen grundsätzlich nicht ausforschbaren Initiativ-, Beratungs- und Handlungsbereich einschließt.[396] Dabei gilt, je weiter ein parlamentarisches Informationsbegehren in den inneren Bereich der Willensbildung der Regierung eindringt, desto gewichtiger muss es sein, um sich gegen ein von der Regierung geltend gemachtes Interesse an Vertraulichkeit durchsetzen zu können.[397]

Schließlich vermögen staatliche und private Geheimhaltungsbedürfnisse eine Auskunftverweigerung zu rechtfertigen. Die Bundesregierung ist nicht verpflichtet, Verschlusssachen, die Dienstgeheimnisse enthalten, dem Bundestag vorzulegen, wenn notwendige Geheimschutzmaßnahmen nicht bereitstehen. Dabei steht das Geheimschutzinteresse zum Schutz des Staatswohls in praktischer Konkordanz zum Kontrollauftrag der Abgeordneten.[398] Ferner sind bei der Offenlegung von Exportvorgängen die durch Art. 12 Abs. 1 GG geschützten Betriebs- und Geschäftsgeheimnisse der privaten Rüstungsunternehmen zu berücksichtigen.[399]

Unter Zugrundelegung der widerstreitenden Interessen ergeben sich für die Unterrichtung über Rüstungsexportentscheidungen rechtliche Fragen hinsichtlich des Zeitpunktes und des Umfangs der Informationspflicht.

aa) Entstehung des Informationsrechts

Da die Bundesregierung im Bereich der Kriegswaffenexporte nach Art. 26 Abs. 2 GG eine ausschließliche Entscheidungskompetenz besitzt, ist ein sachliches Mitwirken des Bundestages während der Beschlussfassung jedenfalls ausgeschlossen. Laufende Verhandlungen und Entscheidungsvorbereitungen innerhalb der Regierung bzw. im Bundessicherheitsrat, dem Kabinettsausschuss für Rüstungsexportfragen, fallen in den Kernbereich exekutiver Eigenverantwortung. Da ein Parlamentsvorbehalt für Kriegswaffenexporte zudem ausdrücklich nicht vorgesehen ist, erstreckt sich die Kontrollkompetenz des Bundestages *a priori* nur auf bereits abgeschlossene Vorgänge.[400]

Zentraler Gegenstand der jüngst ergangenen Entscheidung des BVerfG ist die sich anschließende Frage, wann der Willensbildungsprozess der Bundesregierung

396 BVerfGE 137, 185, 233 ff.
397 BVerfGE 137, 185, 234, Rn. 136; BVerfGE 110, 199, 222; 124, 78, 122 f.
398 BVerfGE 67, 100, 137; *Kirchner*, ZParl 362, 367; die Geheimschutzordnung des Deutschen Bundestag gibt die notwendigen Handlungsinstrumente für den Umgang mit Verschlusssachen, die innerhalb des Bundestages entstehen oder diesem zugeleitet werden.
399 BVerfGE 137, 185, 243 f.; *Klein*, in: Maunz / Dürig, Art. 43, Rn. 113.
400 BVerfGE 137, 185, 233 ff.; BVerfGE 67, 100, 139; 110, 199, 215; 124, 78, 121.

als abgeschlossen zu werten ist. Dabei ist sowohl das gesetzlich nicht geregelte Institut der Voranfrage als auch die Funktion des Bundessicherheitsrates als „rüstungspolitisches Koordinationselement“[401] undurchsichtig:

Durch das Instrument der Voranfrage wird dem Teilnehmer am Außenwirtschaftsverkehr eine Vorabprüfung ermöglicht, ob für ein derzeit noch nicht vertragsreifes Exportgeschäft künftig eine Genehmigung erteilt werden wird. Zuständige Stelle für Voranfragen, die Kriegswaffenexporte betreffen, ist das Auswärtige Amt. Für die Beantwortung von Voranfragen sind die gleichen Kriterien wie bei Ausfuhranträgen entscheidend. Ausfuhrvorhaben, die im Hinblick auf das Empfängerland, das Rüstungsgut oder den Geschäftsumfang von besonderer Bedeutung sind, werden im Bundessicherheitsrat behandelt.[402]

Nach Auffassung der Antragsteller im Organstreitverfahren vor dem BVerfG sei der Willensbildungsprozess der Bundesregierung bereits mit der Entscheidung über eine Voranfrage abgeschlossen. Mithin öffne sich ab diesem zeitlichen Moment der absolute Kernbereich exekutiver Eigenverantwortung für die *ex-post* Kontrolle durch das Parlament.[403]

Dieser Auffassung folgt das BVerfG nicht: Es handele sich bei der Beantwortung einer Voranfrage um eine Auskunft über die Genehmigungs*fähigkeit* eines beabsichtigten Exports zum Zeitpunkt der Bescheidung dieser Anfrage, nicht aber um eine Zusicherung nach § 38 Abs. 1 S. 1 VwVfG oder gar um eine abschließende Teilregelung oder Teilgenehmigung.[404] Das Gericht stellt dabei auf die Formulierung typischerweise ergehender Antwortschreiben der Ausfuhrbehörde ab. Danach wird dem anfragenden Unternehmen lediglich mitgeteilt, dass eine Genehmigung der Ausfuhr „in Aussicht gestellt wird“, soweit sich die Umstände zum Zeitpunkt der Stellung des Ausfuhrantrages nicht wesentlich änderten.[405] Es sei anhand der Erklärung nicht eindeutig festzumachen, dass die Behörde zu einem frühen Verfahrenszeitpunkt entgegen dem Postulat aus § 6 Abs. 1 KWKG eine rechtliche Verpflichtung gegenüber dem Exporteur beabsichtigt.

Diese Ansicht vermag zu überzeugen. Wesentliches Merkmal der Zusicherung ist deren Verbindlichkeit. Aus der Erklärung der zuständigen Behörde muss eindeutig hervorgehen, dass dem Betroffenen ein einklagbarer Anspruch auf eine bestimmte Leistung gewährt werden soll. Dabei ist der Rechtsbindungswille durch Auslegung (§§ 133, 157 BGB) unzweideutig festzustellen.[406] Nach objektivem Empfängerhorizont und unter Berücksichtigung der restriktiven Verfahrensgrundsätze

---

401 *Glawe*, DVBl 2012, 329.

402 Rüstungsexportbericht der Bundesregierung 2013, S. 9.

403 So auch VG Frankfurt AW-Prax 2002, 194; *Weith / Wegner / Ehrlich*, Grundzüge der Exportkontrolle, S. 185; *Zähle*, Der Staat 2005, 462, 475.

404 BVerfGE 137, 185, 246 f., Rn. 161, ebenso *Pottmeyer*, KWKG, § 9, Rn. 55.

405 BVerfGE 137, 185, ebd.

406 BVerwGE, 74, 15, 17; 97, 323, 326; 106, 129,132; *Guckelberger*, DÖV 2004, 357; *Kloepfer / Lenski*, NVwZ 2006, 501, 502; *Kopp / Ramsauer*, VwVfG, § 38, Rn. 9; *Stelkens*, in: Stelkens / Bonk / Sachs, § 38, Rn. 21.

ist jedenfalls nicht auf einen eindeutigen Bindungswillen zu schließen, sodass sich die entsprechenden Auslegungszweifel zulasten einer Einordnung als verbindliche Zusicherung i.S.v. § 38 Abs. 1 S. 1 VwVfG auswirken. Sonach ist die Willensbildung innerhalb der Bundesregierung noch nicht bereits mit der positiven oder negativen Antwort auf eine Voranfrage abgeschlossen. Erst die endgültige Genehmigungsentscheidung stellt eine Zäsur im Verwaltungsverfahren dar. Bis dahin besteht keine Auskunftspflicht seitens der Bundesregierung.

Der Abschluss der regierungsinternen Willensbildung könnte auf den Zeitpunkt der Verfügung des Genehmigungsbescheides durch das nach § 11 Abs. 2 KWKG zuständige Bundesministerium zu datieren sein. Dem steht die aktuelle Staatspraxis unter Einbindung des Bundessicherheitsrates entgegen.[407] Obwohl dem Kabinettsausschuss für sicherheits- und rüstungspolitische Fragen nach seiner Geschäftsordnung nur vorbereitende und beratende Funktion zukommt, wird jedenfalls die faktische Entscheidung über sensible Exportanträge im Bundessicherheitsrat getroffen.[408] Es ist soweit ersichtlich kein Fall bekannt, in dem die Bundesregierung bzw. das letztlich bescheidende Ministerium von einer Entscheidung des Bundessicherheitsrates abgewichen ist. Unabhängig der rechtlichen Qualität der Beschlüsse des Gremiums ist der Prozess der Willensbildung der Bundesregierung in Bezug auf einen Kriegswaffenexportantrag mit der jeweiligen Entscheidung im Bundessicherheitsrates als abgeschlossen zu bewerten. Der Kernbereichsschutz der exekutiven Eigenverantwortung endet zu diesem Zeitpunkt.[409]

bb) Umfang des Informationsrechts

Nach Auffassung des BVerfG beschränkt sich die Auskunftspflicht gegenüber dem Bundestag darauf, auf entsprechende Anfrage hin mitzuteilen, dass der Bundessicherheitsrat ein bestimmtes Kriegswaffenexportgeschäft genehmigt hat oder dass eine entsprechende Genehmigung nicht erteilt wurde. Eine darüber hinausgehende Antwortpflicht sei verfassungsrechtlich nicht geboten. Dabei sei nach Meinung des Gerichts neben dem Inhalt, dem Verlauf und dem Abstimmungsverhalten innerhalb der Beratungen im Bundessicherheitsrat, auch die Begründung der Entscheidung einer nachträglichen parlamentarischen Kontrolle entzogen.[410] In der fehlenden Differenzierung zwischen dem Vorgang der Entscheidungsfindung und der Entscheidungsrechtfertigung liegt die Schwäche des Urteils:

Zunächst wird zu Recht erkannt, dass eine Offenbarung der Vorgänge, die sich intern auf die Entscheidungsfindung beziehen, nicht angezeigt ist. Es würde den Zweck des geheim tagenden und auf besondere Vertraulichkeit angewiesenen

407 Zum Bundessicherheitsrat *Glawe*, DVBl 2012, 329, *ders.*, Organkompetenz und Handlungsinstrumente auf dem Gebiet der nationalen Sicherheit, S. 23–41.

408 *Zähle*, Der Staat 2005, 462, 476; *Glawe*, DVBl 2012, 329, 331: Beratungen im Bundessicherheitsrat entfalten „eine gewichtige faktisch-politische Bindungswirkung".

409 BVerfGE 137, 185, 249, Rn. 166.

410 BVerfGE 137, 185, 253 f., Rn. 177.

Gremiums konterkarieren, machte man die Beratungen nachträglich öffentlich. Die Abwägung des Für und Wider der Aufrüstung eines anderen Staates tangiert in hohem Maße die außenpolitischen Beziehungen der Bundesrepublik. Der offene Vortrag insbesondere von Kriterien, die gegen eine Aufrüstung des anfragenden Staates sprechen, käme ersichtlich nicht zustande, wenn das erforderliche Maß an Vertraulichkeit im Prozess der Willensbildung nicht gewährleistet ist. Ferner ist eine Auskunft über das Abstimmungsverhalten im Bundessicherheitsrat nicht geboten. Die parlamentarische Kontrolle bezieht sich auf das Ergebnis der Beratungen. Wie sich einzelne Minister positioniert haben ist nicht von hinreichender Relevanz, da die Bundesregierung als Kollegialorgan die Verantwortung für die Entscheidung trägt. Nebstdem würde die Kenntnis über eine nachträgliche Offenlegung des Abstimmungsverhaltens die Entschlussfreiheit der Ausschussmitglieder beeinträchtigen.[411]

Hingegen ist ein Abwägungsdefizit zu konstatieren, wenn das Gericht neben dem Vorgang der Meinungsbildung auch die Begründung einer positiven Genehmigungsentscheidung zur geheimen Verschlusssache des Bundessicherheitsrates erklärt.[412] *Analog* zu gerichtlichen Verfahrensgrundsätzen unterliegen zwar die Vorgänge, die sich inhaltlich auf die Entscheidungsfindung beziehen, der Geheimhaltung. Dagegen ist die Revision des Verhandlungsergebnisses und die Begründung desselbigen durch die zuständige Kontrollinstanz nicht versperrt.[413] Entsprechendes gilt grundsätzlich auch für das Verfahren im Bundessicherheitsrat. Gerade der *Telos* von Art. 26 Abs. 2 GG gebietet, dass nicht nur das „Ob“, sondern auch das „Warum“ einer Kriegswaffenausfuhr kommuniziert wird: Nach verfassungsrechtlicher Direktive wirkt eine Ausfuhrgenehmigung konstitutiv als Ausnahmebewilligung einer grundsätzlich verbotenen Tätigkeit (repressives Verbot mit Befreiungsvorbehalt).[414] Mithin bedarf es für eine hinreichende demokratische Legitimierung der Regierungsentscheidung einer dezidierten Darlegung, dass für den Einzelfall die Negativwirkung von Kriegswaffen aufgehoben ist und ein sicherheitspolitischer Nutzen in der Aufrüstung des anfragenden Staates besteht.[415]

---

411 So auch BVerfGE 137, 185, 251, Rn. 173.

412 BVerfGE 137, 185, 253 f., Rn. 177: „Die Bundesregierung ist daher nicht verpflichtet, die Gründe für eine vom Bundessicherheitsrat getroffene Entscheidung mitzuteilen.“

413 Vgl. hierzu auch *Wieland*, zitiert in: *Lischka*, in: Der Spiegel vom 10.7.2011: Geplanter Panzer-Deal: Die Koalition der Geheimniskrämer; *Kissel / Mayer*, GVG, § 193, Rn. 4.

414 Vgl. hierzu S. 47 ff.

415 Eine Exkulpation von der grundsätzlichen Sozialschädlichkeit von Kriegswaffen verlangen auch die Politischen Grundsätze, wenn es in Ziffer III heißt: „Der Export von Kriegswaffen [...] wird nicht genehmigt, es sei denn, dass im Einzelfall besondere außen- oder sicherheitspolitische Interessen der Bundesrepublik Deutschland unter Berücksichtigung der Bündnisinteressen für eine ausnahmsweise zu

Ferner sind die konfligierenden Interessen nach Abschluss der Entscheidung nicht mehr in dem Maße geschützt, wie zum Zeitpunkt der Willensbildung.[416] Der pauschale Verweis darauf, dass durch die Preisgabe der Motive für die Kriegswaffenausfuhr eine Gefährdung der außenpolitischen Beziehungen droht, vermag eine Beschränkung des Informationsrecht der Abgeordneten regelmäßig nicht zu rechtfertigen. Die Begründung der Regierungsentscheidung dient lediglich der Legitimation des ohnehin offenkundigen Exportgeschäftes und entspricht der aus dem Demokratieprinzip nach Art. 20 Abs. 2 S. 2 GG folgenden Verantwortlichkeit der Regierung gegenüber dem Parlament. Streiten im Einzelfall Belange des Staatswohls für eine ausnahmsweise Geheimhaltung entsprechender Exportabsichten, so ist eine Antwortverweigerung hinreichend zu begründen. Ein Eingriff in den Kernbereich exekutiver Eigenverantwortung liegt zudem nicht vor. Durch die nachträgliche Rechtfertigung des Handelns wird die Entscheidungsautonomie der Bundesregierung grundsätzlich nicht beeinträchtigt. Da der interne Willensbildungsprozess zum Zeitpunkt der Auskunft bereits abgeschlossen ist, wird die verfassungsrechtliche Kompetenzordnung nicht unterlaufen. Auch der grundrechtliche Schutz der Betriebs- und Geschäftsgeheimnisse der jeweiligen Rüstungsunternehmen ist in der Regel nicht verletzt. Die sicherheitspolitische Begründung eines Exportgeschäftes bezieht sich nicht auf die vertraglichen Absprachen zwischen der Industrie und dem Empfängerland. Weder technische Daten und Spezifikationen der Waffen noch Vereinbarungen zur Preisgestaltung oder zu sonstigen Geschäftsgeheimnissen sind vom Informationsanspruch erfasst. Da zudem nach erfolgter Genehmigungsentscheidung der Kaufvertrag mit dem Empfängerstaat im Regelfall bereits geschlossen ist, ergeben sich durch die Mitteilungen an das Parlament keine wettbewerbsrechtlichen Nachteile für das Unternehmen (z.B. durch Konkurrenten, die in den Bieterwettbewerb einsteigen).[417]

Letztlich dokumentiert der Vergleich mit der Staatenpraxis im Ausland, dass eine hinreichende Kommunikation von Rüstungsexportentscheidungen kein Novum darstellt: In den Vereinigten Staaten muss der Präsident sowohl dem Sprecher des Repräsentantenhauses als auch dem Senatsausschuss für Auswärtige Beziehungen geplante Rüstungsexportvorhaben anzeigen. Bei entsprechenden Bedenken ist der Präsident verpflichtet, dem Kongress eine ausführliche Begründung vorzulegen, wonach auch die sicherheitspolitischen Interessen an dem konkreten Rüstungsexportgeschäft klar benannt werden.[418]

---

erteilende Genehmigung sprechen."; vgl. auch *Mölling*, SWP-Aktuell 2013, 1; *Wessels*, AW-Prax 2000, 57, 58.

416 BVerfGE 110, 199, 215 f.

417 BVerfGE 137, 185, 261, Rn. 191.

418 *Grebe / Roßner*, Parlamentarische Kontrolle und Transparenz von Rüstungsexporten, S. 11 f.

c) *Zwischenergebnis*

Das in hohem Maße moralisch belastete Politikfeld der Kriegswaffenexporte kann ein hinreichendes demokratisches Legitimationsniveau nur dann erreichen, wenn das Regierungshandeln nachvollziehbar ist und nicht „hinter verschlossenen Türen" stattfindet. Diesem Anspruch wird die Rechtsprechung des BVerfG nur bedingt gerecht. Zwar ist das Parlament auf entsprechende Anfrage zu informieren, ob der Bundessicherheitsrat ein bestimmtes, das heißt hinsichtlich des Rüstungsguts, des Auftragsvolumens und des Empfängerlandes konkretisiertes Kriegswaffenexportgeschäft genehmigt hat oder ob eine entsprechende Genehmigung nicht erteilt wurde. Jedoch hat es das Gericht an entscheidender Stelle versäumt, für mehr Transparenz bei Rüstungsexporten zu sorgen: Weiterhin ist die Bundesregierung entgegen der verfassungsrechtlichen Vorgabe aus Art. 26 Abs. 2 GG nicht verpflichtet, konkrete Exportentscheidungen vor der Öffentlichkeit zu begründen.

Da eine frühzeitige Unterrichtung des Bundestages über positive Genehmigungsentscheidungen des Bundessicherheitsrates infolge der „Transparenzoffensive" der Bundesregierung aus dem Sommer 2014 bereits stattfindet[419], werden praktische Auswirkungen auf das Rüstungsexportverfahren nach der neuerlichen Rechtsprechung kaum zu erwarten sein.

6. *Zusammenfassung und Bewertung der Politischen Grundsätze*

Die Leitlinien deutscher Rüstungsexportpolitik lassen sich wie folgt zusammenfassen:

- Als Zielvorgabe bekennt sich die Bundesregierung zu einer restriktiven Rüstungsexportpolitik.
- Es wird zwischen Ländergruppen differenziert: Während die Ausfuhr von Kriegswaffen und sonstigen Rüstungsgütern in NATO-Länder, EU-Mitgliedstaaten und NATO-gleichgestellte Länder grundsätzlich nicht beschränkt wird, soll eine Genehmigungserteilung für Exporte in „sonstige Länder" die Ausnahme darstellen. Auf der einen Seite müssen besondere außen- und sicherheitspolitischen Interessen für eine ausnahmsweise zu erteilende Genehmigung sprechen. Auf der anderen Seite dürfen keine Ausschlusskriterien vorliegen.
- Die Ausschlusskriterien lassen sich im Wesentlichen in drei Gruppen unterteilen. Zum einen findet eine Beurteilung der inneren Lage im Empfängerland statt. Entscheidungsrelevante Faktoren sind: Die Menschenrechtslage, bewaffnete interne Auseinandersetzungen, ein möglicher Missbrauch der Waffen zur inneren Repression und die nachhaltige Entwicklung. Zum anderen spielt die äußere Lage eine entscheidende Rolle, etwa: Bewaffnete Auseinandersetzungen, Spannungen und Konflikte mit anderen Staaten. Schließlich ist die Positionierung des Empfängerlandes im Bereich der Bekämpfung des Terrorismus und der

419 BT-Drs. 18/1626.

organisierten Kriminalität sowie die Bereitschaft zur Einhaltung internationaler Verpflichtungen zu berücksichtigen.
- Zur Selbstverteidigung von Staaten kann auch durch Rüstungsexporte beigetragen werden.
- Der Endverbleib der Waffen muss sichergestellt sein.
- Die Grundsätze stehen in einem Kontext aktiver Rüstungskontrollpolitik.
- Im Rüstungsexportbericht werden die von der Bundesregierung erteilten Exportgenehmigungen aufgeschlüsselt.

Die Grundsätze benennen somit die wesentlichen Koordinaten, die bei der Ermessensausübung bezüglich einzelner Exportvorhaben Beachtung finden sollen. Sie verleihen dem Anspruch nach einer werteorientierten Politik Ausdruck. Gleichwohl ist zu erkennen, dass das umfassendste Dokument deutscher Rüstungsexportpolitik nicht das hält, was es verspricht. So nachhaltig eine restriktive Genehmigungspraxis proklamiert wird, so wenig wurde dieses Versprechen in den vergangenen Jahren eingelöst. In quantitativer Hinsicht belegen dies die jährlich vorgelegten Zahlen im Rüstungsexportbericht. Danach gehört Deutschland weiterhin zu den weltweit größten Produzenten auf dem Weltrüstungsmarkt. Als besonders widersprüchlich zu den Grundaussagen deutscher Exportpolitik erweist sich, dass mehr als die Hälfte aller Einzelausfuhrgenehmigungen für Rüstungsgeschäfte mit Staaten außerhalb der EU und der NATO erteilt werden.[420] Eine sicherheitspolitische Begründung für die Entscheidungen bleibt regelmäßig aus. Dass die Exportpraxis mitunter nicht mit den Vorgaben der Politischen Grundsätze korreliert, begründet sich mit der rechtlichen Einordnung des Dokuments. Die Politischen Grundsätze sind Verwaltungsvorschriften für den staatlichen Innenbereich.[421] Ihnen liegt kein parlamentarisches Gesetzgebungsverfahren zugrunde und es besteht keine rechtliche Instanz, welche die Einhaltung der Leitlinien kontrolliert. So muss sich die Bundesregierung zwar von der Öffentlichkeit an ihren selbst festgelegten Maßstäben messen lassen, einen verbindlichen justitiablen Rahmen stellen die Politischen Grundsätze indes nicht dar.[422] Die Diskrepanz zwischen den restriktiven Grundsätzen und dem tatsächlichen Regierungshandeln sei anhand zweier ausgewählter Exportprojekte dargestellt:

Der Fall Saudi-Arabien

Die deutsche Presse berichtet seit 2011 über den von Saudi-Arabien angestrebten Kauf von bis zu 800 Kampfpanzern des Typs Leopard 2.[423] Wie kein anderes Rüstungsexportgeschäft rückte der angebliche Panzerdeal mit dem Golfstaat in den Fokus der Öffentlichkeit und wurde zum kontrovers diskutierten Thema mehrerer

---

420 Vgl. hierzu die Angaben aus dem Rüstungsexportbericht der Bundesregierung 2013, S. 25.

421 *Maurer*, Allgemeines Verwaltungsrecht, § 24, Rn. 16.

422 Vgl. auch *Wessels*, AW-Prax 2000, 181, 182.

423 Der Spiegel 27/2011, S. 14 ff: „Leos" für die Saudis; Handelsblatt vom 17.6.2012: Rüstungsgeschäft: Panzerdeal mit Saudi-Arabien soll größer ausfallen.

Bundestagsdebatten.[424] Die Unterstützer von Kriegswaffenausfuhren verwiesen darauf, dass Saudi-Arabien der „letzte und wichtigste Stützpfeiler in der Nahost-Region“ sei. Das Land fungiere als westlicher Mittler und übe eine moderierende Wirkung auf radikale Kräfte aus. Zudem beteilige es sich an der Bekämpfung des internationalen Terrorismus.[425] Hierneben wurden auch ökonomische Interessen formuliert. Zum einen sei Saudi-Arabien der relevanteste Öllieferant für Deutschland und somit ein strategischer Partner. Zum anderen trage eine positive Entscheidung der Bundesregierung zur Sicherung deutscher Arbeitsplätze in der Rüstungsindustrie bei.[426] Die Exportkritiker führten insbesondere an, dass dem Vorhaben die Menschenrechtslage in Saudi-Arabien entgegenstehe.[427]

Auf der Grundlage der Rüstungsexportgrundsätze ist zu klären, ob die Aufrüstung Saudi-Arabiens mit deutschen Rüstungsgütern zulässig ist. Die Prüfung der Voraussetzungen zur Erteilung einer Ausfuhrgenehmigung für Drittstaaten erfolgt in drei Schritten: Es muss ein besonderes außen- oder sicherheitspolitisches Interesse für eine Waffenlieferung bestehen. Überdies dürfen keine Versagungsgründe vorliegen. Schließlich muss der Endverbleib des Materials sichergestellt sein.

Nach Aussagen der Bundesregierung werden durch Waffenlieferungen in die Golfregion strategische Interesse bedient. Die bilateralen Beziehungen zu Saudi-Arabien gelten als weitgehend freundschaftlich und spannungsfrei. Im Kontext der Umwälzungen in der arabischen Welt ist Saudi-Arabien darin bemüht, die Sicherheit und Stabilität in der Region aufrecht zu erhalten und machtpolitische Einflüsse seines Gegenspielers Iran einzudämmen. Der Regierung ist es bisher gelungen, die Bewegung des „Arabischen Frühlings“ im eigenen Land nahezu vollständig zu verhindern. Die absolute Monarchie Saudi-Arabien sieht sich als Verfechter sunnitischer bzw. muslimischer Interessen. Durch seine Stellung als Energiemacht nimmt das Land eine zentrale Position in der islamischen Welt ein.[428] Das Bestreben, die Partnerschaft zu Saudi-Arabien durch eine liberale Rüstungsexportpolitik aufrechtzuerhalten und auf diese Weise Einfluss in einer konfliktgeladenen Region zu gewinnen, stellt ein sicherheitspolitisches Motiv gem. Ziffer III Nr. 2 Politische

---

424 Zwischen 2008 und 2013 genehmigte die Bundesregierung Rüstungsexporte an Saudi-Arabien im Wert von 2,2 Mrd. Euro (vgl. hierzu Tabelle 4).

425 PlenProt 17/119, S. 13797 ff.; 17/121, S. 14303 ff.; 17/181, S. 21547.

426 Rüstungsexportbericht der GKKE 2011, S. 68 f.

427 Vgl. etwa die Aussage des Abgeordneten *Jürgen Trittin* (Bündnis 90/Die Grünen) in der Debatte „Außen- und sicherheitspolitische Gründe für die von Medien berichtete Genehmigung der Lieferung von 200 Leopard-Kampfpanzern nach Saudi-Arabien“ (PlenProt 17/119, S. 13822): Sie [die Bundesregierung] liefern die modernsten Waffen der Welt an ein autoritäres Königreich, das die Menschenrechte mit Füßen tritt, Menschen den Kopf abhackt und Frauen das Autofahren verbietet, ein Land, das anderen Despoten hilft, an der Macht zu bleiben, und zwar mit Panzern, mit massiver physischer Gewalt. [*Anm. d. Verf.*]“; BT-Drs. 18/576.

428 Die Angaben sind den Länderinformationen des Auswärtigen Amtes entnommen (veröffentlicht auf der Internetseite des Auswärtigen Amtes).

Grundsätze dar und ist aufgrund der weiten Einschätzungsprärogative der Bundesregierung[429] vertretbar.[430]

Der evidente Widerspruch zwischen Kriegswaffenlieferungen und den Grundsätzen deutscher Rüstungsexportpolitik ergibt sich bei Betrachtung der Menschenrechtssituation in Saudi-Arabien. Der Menschenrechtsbericht der Bundesregierung dokumentiert in klaren Worten die gravierenden Rückstände des potentiellen Empfängerstaates:

Es „wurde die Todesstrafe 2011 mindestens 73 Mal und 2010 mindestens 37 Mal vollstreckt. Körperstrafen wie z. B. das Auspeitschen werden regelmäßig vollzogen. Dissidenten werden inhaftiert, Geständnisse erzwungen. Frauen werden wesentliche Menschenrechte vorenthalten, minderjährige Mädchen zwangsverheiratet. Freie Meinungsäußerung ist nur teilweise möglich. Die Religionsausübung ist für nicht- muslimische Religionen verboten, die schiitische Minderheit im Osten des Landes wird diskriminiert (im Herbst 2011 gab es sieben Tote bei Zusammenstößen). Ausländische Arbeitnehmer sind weitgehend rechtlos. Theateraufführungen, Konzerte oder Filmvorführungen und Kinos sind weitestgehend verboten. Frauen und Männer, die nicht verwandt oder miteinander verheiratet sind, dürfen sich, bis auf wenige Ausnahmen – etwa beim Einkaufen – nicht gemeinsam im öffentlichen Raum aufhalten."[431]

Angesichts der desolaten Menschenrechtslage sind Waffenlieferungen an das autoritär regierte Land nicht mit Ziffer III Nr. 4 Politische Grundsätze vereinbar. Zudem steht der machtpolitisch und ideologisch-konfessionell aufgeladene Konflikt mit dem Iran[432] gegen eine weitere Aufrüstung der hochmilitarisierten Region (Verstoß gegen Ziffer III Nr. 5 Politische Grundsätze).

Die Voraussetzungen für eine ausnahmsweise zu erteilende Exportgenehmigung liegen im Fall Saudi-Arabien nicht vor. Bisher erteilte Genehmigungen stehen im Widerspruch zu den Rüstungsexportgrundsätzen der Bundesregierung.

---

429 *Asseburg / Steinberg*, APuZ 19/2007, 6; *Ehrlich*, in: Bieneck, § 16, Rn. 16 mit Verweis auf maßgebliche Rechtsprechung zu Prognoseentscheidungen im Außenwirtschaftsrecht; *Maurer*, Allgemeines Verwaltungsrecht, § 7, Rn. 31 ff.; *Pottmeyer*, KWKG, Einl., Rn. 227 f.; *Weith / Wegner / Ehrlich*, Grundzüge der Exportkontrolle, S. 204.

430 Die vorgebrachten ökonomischen Motive für ein Exportgeschäft mit Saudi-Arabien sind sachwidrig. Eine aus wirtschaftlichen Interessen geleitete Genehmigungsentscheidung konterkariert den Anspruch „Rüstungsexportpolitik restriktiv zu gestalten" (vgl. Präambel der Politischen Grundsätze). Entsprechend Ziffer III Nr. 2 Politische Grundsätze dürfen beschäftigungspolitische Gründe keine „ausschlaggebende Rolle" spielen. (Nach hier vertretender Auffassung dürfen ökonomische Motive gar keinen Einhalt in den Entscheidungsprozess finden, vgl. hierzu S. 113 ff.).

431 Zehnter Bericht der Bundesregierung über ihre Menschenrechtspolitik (BT-Drs. 17/11250, S. 123 f.); vgl. auch Amnesty International Report 2013, S. 352 ff.

432 Hierzu *Asseburg / Steinberg*, APuZ 19/2007, 6; *Kirchner*, DVBl 2012, 336, 341.

Waffenlieferungen an Kurden im Irak

Die normative Wirkung der Rüstungsexportgrundsätze stand abermals bei der im Folgenden dargestellten außenpolitischen Entscheidung in Frage. Nach kontrovers geführter politischer Debatte entschied sich die Bundesregierung im August 2014 für Waffenlieferungen an die Regierung der Autonomen Region Irakisch-Kurdistan. Die Waffenlieferungen stehen im Kontext westlicher Unterstützungsleistungen im Kampf gegen die Terrormiliz des sog. Islamischen Staates (IS). Der IS ist eine radikal islamistische Terrororganisation, deren Ziel die gewaltsame Errichtung eines Kalifats ist, welches zunächst den Irak und Syrien, sukzessive aber auch den Libanon, Israel, Palästina und Jordanien umfassen soll.[433] Durch das expandierende Terrorregime steht der Irak vor einer Zerreißprobe. Es droht eine weitere Destabilisierung der ohnehin schon fragilen Nahostregion. Nach Aussage der Bundesregierung tragen die Unterstützungsleistungen zur Linderung der unmittelbaren humanitären Katastrophe und zur Stabilisierung der Lage im Nordirak bei. Die militärische Gegenwehr gegen den IS erfolgt vor allem durch Kämpfer der kurdischen Regionalregierung (Peschmerga). Um geeigneten Widerstand leisten zu können, wird die kurdische Regionalregierung durch die Lieferung deutscher Waffen, Munition und weiterer militärischer Ausrüstung aufgerüstet.[434] Die Rüstungslieferung erfolgte durch das Bundesministerium der Verteidigung in Form einer Länderabgabe, der die ausfuhrkontroll- und haushaltsrechtliche Zustimmung der zuständigen Ressorts zugrunde lag.[435]

Angesichts des Ausmaßes der immensen Bedrohung durch den IS für die Region im Nahen Osten, aber auch unmittelbar für die westliche Welt, ist es alternativlos, den Terroristen militärisch Einhalt zu gebieten. Der Aufrüstung der kurdischen Peschmerga liegt ein außen- und sicherheitspolitisches Interesse gem. Ziffer III Nr. 2 Politische Grundsätze zugrunde. Der Entscheidung der Bundesregierung steht auch nicht der Grundsatz entgegen, Waffen nicht in Spannungsgebiete zu liefern. Nach Ziffer III Nr. 5, S. 2 Politische Grundsätze wird ausdrücklich das völkerrechtliche Selbstverteidigungsrecht nach Art. 51 UN-Charta berücksichtigt.[436] Eine militärische Gegenwehr ist gegen die gegenwärtigen bewaffneten Angriffe der terroristischen Gruppe gerechtfertigt.[437] Im Übrigen fordert auch der UN-Sicherheitsrat in der Resolution (2178) vom 24.9.2014 die internationale Gemeinschaft zur Unterstützung

---

433 *Sydow*, Spiegel Online vom 13.6.2014: Blutiger Machtkampf in Nahost: Das irakische Puzzle.

434 Vgl. die Regierungserklärung der Bundeskanzlerin zur Debatte „Humanitäre Hilfe für die Flüchtlinge im Irak und Kampf gegen die Terrororganisation IS" (PlenProt 18/48, S. 4417 ff.).

435 BMVg, Beschluss der Bundesregierung zu den Unterstützungsleistungen vom 31.8.2014.

436 BT-Drs. 13/10104, S. 2.

437 *Fras*, in: Frankfurter Rundschau vom 24.9.2013: „Eine Weltregion pervertiert"; zum völkerrechtlichen Selbstverteidigungsrecht *Randelzhofer*, in Simma, Art. 51, Rn. 4 ff.

des Irak im Kampf gegen die IS-Miliz auf.[438] Im Rahmen einer Gesamtabwägung und unter Beachtung der Einschätzungsprärogative der Bundesregierung sind Rüstungsexporte in die betreffende Spannungsregion nicht *a priori* nach Ziffer III Nr. 5 Politische Grundsätze ausgeschlossen.

Gleichwohl mangelt es im konkreten Sachverhalt an der Sicherstellung des Endverbleibs der Waffen (Ziffer IV Nr. 1 Politische Grundsätze). Zwar lässt sich die Bundesregierung den Endverbleib des Materials von der kurdischen Regionalregierung mittels einer Endverbleibserklärung zusichern[439], jedoch ist es objektiv nahezu unmöglich, Aussagen über den dauerhaften Verbleib der Waffen in einer der instabilsten Regionen der Welt zu treffen.[440] Nicht auszuschließen ist etwa, dass die Waffen nach einer militärischen Niederlage in die Hände des IS gelangen. Gleichfalls ist die langfristige Positionierung hochgerüsteter kurdischer Militärs in der Region nicht abzusehen.[441] Gewissheit besteht lediglich darin, dass das Haltbarkeitsdatum der Waffen den aktuellen Konflikt überdauern wird.

So nachvollziehbar die Unterstützungsleistungen im Kampf gegen den IS für den Moment erscheinen mögen, lässt sich doch keine Prognose über den endgültigen Verbleib und die spätere Verwendungen der Waffen treffen. Die Rüstungsexportgrundsätze (*in concreto* Ziffer IV Nr. 1) stehen auch in diesem Fall einer ermessensfehlerfreien Genehmigungsentscheidung entgegen.[442]

Vor dem Hintergrund der angeführten Beispiele lässt sich festhalten: Die Politischen Grundsätze der Bundesregierung geben eine Orientierungshilfe sowohl für die Antragsteller, als auch für die Entscheidungsträger. Sie sollen dem Anspruch nach einer restriktiven Rüstungsexportpolitik Ausdruck verleihen. Dennoch fehlt

---

438 Vgl. auch die Erklärung des Sicherheitsratspräsidenten Barack Obama auf der 7271. Sitzung des Sicherheitsrates vom 19.9.2014 (PRST/2014/20): „Der Sicherheitsrat fordert die internationale Gemeinschaft nachdrücklich auf, im Einklang mit dem Völkerrecht die Unterstützung für die Regierung Iraks bei ihrem Kampf gegen den IS und die mit ihm verbundenen bewaffneten Gruppen weiter zu verstärken und auszuweiten."

439 PlenProt 18/48, S. 4457 D.

440 Die Problematik des Endverbleibs ergibt sich insbesondere für die von der Bundesregierung gelieferten Kleinwaffen (u.a. 16000 Sturmgewehre und Pistolen).

441 Der Anspruch nach Errichtung eines Kurdenstaates im Nordirak wurde vom Präsidenten der Autonomen Region Kurdistan im Nordirak Masud Barzani bereits verlautbart, hierzu *Ambrosi / Jacobsen*, in: Zeit Online vom 10.6.2014: Kurden im Irak: Aus der Asche ein Kurdenstaat.

442 *De facto* stellen die Rüstungsexporte auch einen Embargoverstoß dar: „Nach § 69e Abs. 1 AWV, der den Gemeinsamen Standpunkt 2003/495/GASP in nationales Recht umsetzt, sind Verkauf und Ausfuhr von Rüstungsgütern und sonstigem Wehrmaterial, die von Teil I Abschnitt A der Ausfuhrliste erfasst sind, in den Irak verboten. Ausnahmen betreffen Lieferungen für die im Land stationierten multinationalen Streitkräfte." (BAFA, Embargos: Irak). Da die Exporte jedoch im Kontext von Unterstützungsmaßnahmen der Staatengemeinschaft stehen, unterliegt das Embargo in der gegenwärtigen Situation einer faktischen Aussetzung.

es den Bestimmungen an normativer Kraft. Sie geben keinen verbindliche Rechtsrahmen vor. Letztlich werden Genehmigungen einzelfallbezogen und unter Abwägung verschiedener Faktoren erteilt.[443] Dabei haben die Entscheidungsträger bei der Beurteilung außen- und sicherheitspolitischer Sachverhalte einen erheblichen Spielraum. Die größte Bindung entfalten die Grundsätze durch die Veröffentlichung der getätigten Exporte im Rüstungsexportbericht. Durch die nachträgliche Offenlegung wird der Abgleich zwischen politischer Selbstverpflichtung und tatsächlichem Exekutivhandeln ermöglicht. Der zu zollende Tribut ist die Glaubwürdigkeit der verantwortlichen Entscheidungsträger.

III. Obligatorische Versagungsgründe

Bei Vorliegen der Gründe aus § 6 Abs. 3 KWKG ist die Exportgenehmigung zwingend zu versagen (gesetzlich gebundene Verwaltung[444]). Ein Ermessen besteht nicht. Die Versagungstatbestände sind so schwerwiegend, dass sich bereits aus dem Sinn und Zweck des Art. 26 Abs. 2 GG eine Ausfuhr verbietet.[445]

Im Gegensatz zu § 6 Abs. 2 KWKG (dort: „Die Genehmigung kann *insbesondere* versagt werden, wenn [...] [*Herv. d. Verf.*]") ist der Katalog der obligatorischen Versagungsgründe abschließend.[446] Da sich der weit gefasste erste Versagungsgrund (Ausfuhrverbot bei der Gefahr einer friedensgefährdenden Verwendung) direkt an die Verfassungsvorgabe aus Art. 26 Abs. 1 GG anlehnt, sind Lücken im Kontrollverfahren nicht ersichtlich.

1. Verwendung bei einer friedensstörenden Handlung

a) Friedensstörende Handlung

Kern der Kriegswaffenkontrolle ist die in § 6 Abs. 3 Nr. 1 KWKG postulierte Verhinderung des Einsatzes der Waffen gegen den Frieden. Insofern rekurriert der zwingende Versagungsgrund unmittelbar auf die Schutzgüter von Art. 26 Abs. 2 GG und des KWKG: Friedenssicherung und Kriegsverhütung.[447]

---

443 Zutreffend beschreibt *Wessels* (AW-Prax 2000, 181, 182): Bei den Politischen Grundsätzen handele es sich nicht um eine „*check*-Liste, anhand derer Ausfuhrvorhaben Punkt für Punkt abgeprüft werden".

444 *Maurer*, Allgemeines Verwaltungsrecht, § 7, Rn. 10.

445 BT-Drs. 3/1589, S. 17.

446 Vgl. Wortlaut in BT-Drs. 3/1589, S. 17: „Bestimmte Gründe sind als so schwerwiegend anzusehen, daß bei ihrem Vorhandensein eine Kriegswaffengenehmigung nicht erteilt werden darf. Diese in Absatz 3 aufgeführten zwingenden Versagungsgründe ergeben sich unmittelbar aus [...]"; *v. Poser und Groß Naedlitz*, Die Genehmigungsentscheidung nach dem Kriegswaffenkontrollgesetz, S. 131; *Pottmeyer*, KWKG, § 6, Rn. 70.

447 *Bothe*, in: Bonner Kommentar, Band 6, Rn. 20 ff.; *Pottmeyer*, a.a.O., Einl., Rn. 63.

Für den Rechtsanwender ist die Auslegung des unbestimmten Rechtsbegriffs der „friedensstörenden Handlung“ nicht frei von Schwierigkeiten. Im Fokus der Auseinandersetzung steht die Konkretisierung des Schutzgutes „Frieden“. Da der Frieden jedoch nicht lediglich einen rechtlichen, sondern auch einen ethisch-werthaften und einen politisch-soziologischen Wertgehalt aufweist[448], stellt sich die Frage der Bestimmtheit der Norm. Der verfassungsrechtliche Bestimmtheitsgrundsatz gebietet es, dass eine gesetzliche Ermächtigungsgrundlage der Exekutive zur Vornahme einer Verwaltungsentscheidung nach Inhalt, Zweck und Ausmaß hinreichend bestimmt und begrenzt ist, so dass das Handeln der Verwaltung messbar und in gewissem Maße für den Bürger, voraussehbar und berechenbar ist.[449] Gesetzliche Vorschriften sind daher so bestimmt zu formulieren, wie dies nach der Eigenart der zu ordnenden Lebenssachverhalte mit Rücksicht auf den Normzweck möglich ist.[450] Der Normzweck ist durch höherrangiges Recht vorgegeben. Nach Art. 26 Abs. 1 GG sind Handlungen, die geeignet sind, das friedliche Zusammenleben der Völker zu stören, verfassungswidrig und unter Strafe zu stellen. Der ungehinderte Kriegswaffenexport ist ein Beispielsfall für eine friedensgefährdende Handlung und daher grundsätzlich verboten (repressives Verbot mit Befreiungsvorbehalt).[451] Da ohnehin ein Anspruch auf Ausfuhrgenehmigung ausdrücklich nicht besteht (§ 6 Abs. 1 KWKG), hat die Verwaltung einen weiten Beurteilungsspielraum bei der Frage, ob die Kriegswaffenausfuhr eine destabilisierende und friedensgefährdende Wirkung entfaltet. Eine ablehnende Verwaltungsentscheidung tangiert mithin keinen (grundgesetzlich) verbürgten Anspruch des Antragstellers.[452] An die Konturenschärfe der Norm sind daher weniger strenge Anforderungen gestellt.

Der Bedeutungskern des Schutzgutes umfasst neben der Abwesenheit militärischer Gewalt unter den Staaten (negativer Frieden) darüber hinaus auch die Verpflichtung zur Mitwirkung an einer gerechten Ordnung des Zusammenlebens der Völker, insbesondere die Achtung der Menschenrechte, der Grundfreiheiten und die Etablierung rechtsstaatlicher Systeme (positiver Friede).[453] Korrektiv zu diesem umfassenden, vermeintlich unbestimmten Friedensverständnis[454] ist das Handlungserfordernis in § 6 Abs. 3 Nr. 1 KWKG. Eine Friedensstörung im Sinne der Vorschrift liegt ausschließlich dann vor, wenn die Kriegswaffen gegen den Frieden eingesetzt

448 *Fink*, in: v. Mangoldt / Klein / Starck, Band 2, Art. 26 Abs. 1, Rn. 10; *Hernekamp*, in: v. Münch / Kunig, Band 2, Art. 26, Rn. 3; *Streinz*, in: Sachs, Art. 26, Rn. 9.

449 BVerfGE 56, 1, 12; 95, 144, 147108, 52, 75; 110, 33, 35; BVerwGE 110, 230, 236 f.

450 BVerfGE 80, 137, 161; 93, 213, 238.

451 Vgl. hierzu S. 47 ff.; *Bothe*, in: Bonner Kommentar, Band 6, Art. 26, Rn. 32.

452 Ausnahmsweise kann sich ein Genehmigungsanspruch aus Art. 3 Abs. 1 GG ergeben, wenn die Behörde ohne sachliche Gründe von ihrer bisherigen Genehmigungspraxis abweicht.

453 *Fink*, in: v. Mangoldt / Klein / Starck, Band 2 Art. 26 Abs. 1, Rn. 11; *Geiger*, Grundgesetz und Völkerrecht, S. 367; *Pernice*, in: Dreier, Art. 26, Rn. 14 f.

454 So *Bothe*, in: Bonner Kommentar, Art. 26, Rn. 26; *Fink*, a.a.O.; Art. 26 Abs. 1, Rn. 10 ff.

werden; *durch* die Waffen muss eine Friedensstörung eintreten. Nicht ausreichend für eine obligatorische Versagung ist die generelle Haltung des Empfängerlandes, etwa zu Fragen des Menschenrechtsschutzes.

Wann eine Handlung friedensgefährdend ist wird unterschiedlich beurteilt[455]: Teilweise wird eine Störung erst beim Eintritt bewaffneter Auseinandersetzungen im Sinne von Art. 2 Nr. 4 UN-Charta angenommen.[456] Nach anderer Ansicht sind friedensstörende Handlungen auch solche unterhalb der Schwelle des völkerrechtlichen Gewaltverbots. Dies können z.B. Maßnahmen sein, die eine schwerwiegende Beeinträchtigung der internationalen Ordnung zur Folge haben. Hierunter fallen unter anderem die Missachtung völkerrechtlicher Verträge oder die Verweigerung der Zusammenarbeit mit anderen Staaten.[457] Schließlich werden internationale Krisen, d.h. ernste und nachhaltige Störungen der außenpolitischen Beziehungen als friedensstörende Handlungen genannt. Zu den relevanten Sachverhalten zählen hierbei etwa die logistische oder finanzielle Unterstützung aggressiver Staaten oder oppositioneller Gruppen.[458]

Analog zur bereits dargestellten Auslegungsproblematik des Kriegswaffenbegriffs ist eine Eingrenzung der friedensgefährdenden Handlungen auf zwischenstaatliche Konflikte konsequenterweise auch im Rahmen der vorliegenden Exegese nicht geboten.[459] Zumal im Gegensatz zum verfassungsrechtlichen Wortlaut („das friedliche Zusammenleben der *Völker* [*Herv. d. Verf.*]") der Gesetzestext von § 6 Abs. 3 Nr. 1 KWKG keine durchgreifenden Anhaltspunkte für eine Reduzierung auf Staatenkonflikte hergibt. Zwar ist der Angriffskrieg, als schärfste Form des internationalen Konfliktes, beispielhaft für eine friedensgefährdende Handlung hervorgehoben, so lässt sich hieraus dennoch keine grundsätzliche Tatbestandswertung entnehmen. Vielmehr entspricht es der *ratio legis* der Norm auch Sachverhalte, welche weniger schwerwiegend sind, als der unrechtmäßige Einsatz der Waffen, von der obligatorischen Ausfuhrversagung zu erfassen.[460] Friedensstörend kann bereits die Ausfuhr als solche wirken, soweit hiermit eine direkte Provokation eines Dritten beabsichtigt ist.[461] Das Tatbestandsmerkmal „verwenden" steht dem nicht entgegen.

---

455 Der Meinungsstand entwickelte sich vornehmlich zur Auslegung des Tatbestandsmerkmals der friedensstörenden Handlungen im Sinne von Art. 26 Abs. 2 GG; vgl. auch BVerwG DÖV 1983, 118, 120.

456 *Hernekamp*, in: v. Münch / Kunig, Band 2, Art. 26, Rn. 18.

457 *Fink*, in: v. Mangoldt / Klein / Starck, Band 2, Art. 26 Abs. 1 GG.

458 *Herdegen*, in: Maunz / Dürig, Art. 26, Rn. 13; *Pernice*, in: Dreier, Band 2, Art. 26, Rn. 17; *Stratmann*, Das grundgesetzliche Verbot friedensstörender Handlungen, S. 171 f.

459 Vgl. hierzu S. 36 ff.; a.A. *Pottmeyer*, KWKG, § 6, Rn. 74.

460 Zur friedensgefährdenden Wirkung bei Waffenlieferungen an Bürgerkriegsparteien *Roeser*, Völkerrechtliche Aspekte des internationalen Handels mit konventionellen Waffen, S. 208 ff.

461 Vgl. zur Problematik des Rüstungswettlaufs *Stützle*, Politik und Kräfteverhältnis, S. 21 ff.

Nicht lediglich der technische Einsatz der Waffen im Kampf ist erfasst, sondern jegliche Form der Friedensgefährdung, soweit sie im inneren Zusammenhang mit der Kriegswaffenausfuhr steht.[462] Gleichwohl ergibt sich aus der Systematik des gesamten § 6 KWKG, dass nicht jedwede Eignung zur Friedensgefährdung die strenge Rechtsfolge der obligatorischen Ausfuhrversagung auslöst. Da Waffenlieferungen regelmäßig Auswirkungen etwa auf die internationalen Beziehungen unter Staaten haben und eine destabilisierende Entwicklung oftmals nicht auszuschließen ist, ist mit dem BVerwG eine Erheblichkeitsschwelle des tatbestandlichen Erfolges nach § 6 Abs. 3 Nr. 1 KWKG zu fordern. Nur eine „schwerwiegende, ernste und nachhaltige Beeinträchtigung zwischenstaatlicher Beziehungen" kommen hiernach in Betracht.[463] Freilich ist der Bereich der Ermessensverwaltung nach § 6 Abs. 2 Nr. 1 KWKG auch bei Eingriffen niedrigeren Ausmaßes eröffnet.

Es bleibt festzustellen, dass eine friedensgefährdende Handlung auch unterhalb der Schwelle zum tatbestandlichen Verhalten nach Art. 2 Abs. 4 UN-Charta eine obligatorische Ausfuhrversagung begründen kann. Nicht ausschließlich die (innerstaatliche oder zwischenstaatliche) militärische Gewaltanwendung ist von § 6 Abs. 3 Nr. 1 KWKG erfasst, auch die subversive Wirkung der Aufrüstung als solche, steht der Erteilung einer Ausfuhrgenehmigung entgegen, wenn die zu erwartenden Beeinträchtigungen des Schutzgutes von nicht unerheblicher Intensität sind.

b) Völkerrechtliche Rechtfertigung

Zu beachten ist, dass eine friedensstörende Handlung im Sinne der Vorschrift nur bei ungerechtfertigtem Verhalten des Empfängerstaates vorliegt. Sollen die Waffen ausschließlich zu Verteidigungszwecken eingesetzt werden, so greift die obligatorische Ausfuhrversagung auch dann nicht ein, wenn die Verwendung des Materials offenkundig unmittelbar bevorsteht. Die Friedensgefährdung geht in diesem Fall ausschließlich vom Angreifer aus; der Einsatz der Kriegswaffen erfolgt lediglich defensiv.[464] Gleichwohl sind auch während eines anhaltenden Konfliktes stets künftige Entwicklungen zu berücksichtigen. Sobald der rechtfertigende Moment für die Kampfhandlungen entfällt, sind Anschlusslieferungen entsprechend § 6 Abs. 3 Nr. 1 KWKG mangels einer gegenwärtigen Verteidigungslage zu versagen. Bereits erteilte Genehmigungen sind nachträglich gem. § 7 KWKG zu widerrufen.

Das naturgegebene Recht zur individuellen oder kollektiven Selbstverteidigung findet seine völkerrechtliche Grundlage in Art. 51 UN-Charta. Um einzelstaatliche Gewalt jedoch im höchstmöglichen Maße auszuschalten, sind stets die engen tatbestandlichen Grenzen des Selbstverteidigungsrechts zu beachten.[465]

---

462 Ebenso *v. Poser und Groß Naedlitz*, Die Genehmigungsentscheidung nach dem Kriegswaffenkontrollgesetz, S. 148.

463 BVerwG DÖV 1983, 118, 120.

464 *Pottmeyer*, KWKG, § 6, Rn. 75; *Potrykus*, KWKG, § 6, Anm. 12 a.

465 Vgl. zu den Grenzen des völkerrechtlichen Selbstverteidigungsrechts S. 111 ff.

c) Gefahrbegriff und Prognoseentscheidung

Unterschiedlich bewertet wird die Frage, ob die Gefahr der Friedensstörung *abstrakt* oder *konkret* sein muss.

Die Differenzierung zwischen beiden Gefahrentypen entstammt dem Polizeirecht. Handelt es sich bei dem Sachverhalt, nach welchem bei ungehindertem Ablauf des zu erwartenden Geschehens mit hinreichender Wahrscheinlichkeit ein Schaden eintreten wird, um einen einzelnen Fall, so liegt eine konkrete Gefahr vor. Ist hingegen eine allgemeine (bzw. „generell-abstrakte"[466]) Sachlage zu beurteilen, liegt eine abstrakte Gefahr vor.[467]

Zum Teil wird vorgebracht, um friedensstörende Handlungen im frühest erkennbaren Stadium unterbinden zu können, genüge bereits das Vorliegen einer abstrakten Gefährdung. Zudem spreche das hervorgehobene Beispiel der Vorbereitung eines Angriffskrieges in Art. 26 Abs. 1 GG für einen vorverlagerten Rechtsgüterschutz.[468] Diese Ansicht vermag nicht zu überzeugen. Auch beim Vorliegen einer konkreten Gefahr ist es nicht erforderlich, dass der Schadenseintritt unmittelbar bevorsteht. „Konkret" bezieht sich nicht auf den Zeithorizont, sondern auf den Einzelfall. Ist ersichtlich, dass ein Empfängerstaat eine kontinuierliche Aufrüstung anstrebt, um zu einem noch nicht feststehenden Zeitpunkt friedensstörende Handlungen vorzunehmen, dann liegt eine konkrete Gefahr vor.[469] Zudem spricht gegen die Einordnung als abstrakte Gefahr, dass nach Vorstellung der Verfassungsgeber Kriegswaffen grundsätzlich als (abstrakt) gefährlich zu werten sind. Gerade aus diesem Grund sah man sich veranlasst mit Art. 26 Abs. 2 GG diese besondere Materie dem freien Warenverkehr zu entziehen und jeglichen Umgang von einer Regierungserlaubnis abhängig zu machen. Würde man nun diese immanente Gefahr für eine obligatorische Ausfuhrversagung nach § 6 Abs. 3 Nr. 1 KWKG genügen lassen, so wäre eine Kriegswaffenausfuhr notwendigerweise von vornherein nicht genehmigungsfähig. Dass dies nicht gewollt ist, belegt wiederum Art. 26 Abs. 2 GG, der den Kriegswaffenumgang in limitierten Fällen gestattet.[470] Demgemäß ist eine

---

466 So BVerwGE 116, 347, 351.

467 *Pieroth / Schlink /Kniesel*, Polizei- und Ordnungsrecht, § 4, Rn. 9; *Tettinger / Erguth / Mann*, Besonderes Verwaltungsrecht, § 14, Rn. 466 f.

468 *Hernekamp*, in: v. Münch / Kunig / Hernekamp, Band 2, Art. 26, Rn. 15; *Streinz*, in: Sachs, Art. 26, Rn. 26; *Pernice*, in: Dreier, Band 2, Rn. 17.

469 *V. Poser und Groß Naedlitz*, Die Genehmigungsentscheidung nach dem Kriegswaffenkontrollgesetz, S. 150; *Tettinger / Erbguth / Mann* Besonderes Verwaltungsrecht, § 14, Rn. 464 ff.

470 Ebenso *Fink*, in: v. Mangoldt / Klein / Starck, Art. 26 Abs. 1, Rn. 27; *Hillgruber*, in: Schmidt-Bleibtreu / Hofmann / Hopfauf, Art. 26, Rn. 7; *Pietsch*, in: Hohmann / John, KWKG, § 6, Rn. 10; *v. Poser und Groß Naedlitz*, ebd.; *Potrykus*, KWKG, § 6, Anm. 12a; *Pottmeyer*, KWKG, § 6, Rn. 72; *analog* zum vorliegenden Streitgegenstand, verlangt auch der UN-Sicherheitsrat bei der Feststellung, ob eine Friedensgefährdung i.S.v. Art. 39 UN-Charta besteht, das Vorliegen einer konkreten Gefahr des Einsatzes militärischer Gewalt.

Ausfuhrgenehmigung lediglich dann zwingend zu versagen, wenn die konkrete Gefahr einer friedensstörenden Verwendung der Kriegswaffen besteht.

Die Anforderungen an die Wahrscheinlichkeit, dass die Waffen zur Friedensstörung eingesetzt werden, verhalten sich reziprok proportional zur Gewichtigkeit der geschützten Rechtsgüter. Je größer die drohende Schädigung, desto geringer sind die Anforderungen an die Schädigungswahrscheinlichkeit.[471] Angesichts des hohen Schädigungspotentials von Kriegswaffen genügt bereits die entfernte, jedoch auf tatsächliche Anhaltspunkte gestützte Möglichkeit eines Schadenseintritts. Reine Vermutungen bzw. theoretische, praktisch aber kaum relevante Abläufe, sind nicht hinreichend für eine obligatorische Versagung.[472]

2. *Verstoß gegen völkerrechtliche Verpflichtungen (§ 6 Abs. 3 Nr. 2 KWKG)*

Eine Ausfuhrgenehmigung ist nach § 6 Abs. 3 Nr. 2 KWKG zu versagen, wenn Grund zu der Annahme besteht, dass die Erteilung der Genehmigung völkerrechtliche Verpflichtungen der Bundesrepublik verletzen oder deren Erfüllung gefährden würde. Die Formulierung „Grund zu der Annahme" lässt darauf schließen, dass sich die Beurteilung auf konkrete Tatsachen oder allgemein gültige Erfahrungssätze stützen muss. Die Anforderungen an den Wahrscheinlichkeitsgrad entsprechen, trotz unterschiedlicher Formulierung, denen aus § 6 Abs. 3 Nr. 1 KWKG. Das hohe Schädigungspotential von Kriegswaffen bei völkerrechtswidriger Verwendung wirkt sich auf die Anforderungen an den Grad der Wahrscheinlichkeit einer Rechts- bzw. Rechtsgutverletzung verringernd aus.

Als völkerrechtliche Verpflichtungen sind in den Gesetzesmaterialien beispielhaft („insbesondere") die Vorschriften des Pariser Protokolls Nr. III vom 23.10.1954 über Rüstungskontrolle hervorgehoben.[473] Hiernach verpflichtete sich die Bundesrepublik zum Verzicht auf die Herstellung von ABC-Waffen.[474]

Ein Ausfuhrverbot im Sinne von § 6 Abs. 3 Nr. 2 KWKG liegt unter anderem dann vor, wenn gegenüber bestimmten Ländern Waffenembargos verhängt wurden. Initiiert werden diese besonderen Beschränkungen des Außenwirtschaftsverkehrs in der Regel von der UN, der OSZE und der EU. Zur Sicherstellung der einheitlichen Auslegung und Beachtung von UN-Embargos werden die entsprechenden Resolutionen in Form von Gemeinsamen Standpunkten des Rates oder in Gestalt von Verordnungen

471 BVerfGE 69, 315, 353 f.; BVerfG NJW 2010, 141, 142; BVerwGE 45, 51, 61; 47, 31, 40; *Pieroth / Schlink / Kniesel*, Polizei- und Ordnungsrecht, § 4, Rn. 6.

472 So OVG NRW NWVBl 1998, 64, 65 zur Anforderung an den Wahrscheinlichkeitsgrad bei vermuteten Kampfmitteln auf einem Grundstück.

473 BT-Drs. 3/1589, S. 17.

474 Mit dem Beschluss des Rates der WEU vom 11.11.1997, der auf Grundlage des Art. VIII Abs. 2 WEU-Vertrag gefasst wurde, wurde das Amt für Rüstungskontrolle (vgl. Protokoll Nr. IV über das Amt für Rüstungskontrolle der WEU) aufgelöst und somit die Rechtsverbindlichkeit des Pariser Protokoll Nr. III faktisch aufgehoben.

des Rates in das EU-Recht aufgenommen.[475] Erteilte Ausfuhrgenehmigungen müssen gem. § 7 Abs. 2 KWKG widerrufen werden, wenn nachträglich ein Embargo angeordnet wird und eine tatsächliche Ausfuhr des Materials noch nicht vollzogen ist.[476] Eine aktuelle Liste der Embargostaaten wird vom BAFA veröffentlicht.[477]

Die wichtigsten völkerrechtlichen Verpflichtungen im internationalen Waffenhandel betreffen Vereinbarungen über die Nichtverbreitung von Massenvernichtungswaffen. Nach herkömmlichem Verständnis werden vom Begriff der Massenvernichtungswaffen atomare, chemische und biologische Kampfstoffe erfasst (ABC-Waffen)[478]. Die Proliferation dieser Waffenkategorien gilt als weltweite Gefahr für die Sicherheit und den Frieden in der Völkergemeinschaft. Die kollateralen Auswirkungen beim Einsatz von ABC-Waffen mussten in der Vergangenheit bereits zur Kenntnis genommen werden: Die Abwürfe zweier amerikanischer Atombomben während des Zweiten Weltkriegs, am 6. August 1945 auf Hiroshima und am 9. August 1945 auf Nagasaki forderten insgesamt etwa 250.000 Menschenleben. Chemische Kampfstoffe wurden bereits im Ersten Weltkrieg eingesetzt. Aktuell steht die syrische Regierung in dringendem Verdacht Chemiewaffen im Bürgerkrieg gegen die eigene Bevölkerung eingesetzt zu haben.[479]

In Deutschland ist der Umgang mit atomaren, chemischen und biologischen Waffen generell verboten. Die völkerrechtlichen Verpflichtungen fanden unmittelbar Einhalt in das KWKG (dritter und vierter Abschnitt). Nach §§ 17 – 18a KWKG ist der Handel mit ABC-Waffen sowie mit Antipersonenminen und Streumunition nicht genehmigungsfähig. Allein die Zugehörigkeit des Materials zu den genannten Waffengruppen steht einer Ausfuhrgenehmigung zwingend entgegen. Die international geltenden Obliegenheiten ergeben sich aus den folgenden Verträgen:

a) Der Atomwaffensperrvertrag

Der Atomwaffensperrvertrag oder Vertrag über die Nichtverbreitung von Kernwaffen (NVV) vom 1.7.1968 schränkt völkerrechtlich verbindlich weltweit die Entwicklung, die Herstellung und den Erwerb von Kernwaffen ein. Mittlerweile wurde der Vertrag von 190 Staaten ratifiziert. Gründerstaaten waren die fünf Atommächte USA, Russland, China, Frankreich und Großbritannien. Eine Ausweitung auf weitere Atomstaaten war und ist nicht vorgesehen. Bei vier Nichtmitgliedsstaaten wird der Besitz von Atomwaffen vermutet: Indien, Israel, Nordkorea und Pakistan[480]. Die

---

475 Benutzerleitfaden zum Gemeinsamen Standpunkt, S. 26; *Vedder / Lorenzmeier*, in: Grabitz / Hilf, EGV, Art. 133, Rn. 95.

476 *Ehrlich*, in: Bieneck, § 2, Rn. 29.

477 Eine Übersicht zu den aktuellen Embargos ist der Homepage des BAFA zu entnehmen.

478 Resolution 1540 des UN-Sicherheitsrats vom 28.4.2004, S. 240.

479 *Fischer*, in: Spiegel Online vom 14.6.2013: Syriens Bürgerkrieg: Die USA greifen ein.

480 *Werner*, RIW 1998, 179, 180.

Bundesrepublik Deutschland als Nichtkernwaffenstaat unterzeichnete den Vertrag am 28.11.1969.[481]

Die vertraglichen Verpflichtungen richten sich im Grundsatz an zwei verschiedene Empfänger: Einerseits versprechen die Nicht-Atomwaffenmächte keine atomare Aufrüstung zu betreiben (Art II NVV). Auf der anderen Seite verpflichten sich die Kernwaffenstaaten, die Verfügungsgewalt über ihre Waffen und sonstigen Kernsprengkörper nicht weiterzugeben. Weiter sichern sie zu, eine aktive Abrüstungspolitik in Bezug auf ihre atomaren Waffen zu betreiben (Art I NVV). Die Erforschung, Erzeugung und Verwendung der Kernenergie für friedliche Zwecke ist ausdrücklich gestattet (Art. IV NVV).

Um der Gefahr vorzubeugen, dass sensibles, zur friedlichen Nutzung deklariertes Nuklearmaterial für illegale Waffenprogramme genutzt wird, ist im Nichtverbreitungsvertrag ein Kontroll- und Inspektionssystem vorgesehen: Die zuständige Internationale Atomenergie Organisation (IAEO)[482], eine autonome wissenschaftlich-technische Organisation, hat mit jedem Nicht-Atomwaffenmitglied ein Verifikationsabkommen abgeschlossen. Hierin unterwerfen sich die Staaten einer regelmäßigen Inspektion ihres Atommaterials, um sicherzustellen, dass keine vertragswidrige Abzweigung zu militärischen Zwecken erfolgt (Art. III NVV). Sofern ein solches Abkommen mit der IAEO nicht besteht, ist die Lieferung von Atomgütern untersagt. Die Inspektionen der Nuklearanlagen erfolgen ohne vorherige Anmeldung. Im Falle eines Verstoßes sind jedoch keine konkreten Sanktionsmaßnahmen vorgesehen. Einzig der Repressionen auf diplomatischer Ebene sieht man sich bei Publikation negativer Befunde ausgesetzt.[483] Ausfuhren in Kernwaffenstaaten unterliegen im Rahmen des Sperrvertrages keinen Beschränkungen. Die IAEO-Kontrolle findet lediglich auf freiwilliger Basis statt.

Eine Unterstützung der Überwachung der Exportkontrollpolitik findet durch das seit 1971 bestehende sog. Zangger-Komitee[484] statt, welches mittlerweile 38 teilnehmende Staaten[485] umfasst. In Konkretisierung von Art. III NVV führt das Komitee eine Liste mit Nukleargütern, welche nur dann ausgeführt werden dürfen, wenn die Kontrollstandards der IAEO gewahrt sind. In den „Zangger-Memoranden" werden die Güter näher definiert; es findet eine Unterscheidung zwischen spaltbarem Material und sonstigen Ausrüstungsgegenständen (sog. Trigger-Liste) statt.

481 BT-Drs. 11/7800, S. 46.

482 *Engl.* International Atomic Energy Agency (IAEA).

483 *Fischer*, in: Ipsen, § 61, Rn. 31 f.; *Ricke*, ZfZ 1995, 306, 309.

484 Benannt nach seinem ersten Vorsitzenden, dem Schweizer Professor *Claude Zangger*.

485 Argentinien, Australien, Belgien, Bulgarien, China, Dänemark, Deutschland, Finnland, Frankreich, Griechenland, Großbritannien, Irland, Italien, Japan, Kanada, Kasachstan, Kroatien, Luxemburg, Niederlande, Norwegen, Österreich, Polen, Portugal, Rumänien, Russland, Schweden, Schweiz, Slowakei, Slowenien, Spanien, Südafrika, Südkorea, Tschechien, Türkei, Ukraine, Ungarn, USA, Weißrussland, die Europäische Kommission fungiert als ständiger Beobachter.

Um ein gewisses Maß an Transparenz bezüglich der nationalen Exportpolitiken zu erzielen, sieht das Komitee ein Berichtssystem vor, das die Staaten zu einem halbjährlich stattfindenden Informationsaustausch anhält. In der Folge, dass die Zangger-Richtlinien nur beim Export in Staaten gelten, welche nicht Mitglied im NVV sind, ist dem (unverbindlichen) Regelwerk nur eine eingeschränkte Bedeutung beizumessen.[486]

Weiterreichende Richtlinien für den Handel mit Nukleargütern wurden von der Nuclear Suppliers Group, einem Zusammenschluss von sieben Atomexporteuren, initiiert. Die völkerrechtlich nicht verbindliche Gruppe trat 1976, als Reaktion auf den zwei Jahre zuvor vorgenommenen indischen Atomversuch, zusammen. In Erweiterung der Zangger-Bestimmungen gelten die NSG-Richtlinien für Ausfuhren in alle Nicht-Kernwaffenstaaten. Das Regelwerk ist in zwei Teile untergliedert: In Teil I werden Güter erfasst, die ausschließlich im nuklearen Bereich, sei es für militärische oder zivile Zwecke, Verwendung finden. Bezüglich dieser Nuklearexporte ist ein strenges und apodiktisches Genehmigungsverfahren vorgesehen. Um die Verhinderung der atomaren Aufrüstung nachhaltig zu gewährleisten, ist Genehmigungsvoraussetzung, dass das Empfängerland – und bei Reexport auch das Endempfängerland – eine umfangreiche Kontrolle des gesamten nationalen Brennstoffkreislaufs durch die IAEO gestattet. Es wird hiermit ein über Art. III NVV hinausgehendes Kontrollniveau erzielt, da bis dato lediglich eine sogenannte anlagenspezifische Überprüfung einzelner kerntechnischer Anlagen vorgenommen wurde.[487]

In Teil II der Richtlinien werden Mehrzweckgüter behandelt, die sowohl kerntechnisch, als auch außerhalb der Kerntechnik eingesetzt werden können (beispielsweise bestimmte Anlagen aus der Nuklearmedizin). Diese Güter unterliegen nicht dem Verbot des Art. III NVV. Im Genehmigungsverfahren ist eine Risikoabwägung vorzunehmen, ob die Gefahr einer illegalen Verwendung besteht. Ferner steht die Ausfuhr dieser Güter gleichfalls unter dem Vorbehalt der Einhaltung von Kontrollstandards.

Trotz aller atomaren Abrüstungsbemühungen liegt eine Welt ohne Atomwaffen jedoch noch in weiter Ferne. Derzeit halten die USA, Russland, Großbritannien, Frankreich, China, Indien, Pakistan und Israel 4400 Atomwaffen in einsatzbereitem Zustand.[488]

---

486 *Krause*, Strukturwandel der Nichtverbreitungspolitik, S. 36; *Werner*, RIW 1998, 179, 181.

487 *Werner*, in: AW-Prax 1995, 248, 249.

488 Vgl. SIPRI Jahresbericht 2013.

b) Das Biowaffenübereinkommen

Sowohl das Biowaffenübereinkommen (BWÜ), als auch das spätere Chemiewaffenübereinkommen (CWÜ) gehen zurück auf das Genfer Protokoll von 1925[489]. Als Reaktion auf den Einsatz von Chemiewaffen im Ersten Weltkrieg wurde durch das Protokoll das Verbot des Gebrauchs von chemischen und biologischen Waffen im Krieg festgesetzt. Eine darüber hinausgehende Regelung über die Herstellung und den Umgang mit den angezeigten Waffen konnte nicht erzielt werden. Das Genfer Protokoll verpflichtet auch heute noch seine 137 Vertragsparteien[490], wird jedoch in seinem Anwendungsbereich weitestgehend vom BWÜ sowie vom CWÜ überlagert.

Das BWÜ ist am 26.3.1975 in Kraft getreten[491] und zählt heute 163 Teilnehmer, hierunter alle EU- und NATO-Staaten. Die Konvention erweitert das Genfer Protokoll auf die Verbote der Entwicklung, der Lagerung und den Handel mit biologischen Kampfmitteln und entsprechender Ausrüstung (Art. I, II und III BWÜ). Darüber hinaus wird ein offener Informationsaustausch über Forschungsresultate im biologischen und toxischen Bereich angeregt (Art. X BWÜ). Nach Einschätzung des Auswärtigen Amtes wird dieser wechselseitige Austausch von den Mitgliedern bislang jedoch nur zurückhaltend angenommen.[492] Weitere Schwachstelle ist das Fehlen eines eigenständigen Gremiums zur Kontrolle der Vertragseinhaltung. Der Kontrolle lediglich durch die Mitgliedsstaaten untereinander, wie es Art. VI BWÜ vorsieht, mangelt es an Effizienz.[493]

c) Das Chemiewaffenübereinkommen

Das CWÜ trat am 29.4.1997 in Kraft und wurde von 188 Staaten ratifiziert.[494] Lediglich Ägypten, Angola, Nordkorea, Somalia, Südsudan und Syrien sind dem Vertrag nicht beigetreten. Die Bestimmungen sind völkerrechtlich bindend. Untersagt wird jeglicher Umgang mit Chemiewaffen. Gesetztes Ziel ist die Vernichtung vorhandener Arsenale. Die innerstaatliche Umsetzung ist in Deutschland durch das Ausführungsgesetz (CWÜAG)[495] und die Ausführungsverordnung (CWÜV)[496] zum CWÜ

---

489 RGBl II S. 173 vom 12.4.1929 „Gesetz über das Genfer Protokoll wegen Verbots des Gaskrieges vom 5.4.1929".

490 U.a. China, Frankreich, Großbritannien, Russland und die USA; Deutschland trat dem völkerrechtlichen Vertrag am 25.4.1929 bei.

491 BGBl 1983 II S. 132 ff. „Konvention über das Verbot der Entwicklung, Herstellung und Lagerung bakteriologischer (biologischer) Waffen und Toxinwaffen sowie über die Vernichtung solcher Waffen", Deutschland trat dem Vertrag am 7.4.1983 bei.

492 Auswärtiges Amt: Übereinkommen über das Verbot biologischer Waffen (BWÜ).

493 *Ricke,* in: Bieneck, § 7, Rn. 19.

494 BGBl 1994 II S. 806 ff. „Übereinkommen über das Verbot der Entwicklung, Herstellung, Lagerung und des Einsatzes chemischer Waffen und über die Vernichtung solcher Waffen". Deutschland hinterlegte am 12.8.1994 die Ratifikationsurkunde.

495 BGBl 1994 I S. 1954 ff.

496 BGBl 1996 I S. 1794 ff.

erfolgt. Da die relevanten Chemikalien oft nicht ausschließlich der Herstellung von Waffen dienen, sondern auch einen volkswirtschaftlichen Nutzen haben können, muss eine angemessene Regulierung erfolgen.

Das CWÜ führt drei Chemikalienlisten: Liste 1 umfasst „hochwirksame Kampfstoffe und direkte Vorstufen von diesen" (z.B. Sarin, Soman, Tabun). Hier gelten die strengsten Ausfuhranforderungen. Der Export geringer Mengen kann ausnahmsweise zu Forschungs-, medizinischen oder pharmazeutischen Zwecken genehmigt werden.[497] In Deutschland ist den Stoffen von Liste 1 keine wirtschaftliche Bedeutung beizumessen, da deren Herstellung hierzulande verboten ist (§ 18 KWKG). In Liste 2 sind Chemikalien aufgeführt, welche eine tödliche Toxizität besitzen, daneben aber auch eine legitime Verwendung als Industrieprodukte haben, z.B. Insektizide. Der Export von Liste 2-Chemikalien ist ohne Genehmigungsvorbehalt (§ 2 CWÜV) in Vertragsstaaten gestattet. Chemikalien der Liste 3 dürfen auch in großen kommerziellen Mengen hergestellt werden. Die Ausfuhr in Vertragsstaaten unterliegt keiner Genehmigungspflicht; für Exporte in Nichtvertragsstaaten bedarf es einer Erlaubnis (§ 2 Abs. 1 Nr. 3 CWÜV).

Die Einhaltung der Standards wird durch die Organisation für das Verbot chemischer Waffen[498], mit Sitz in Den Haag, überwacht. Während die IAEO neben der Verhinderung von Atomwaffen und deren Abbau die Aufgabe hat, die friedliche Nutzung von Atomenergie zu fördern, liegt der alleinige Zweck der OPCW in der Unterbindung der Proliferation von Chemiewaffen. Als probates Mittel bedient sich die OPCW hierbei auch Verdachtsinspektionen in den Mitgliedsstaaten.[499] Der OPCW wurde am 11.10.2013 der Friedensnobelpreis verliehen.

d) Die Australische Gruppe

Die Australische Gruppe ist ein informeller Zusammenschluss[500] von 41 Mitgliedern[501] mit dem Ziel, der Verbreitung chemischer und biologischer Waffen entgegenzuwirken. Die Entstehung der Gruppe im Jahr 1985 steht im Zusammenhang mit dem Ersten Golfkrieg zwischen dem Iran und dem Irak. Der Irak setzte unter Verstoß gegen das Genfer Protokoll von 1925[502] massiv Chemiewaffen (u.a. Senfgas und Nervengase) gegen den Iran und auch gegen die eigene kurdische Bevölkerung

---

497 Genehmigungsbehörde ist das zum Geschäftsbereich des BMWi gehörende BAFA.

498 *Engl.* Organisation for the Prohibition of Chemical Weapons (OPCW).

499 *Ricke,* in: Bieneck, § 7, Rn. 39; *Brauch,* VN 1997, 94, 96 f.

500 Der Gruppe liegt keine formal völkerrechtliche Einigung zugrunde.

501 Die EU-Mitgliedsstaaten, die Europäische Kommission, Argentinien, Australien, Bulgarien, Island, Japan, Kanada, Korea, Neuseeland, Norwegen, Schweiz, Türkei, Ukraine und die USA.

502 Durch das Genfer Protokoll vom 17.6.1925, dessen Bestimmungen als Völkergewohnheitsrecht gelten, wird der Gebrauch chemischer und biologischer Waffen verboten.

ein. Erforderliche Technologie und chemisches Material wurden am internationalen Rüstungsmarkt beschafft.[503]

Die Teilnehmer treten jährlich in Paris zusammen.[504] Alle Mitglieder sind auch Vertragsstaaten des CWÜ und des BWÜ. Wesentliche Aufgabe der Gruppe ist die Unterstützung der beiden Abkommen. Weiter besteht auch eine über den inhaltlichen Anwendungsbereich des CWÜ hinausgehende Regelung: Die Listen der Australischen Gruppe erfassen neben chemischen (und biologischen) Produkten, auch Ausrüstungsgüter, deren Export nach dem CWÜ nicht kontrolliert wird. Daneben sehen die Vorgaben der Australischen Gruppe in Divergenz zum CWÜ eine Exportversagung zulasten von Mitgliedstaaten vor.

Die Listen der Australischen Gruppe implizieren Chemikalien, biologische Agenzien und Toxinen sowie chemische und biotechnische Ausrüstung. Die Umsetzung der Kontrolle gelisteter Güter obliegt auch nach Konzeption der Australischen Gruppe den nationalen Genehmigungsbehörden. Ungelistete Güter sind nicht zu exportieren, wenn der Verdacht naheliegt, dass eine Verwendung in biologischen oder chemischen Waffenprogrammen zu befürchten ist („*Catch-all*-Kontrolle"). Exportversagungen einzelner Mitgliedsstaaten („*Denial Notifications*") sind den weiteren Teilnehmern mitzuteilen, um Umwegbeschaffungen, jedenfalls innerhalb der Gruppe, auszuschließen.[505]

e) Das Trägertechnologiekontrollsystem

Das Trägertechnologiekontrollregime von 1987 (Missile Technology Control Regime – MTCR) steht im Kontext zum internationalen Kontrollsystem für ABC-Waffen und richtet sich gegen die besonderen Gefahren von Massenvernichtungswaffen. Ziel ist es, die militärische Aufrüstung mit Trägersystemen (Raketen und Marschflugkörper), welche mit ABC-Waffen bestückt werden können, zu verhindern. Die Mitgliedstaaten, derzeit 34[506], verpflichten sich auf den Export solcher Mittel- und Langstreckenraketen mit einer Reichweite von mehr als 300 km und einer Nutzlast von mindestens 500 kg in Drittländer ganz zu verzichten. Unter den Mitgliedern findet eine ständige Kommunikation statt. So werden verweigerte Ausfuhrgenehmigungen allen Staaten mitgeteilt, um eine abgestimmte Exportpolitik zu

---

503 Vgl. „Bericht der Bundesregierung über legale und illegale Waffenexport in den Irak und die Aufrüstung des Irak durch Firmen der Bundesrepublik Deutschland", BT-Drs. 12/487; *Woll / Hohmann*, in: Hohmann / John, Anhang 3 zum AWG, Rn. 50 f.

504 *Werner*, RIW 1998, 179, 183.

505 *Woll / Hohmann*, in: Hohmann / John, Anhang 3 zum AWG, Rn. 54; *Werner*, RIW 1998, 179, 183.

506 Argentinien, Australien, Belgien, Bulgarien, Brasilien, Dänemark, Deutschland, Finnland, Frankreich, Griechenland, Großbritannien, Irland, Island, Italien, Japan, Kanada, Korea, Luxemburg, Neuseeland, Niederlande, Norwegen, Österreich, Polen, Portugal, Russland, Schweden, Schweiz, Spanien, Südafrika, Tschechien, Türkei, Ukraine Ungarn, USA.

gewährleisten und Umwegbeschaffungen zu verhindern.[507] Das MTCR beruht nicht auf einem völkerrechtlichen Vertrag.

f) Die „Proliferation Security Initiative"

Die „Proliferation Security Initiative" (PSI) ist ein noch relativ junges internationales Netzwerk zur Verhinderung der Proliferation von ABC-Waffen. Die Initiative geht auf eine Rede des ehemaligen amerikanischen Präsidenten *George W. Bush* vom 31.5.2003 in Krakau zurück:

> „The greatest threat to peace is the spread of nuclear, chemical and biological weapons. And we must work together to stop proliferation. [...] When weapons of mass destruction or their components are in transit, we must have the means and authority to seize them. So today I announce a new effort to fight proliferation called the Proliferation Security Initiative."[508]

Die PSI stellt eine notwendige Ergänzung zu den bestehenden ABC-Waffenverträgen dar, um zu verhindern, dass hoch sensitive Materialien auf illegalen Wegen in die Hände von Terroristen oder Embargo-Staaten gelangen. Über einen Informationsaustausch unter den 21 Mitgliedsstaaten[509] hinaus finden praktische Übungen statt. Die Übungen haben zum Ziel, die gemeinsame Zusammenarbeit nationaler Kontrollbehörden (in Deutschland Zoll und Polizei) auf internationaler Ebene zu fördern und auf diese Weise die Effizienz von Exportkontrollen zu Land, auf See oder in der Luft zu verbessern. Das PSI beruht auf politischem Konsens, besitzt jedoch keine völkerrechtliche Verbindlichkeit.[510]

g) Die Resolution 1540 des UN-Sicherheitsrates

Spätestens seit den Anschlägen vom 11. September 2001 in den USA ist das Handeln der internationalen Gemeinschaft geprägt von der ständig aktuellen Drohkulisse terroristischer Anschläge. Ebenso wie der PSI liegt der Resolution 1540 des Sicherheitsrates der Vereinten Nationen das Motiv zugrunde, eine Aufrüstung nichtstaatlicher Akteure mit Massenvernichtungswaffen zu verhindern. Die Resolution, welche unter deutscher Ratspräsidentschaft am 28.4.2004 verabschiedet wurde, hält alle UN-Mitglieder dazu an, das internationale Kontrollregime zur Verhinderung von ABC-Waffen in nationale Gesetze umzuwandeln und deren Kontrolle lückenlos einzuhalten. Insoweit stellt die Resolution eine Ergänzung zum NVV, BWÜ und CWÜ dar, da diese Übereinkommen ausschließlich ihre Vertragsstaaten binden. Zur Überprüfung der Einhaltung und Verbesserung nationaler Exportkontrollen ist ein

---

507 *Thränert,* in: Deutsche Außenpolitik, 224, 242.

508 Die gesamte Rede ist veröffentlicht auf der Homepage The White House.

509 U.a. Australien, Deutschland, Frankreich, Großbritannien, Italien, Japan, Niederlande, Polen, Portugal, Spanien, USA; über 100 weitere Staaten haben die Unterstützung für die Initiative zum Ausdruck gebracht.

510 *Malirisch / Prill,* ZaöRV 2007, 229, 233 f.

Überwachungskomitee vom UN-Sicherheitsrat eingesetzt worden. Die Bestätigung dieses Mandats bis ins Jahr 2021 erfolgte im April 2011 durch die Resolution 1977.

3. Fehlende Zuverlässigkeit beteiligter Personen (§ 6 Abs. 3 Nr. 3 KWKG)

Letztlich ist eine Ausfuhrgenehmigung obligatorisch zu versagen, wenn Grund zu der Annahme besteht, dass eine der in § 6 Abs. 2 Nr. 2 KWKG genannten Personen die für die beabsichtigte Handlung erforderliche Zuverlässigkeit nicht besitzt.

Da die Voraussetzungen der Zuverlässigkeit im KWKG nicht näher beschrieben sind, bedarf es der Auslegung des unbestimmten Rechtsbegriffs.[511] Konkretisierende Vorgaben sind den Grundsätzen der Bundesregierung zur Prüfung der Zuverlässigkeit von Exporteuren von Kriegswaffen und rüstungsrelevanten Gütern zu entnehmen. Von erheblicher praktischer Relevanz ist in diesem Zusammenhang die Figur des „Ausfuhrverantwortlichen".

a) Relevanter Personenkreis

Die spezifische ausfuhrrechtliche Zuverlässigkeit müssen die in § 6 Abs. 2 Nr. 2 KWKG genannten Personen vorweisen.[512]

Der relevante Personenkreis innerhalb des ausführenden Rüstungsunternehmens beschränkt sich auf den in § 6 Abs. 2 Nr. 2a) KWKG genannten Personenkreis. Mithin bezieht sich die behördliche Prüfung nicht auf Arbeitnehmer, die unmittelbar in die einzelnen betriebstechnischen Exportschritte involviert sind. Entscheidend ist die Zuverlässigkeit der lenkenden Vorstands- bzw. Geschäftsführungsmitglieder, welche die übergeordnete Verantwortung im Unternehmen tragen. Hierbei ergibt sich wiederum die Eingrenzung der Handlungsbezogenheit im Sinne von § 6 Abs. 3 Nr. 3 KWKG: In einem Rüstungsunternehmen müssen ausschließlich die für den Teilbereich „Export" zuständigen leitenden Personen die erforderliche Zuverlässigkeit besitzen. Mangels einer erforderlichen Verknüpfung zur genehmigungspflichtigen Tätigkeit ist die etwaige Unzuverlässigkeit eines Vorstands- bzw. Geschäftsführungsmitglieds, das in einem Tätigkeitsbereich außerhalb des Exports eingesetzt ist, für die Ausfuhrerlaubnis nicht relevant, soweit sich keine Auswirkungen auf die betriebliche Gesamtorganisation ergeben.[513]

Bei der Beurteilung des Kriegswaffenbeförderers muss der Speditionsunternehmer und der Frachtführer den ausfuhrrechtlichen Zuverlässigkeitsmaßstäben genügen. Die Auswahl geeigneter Transporteure (z.B. LKW-Fahrer) erfolgt durch den weisungsbefugten Unternehmer. Eine behördliche Überprüfung der unmittelbar handelnden Arbeitnehmer erfolgt grundsätzlich nicht.[514]

---

511 BT-Drs. 3/1589, S. 18.

512 Vgl. hierzu S. 84 ff.

513 *Pietsch*, in: Hohmann / John, KWKG, § 6, Rn. 13; *Pottmeyer*, KWKG, § 6, Rn. 84.

514 Vgl. hierzu S. 87 f.; *Pottmeyer*, a.a.O., § 6, Rn. 81.

Schließlich müssen Überlasser und Erwerber der tatsächlichen Gewalt über die Kriegswaffen zuverlässig im Sinne der Norm sein. Sofern eine juristische Person oder eine Personenhandelsgesellschaft überträgt oder erwirbt, ist die Zuverlässigkeit der Mitglieder des vertretungsberechtigten und exportzuständigen Organs bzw. des Gesellschafters erforderlich. Sind die Handelnden natürliche Personen, ist deren spezifische Geeignetheit Beurteilungsgegenstand.[515]

b) Der Zuverlässigkeitsbegriff im Sinne des KWKG

Beim Begriff der Zuverlässigkeit handelt es sich um einen unbestimmten Rechtsbegriff. Für die Genehmigungsbehörde kann die Beurteilung der Zuverlässigkeit einer Person im Einzelfall erhebliche Schwierigkeiten bereiten. Zwar gibt es Fälle, in denen die Zuverlässigkeit für den Umgang mit Kriegswaffen offensichtlich gegeben oder nicht gegeben ist, jedoch ergeben sich auch Sachverhalte, bei denen die Geeignetheit einer Person in Frage steht bzw. unter den Beteiligten strittig ist. Die Beweislast für eine Ausfuhrablehnung mangels Zuverlässigkeit im Sinne von § 6 Abs. 3 Nr. 3 KWKG liegt bei der sich auf diesen Negativumstand berufenden Behörde. Die ablehnende Entscheidung aufgrund der Subsumtion eines Sachverhalts unter einen unbestimmten Rechtsbegriff unterliegt der vollen verwaltungsgerichtlichen Überprüfbarkeit.[516]

Der Gesetzgeber des KWKG verzichtete darauf, den unbestimmten Rechtsbegriff zu definieren. Auch wurden im Gegensatz zu § 5 WaffG keine Merkmale der Unzuverlässigkeit aufgezählt.[517] Mithin ist sich zur Definition des, insbesondere dem Gewerberecht entstammenden (vgl. § 35 GewO), allgemeinen Unzuverlässigkeitsbegriffs zu bedienen.[518]

Nach allgemeiner gewerberechtlicher Auffassung ist derjenige unzuverlässig, der keine Gewähr dafür bietet, dass er in Zukunft sein Gewerbe ordnungsgemäß ausüben wird.[519] Die entsprechende Beurteilung erfolgt in zwei Schritten: Zunächst obliegt es der Behörde, Tatsachen aus der Vergangenheit oder Gegenwart zu ermitteln, die für die Tätigkeit von Relevanz sind. Diese Tatsachen werden sodann Gegenstand einer prognostischen Begutachtung, ob der Gewerbetreibende künftig die Tätigkeit den gewerberechtlichen Anforderungen entsprechend ausüben wird. Die Prognoseentscheidung ist unter Beachtung der verfassungsrechtlich geschützten Berufsfreiheit und des Verhältnismäßigkeitsgrundsatzes zu treffen.[520] Hierbei bezieht sich die Beurteilung nicht absolut auf die betroffene Person, sondern ausschließlich

---

515 *Pottmeyer*, a.a.O., § 6, Rn. 82.

516 BVerfG NJW 2010, 56; OVG Münster OeV 50, 377.

517 Vgl. *Braun*, GewArch 2012, 52; *Heinrich*, GewArch 1989, 313; *Hinze*, DVBl. 1987, 1190.

518 Ebenso *Pottmeyer*, KWKG, § 6, Rn. 90 ff.

519 BVerwGE 65, 1 f. - st. Rspr.

520 BVerwGE 28, 202, 209 f.; VG Schleswig NJW 2001, 387; *Ennuschat*, in: Tettinger / Wank / Ennuschat, § 35, Rn. 27; *Marcks*, in: Landmann / Rohmer, § 35, Rn. 29.

im Hinblick auf die ausgeübte Tätigkeit.[521] Indes müssen die Sachverhalte nicht im Zusammenhang mit der Ausübung des Gewerbebetriebs stehen. Es genügt der Rückschluss, dass aufgrund der ermittelten Tatsachen die Zuverlässigkeit auch für die gewerbliche Tätigkeit nicht vorliegt.[522]

Im Wesentlichen können die für das Gewerberecht geltenden Grundsätze auch auf den Zuverlässigkeitsbegriff des KWKG übertragen werden. Zuverlässig im Sinne von § 6 Abs. 3 Nr. 3 KWKG ist danach derjenige, der aufgrund seines Verhaltens in der Vergangenheit voraussichtlich die genehmigungspflichtige Handlung ordnungsgemäß ausführen wird.[523] An den Prognosemaßstab sind jedoch weniger hohe Anforderungen zu stellen als im Bereich des Gewerberechts.[524] Im Gegensatz zur grundsätzlichen Gewerbefreiheit, als Ausdruck einer liberalen Wirtschaftsordnung[525], ist der Umgang mit Kriegswaffen bereits unmittelbar aus der Verfassung heraus restringiert. Ein Anspruch auf Genehmigungserteilung besteht ausdrücklich nicht (§ 6 Abs. 1 KWKG). Die Erweiterung der Freiheitsrechte des Antragstellers erfolgt ausschließlich, wenn keine Gefahr für den Frieden besteht und besondere (sicherheits-) politische Interessen eine Ausfuhr rechtfertigen. Da der falsche Umgang mit Kriegswaffen ebendiesen Ansprüchen zuwider laufen würde, ist bereits bei bloßen – allerdings auf Tatsachen gestützten[526] – Zweifeln an der Zuverlässigkeit einer der in § 6 Abs. 2 Nr. 2 KWKG genannten Personen, eine Ausfuhrgenehmigung zu versagen. Nebstdem begründet sich der weite Prognosemaßstab mit dem hohen Schädigungspotential von Kriegswaffen.[527]

Einschränkend ist dem Wortlaut der Vorschrift zu entnehmen, dass die Genehmigung ausschließlich dann zu versagen ist, wenn die betreffende Person die für *die Vornahme der beabsichtigten Handlung* erforderliche Zuverlässigkeit nicht besitzt. *Analog* zu den gewerberechtlichen Grundsätze, ist auch die kriegswaffenrechtliche Zuverlässigkeit handlungsbezogen zu bewerten. Der Auffassung *Potrykus*'[528] ist insofern nicht zu folgen, wenn er feststellt, eine spezielle Zuverlässigkeit im Umgang mit Kriegswaffen sei nicht erforderlich, es reiche bereits die generelle persönliche Zuverlässigkeit. Sowohl der Gesetzestext als auch die ausdrücklichen Angaben in den Materialien zu § 6 Abs. 3 Nr. 3 KWKG widerlegen diese Auffassung: „Es wird

---

521 BVerwG GewArch 1961, 166; *Ennuschat*, a.a.O., § 35, Rn. 29.

522 BVerwG NJW 1986, 3221, 3223 f.

523 Vgl. auch *Pottmeyer*, KWKG, § 6, Rn. 94.

524 Vgl. zum Prognosemaßstab im Gewerberecht *Ennuschat*, in: Tettinger / Wank / Ennuschat, § 35, Rn. 31 ff.

525 BVerfGE 63, 266, 286; 71, 183, 189; 81, 242, 254; BVerwGE 38, 209, 213; BVerwG GewArch 2002, 154, 155; *Pielow*, in: Pielow, § 1, Rn. 77 ff.

526 Vgl. den Wortlaut von § 6 Abs. 3 Nr. 3 KWKG: „wenn *Grund* zu der Annahme besteht [*Herv. d. Verf.*]".

527 Vgl. die Dogmatik im Polizei- und Ordnungsrecht (*Pieroth / Schlink / Kniesel*, Polizei- und Ordnungsrecht, § 4, Rn. 6 f.): Je größer die drohende Schädigung ist, desto geringer sind die Anforderungen an die Wahrscheinlichkeit.

528 *Potrykus*, KWKG, § 6, Anm. 13; ebenso *Hinze*, WaffenR, § 6 KWKG, Anm. 6.

also keine generelle, sondern nur eine spezielle Zuverlässigkeit dieser Personen für den Umgang mit Kriegswaffen gefordert."[529] Demgemäß ist für den Umgang mit Kriegswaffen entscheidend, dass der konkrete genehmigungspflichtige Vorgang durch in diesem Bereich verantwortungsvoll handelndes Personal durchgeführt wird (handlungsbezogenes Zuverlässigkeitserfordernis[530]).

Zur näheren Konkretisierung der Zuverlässigkeitsvoraussetzungen für den Umgang mit Kriegswaffen haben sich die folgenden Fallgruppen entwickelt:

Nach den Gesetzesmaterialien zum KWKG liegt die erforderliche Zuverlässigkeit nicht vor, „wenn Grund zu der Annahme besteht, daß der Antragsteller Kriegswaffen, die er aufgrund einer Genehmigung erlangen würde, zu staats- oder verfassungsfeindlichen Zwecken mißbrauchen könnte".[531] Dass entsprechende Verdachtsmomente einer Genehmigungserteilung zwingend entgegenstehen, bedarf keiner näheren Einlassung. Als weniger schwerwiegende Mängel werden zudem beispielhaft genannt: Die Beschäftigung unzuverlässiger Arbeitgeber, Vorstrafen des Antragstellers,[532] Geisteskrankheit des Antragstellers[533] oder mangelnde Sachkunde des Antragstellers[534].

c) *Die „Grundsätze der Bundesregierung zur Prüfung der Zuverlässigkeit von Exporteuren von Kriegswaffen und rüstungsrelevanten Gütern"*[535]

aa) Entstehungsgeschichte und Rechtsnatur

Die Grundsätze der Bundesregierung zur Prüfung der Zuverlässigkeit von Exporteuren von Kriegswaffen und rüstungsrelevanten Gütern wurden am 29.11.1990 vom schwarz-gelben Bundeskabinett beschlossen.[536] Die Etablierung der Zuverlässigkeitsgrundsätze war die politische Antwort auf die Beteiligung deutscher Unternehmen am Aufbau von Giftgasanlagen in Libyen und im Irak.[537] Bis dato

529 BT-Drs. 3/1589, S. 18.
530 So *Pottmeyer*, KWKG, § 6, Rn. 83.
531 BT-Drs. 3/1589, S. 18.
532 BT-Drs. 3/1589, S. 18; *Pottmeyer*, KWKG, § 6, Rn. 102 ff. u. Rn. 112.
533 *Pottmeyer*, a.a.O., § 6, Rn. 110.
534 *Pottmeyer*, a.a.O., § 6, Rn. 111.
535 S. Anlage E.
536 BAnz. Nr. 225 vom 5.12.1990, S. 6406 ergänzt durch Bekanntmachung vom 30.1.1991, BAnz. Nr. 23 vom 2.2.1991, S. 545, geändert durch Bekanntmachung vom 13.6.1995, BAnz. Nr. 122 vom 4.7.1995, S. 7153 f.; eine wesentliche Änderung erfuhren die Grundsätze durch die Bekanntmachung der Bundesregierung vom 25.07.2001 (BAnz. Nr. 148 vom 10.08.2001, S. 17177 f.), wonach die Bestellung eines Ausfuhrverantwortlichen auch für die Unternehmen verpflichtend wurde, die keine rüstungsrelevanten Güter exportieren (vgl. *Pottmeyer*, Der Ausfuhrverantwortliche, S. 47).
537 Vgl. Bericht der Bundesregierung an den Deutschen Bundestag über eine mögliche Beteiligung deutscher Firmen an einer C-Waffen-Produktion in Libyen (BT-Drs. 11/3995) und Bericht der Bundesregierung über legale und illegale Waffenexporte

gelang es der Führungsriege exportierender Unternehmen, sich einer strafrechtlichen Verantwortlichkeit bei Verstößen gegen hiesiges Ausfuhrecht unter Verweis auf die eigene Unkenntnis der relevanten Vorgänge zu entziehen. Vielmehr wurde die unzulässige Exportpraxis rangniedrigeren Mitarbeitern angelastet.[538] Um diesem Umstand entgegenzuwirken, ist nunmehr für im Außenhandel tätige Unternehmen die Benennung eines verantwortlichen Mitglieds der Geschäftsleitung allgemein verpflichtend. Nach dem Willen der Bundesregierung sollte durch die Schaffung der Institution des Ausfuhrverantwortlichen verhindert werden, dass „durch vorsätzliche oder nachlässige Handlungen von nachgeordneten, in den Unternehmen nicht ausreichend überwachten Mitarbeitern die außenwirtschafts- oder kriegswaffenkontrollrechtlichen Verpflichtungen verletzt werden“[539]. Entsprechend ist die neuerliche Maxime im Außenwirtschaftsrecht: „Exportkontrolle ist Chefsache“[540].

Vorreiter für die Zuverlässigkeitsbestimmungen im Ausfuhrrecht waren Regelungen zum umweltrechtlichen Beauftragten, welcher ebenso als Bindeglied zwischen der überwachenden Behörde und dem Unternehmen fungiert. Im Gegensatz zum Umweltrecht sind die ausfuhrrechtlichen Zuverlässigkeitsanforderungen jedoch nicht in Gesetzesform ergangen, sondern wurden als „Politische Grundsätze“ erlassen.[541] Die Rechtsnatur der Grundsätze ist nicht eindeutig. In Betracht kommt eine Einordnung als Rechtsverordnung oder als Verwaltungsvorschrift.

Während die Rechtsverordnung – als materielle Norm, mit Außenwirkung – gem. Art. 80 Abs. 1 GG einer speziellen gesetzlichen Ermächtigungsgrundlage bedarf, beruht die Verwaltungsvorschrift auf der Befugnis zur Leitung eines Geschäftsbereichs und dem sich daraus ergebenden Weisungsrecht gegenüber nachgeordneten Behörden (behördenbindendes Innenrecht).[542] Die gesetzliche Ermächtigungslage zum Erlass einer Rechtsverordnung könnte § 11 Abs. 4 KWKG darstellen. Hiernach wird die Bundesregierung ermächtigt, durch Verordnung mit Zustimmung des Bundesrates die erforderlichen Vorschriften zur näheren Regelung des Genehmigungsverfahrens zu erlassen. Den Gesetzesmaterialien zum KWKG ist zu entnehmen, dass sich die Konkretisierungen auf formale Verfahrensschritte beziehen sollen: Etwa die Art und Weise, wie Genehmigungsanträge einzureichen sind, welche Angaben dabei erforderlich sind und welche Behörde bei der Entscheidung über den Antrag mitzuwirken hat.[543] Die Ermächtigungsgrundlage gibt indes keinen Hinweis darauf, dass eine allgemeinverbindliche materielle Ausgestaltung des Zuverlässigkeitsbegriffs

---

in den Irak und die Aufrüstung des Irak durch Firmen der Bundesrepublik Deutschland (BT-Drs. 12/487).

538 Etwa LG Rottweil KLs 2/93 nv; hierzu *Pottmeyer*, AW-Prax 1995, 174 ff.

539 BMWi, Die Reform von Außenwirtschaftsrecht- und -kontrolle, Dokumentation Nr. 311, S. 21.

540 *Pottmeyer*, Der Ausfuhrverantwortliche, S. 40; *Simonsen*, Außenwirtschaftsrecht, S. 17, 37.

541 *Hohmann*, in: Hohmann / John, Anhang 1 zum AWG, Rn. 1 und 9.

542 BVerwGE 67, 222, 229; *Maurer*, Allgemeines Verwaltungsrecht, § 24, Rn. 33 ff.

543 BT-Drs. 3/1589, S. 20.

aus § 6 Abs. 3 Nr. 3 KWKG im Wege einer Verordnung nachzuholen sei. Gleichzeitig findet sich auch in den Zuverlässigkeitsgrundsätzen keine gem. Art. 80 Abs. 1 S. 3 GG erforderliche Angabe einer entsprechenden Rechtsgrundlage.[544] Da der Regelungsgehalt der Vorschrift keine eindeutige Zuordnung als Verordnung oder als Verwaltungsvorschrift zulässt[545], sprechen die formalen Abgrenzungskriterien tendenziell eher für das Vorliegen einer Verwaltungsvorschrift.[546]

Fortan stellt sich die Frage nach der Art der Verwaltungsvorschrift. Eine Differenzierung findet zwischen *gesetzesauslegenden* oder *norminterpretierenden* (Auslegungsrichtlinien) und *ermessenslenkenden Verwaltungsvorschriften* (Ermessensrichtlinien) statt. Erstere bestimmen die Auslegung und Anwendung von Rechtsnormen (hier: § 6 Abs. 3 Nr. 3 KWKG), insbesondere beim Vorliegen unbestimmter Rechtsbegriffe, und gewährleisten so eine einheitliche Anwendung der Gesetze durch die Verwaltung. Dagegen legen ermessenslenkende Verwaltungsvorschriften fest in welcher Weise von dem der Verwaltung eingeräumten Ermessen Gebrauch gemacht werden soll. Hierdurch soll eine einheitliche Ermessensausübung durch die Entscheidungsträger sichergestellt werden.[547] Fehlt es an einer hinreichenden gesetzlichen Regelung eines Sachverhalts, besteht darüber hinaus in engen Grenzen die Möglichkeit des Erlasses *gesetzesvertretender Verwaltungsvorschriften.*

Einer Meinung in der Literatur zu Folge handelt es sich bei den Zuverlässigkeitsgrundsätzen der Bundesregierung um ermessenslenkende Verwaltungsvorschriften.[548] Voraussetzung für die Einordnung als ermessenslenkende Verwaltungsvorschrift ist begriffsnotwendig die Eröffnung eines Ermessensspielraums der Genehmigungsbehörde. Ein solcher liegt jedoch gerade im Rahmen von § 6 Abs. 3 (Nr. 3) KWKG nicht vor. Bei Unzuverlässigkeit einer der in § 6 Abs. 2 Nr. 2 KWKG genannten Personen kann die Behörde ausschließlich eine Ausfuhrversagung erteilen („Die Genehmigung ist zu versagen"). Jede andere Entscheidung

---

544 Ebenso *v. Poser und Groß Naedlitz*, Die Genehmigungsentscheidung nach dem Kriegswaffenkontrollgesetz, S. 209.

545 Die von der h.L. vorgenommene (materielle) Abgrenzung nach dem Adressaten der Vorschrift (*Ipsen*, Allgemeines Verwaltungsrecht, § 2, Rn. 144) vermag vorliegend keine Klarheit zu schaffen. Auf der einen Seite werden der Genehmigungsbehörde konkretisierende Maßstäbe („zur Prüfung der Zuverlässigkeit") an die Hand gegeben. Andererseits ergibt sich mitunter eine weitreichende Inanspruchnahme der exportierenden Unternehmen und deren Ausfuhrverantwortliche.

546 So auch die h.M.: *Hinder*, Der Ausfuhrverantwortliche im Außenwirtschafts- und Kriegswaffenkontrollrecht, S. 1 f.; *v. Poser und Groß Naedlitz*, Die Genehmigungsentscheidung nach dem Kriegswaffenkontrollgesetz, S. 210 f.; *Pottmeyer / Sinnwell*, DWiR 1991, 133 ff.; a.A. *Hohmann*, in: Hohmann / John, Anhang 1 zum AWG, Rn. 11.

547 *Maurer*, Allgemeines Verwaltungsrecht, § 24, Rn. 9 f.

548 *Hinder*, Der Ausfuhrverantwortliche im Außenwirtschafts- und Kriegswaffenkontrollrecht, S. 1 f.; *Pottmeyer / Sinnwell*, DWiR 1991, 133 ff.; wohl auch *Pathe / Wagner*, in: Bieneck, § 36, Rn. 18.

wäre rechtsfehlerhaft (rechtlich gebundene Verwaltung). Mithin können die Zuverlässigkeitsgrundsätze nach hier vertretener Auffassung keine Ermessensrichtlinien darstellen.[549]

Entgegen *v. Poser und Groß Naedlitz*[550] sind die Grundsätze auch nicht als gesetzesauslegende oder norminterpretierende Verwaltungsvorschriften anzusehen. Der Behörde wird keine Interpretationshilfe gegeben, wann eine Person im Sinne des KWKG als unzuverlässig anzusehen ist. Wesentlicher Inhalt der Vorschrift ist die Installation einer für die Durchführung der Ausfuhr verantwortlichen Person in den Unternehmen. Diese Regelung geht über die Auslegung bzw. Konkretisierung des unbestimmten Rechtsbegriffs hinaus.

Dass eine beantragte Genehmigung nur dann erteilt wird, wenn das betroffenen Unternehmen einen Ausfuhrverantwortlichen benannt hat, ist eine eminente Erweiterung zur „allgemeinen" – etwa im Gewerberecht stattfindenden – Zuverlässigkeitsprüfung. Soweit im Genehmigungsantrag die Angabe des Ausfuhrverantwortlichen fehlt, wird unabhängig der objektiven Zuverlässigkeit des Antragstellers keine positive Bescheidung erfolgen. Es werden damit erforderliche Voraussetzungen für Kriegswaffenexporte erstmalig eingefordert. Die Grundsätze lassen sich mithin als gesetzesvertretende bzw. ergänzende Verwaltungsvorschriften charakterisieren. Seine rechtliche Grenze findet dieser Typus Verwaltungsvorschrift, wenn nachteilig in eine Rechtsposition des Bürgers eingegriffen wird (Grundsatz vom Vorbehalt des Gesetzes).[551] Da ein Anspruch auf eine Genehmigung zur Ausfuhr von Kriegswaffen nicht besteht, ist es der Verwaltung grundsätzlich unbenommen, die Erteilung einer ausnahmsweisen Genehmigung an Bedingungen zu knüpfen. Durch die Grundsätze wird kein Unternehmen gezwungen einen Ausfuhrverantwortlichen zu benennen.[552] Lediglich zur Erweiterung des Rechtskreises muss die behördliche „Auflage" erfüllt werden.[553] Insoweit greift der Gesetzesvorbehalt nicht ein.

Unter rechtsstaatlichen Gesichtspunkten ist jedoch die weitreichende Inanspruchnahme des Ausfuhrverantwortlichen kritisch zu beurteilen: Bestehen tatsächliche Anhaltspunkte dafür, dass der Ausfuhrverantwortliche gegen kontrollrechtliche Vorschriften verstoßen hat, steht das antragende Unternehmen in der Pflicht, Maßnahmen einzuleiten, um die künftige Einhaltung ausfuhrrechtlicher

---

549 Ebenso *v. Poser und Groß Naedlitz*, Die Genehmigungsentscheidung nach dem Kriegswaffenkontrollgesetz, S. 210.

550 *V. Poser und Groß Naedlitz*, a.a.O., S. 210 f.

551 *Maurer*, Allgemeines Verwaltungsrecht, § 24, Rn. 11; *Ossenbühl*, in: Handbuch des Staatsrechts, Band 5, § 104, Rn. 33.

552 *Pottmeyer*, KWKG, Einl., Rn. 240.

553 Da die Grundsätze konkret festlegen, unter welchen Voraussetzungen eine Ausfuhrgenehmigung zur erteilen ist, entfaltet die Verwaltungsvorschrift (Innenrecht) „faktische Außenwirkung" gegenüber dem antragsgellenden Unternehmen (vgl. zur Außenwirkung von Verwaltungsvorschriften BVerwG 44, 72, 74 f.; 104, 220, 223; *Erbguth*, Allgemeines Verwaltungsrecht, § 27, Rn. 6 f.; *Maurer*, Allgemeines Verwaltungsrecht, § 24, Rn. 20 ff.).

Bestimmungen sicherzustellen. Um einen wirtschaftlichen Nachteil für das Unternehmen abzuwenden, bedeutet dies, dass der Ausfuhrverantwortliche durch eine Person der Unternehmensleitung ersetzt werden muss gegen die keine Zuverlässigkeitsbedenken bestehen. Zudem muss sichergestellt werden, dass der vormalige Verantwortliche keine weiteren Verbindungen zu genehmigungspflichtigen Ausfuhren hat (Grundsatz Nr. 5). Für den Ausfuhrverantwortlichen wirken diese Maßnahmen wie ein „faktisches Berufsverbot".[554] Mithin liegt ein substanzieller Eingriff in die Freiheit der Berufsausübung vor, welcher nach Art. 12 Abs. 1 S. 2 GG nur durch Gesetz oder auf Grund eines Gesetzes geregelt werden kann (Parlamentsvorbehalt). Angesichts dieser weitreichenden persönlichen Konsequenzen für den verantwortlichen Arbeitnehmer eines waffenexportierenden Unternehmens, genügen die Verwaltungsvorschriften der Bundesregierung nicht dem Grundsatz vom Vorbehalt des Gesetzes.[555]

bb) Die Grundsätze

Die Zuverlässigkeitsgrundsätze der Bundesregierung rekurrieren unmittelbar auf § 6 Abs. 3 Nr. 3 KWKG und dienen demnach der Konkretisierung des verfassungsrechtlich vorgegebenen Auftrags der Kriegswaffenkontrolle.

Namentlich sind die relevanten Schutzgüter aus Art. 26 GG und dem KWKG in der Präambel der Zuverlässigkeitsgrundsätze aufgeführt:

- die Sicherheit der Bundesrepublik Deutschland,
- das friedliche Zusammenleben der Völker,
- die auswärtigen Beziehungen der Bundesrepublik Deutschland.

Die Grundsätze gliedern sich wie folgt: Zunächst ist der Anwendungsbereich festgelegt (Grundsatz Nr. 1). Es folgt eine Konkretisierung der Rechtsfigur des Ausfuhrverantwortlichen, einschließlich dessen Aufgabenbereich (Grundsatz Nr. 2). Schließlich werden Tatbestände aufgezeigt, bei deren Vorliegen eine Ausfuhrgenehmigung zu versagen ist (Grundsatz Nr. 3 und 4), wobei entsprechende Maßnahmen für ausführende Unternehmen vorgesehen sind, um etwaige Unzulänglichkeiten zu korrigieren (Grundsatz Nr. 5).

aaa) Der Ausfuhrverantwortliche

Kern der Grundsätze ist die Rechtsfigur des Ausfuhrverantwortlichen. Jedes Unternehmen, das für seinen Geschäftsbereich den ausfuhrrechtlichen Restriktionen des KWKG bzw. des AWG unterliegt, ist gehalten, eine verantwortliche Person für

---

554 *Hohmann*, in: Hohmann / John, Anhang 1 zum AWG, Rn. 11.

555 Ebenfalls Bedenken gegen die Rechtmäßigkeit der Zuverlässigkeitsgrundsätze (insbesondere Grundsatz Nr. 5) äußern *Hohmann*, ebd.; *Pottmeyer / Sinnwell*, DWiR 1991, 133, 138 f.; *Pottmeyer*, Der Ausfuhrverantwortliche, S. 46; *Reuter*, Außenwirtschafts- und Exportkontrollrecht, Rn. 750.

die Exportkontrolle zu benennen. Je nach Rechtsform des Unternehmens muss der Ausfuhrverantwortliche Mitglied des Vorstandes, Geschäftsführer oder vertretungsberechtigter Gesellschafter sein (Grundsatz Nr. 2). Er wird durch Beschluss des zuständigen Organs des Unternehmens (Aufsichtsrat, Beirat, Gesellschafterversammlung) bestellt und durch formlose Erklärung gegenüber der Genehmigungsbehörde benannt. Der Export sensitiver Güter ist mithin „Chefsache".[556] Der Ausfuhrverantwortliche steht nach allgemeiner Auffassung nicht in einem öffentlich-rechtlichen Verhältnis zur Behörde, sondern tritt als „Mann des Betriebs" ausschließlich für das Unternehmen auf.[557]

Um zu gewährleisten, dass die gesetzlichen Exportbestimmungen in den Unternehmen eingehalten werden, wird der Ausfuhrverantwortliche persönlich in die Haftung genommen. Genehmigungsanträge sind vom Ausfuhrverantwortlichen persönlich zu unterzeichnen. Hierdurch wird die unmittelbare Verantwortlichkeit des Exportkontrolleurs dokumentiert. Die Möglichkeit der Delegation auf einen Vertreter, wie sie für Genehmigungsanträge nach AWG vorgesehen ist, besteht für Anträge die dem KWKG unterliegen grundsätzlich nicht.[558]

Bei Verstößen gegen ausfuhrrechtliche Vorschriften erwarten den Ausfuhrverantwortlichen als Überwachungsgaranten straf- und bußgeldrechtliche Konsequenzen. Darüber hinaus folgen auf Verstöße meist innerbetriebliche Maßnahmen nach Grundsatz Nr. 5, welche für den Verantwortlichen zur beruflichen Existenzvernichtung führen können.[559]

bbb) Aufgaben des Ausfuhrverantwortlichen

Nach Grundsatz Nr. 2 obliegt dem Ausfuhrverantwortlichen die Organisationspflicht, die Personalauswahl und -weiterbildungspflicht sowie die Überwachungspflicht.

Die Ausfuhrkontrolle sensitiver Güter muss sachgerecht und stringent in die Gesamtorganisation des Unternehmens eingebunden sein (Organisationspflicht). Hierbei ist zunächst wichtig, dass die Exportkontrolle in das Unternehmensorganigramm integriert ist. Der Ausfuhrverantwortliche hat dafür Sorge zu tragen, dass im Unternehmen die komplexe ausfuhrrechtliche Gesetzeslage hinreichend Beachtung findet. Trotz der zum Teil schwer zu durchdringenden rechtlichen Materie

---

556 *Pottmeyer*, KWKG, Einl., Rn. 243; *ders.*, Der Ausfuhrverantwortliche, S. 75.

557 *Hohmann*, in: Hohmann / John, Anhang 1 zum AWG, Rn. 1; *Szelinski*, WiVerw 1980, 266, 268.

558 *Pottmeyer*, KWKG, Einl., Rn. 244.

559 Ob des hohen persönlichen Risikos, dass der Ausfuhrverantwortliche trägt wurden in der Literatur mitunter verfassungsrechtliche Bedenken geäußert, vgl. etwa *Pottmeyer / Sinnwell*, DWiR 1991, 133, 135; *Merz*, in: Corporate Compliance, § 33, Rn. 64 ff.

(u.a. KWKG, AWG/AWV, EG-Dual-Use-VO, Abgleich mit sog. Terrorismuslisten[560]), kann sich der Exportkontrolleur nicht auf Unkenntnis über die Rechtslage berufen. In der Regel kann in exportorientierten Unternehmen somit nicht auf die fachkundige Expertise Dritter verzichtet werden.[561]

Im Rahmen der Personalauswahlpflicht hat der Ausfuhrverantwortliche dafür zu sorgen, dass in allen exportrechtlich relevanten Bereichen ausschließlich persönlich zuverlässige Mitarbeiter beschäftigt werden, die über die erforderliche Sach- und Fachkenntnis verfügen. Die entsprechenden Voraussetzungen haben die Mitarbeiter anhand von Zeugnissen und Weiterbildungszertifikaten zu dokumentieren. Der Kenntnisstand des Personals ist anhand von Fortbildungsmaßnahmen stets der schnelllebigen Materie anzupassen (Weiterbildungspflicht).[562]

Schließlich trifft den Ausfuhrverantwortlichen die Aufgabe, Arbeitsabläufe im Unternehmen hinsichtlich der Einhaltung ausfuhrrechtlicher Pflichten zu überwachen. Dabei ist es dem Verantwortlichen unbenommen, einzelne Pflichten auf andere Mitarbeiter im Unternehmen zu delegieren, wenn sichergestellt ist, dass die übertragenen Aufgaben den Anforderungen entsprechend ausgeführt werden. Hierfür trägt der Ausfuhrverantwortliche im Rahmen seiner Organisationspflicht wiederum die Verantwortung.[563]

ccc) Genehmigungsversagung wegen Unzuverlässigkeit

Bestehen tatsächliche Anhaltspunkte dafür, dass der Ausfuhrverantwortliche oder eine der in § 6 Abs. 2 Nr. 2a KWKG genannten Personen gegen Vorschriften des KWKG, des AWG, der AWV oder sonstige einschlägige Vorschriften (z.B. des Gewerbe-, Waffen- oder Strafrechts) verstoßen haben könnte, wird die Entscheidung über den Genehmigungsantrag solange zurückgestellt, bis der Sachverhalt aufgeklärt ist. Dies geschieht auch dann, wenn ein staatsanwaltschaftliches Ermittlungsverfahren (noch) nicht eingeleitet ist (Grundsatz Nr. 3 – vorläufige Genehmigungsversagung).

Zweifel an der Rechtmäßigkeit des Grundsatzes Nr. 3 werden vermehrt in der Literatur kundgetan.[564] *Pottmeyer* etwa erkennt keinen hinreichenden Grund für eine vorläufige Versagung der Ausfuhrgenehmigung, wenn lediglich der Verdacht besteht, dass eine verantwortliche Person gegen gesetzliche Bestimmungen verstoßen

---

560 Zur Bekämpfung des internationalen Terrorismus im Außenwirtschaftsrecht *Sauer*, NJW 2008, 3685 ff.; *Schlarmann / Spiegel*, NJW 2007, 870 ff.

561 Zur Organisationspflicht des Ausfuhrverantwortlichen *Pottmeyer*, Der Ausfuhrverantwortliche, S. 82 - 111.

562 Zur Personalaus- und weiterbildungspflicht *Pottmeyer*, a.a.O., S. 80 - 82 und S. 114 f.

563 Zur Überwachungspflicht *Pottmeyer*, a.a.O., S. 111 - 114.

564 So *Hinder*, Der Ausfuhrverantwortliche im Außenwirtschafts- und Kriegswaffenkontrollrecht, S. 174 ff.; *Hohmann*, in: Hohmann / John, Anhang 1 zum AWG, Rn. 19 f.; *Pottmeyer / Sinnwell*, DWiR 1991, 133, 138; *Pottmeyer*, Der Ausfuhrverantwortliche, S. 196 f.

habe. Jedermann gelte solange als zuverlässig, bis aufgrund konkret beweisbarer Tatsachen das Gegenteil feststeht.[565]

Dieser Einwand vermag nicht zu überzeugen. Das besondere Schädigungspotential von Kriegswaffen gebietet es, der Behörde einen weiten Entscheidungsspielraum einzuräumen. Maßgebend ist, dass anhand des Kenntnisstandes der Genehmigungsbehörde die Zuverlässigkeit für den Umgang mit Kriegswaffen positiv feststeht. Die konträre These, dass Zuverlässigkeit solange vorliege, bis die Unzuverlässigkeit ausdrücklich festgestellt ist, entspricht nicht der grundsätzlichen Konzeption des hiesigen Kriegswaffenkontrollrechts. Oberstes Primat ist eine Friedensgefährdung durch deutsche Kriegswaffen zu verhindern. Dieser Anspruch findet seine Grenze nicht in den insoweit zurücktretenden Interessen der waffenexportierenden Unternehmen, welche *a priori* keinen Anspruch auf die Erteilung einer Genehmigung haben (§ 6 Abs. 1 KWKG). Konsequenterweise ist von einer Genehmigungserteilung vorläufig grundsätzlich abzusehen, wenn tatsächliche Anhaltspunkte (Tatsachen) für Verstöße gegen ausfuhrrechtliche Vorschriften vorliegen und aufgrund dessen nach prognostischen Maßstäben nicht von der Zuverlässigkeit der Person ausgegangen werden kann. Dieser Grundsatz steht im Übrigen im Einklang mit § 6 Abs. 3 Nr. 3 KWKG, wonach eine Genehmigung bereits zu versagen ist, wenn „Grund zu der Annahme" besteht, dass die verantwortliche Person die erforderliche Zuverlässigkeit nicht besitzt.

Problematisch erscheint Grundsatz Nr. 3 jedoch dahingehend, dass dem Wortlaut nach, bis zur Klärung des Sachverhaltes, von einer behördlichen Entscheidung über den Antrag gänzlich abgesehen wird.[566] Nach § 75 VwGO hat jeder Bürger einen Anspruch darauf, dass in angemessener Frist über seinen Antrag auf Vornahme eines Verwaltungsaktes (Ausfuhrgenehmigung) entschieden wird und ihm ein entsprechender Bescheid zugeht.[567] Hegt die Behörde begründete Zweifel über die Zuverlässigkeit des Antragstellers, so hat eine Bescheidung dergestalt stattzufinden, dass vorläufig keine Genehmigung erteilt wird. Ist hingegen bereits ein Ermittlungsverfahren gegen den Antragsteller eingeleitet und würde eine Mitteilung über den vorläufigen Ausfuhrstop den Ermittlungserfolg gefährden, liegt ein zureichender Grund dafür vor, dass von einer fristgerechten Bescheidung abzusehen ist.[568]

Stellen sich die tatsächlichen Verdachtsmomente gegen den Ausfuhrverantwortlichen oder eine der in § 6 Abs. 2 Nr. 2a KWKG genannten Personen als zutreffend heraus, ist die Genehmigungsbehörde berechtigt, wegen erwiesener Unzuverlässigkeit die Ausfuhrgenehmigung zu verweigern (Grundsatz Nr. 4). Sind

565 *Pottmeyer*, Der Ausfuhrverantwortliche, S. 196 f.

566 Vgl. hierzu *Hinder*, Der Ausfuhrverantwortliche im Außenwirtschafts- und Kriegswaffenkontrollrecht, S. 168 ff.; *Hohmann*, in: Hohmann / John, Anhang 1 zum AWG, Rn. 20; *Pottmeyer*, Der Ausfuhrverantwortliche, S. 196 f.

567 *Hufen*, Verwaltungsprozessrecht, § 15, Rn. 28; *Kopp / Schenke*, VwGO, § 75, Rn. 1 ff.

568 Vgl. *Kopp / Schenke*, a.a.O., Rn. 16 ff.

Genehmigungen bereits erteilt sind selbige gem. § 7 Abs. 2 KWKG zu widerrufen (Grundsatz Nr. 6).

ddd) Maßnahmen zur Wiederherstellung der Zuverlässigkeit

Nach Grundsatz Nr. 5 kann von einer (vorläufigen) Ausfuhrverweigerung abgesehen werden, wenn das betroffene Unternehmen Schritte ergreift, durch die die zukünftige Einhaltung der ausfuhrrechtlichen Bestimmungen sichergestellt erscheinen.

Als unternehmensinterne Maßnahme zählt der Austausch des Ausfuhrverantwortlichen und der weiteren in § 6 Abs. 2 Nr. 2a KWKG genannten Personen. Es muss eine neuverantwortliche Person bestellt werden und darüber hinaus muss sichergestellt werden, dass der ausgetauschte Personenkreis keinerlei Verbindungen zu genehmigungspflichtigen Ausfuhren nach dem KWKG oder dem AWG hat. Eine Umverteilung der Zuständigkeiten im Vorstand oder in der Geschäftsführung reicht in Anbetracht der Gesamtverantwortlichkeit der geschäftsführenden Organe für grundsätzliche ausfuhrrechtliche Fragen gem. Grundsatz Nr. 5 S. 3 ausdrücklich nicht aus.

Wegen der einschneidenden persönlichen Konsequenzen für den Ausfuhrverantwortlichen („Existenzvernichtung“[569], „faktisches Berufsverbot“[570]) sieht sich diese Vorschrift verfassungsrechtlicher Bedenken (Verstoß gegen den Parlamentsvorbehalt) ausgesetzt.[571]

B. Die Genehmigungsbehörde

Gemäß der verfassungsrechtlichen Vorgabe in Art. 26 Abs. 2 S. 1 GG dürfen Kriegswaffen nur mit Genehmigung der Bundesregierung ausgeführt werden. Diese vermeintlich eindeutige Kompetenzzuweisung findet in § 11 Abs. 1 KWKG seine Bestätigung. Dennoch lässt § 11 Abs. 2 KWKG eine Abweichung zu: Danach besteht die Möglichkeit, die Zuständigkeit durch Rechtsverordnung, die der Zustimmung des Bundesrates nicht bedarf, auf ein einzelnes Bundesministerium zu übertragen. Für den Bereich der Kriegswaffenkontrolle wurde von dieser Delegationsmöglichkeit Gebrauch gemacht. Nach § 1 Abs. 1 Nr. 4 der 1. DVO zum KWKG ist das BMWi (§ 11 Abs. 2 Nr. 4 KWKG[572]) die zuständige Genehmigungsstelle für Kriegswaffenexporte. Die Regelung sieht sich verfassungsrechtlicher Bedenken ausgesetzt.[573]

---

569 *Pottmeyer*, Der Ausfuhrverantwortliche, S. 193.

570 *Hohmann*, in: Hohmann / John, Anhang 1 zum AWG, Rn. 23.

571 Vgl. hierzu S. 174 f.

572 Am 17.12.2013 wurde das Ministerium in Bundesministerium für Wirtschaft und Energie umbenannt.

573 Vgl. *Beschoner*, ZVglRWiss 1991, 262, 286 f.; *Fink*, in: v. Magoldt / Klein / Starck, Art. 26, Rn. 75; *Epping*, Grundgesetz und Kriegswaffenkontrolle, S. 210 - 231; *Holthausen*, DVBl 1994, 1375; *Hobe*, in: Friauf / Höfing, Art. 26, Rn. 18; *Jarass*, in: Jarass / Pieroth, Art. 26, Rn. 6; *Kircher*, DVBl 2012, 336, 337 f.; *Pathe*, in: Bieneck,

I. Die Zuständigkeitszuweisung nach Art. 26 Abs. 2 S. 1 GG

Als Ausführungsgesetz zu Art. 26 Abs. 2 GG ist das KWKG an die entsprechende verfassungsrechtliche Vorgabe gebunden, wonach es einer „Genehmigung der Bundesregierung" bedarf. Die auf Praktikabilitätserwägungen beruhende Kompetenzzuweisung an ein einzelnes Ministerium[574] ist mit der Vorgabe aus Art. 26 Abs. 2 S. 1 GG demnach nur vereinbar, wenn auch der einzelne Bundesminister für den Bereich seines Ressorts als Bundesregierung anzusehen[575] oder eine der gesamten Bundesregierung zugewiesene Entscheidungskompetenz delegierbar ist.

In diesem Zusammenhang stellt sich zunächst die Frage, was verfassungsrechtlich unter dem Begriff Bundesregierung zu verstehen ist.[576] Legt man den Überlegungen die Staatspraxis zu Art. 52 WRV („Die Reichsregierung besteht aus dem Kanzler und seinen Reichsministern.") zugrunde, so setzte sich nach damals gültiger Rechtsauffassung ein weiter Regierungsbegriff durch. Danach wertete man das Tätigwerden der einzelnen Ressorts bzw. ihrer Minister „als Reichsregierung" als ausreichend und rechtmäßig.[577]

Dieses Begriffsverständnis ist nach heute herrschender Meinung in Literatur[578] und Rechtsprechung[579] überholt. Nach allgemein anerkanntem Verständnis enthält Art. 62 GG – der wörtlich nahezu übereinstimmend mit Art. 52 WRV ist – eine Legaldefinition des Begriffs „Bundesregierung". Danach ist immer dann, wenn das Grundgesetz der Bundesregierung ein Recht oder eine Zuständigkeit einräumt oder eine Pflicht auferlegt, regelmäßig eine Entscheidung oder ein Tätigwerden der Regierung als Kollegialorgan erforderlich. Von dieser Regelvermutung („im Zweifel" bzw. „in aller Regel"[580]) für eine grundsätzliche Kabinettszuständigkeit ist jedenfalls bis zum Beweis des Gegenteils auszugehen.[581]

---

§ 42, Rn. 5; *Pernice*, in: Dreier, Art. 26, Rn. 28; *Pietsch*, in: Hohmann / John, KWKG, § 11, Rn. 4; *Pottmeyer*, KWKG, § 11, Rn. 2.

574 Vgl. BT-Drs. 3/1589, S. 19 f.: „Abgesehen von wenigen Fällen mit besonderer politischer Bedeutung ist es jedoch weder erforderlich noch möglich, mit der Entscheidung über die Erteilung oder den Widerruf einer Genehmigung in jedem Einzelfall das Bundeskabinett zu befassen."

575 So BT-Drs. 3/1589, S. 19: „[...] denn als Bundesregierung ist auch der Bundesminister für den Bereich seines Ressorts anzusehen.".

576 Ausführlich hierzu *Epping*, Grundgesetz und Kriegswaffenkontrolle, S. 210 ff.

577 RGSt 58, 401, 406 f.; RGZ 112, 8, 10 f.; *Oldiges*, Die Bundesregierung als Kollegium, S. 109 f.; *Poetzsch-Heffter*, Handkommentar der Reichsverfassung, S. 208 f.

578 *Epping*, in: Epping / Hillgruber, Art. 62, Rn. 6; *Herzog*, in: Maunz / Dürig, Art. 62, Rn. 6; *Meyn*, in: v. Münch / Kunig, Band 2, Art. 62, Rn. 14; *Pieroth*, in: Jarass / Pieroth, Art. 62, Rn. 2; *Schröder*, in: v. Mangoldt / Klein / Starck, Band 2, Art. 62, Rn. 14; a.A. *Böckenförde*, Die Organisationsgewalt im Bereich der Regierung, S. 137 f., 179 ff.

579 BVerfGE 26, 338, 395 f.; 100, 249, 259; 115, 118, 149 f.

580 BVerfGE 26, 338 [Ls.], 395.

581 *Schröder*, in: v. Mangoldt / Klein / Starck, Band 2, Art. 62, Rn. 14.

Wirft man einen Blick auf andere Stellen im Grundgesetz, ist die vorgenannte Auffassung konsequent. Wird etwa in Art. 80 Abs. 1 GG präzise zwischen den Befugnissen der „Bundesregierung“ und Befugnissen der „Bundesminister“ unterschieden[582], so bedeutet dies *argumentum e contrario,* dass die Zuständigkeiten des Einzelressorts divergierend zu den Zuständigkeiten der Bundesregierung behandelt werden.[583]

Wenn nun nach allgemeinem Begriffsverständnis von einer grundsätzlichen Zuständigkeit der gesamten Bundesregierung auszugehen ist, schließt sich die Frage an, ob eine durch Verfassung zugeordnete Kompetenz abweichend an ein anderes (Verfassungs-) Organ delegiert werden kann. Ist Art. 26 Abs. 2 S. 1 GG nämlich dahin auszulegen, dass *ausschließlich* die Bundesregierung als Kollegialorgan für eine Genehmigungsentscheidung zuständig ist, stünde die Delegation der Genehmigungszuständigkeit auf das BMWi im Widerspruch zur Verfassung.

Diese grundsätzliche Problematik wird auch an anderer Stelle kontrovers diskutiert: So entspricht es der völkerrechtlichen Praxis, dass entgegen der Kompetenzzuweisung an den Bundespräsidenten nach Art. 59 Abs. 1 GG, die Aushandlung von Verträgen und die Repräsentation in internationalen Gremien regelmäßig durch Vertreter der Bundesregierung erfolgen.[584] Mit durchgreifenden Argumenten hält ein gewichtiger Teil der verfassungsrechtswissenschaftlichen Literatur diese Staatspraxis für verfassungswidrig.[585] Überzeugend wird eingewandt, dass durch eine Delegation verfassungsrechtlicher Kompetenzen eine Veränderung der objektiven Zuständigkeitsordnung bewirkt würde.[586] Eine solche Veränderung sei indes nur dort statthaft, wo sie vom Grundgesetz auch vorgesehen sei – etwa in Art. 60 Abs. 3 GG. Diese Vorschrift sei überflüssig, wenn der Bundespräsident sämtliche ihm zur Verfügung stehenden Kompetenzen delegieren könne.[587] Diejenigen Stimmen in der Rechtsprechung und im Schrifttum, die annehmen, dass die Kompetenz zur Außenvertretung nach Art. 59 Abs. 1 GG auf andere Staatsorgane delegierbar sei, fordern zumindest eine (stillschweigende) allgemeine Ermächtigung durch den

582 Auch an weiteren Stellen im Grundgesetzt findet eine ausdrückliche Aufgabenaufteilung zwischen der Bundesregierung und einzelnen Ministerien statt, vgl. z.B.: Art. 85 Abs. 1 GG, Art. 108 Abs. 3 S. 2 GG.

583 *Herzog*, in: Maunz / Dürig, Art. 62, Rn. 7.

584 Vgl. ausführlich zur Kompetenzzuweisung nach Art. 59 Abs. 1 GG und der abweichenden Staatspraxis der völkerrechtlichen Vertretung in der Bundesrepublik m.w.N. *Rausching*, in: Bonner Kommentar, Band 9, Art. 59, Rn. 25 ff.

585 *Hartwig*, in: Umbach / Clemens, Art. 59 I, Rn. 24; *Kempen*, in: v. Mangoldt / Klein / Starck, Band 2, Art. 59, Rn. 14 ff.; *Mosler*, in: FS für Bilfinger, S. 251; *Rojahn*, in: v. Münch / Kunig, Art. 59, Rn. 6; wohl auch *Streinz*, in: Sachs, Art. 59, Rn. 10 ff. („Diese ständige Praxis lässt sich nur schwer verfassungsrechtlich rechtfertigen.“).

586 *Kempen*, a.a.O., Rn. 17 f.

587 *Butzer / Haas*, in: Schmidt-Bleibtreu / Hofmann / Henneke, Art. 59, Rn. 23; *Kempen*, a.a.O., Rn. 17.

Bundespräsidenten für völkerrechtliche Erklärungshandlungen.[588] Lediglich wenn für bestimmte Handlungsformen eine ausschließliche Zuständigkeit des Bundespräsidenten vorgesehen sei, scheide eine Delegation aus (so z.B. für die Ratifikation von Staatsverträgen).[589]

Ungeachtet der bereits aus grundsätzlichen verfassungsrechtlichen Gesichtspunkten bestehenden Skepsis gegenüber einer Delegation verfassungsrechtlicher Zuständigkeitszuteilungen ist jedenfalls die Genehmigungszuständigkeit für Kriegswaffenausfuhren *ausschließlich* der Bundesregierung als Kollegialorgan zugewiesen. Eine ausschließliche Kompetenz der gesamten Bundesregierung ergibt sich, wenn man Art. 26 Abs. 2 GG hinsichtlich seiner Regelungsintention auslegt: Der Auftrag zur Errichtung eines Rüstungskontrollregimes ist zentraler Bestandteil der verfassungsrechtlichen Wertentscheidung für den Frieden und gegen jegliche Form aggressiver Tendenzen durch den Einsatz von Kriegswaffen. Dieses Bestreben ist getragen von der Erkenntnis der friedensgefährdenden und destabilisierenden Wirkung eines nicht regulierten Waffenhandels.[590] Der hohen (sicherheits-) politischen Bedeutung der Kriegswaffenkontrolle soll durch die unmittelbare Einbindung der gesamten Bundesregierung Rechnung getragen werden. Durch die Einsetzung des Gesamtorgans obliegen die entsprechenden Entscheidungen in einem höchst sensiblen Wirtschaftsbereich einem multilateral zusammengesetzten, sich gegenseitig ergänzenden und kontrollierenden Gremium. Es entspricht nicht dem *Telos* der Norm, die Gesamtentscheidungskompetenz auf einen einzelnen Ressortminister zu übertragen.[591]

Es ist zu konstatieren, dass ausschließlich die Bundesregierung, bestehend aus dem Bundeskanzler und den Bundesministern, kollegial für die Erteilung einer Ausfuhrgenehmigung nach Art. 26 Abs. 2 GG zuständig ist. Die Delegation der Genehmigungszuständigkeit von der Bundesregierung auf das BMWi gem. § 11 Abs. 2 Nr. 4 KWKG i.V.m. § 1 Abs. 1 Nr. 4 der 1. DVO zum KWKG entspricht nicht der verfassungsrechtlichen Vorgabe.

Unabhängig der verfassungsrechtlichen Vorbehalte gegen die einfachgesetzliche Zuständigkeitsverteilung scheint die Delegation an das Bundeswirtschaftsministerien für den Bereich der Kriegswaffenexporte auch in der Sache verfehlt. Da grundsätzlich lediglich außenpolitische Koordinaten die Ausfuhr von Kriegsmaterial zu

---

588 BVerfGE 68, 1, 82 f.: [...] zumindest kraft einer vom Bundespräsidenten stillschweigend erteilten Vollmacht."; *Nettesheim*, in: Maunz / Dürig, Art. 59, Rn. 44; *Pieper*, in: Epping / Hillgruber, Art. 59, Rn. 11; *Rausching*, in: Bonner Kommentar, Band 9, Art. 59, Rn. 30 ff.; *Ress*, in: FS für Doehring, S. 803, 811; *Seidel*, Der Bundespräsident als Träger der auswärtigen Gewalt, S. 59 ff.

589 *Nettesheim*, a.a.O., Rn. 42, 44.

590 *Bothe*, in: Bonner Kommentar, Band 6, Art. 26, Rn. 1 und 32; *Fink*, in: v. Mangoldt / Klein / Starck, Band 2, Art. 26, Rn. 58 ff.; *Heintschel v. Heinegg*, in: Epping / Hillgruber, Art. 26, Rn. 29.

591 Ebenso *Epping*, Grundgesetz und Kriegswaffenkontrolle, S. 218 f.; *Kircher*, DVBl 2012, 336, 338.

rechtfertigen vermögen, wäre insoweit zumindest eine Federführung des Auswärtigen Amtes zweckmäßiger.

II. Aufgabenzuweisung an den Bundessicherheitsrat als Koordinationselement in der Kriegswaffenexportpraxis

Für Rüstungsexportanträge, die von besonderer politischer Bedeutung sind – etwa Exporte in Drittländer –, ist der Bundessicherheitsrat in der Praxis das entscheidende Gremium.[592] Zu untersuchen ist, ob die Beschlüsse des Bundessicherheitsrates endgültigen Charakter haben oder ob sie nur Empfehlungen an das Bundeskabinett bzw. ein einzelnes Ministerium darstellen. Hieran anknüpfend stellt sich die Frage der Vereinbarkeit der Staatspraxis mit der verfassungsrechtlichen Kompetenzzuweisung nach Art. 26 Abs. 2 S. 1 GG. Zunächst ist jedoch in gebotener Kürze auf den historischen Hintergrund und die Rechtsstellung der Institution einzugehen.

Der Bundessicherheitsrat ist ein ständiger Kabinettsausschuss, der, entsprechend seiner früheren Bezeichnung als Verteidigungsrat, zunächst als sicherheitspolitisches Koordinationsorgan der Bundesregierung für Verteidigungsfragen fungierte.[593] Die Gründung des Rates wurde am 6.10.1955 u.a. auf das Betreiben des damaligen Ministers für besondere Aufgaben *Franz Josef Strauß* beschlossen. Nach *Strauß* sollte die äußere Sicherheit der Bundesrepublik nicht nur Soldaten zufallen. Die Landesverteidigung sei auch von anderen Funktionen des Staates abhängig.[594] Es sollte eine ressortübergreifender Ausschuss für die bundesdeutsche Sicherheits- und Verteidigungspolitik geschaffen werden.[595] Insbesondere folgende Aufgabenbereiche sollten im Bundesverteidigungsrat behandelt werden: Militärische Verteidigung, zivile Verteidigung, wirtschaftliche Fragen und Finanzangelegenheiten.[596] Kurzzeitig wurde 1964 ein eigenes Bundesministerium für Angelegenheiten des Bundesverteidigungsrates geschaffen, u.a. mit Kompetenzen zur Koordinierung der drei bundesdeutschen Nachrichtendienste (BND, BfV, MAD). Das Ministerium wurde jedoch 1966 wieder aufgelöst, wodurch der Bundesverteidigungsrat wieder zu einem Kabinettsausschuss wurde. Schließlich wurde mit dem Amtsantritt der Regierung *Brandt* dem Gremium per Kabinettsbeschluss vom 7.6.1969 der heutige Name Bundessicherheitsrat gegeben.[597]

Die Kernaufgaben des Sicherheitsrates verschoben sich im Laufe der Jahre. Zu Beginn beschäftigte sich das Gremium vornehmlich mit der deutschen Verteidigungskonzeption und dem Aufbau der Bundeswehr. Seit Ende des Kalten

---

592 BT-Drs. 14/2816, S. 28; *Pottmeyer*, KWKG, § 11, Rn. 5a; *Zähle*, Der Staat 2005, 462, 476.

593 *Böckenförde*, Die Organisationsgewalt im Bereich der Regierung, S. 247; *Epping*, Grundgesetz und Kriegswaffenkontrolle, 224; *V. Unruh*, VVdStRl 1968, 157, 186.

594 *Strauß*, in: Bulletin der Bundesregierung 1955, Nr. 210, S. 1754.

595 *Knoll*, Das Bonner Bundeskanzleramt, S. 113.

596 *Glawe*, DVBl 2012, 329, 329; *Zähle*, Der Staat 2005, 462, 476.

597 *Glawe*, a.a.O., 329 f.

Krieges konzentriert sich der Bundessicherheitsrat vor allem auf Rüstungsexporte.[598] Die Sicherheitsratssitzungen finden anlassabhängig statt. Pro Kalenderjahr tagt das Gremium etwa zwischen vier und sechs Mal. Die Abstimmungsordnung ist den Grundsätzen, wie sie gem. § 24 Abs. 1 GOBReg für Kabinettssitzungen gelten, entsprechend. Mithin wird ein Beschluss mit der Stimmenmehrheit der anwesenden Mitglieder gefasst. Beschlussfähigkeit ist gegeben, soweit die Hälfte der Mitglieder anwesend sind.[599] Dem Bundessicherheitsrat gehören die Bundesminister der Verteidigung, des Äußeren, des Inneren, der Wirtschaft, der wirtschaftlichen Zusammenarbeit, der Justiz, der Finanzen und der Chef des Bundeskanzleramtes an. Den Vorsitz führt der Bundeskanzler (§ 2 GO-BSR). Nach Bedarf nehmen andere Bundesminister und der Generalinspekteur der Bundeswehr teil. Ihnen kommt jedoch nur beratende Funktion zu.[600]

Die Rolle des Bundessicherheitsrates bei Rüstungsexportentscheidungen von besonderer politischer Bedeutung ist diffizil. Teilweise wird angenommen der Kabinettsausschuss treffe keine endgültige Entscheidung über Ausfuhranträge. Der Bundessicherheitsrat fungiere lediglich als beratendes bzw. koordinierendes Gremium für das zuständige und letztlich entscheidende Ressort.[601] Auf der anderen Seite wird die aktuelle Exportpraxis dergestalt bewertet, dass die Entscheidungsbefugnis, an welche Empfängerstaaten deutsche Kriegswaffen geliefert werden, beim Bundessicherheitsrat liegt.[602] In der öffentlichen Wahrnehmung ist diese Auffassung vorherrschend.[603]

Dass eine endgültige Entscheidungskompetenz des Bundessicherheitsrates jedenfalls mit der Verfassungsordnung nicht in Einklang zu bringen ist und die deutsche Exportpraxis unter diesen Voraussetzungen seit Jahren gegen das Grundgesetzt verstoßen würde ist insoweit zumindest unstrittig[604]: Beschlusskompetenzen

---

598 *Böckenförde*, Die Organisationsgewalt im Bereich der Regierung, S. 247 f.; *Glawe*, Organkompetenzen und Handlungsinstrumente auf dem Gebiet der nationalen Sicherheit, S. 24 ff.; *Kircher*, DVBl 2012, 336, 337; *Zähle*, Der Staat 2005, 462.

599 *Glawe*, DVBl 2012, 329, 332 f.

600 *Epping*, Grundgesetz und Kriegswaffenkontrolle, S. 224; *Glawe*, a.a.O., 329, 330.

601 *Stern*, Das Staatsrecht der Bundesrepublik Deutschland, Band 2, S. 875; *Zähle*, Der Staat 2005., 462, 476 f.

602 *Böckenförde*, Die Organisationsgewalt im Bereich der Regierung, S. 248 f.; *Epping*, Grundgesetz und Kriegswaffenkontrolle, S. 225 f.; *Glawe*, DVBl 2012, 329, 332; *Kircher*, DVBl 2012, 336, 337; *Pottmeyer*, KWKG, § 11, Rn. 5a.

603 *Kirchner*, a.a.O., Fn. 17; vgl. auch die Aussage des parlamentarischen Staatssekretärs *Hans Joachim Ottos* in der Fragestunde des deutschen Bundestages vom 6.7.2011: „Bei etwaigen Ausfuhrvorhaben, die besonders brisant oder von besonderem Interesse sind, entscheidet in der Regel der Bundessicherheitsrat." (PlenProt 17 /119, S. 13797 (D)).

604 *Böckenförde* (Die Organisationsgewalt im Bereich der Regierung, S. 248 f) nimmt an, dass die Beteiligten zwar von einer (verfassungswidrigen) endgültigen Entscheidung durch den Bundessicherheitsrat ausgehen, jedoch durch eine Übung *contra constitutionem* eine Verfassungswandlung anstreben. Dieser Auffassung

von Kabinettsausschüssen sind verfassungsrechtlich nicht vorgesehen. Aufgrund des Grundsatzes vom *numerus clausus* der Entscheidungszuständigkeit nach dem Grundgesetz sind für Regierungsentscheidungen ausschließlich der Bundeskanzler, die Bundesminister innerhalb ihrer Ressortkompetenz oder das Gesamtkabinett als Bundesregierung vorgesehen (vgl. Art. 65 GG).[605] Es ist damit naturgemäß unvereinbar, dass ein Mitglied eines Kabinettsausschusses, wie dem Bundessicherheitsrat, durch Mehrheitsbeschluss gegen seinen eigenen Willen zu bestimmten Entscheidungen gezwungen werden könnte. Gleichfalls wäre dadurch ein Verfassungsverstoß begründet, dass einzelne dem Gesamtkabinett angehörende Ministerien von der Sachentscheidung im dezimierten Kabinettsausschuss ausgeschlossen sind.[606] Soweit also gem. Art. 26 Abs. 2 S. 1 GG eine Entscheidung der Bundesregierung erforderlich ist, ist die Zuständigkeitsverlagerung auf einen Kabinettsausschuss, wie den Bundessicherheitsrat, verfassungswidrig.[607]

Die Geschäftsordnung des Bundessicherheitsrates trägt diesen verfassungsrechtlichen Erwägungen Rechnung, wenn es in § 1 Abs. 2 heißt:

> „Der Bundessicherheitsrat *berät* Fragen der [...] Rüstungskontrolle. Er trifft *Vor*entscheidungen, soweit sie möglich sind, oder *bereitet* die einschlägigen politischen Entscheidungen der Bundeskanzlerin oder des Bundeskanzlers oder der Bundesregierung *vor.* Der Bundessicherheitsrat kann endgültig entscheiden, *soweit nicht nach dem Grundgesetz oder einem Bundesgesetz ein Beschluss der Bundesregierung erforderlich ist. [Herv. d. Verf.]*"

Ferner unterstreicht die jüngste Änderung der Geschäftsordnung des Bundessicherheitsrates vom 4.6.2014, dass eine formelle Entscheidungskompetenz nicht angestrebt ist:

> „§ 8 Absatz 1: Die Bundesregierung unterrichtet den Deutschen Bundestag über abschließende Genehmigungsentscheidungen, denen eine *Befassung des Bundessicherheitsrates vorangegangen ist. [Herv. d. Verf.]*"

Die Geschäftsordnung des Bundessicherheitsrates ist demnach verfassungskonform dahingehend auszulegen, dass nach eigenem Selbstverständnis lediglich Beschlüsse

---

hält *Epping* (Grundgesetz und Kriegswaffenkontrolle, S. 228) zu Recht entgegen, dass durch eine derartige Regierungspraxis der Verfassung entgegenstehendes Gewohnheitsrecht geschaffen würde. Ein Verstoß läge mithin gegen Art. 79 GG vor, da lediglich die Legislative in engen Grenzen, nicht aber die Exekutive die Möglichkeit zur Verfassungsänderung habe.

605 *Herzog*, in: Maunz / Dürig, Art. 64, Rn. 41 f.

606 *Böckenförde*, Die Organisationsgewalt im Bereich der Regierung, S. 248; *Herzog*, a.a.O., Art. 64, Rn. 42; *Pieroth*, in: Jarass / Pieroth, Art. 65, Rn. 6.

607 Auch eine Kompetenzverlagerung von der (seinerseits verfassungswidrigen) Ressortzuständigkeit nach § 11 Abs. 2 Nr. 4 KWKG auf den Bundessicherheitsrat stünde im Widerspruch zum *numerus clausus* der für Regierungsentscheidungen zuständigen Organe.

in Form von unverbindlichen Empfehlungen ergehen.[608] Die aufgrund ihrer Sachkompetenz involvierten Ministerien finden im Bundessicherheitsrat eine Institution, um offen (nach § 1 Abs. 2 GO-BSR sind die Sitzungen geheim) eine Bewertung hinsichtlich sensibler sicherheits- bzw. außenpolitischer Fragen vornehmen zu können. Über diese lediglich vorbereitende und beratende Funktion hinaus, wird indes keine formelle Entscheidungskompetenz im Bereich des Kriegswaffenexportes beansprucht.

Gleichwohl ist, ungeachtet der fehlenden rechtlichen Verbindlichkeit von „Vorschlägen" des Kabinettsausschusses, die Annahme, dass eine *faktische* Entscheidung hinsichtlich der Exportanfragen von besonderer politischer Bedeutung im Bundessicherheitsrat getroffen wird grundsätzlich nicht zu widerlegen.[609] Bereits die Art der Zusammensetzung des Gremiums lässt darauf schließen, dass durch den Beschluss des Sicherheitsrates regelmäßig schon ein endgültiges Ergebnis antizipiert wird.[610] Durch den internen politischen Diskurs von sieben vertretenen Bundesministern, dem Kanzleramtsminister und dem Bundeskanzler tritt zu Tage, ob sich eine Kabinettsmehrheit für ein bestimmtes Exportvorhaben findet oder nicht.[611] Differenziert man damit nun zwischen der faktisch-politischen Entscheidung des Bundessicherheitsrates und einer sich anschließenden formal-juristischen Bestätigung durch das zuständige Organ, so dokumentiert dieser Vorgang die übliche Regierungsarbeit und ist verfassungsrechtlich grundsätzlich nicht zu beanstanden.[612]

Indes entspricht der weitere Verfahrensablauf nicht der verfassungsrechtlichen Vorgabe. Nach Art. 26 Abs. 2 S. 1 GG obliegt die abschließende formal-juristische Entscheidungsbefugnis ausschließlich dem gesamten Regierungskollegium. Die Bestätigung eines vorangegangenen Ergebnisses des Bundessicherheitsrates durch den nach § 11 Abs. 2 Nr. 4 KWKG i.V.m. § 1 Abs. 1 Nr. 4 der 1. DVO zum KWKG für zuständig erklärten Bundeswirtschaftsminister ist entsprechend dem zuvor gefundenen Ergebnis ungenügend. Danach ist zu konstatieren, dass die Beschlüsse des Bundessicherheitsrates keinen Verstoß gegen verfassungsrechtliche Kompetenzzuweisungen darstellen. Jedoch mangelt es im weiteren ausfuhrrechtlichen Procedere an der formalen Bestätigung der Empfehlung des Bundessicherheitsrates durch die Bundesregierung.

608 Vgl. auch BT-Drs. 14/2470.

609 *Epping*, Grundgesetz und Kriegswaffenkontrolle, S. 226.

610 *Busse*, Bundeskanzleramt und Bundesregierung, S. 91; *Herzog*, in: Maunz / Dürig, Art. 64, Rn. 44; *Zähle*, Der Staat 2005, 462, 478.

611 Dessen ungeachtet ist es theoretisch selbstverständlich möglich, dass bei einer späteren Befassung im Bundeskabinett einzelne nicht im Sicherheitsrat vertretende Minister ein vorangegangenes Votum nicht mittragen.

612 *Herzog*, in: Maunz / Dürig, Art. 64, Rn. 44.

III. Konsequenzen der verfassungswidrigen Genehmigungspraxis

Nunmehr gilt zu prüfen, welche rechtlichen Folgen die im Widerspruch zu Art. 26 Abs. 2 S. 1 GG stehende Delegation der Genehmigungszuständigkeit an das BMWi hat.

Abzulehnen ist jedenfalls eine Rechtfertigung der bisherigen Staatspraxis aufgrund eines sich im Laufe der Zeit entwickelten Verfassungsgewohnheitsrechts. Die grundsätzlichen Bedenken, die sich gegen die Herausbildung eines entsprechenden Gewohnheitsrechts formulieren lassen, sind in der verfassungsrechtlichen Rechtsprechung und Literatur zureichend geäußert worden. So steht der Bildung von Gewohnheitsrecht die Regelung des Art. 79 Abs. 1 GG entgegen, wonach ein dem Wortlaut des Grundgesetzes entgegenstehendes Recht regelmäßig unzulässig ist.[613] Eine ergänzende Staatspraxis, jenseits der geschriebenen Verfassungsordnung, soll danach unterbunden werden. Da Art. 26 Abs. 2 S. 1 GG insoweit ausdrücklich die Bundesregierung als zuständige Genehmigungsstelle ausweist, lässt sich eine hiervon abweichende Genehmigungspraxis nicht gewohnheitsrechtlich rechtfertigen.

Die Auswirkungen des Zuständigkeitsmangels infolge der Erteilung von Ausfuhrgenehmigungen durch das (unzuständige) BMWi sind zunächst nach allgemeinen verwaltungsrechtlichen Grundsätzen zu beurteilen.[614] Danach sind die Ausfuhrbescheide, welche unzweifelhaft als Verwaltungsakte (§ 35 S. 1 VwVfG) einzuordnen sind, aufgrund des Verfahrensfehlers zumindest formell rechtswidrig. Als verfassungsunmittelbare Zuständigkeitszuweisung ist Art. 26 Abs. 2 S. 1 GG verletzt. Fraglich ist, ob die bislang erteilten rechtswidrigen Bescheide des BMWi darüber hinaus auch unwirksam, also nichtig sind.

So führt die Rechtswidrigkeit eines unter Verfahrensverstoßes erteilten Verwaltungsakts nicht zwingend zu dessen Unwirksamkeit. Dem liegt die Grundvorstellung zugrunde, dass die Wirksamkeit eines Verwaltungsakts nicht von seiner Rechtmäßigkeit abhängt (§ 43 Abs. 2 und 3 VwVfG). Lediglich ein Verwaltungsakt, der an einem besonders schwerwiegenden Fehler leidet und dieser Fehler bei verständiger Würdigung aller in Betracht kommender Umstände offensichtlich ist, entfaltet keine Wirksamkeit. Er ist in diesem Fall nach § 44 VwVfG nichtig.[615]

Um vorliegend eine Nichtigkeit der bislang ergangenen Entscheidungen des BMWi über Anträge zu Kriegswaffenausfuhren anzunehmen, müsste der Verstoß gegen die verfassungsrechtliche Kompetenzzuweisung derart schwer wiegen, dass die intendierten Rechtswirkungen nach Art und Ausmaß nicht hinnehmbar sind.

Allein die Tatsache, dass die Zuständigkeitszuweisung an das BMWi nach § 11 Abs. 2 Nr. 4 KWKG i.V.m. § 1 Abs. 1 Nr. 4 der 1. DVO zum KWKG verfassungswidrig

---

613 BVerfGE 11, 78, 87; 34, 216, 230; 45, 1, 33; *Herdegen*, in: Maunz / Dürig, Art. 79, Rn. 30; *Pieroth*, in: Jarass / Pieroth, Art. 79, Rn. 3; *Sachs*, in: Sachs, Einf., Rn. 11 f.

614 Vgl. hierzu auch *Epping*, Grundgesetz und Kriegswaffenkontrolle, S. 228 - 231.

615 *Kopp / Ramsauer*, VwVfG, § 44, Rn. 8 ff.

ist, führt jedenfalls nicht unweigerlich zur Nichtigkeit der Ausfuhrbescheide.[616] Eine konkrete Überprüfung hat nach Maßgabe des § 44 VwVfG zu erfolgen.

Im Gegensatz zu Verstößen gegen die örtliche Zuständigkeit enthält § 44 Abs. 2 und 3 VwVfG keine ausdrückliche Regelung zum hier vorliegenden sachlichen Zuständigkeitsmangel. Jedoch führt nach der Rechtsprechung ein sachlicher Zuständigkeitsmangel zur Nichtigkeit des Verwaltungsaktes nach § 44 Abs. 1 VwVfG, wenn die mit dem Verwaltungsakt geregelten Angelegenheiten unter keinem sachlichen Gesichtspunkt Bezug zum Aufgabenbereich der handelnden Behörde aufweisen und dies auch offenkundig ist.[617]

Ein solch evidenter Zuständigkeitsverstoß liegt bei einer Bescheidung durch das BMWi nicht vor.[618] Vielmehr ist das BMWi bzw. das im Geschäftsbereich des Ministeriums stehende BAFA grundsätzlich für das gesamte exportkontrollrechtliche Verfahren originär zuständig.[619] Einzig im Bereich der Kriegswaffenexporte besteht wegen des besonderen Gefahrenpotentials dieser Waffen von Verfassungs wegen eine ausschließliche Zuständigkeit der gesamten Bundesregierung. Mithin wurden entsprechende Ausfuhranträge bislang nicht von einem gänzlich fachfremden Ressort beschieden. Ferner kann von einer Offenkundigkeit des Zuständigkeitsmangels keine Rede sein, wenn selbst in der juristischen Fachliteratur die Zuständigkeitszuweisung aus Art. 26 Abs. 2 S. 1 GG unterschiedlich interpretiert wird.[620]

Demzufolge sind die formell fehlerhaften Ausfuhrentscheidungen des BMWi zwar rechtswidrig, aber bis zu einer jeweiligen Aufhebung wirksam.

Dieser rechtswidrige Zustand kann vornehmlich durch die Anfechtung der Bescheide beseitigt werden (§ 113 Abs. 1 S. 1 VwGO). In einem dies betreffenden Rechtsstreit zwischen der Behörde und einem Konkurrenten des begünstigten Exporteurs, müsste das zuständige Verwaltungsgericht bei Zweifeln an der Gültigkeit der Kompetenzzuweisung an das BMWi nach § 11 Abs. 2 Nr. 4 KWKG i.V.m. § 1 Abs. 1 Nr. 4 der 1. DVO zum KWKG das Verfahren aussetzen und eine Entscheidung des BVerfG einholen (§ 100 Abs. 1 S. 1, Var. 2 GG). Im Rahmen der konkreten Normenkontrolle würde das BVerfG die einfachgesetzliche Zuständigkeitszuweisung hinsichtlich eines Verstoßes gegen Verfassungsrecht, *in concreto* Art. 26 Abs. 2 S. 1 GG, überprüfen.

Dass eine Vorlage an das BVerfG bislang noch nicht erfolgt ist, obgleich die Verfassungsmäßigkeit der Kompetenzzuweisung an das BMWi zumindest in der

616 Vgl. BVerwGE 136, 1, 20; 58, 300, 324; VGH Kassel NJW 1980, 2723; *Sachs*, in: Stelkens / Bonk / Sachs, § 44, Rn. 105.

617 BVerwG DVBl 1992, 568, 569; NVwZ 1998, 1061, 1062; VGH Kassel NVwZ-RR 1989, 631; VG Freiburg NVwZ 1990, 594; *Kopp / Ramsauer*, VwVfG, § 44, Rn. 15; *Sachs*, a.a.O., § 44, Rn. 111.

618 Ebenso *Epping*, Grundgesetz und Kriegswaffenkontrolle, S. 229 f.

619 *Weith*, Die exportkontrollrechtliche Ausfuhrgenehmigung, S. 31.

620 Hierzu Zweiter Teil, B, I.

juristischen Literatur schon seit längerer Zeit angezweifelt wird[621], liegt an der besonderen Interessenlage der beteiligten Rüstungsunternehmen. So sind regelmäßig einzig die Konkurrenzunternehmen im Rahmen einer Drittanfechtungsklage (§ 42 Abs. 1 Alt. 1 VwGO) gegen eine begünstigende Bescheidung des Antragstellers klagebefugt.[622] Andernfalls, bei einem Ablehnungsbescheid, könnte das beantragende Unternehmen eine Verpflichtungsklage (§ 42 Abs. 1 Alt. 2 VwGO) auf Erlass einer Ausfuhrgenehmigung erheben. Gerade die betroffenen Kriegswaffenexporteure haben jedoch gewöhnlich kein Interesse an einer klageweisen Durchsetzung ihrer Ansprüche. Zum einen sind die Erfolgsaussichten entsprechender Klagen schon als gering zu bewerten, da die Behörden einen sehr weiten Beurteilungs- und Ermessensspielraum bei der Prüfung von Ausfuhranträgen haben.[623] Zum anderen besteht seitens der Rüstungsunternehmen offenkundig auch kein Interesse an einer gemeingültigen Feststellung der Verfassungswidrigkeit der derzeitigen Genehmigungspraxis. Unliebsame Folge wäre eine Zuständigkeitsverlagerung für alle Entscheidungen über Kriegswaffenexporte vom BMWi auf die gesamte Bundesregierung. Dies würde nicht nur zu Verzögerungen im Genehmigungsverfahren führen. Auch, dass im BMWi (volks-) wirtschaftliche Aspekte bei der Beurteilung von Exportgeschäften in höherem Maße Berücksichtigung finden als bei einer ressortübergreifenden Zuständigkeit der gesamten Bundesregierung, wird nicht von der Hand zu weisen sein.

Ferner wären Bestrebungen der politischen Opposition im Bundestag[624] im Wege eines abstrakten Normenkontrollverfahrens eine Entscheidung des BVerfG zur Verfassungsmäßigkeit der Zuständigkeitsdelegation nach § 11 Abs. 2 Nr. 4 KWKG i.V.m. § 1 Abs. 1 Nr. 4 der 1. DVO zum KWKG herbeizuführen derzeit nicht erfolgsversprechend. So werden die hohen Anforderungen nach Art. 93 Abs. 1 Nr. 2 GG, § 76 Abs. 1 BVerfGG, wonach für eine Antragsberechtigung ein Viertel der Mitglieder des Bundestages erforderlich sind[625], nach momentanem politischen Kräfteverhältnis im Deutschen Bundestag nicht erfüllt werden können. Ebenfalls ist ein

---

621 Die ausführliche Bewertung *Eppings* (Grundgesetz und Kriegswaffenkontrolle, S. 210 - 224) datiert auf das Jahr 1993.

622 Zu beachten ist im Rahmen eines Anfechtungsbegehrens von Dritten, dass einzig die Rüge der sachlichen Unzuständigkeit für eine Bejahung der Klagebefugnis nicht zureichend ist, da Zuständigkeitsregelungen grundsätzlich keinen Drittschutz vermitteln (vgl. BVerfGE 27, 297; BVerwG NVwZ 1984, 38; OVG NRW NVwZ 2003, 361).

623 *Moltmann*, HFSK-Report 1/2011, S. 5 ff.; *Raap*, NJW 1997, 508, 508 f.

624 Vgl. etwa die Forderung von Mitgliedern der Fraktion Bündnis 90/Die Grünen an die Bundesregierung vom 20.5.2015 (BT-Drs. 18/4940, S. 4).: „Der Deutsche Bundestag fordert die Bundesregierung auf, [...] § 11 Abs. 2 KWKG zu streichen und damit die verfassungswidrige Delegation der Entscheidungen über Kriegswaffen vom Bundeskabinett auf das Wirtschaftsressort zu beenden und sicherzustellen, dass künftig das Bundeskabinett als Ganzes an Stelle des Bundessicherheites entscheidet [...]".

625 BVerfGE 68, 346, 350.

Verfassungsstreit zwischen einzelnen (nicht im Bundessicherheitsrat vertretenen) Bundesministern und der Bundesregierung über eine Beteiligung im Genehmigungsverfahren nach dem KWKG als realitätsfern zu bewerten.[626]

In Anbetracht dessen ist es bedauerlich, dass das BVerfG jüngst in seiner Entscheidung zum Informationsrecht des Bundestages über Rüstungsexporte die seltene Gelegenheit nicht nutzte, um Stellung zu der gefestigten Genehmigungspraxis zu beziehen[627]:

> „Es bedarf vorliegend keiner Entscheidung, ob die Bundesregierung zur Einrichtung des Bundessicherheitsrates und zur Übertragung der Entscheidungsbefugnis über Kriegswaffenexportanträge auf diesen oder auf einzelne Bundesminister berechtigt ist. Denn im Rechtsverhältnis zum Deutschen Bundestag und seinen Mitgliedern sind die Genehmigungsentscheidungen nach Art. 26 II 1 GG der Bundesregierung zuzuordnen und durch diese unmittelbar gegenüber dem Parlament und mittelbar gegenüber dem Volk zu verantworten, gleich ob sie durch Kabinett, durch einen von diesem eingesetzten Ausschuss oder durch einen Minister getroffen werden. Genauso wenig, wie die Bundesregierung sich durch eine Delegation der ihr durch das Grundgesetz zugewiesenen Entscheidungsbefugnisse ihrer Verantwortung für die getroffenen Entscheidungen entledigen kann, führt eine solche Delegation - gleich ob zulässig oder unzulässig - dazu, dass die Entscheidung des Ministers und die darauf bezogene Willensbildung im Bundessicherheitsrat den Charakter des Regierungshandelns verlören und dem Kernbereich exekutiver Eigenverantwortung entzogen wären. Ein möglicher Verstoß gegen ein aus der Verfassung abzuleitendes Delegationsverbot änderte nichts daran, dass die Willensbildung im Bundessicherheitsrat im System der Gewaltenteilung der Regierung zuzuordnen ist, zumal in diesem Unterausschuss des Regierungskollegiums allein Regierungsmitglieder stimmberechtigt sind."

Mit dieser Begründung betont das Gericht lediglich, dass sich die Bundesregierung durch eine Delegation der Genehmigungszuständigkeit jedenfalls einer *politischen* Verantwortlichkeit vor dem Parlament nicht entziehen könne. Die sich dabei aufdrängende grundsätzliche Frage, ob denn die Delegation der verfassungsrechtlichen Kompetenz aus Art. 26 Abs. 2 S. 1 GG auf einen einzelnen Ressortminister zulässig ist, bleibt unbeantwortet.

Somit ist auch weiterhin nicht abzusehen, dass sich an der derzeitigen, nach hier vertretener Auffassung, verfassungswidrigen Genehmigungspraxis künftig etwas ändern wird.

---

626 Zur Parteifähigkeit von Bundeministern im Organstreitverfahren nach Art. 93 Abs. 1 Nr. 1 GG, §§ 13 Nr. 5, 63 ff. BVerfGG BVerfGE 45, 1, 3, *Sachs*, in: Bonner Kommentar, Band 13, Art. 93, Rn. 96 m.w.N.

627 BVerfGE 137, 185., 238.

IV. Zwischenergebnis

Im Ergebnis dürfen Kriegswaffen entsprechend der ausdrücklichen Vorgabe aus Art. 26 Abs. 2 S. 1 GG „nur mit Genehmigung der Bundesregierung“ exportiert werden. Die Delegation der Genehmigungszuständigkeit von der Bundesregierung als Kollegialorgan auf den Bundeswirtschaftsminister ist verfassungswidrig. Die Einbindung des Bundessicherheitsrates zur Entscheidungsfindung bei Exportanträgen von besonderer politischer Bedeutung ist zulässig. Jedoch erfolgt danach in der Genehmigungspraxis keine endgültige Befassung durch die Bundesregierung, womit auch diese besonders sensiblen Entscheidungen durch eine unzuständige Behörde erfolgen. Infolgedessen sind die bislang erteilten Exportgenehmigungen wegen Zuständigkeitsmangels rechtswidrig. Darüber hinaus ist nicht auch von einer Nichtigkeit der Staatsakte auszugehen, da die bislang ergangenen Bescheide nicht an offensichtlichen und besonders schwerwiegenden Fehlern leiden.

Resümee

Für den politisch und gesellschaftlich hochbrisanten Bereich der Kriegswaffenexporte existiert in Deutschland ein komplexes Kontrollregime. Den normativen Ausgangspunkt und gleichzeitig die grundlegende Direktive für das Kontrollverfahren gibt das Grundgesetz in Art. 26 Abs. 2 GG vor. Angesichts der geschichtlichen Erfahrungen und in der Erkenntnis des besonderen Gefahrenpotentials von Kriegswaffen ist die Verbreitung deutschen Kriegsmaterials in schärfster Form beschränkt. Im Entstehungsprozess des Verfassungstextes artikulierte *Carlo Schmid* die damals weitverbreitete Grundeinstellung zum Umgang mit Kriegswaffen dergestalt, man wolle „eine klare und unverklausulierte Erklärung abgeben, daß in Deutschland keine Kanonen mehr gebaut werden sollen, nicht nur für uns, sondern auch für andere nicht."[1] Eingang in das Grundgesetz fand schließlich ein grundsätzliches Exportverbot von Kriegswaffen, von welchem nur in begründeten Ausnahmefällen mit Genehmigung der Bundesregierung abgewichen werden kann (repressives Verbot mit Befreiungsvorbehalt).

Die Diskrepanz zwischen einst formuliertem und auch weiterhin geltendem Anspruch einerseits und der Rüstungsexportpraxis andererseits tritt nicht nur in der politischen Debattenkultur offen zu Tage, sondern manifestiert sich auch in den jährlich veröffentlichten Exportstatistiken der Bundesregierung. Im Jahre 2013 war Deutschland weltweit drittgrößter Waffenexporteur, wobei 62 Prozent der Rüstungsgüter in Länder außerhalb des NATO-Bündnisses und der EU ausgeführt wurden.[2]

Diese Entwicklung ist nicht zuletzt den rechtlichen Strukturen des hiesigen Kontrollsystems geschuldet. Zwar normiert das KWKG fakultative (§ 6 Abs. 2 KWKG) und obligatorische (§ 6 Abs. 3 KWKG) Versagungsgründe, die einer Ausfuhrkonzession grundsätzlich entgegenstehen. Gleichwohl verbleibt der Behörde bei der Bewertung eines dem Exportgeschäft zugrundeliegenden außen- bzw. sicherheitspolitischen Sachverhaltes naturgemäß ein erheblicher Beurteilungsspielraum. Auch das von der Bundesregierung geschaffene Handlungsinstrumentarium der Politischen Grundsätze für Rüstungsexporte vermag die Konturenschärfe der rechtlichen Rahmenbedingungen im Verwaltungsverfahren nicht entscheidend zu stärken. Obgleich die Grundsätze formal einer werteorientierten Rüstungsexportpolitik Ausdruck verleihen, fehlt es den Bestimmungen an normativer Kraft; sie geben keine verbindlichen justitiablen Koordinaten vor. Daneben steht es der Bundesregierung frei, ihre Kriegswaffenexportpolitik sicherheitspolitisch zu rechtfertigen. Eine entsprechende Informationspflicht vor dem Parlament besteht nach der neuesten

1 *Doemming / Füsslein / Matz*, JÖR 1, 1951, 241.
2 Rüstungsexportbericht der Bundesregierung 2013, S. 6; SIPRI, Trends in international Arms Transfers, 2013, S. 3.

Rechtsprechung des BVerfG nicht.[3] Trotz des komplexen Ausfuhrkontrollregimes werden Genehmigungen letztlich einzelfallbezogen und unter Abwägung verschiedenster Faktoren erteilt. Dabei ist die Entscheidungsfindung in hohem Maß von politischen Opportunitäten abhängig. Die Worte *Carlo Schmids* sind heute weitgehend in Vergessenheit geraten.

3 BVerfGE 137, 185, Ls. Nr. 2a: „[...] Die Bundesregierung ist nur verpflichtet [...], Abgeordneten des Deutschen Bundestages auf entsprechende Anfrage hin mitzuteilen, dass der Bundessicherheitsrat ein bestimmtes, das heißt hinsichtlich des Rüstungsguts, des Auftragsvolumens und des Empfängerlandes konkretisiertes Kriegswaffenexportgeschäft genehmigt hat oder dass eine Genehmigung für ein wie in der Anfrage beschriebenes Geschäft nicht erteilt worden ist. Darüber hinausgehende Angaben sind verfassungsrechtlich nicht geboten."

Zusammenfassung der Untersuchungsergebnisse

1. Der Export von Kriegswaffen aus deutschem Hoheitsgebiet unterliegt nach Art. 26 Abs. 2 S. 1 GG der Genehmigungspflicht. Im Rahmen des Transportes klassischer Kriegswaffen bedarf es einer Genehmigung der Bundesregierung für den Sachverhalt der Beförderung (Art. 26 Abs. 2 S. 1, 2. Alt. GG) und des Inverkehrbringens (Art. 26 Abs. 2 S. 1, 3. Alt. GG). Dabei betrifft die Bewertung des Beförderungsvorgangs vornehmlich das Wegerisiko, einschließlich der Zuverlässigkeit der Transportpersonen. Charakterisierende Gefahr des Inverkehrbringens ist in der Regel der Verwendungsvorbehalt des Empfängerlandes sowie die Einhaltung völkerrechtlicher Verpflichtungen.
2. Beim grenzüberschreitenden Handel auf „elektronischen Wege" mit zur Kriegsführung geeigneter Computersoftware ist mangels eines physischen Transports keine Beförderungsgenehmigung erforderlich. Der Genehmigungspflicht unterliegt lediglich das Inverkehrbringen des Materials.
3. Entsprechend dem verfassungsrechtlich vorgegebenen Doppelgenehmigungserfordernis bedarf es nach dem KWKG für den Vorgang der Kriegswaffenausfuhr einer Inverkehrbringungesgenehmigung nach § 2 Abs. 2 KWKG und einer Beförderungsgenehmigung nach § 3 Abs. 3 KWKG.
4. Der formelle Kriegswaffenbegriff des KWKG, wonach Kriegswaffen nur solche Gegenstände, Stoffe und Organismen sind, die Einhalt in die Kriegswaffenliste gefunden haben, bleibt hinter der Vorgabe aus Art. 26 Abs. 2 GG zurück. Dem Genehmigungsverfahren ist ein materieller Kriegswaffenbegriff zugrunde zu legen.
5. Nach materiellem Begriffsverständnis sind zur Kriegsführung bestimmte Waffen im Sinne von Art. 26 Abs. 2 GG solche Waffen, die objektiv geeignet und vom Verwender dazu bestimmt sind, bei bewaffneten Konflikten erhebliche Zerstörung oder Schäden an Personen oder Sachen zu verursachen.
   a) Das verfassungsrechtliche Verständnis von Krieg beschränkt sich nicht auf Auseinandersetzungen zwischen Staaten. Dem *Telos* von Art. 26 GG entsprechend sind auch innerstaatliche Auseinandersetzungen oberhalb der Schwelle, wie sie in Art. 1 Abs. 2 ZP II konkretisiert ist, vom Schutzzweck erfasst.
   b) Die den verfassungsrechtlichen Kriegsbegriff einengende Restriktion auf zwischenstaatliche Konflikte nach § 1 Abs. 2 KWKG ist wegen Verstoßes gegen höherrangiges Recht unzulässig und damit unbeachtlich.
   c) Mit der Wortwahl „zur Kriegsführung bestimmte Waffen" verlangt der Verfassungsgeber eine subjektive, vom Inhaber der Waffe abhängige Zweckbestimmung. Gleichwohl spricht eine Vermutung für einen Verwendungsvorbehalt zur Kriegsführung, je höher das Schädigungspotential der

betreffenden Waffe ist. Klassische Kriegswaffen fallen somit regelmäßig aufgrund ihres hohen Schädigungspotentials ohne besondere Vorprüfung unter das Genehmigungsverfahren nach dem KWKG.

6. Der Kriegswaffenexport unterliegt nach Art. 26 Abs. 2 GG einem repressivem Verbot mit Befreiungsvorbehalt, d.h. der Verfassungsgeber misst Kriegswaffen vom Grundsatz her eine friedensgefährdende Wirkung bei. Nur in begründeten Ausnahmefällen kann diese Vermutung widerlegt werden.
7. Entsprechend der verfassungsrechtlichen Vorgabe sind auch die einfachgesetzlichen Genehmigungsvorbehalte der §§ 2 – 4a KWKG als repressive Verbote mit Befreiungsvorbehalt zu bewerten.
8. Durch die Restriktionen im Bereich des Kriegswaffenexportes werden deutsche Kriegswaffenexporteure in ihrem Grundrecht auf freie wirtschaftliche Betätigung aus Art. 12 Abs. 1 GG eingeschränkt. Der Eingriff findet regelmäßig seine Rechtfertigung in den Schutzgütern des KWKG. Das KWKG dient der Friedenssicherung, dem Schutz des deutschen Ansehens im Ausland und der inneren Sicherheit.
9. Im Rahmen von § 6 Abs. 2 KWKG hat die Genehmigungsbehörde nach pflichtgemäßem Ermessen über die Erteilung einer Ausfuhrgenehmigung zu entscheiden. Durch die Hervorhebung von Versagungstatbeständen gibt der Gesetzgeber allerdings vor, wann eine Genehmigung regelmäßig nicht zu erteilen ist. Mithin ist durch den Negativkatalog die Richtung der Ermessensbetätigung vorgezeichnet. Eine Entscheidung entgegen der gesetzlichen Intention ist nur in Ausnahmefällen einer Rechtfertigung zugänglich.
10. Beförderer im Sinne von § 6 Abs. 2 Nr. 2b KWKG ist der Spediteur des Materials (§ 453 HGB) und der Frachtführer (§ 407 HGB). Der unmittelbar ausführende Fahrer ist nicht als Beförderer im Sinne der Vorschrift anzusehen.
11. Die Politischen Grundsätze der Bundesregierung für den Export von Kriegswaffen und sonstigen Rüstungsgütern sind ermessenslenkende Verwaltungsvorschriften. Über den Grundsatz der Selbstbindung der Verwaltung können die Grundsätze für den Antragsteller nach Art. 3 Abs. 1 GG mittelbare Außenwirkung entfalten.
12. Die nach den Politischen Grundsätzen erforderliche Endverbleibserklärung mit Reexportvorbehalt ist aufgrund der rechtsgeschäftlichen Verzichtserklärung des Importstaates völkerrechtlich zulässig.
13. Den Politischen Grundsätzen fehlt es an normativer Kraft. Sie geben keinen verbindlichen Rechtsrahmen vor. Die Genehmigungen werden grundsätzlich einzelfallbezogen und unter Abwägung verschiedener Faktoren erteilt. Für die Antragsteller fehlt es regelmäßig an der Vorhersehbarkeit der Verwaltungsentscheidung.
14. Nach der jüngsten Rechtsprechung des BVerfG ist das Parlament auf entsprechende Anfrage zu informieren, ob der Bundessicherheitsrat ein bestimmtes, das heißt hinsichtlich des Rüstungsguts, des Auftragsvolumens und des Empfängerlandes konkretisiertes Kriegswaffenexportgeschäft genehmigt hat oder eine entsprechende Genehmigung nicht erteilt worden ist. Verfassungsrechtlich

geboten wäre darüber hinaus auch eine entsprechende Pflicht zur Darlegung der sicherheitspolitischen Motive für konkrete Rüstungsexportgeschäfte.

15. Die Grundsätze der Bundesregierung zur Prüfung der Zuverlässigkeit von Exporteuren von Kriegswaffen und rüstungsrelevanten Gütern sind rechtlich als gesetzesvertretende bzw. ergänzende Verwaltungsvorschriften einzuordnen.
16. Die weitreichende Inanspruchnahme des Ausfuhrverantwortlichen (Nr. 5 2. Alt. der Zuverlässigkeitsgrundsätze) entspricht nicht dem Grundsatz vom Vorbehalt des Gesetzes.
17. Die vorläufige Versagung einer Ausfuhrgenehmigung bei Vorliegen tatsächlicher Anhaltspunkte für einen Gesetzesverstoß durch den Ausfuhrverantwortlichen (Nr. 3 der Zuverlässigkeitsgrundsätze) ist zulässig. Die Behörde hat den Antragsteller jedoch darüber in Kenntnis zu setzen, dass vorläufig keine Genehmigung erteilt wird.
18. Zuständig für die Erteilung einer Kriegswaffenexportgenehmigung ist die Bundesregierung als Kollegialorgan.
    a) Die Delegation der Genehmigungszuständigkeit von der Bundesregierung auf das BMWi gem. § 11 Abs. 2 Nr. 4 KWKG i.V.m. § 1 Abs. 1 Nr. 4 der 1. DVO zum KWKG ist verfassungswidrig.
    b) Die Einbindung des Bundessicherheitsrates zur Entscheidungsfindung bei Exportanträgen von besonderer politischer Bedeutung ist zulässig. Jedoch muss eine formal-juristische Bestätigung der Entscheidung des Bundessicherheitsrat durch die Bundesregierung erfolgen. Da dieses Erfordernis in der derzeitigen Genehmigungspraxis nicht erfüllt wird, sind die bislang erteilten Kriegswaffenexportgenehmigungen wegen Zuständigkeitsmangels rechtswidrig. Darüber hinaus ist nicht auch von einer Nichtigkeit der Staatsakte auszugehen, da die bislang ergangenen Bescheide nicht an offensichtlichen und besonders schwerwiegenden Fehlern leiden.

Anlage A: Das Kriegswaffenkontrollgesetz (KWKG)

Ausführungsgesetz zu Artikel 26 Abs. 2 des Grundgesetzes (Gesetz über die Kontrolle von Kriegswaffen)
Ausfertigungsdatum: 20.04.1961
Vollzitat:
„Gesetz über die Kontrolle von Kriegswaffen in der Fassung der Bekanntmachung vom 22. November 1990 (BGBl. I S. 2506), das zuletzt durch Artikel 30 der Verordnung vom 31. August 2015 (BGBl. I S. 1474) geändert worden ist"

Stand: Neugefasst durch Bek. v. 22.11.1990 I 2506; zuletzt geändert durch Art. 30 V v. 31.8.2015 I 1474

Erster Abschnitt Genehmigungsvorschriften

§ 1 Begriffsbestimmung

(1) Zur Kriegsführung bestimmte Waffen im Sinne dieses Gesetzes (Kriegswaffen) sind die in der Anlage zu diesem Gesetz (Kriegswaffenliste) aufgeführten Gegenstände, Stoffe und Organismen.
(2) Die Bundesregierung wird ermächtigt, durch Rechtsverordnung mit Zustimmung des Bundesrates die Kriegswaffenliste entsprechend dem Stand der wissenschaftlichen, technischen und militärischen Erkenntnisse derart zu ändern und zu ergänzen, daß sie alle Gegenstände, Stoffe und Organismen enthält, die geeignet sind, allein, in Verbindung miteinander oder mit anderen Gegenständen, Stoffen oder Organismen Zerstörungen oder Schäden an Personen oder Sachen zu verursachen und als Mittel der Gewaltanwendung bei bewaffneten Auseinandersetzungen zwischen Staaten zu dienen.
(3) Für Atomwaffen im Sinne des § 17 Abs. 2, für biologische und chemische Waffen im Sinne der Kriegswaffenliste sowie für Antipersonenminen und Streumunition im Sinne von § 18a Abs. 2 gelten die besonderen Vorschriften des Dritten und Vierten Abschnitts sowie die Strafvorschriften der §§ 19 bis 21.

§ 2 Herstellung und Inverkehrbringen

(1) Wer Kriegswaffen herstellen will, bedarf der Genehmigung.
(2) Wer die tatsächliche Gewalt über Kriegswaffen von einem anderen erwerben oder einem anderen überlassen will, bedarf der Genehmigung.

§ 3 Beförderung innerhalb des Bundesgebietes

(1) Wer Kriegswaffen im Bundesgebiet außerhalb eines abgeschlossenen Geländes befördern lassen will, bedarf der Genehmigung.

(2) Der Genehmigung bedarf ferner, wer Kriegswaffen, die er hergestellt oder über die er die tatsächliche Gewalt erworben hat, im Bundesgebiet außerhalb eines abgeschlossenen Geländes selbst befördern will.
(3) Kriegswaffen dürfen nur eingeführt, ausgeführt oder durch das Bundesgebiet durchgeführt werden, wenn die hierzu erforderliche Beförderung im Sinne des Absatzes 1 oder 2 genehmigt ist oder hierzu eine Allgemeine Genehmigung gemäß Absatz 4 erteilt wurde.
(4) Unbeschadet der Regelung des § 27 kann eine Allgemeine Genehmigung erteilt werden
1. für die Beförderung von Kriegswaffen zum Zweck der Durchfuhr durch das Bundesgebiet,
2. für die Beförderung von Kriegswaffen zum Zweck der Einfuhr an die Bundeswehr,
3. für die Beförderung von Kriegswaffen zum Zweck der Einfuhr an im Bundesgebiet ansässige Unternehmen, die gemäß § 9 des Außenwirtschaftsgesetzes in Verbindung mit einer auf Grund dieser Vorschrift erlassenen Rechtsverordnung zertifiziert sind,
4. für die Beförderung von Kriegswaffen zwischen im Bundesgebiet ansässigen Unternehmen, die gemäß § 9 des Außenwirtschaftsgesetzes in Verbindung mit einer auf Grund dieser Vorschrift erlassenen Rechtsverordnung zertifiziert sind,
5. für die Beförderung von Kriegswaffen innerhalb des Bundesgebietes von Unternehmen, die gemäß § 9 des Außenwirtschaftsgesetzes in Verbindung mit einer auf Grund dieser Vorschrift erlassenen Rechtsverordnung zertifiziert sind, an die Bundeswehr sowie von der Bundeswehr durch diese Unternehmen an sich sowie
6. für die Beförderung von Kriegswaffen zum Zweck der Verbringung an Unternehmen, die in einem anderen Mitgliedstaat der Europäischen Union ansässig sind und in diesem Mitgliedstaat gemäß Artikel 9 der Richtlinie 2009/43/EG des Europäischen Parlaments und des Rates vom 6. Mai 2009 zur Vereinfachung der Bedingungen für die innergemeinschaftliche Verbringung von Verteidigungsgütern (ABl. L 146 vom 10.6.2009, S. 1) zertifiziert sind.

§ 4 Beförderung außerhalb des Bundesgebietes

(1) Wer Kriegswaffen, die außerhalb des Bundesgebietes ein- und ausgeladen und durch das Bundesgebiet nicht durchgeführt werden, mit Seeschiffen, die die Bundesflagge führen, oder mit Luftfahrzeugen, die in die Luftfahrzeugrolle der Bundesrepublik eingetragen sind, befördern will, bedarf der Genehmigung.
(2) Für die Beförderung von Kriegswaffen im Sinne des Absatzes 1 in und nach bestimmten Gebieten kann auch eine Allgemeine Genehmigung erteilt werden.

§ 4a Auslandsgeschäfte

(1) Wer einen Vertrag über den Erwerb oder das Überlassen von Kriegswaffen, die sich außerhalb des Bundesgebietes befinden, vermitteln oder die Gelegenheit zum Abschluß eines solchen Vertrags nachweisen will, bedarf der Genehmigung.
(2) Einer Genehmigung bedarf auch, wer einen Vertrag über das Überlassen von Kriegswaffen, die sich außerhalb des Bundesgebietes befinden, abschließen will.
(3) Die Absätze 1 und 2 sind nicht anzuwenden, wenn die Kriegswaffen in Ausführung des Vertrags in das Bundesgebiet eingeführt oder durchgeführt werden sollen.
(4) Für Vermittlungs- und Überlassungsgeschäfte im Sinne der Absätze 1 und 2 von Unternehmen, die selbst Kriegswaffen innerhalb der Europäischen Union herstellen, kann eine Allgemeine Genehmigung erteilt werden.

§ 5 Befreiungen

(1) Einer Genehmigung nach den §§ 2 bis 4a bedarf nicht, wer unter der Aufsicht oder als Beschäftigter eines anderen tätig wird. In diesen Fällen bedarf nur der andere der Genehmigung nach den §§ 2 bis 4a.
(2) Wer Kriegswaffen auf Grund einer Genehmigung nach § 3 Abs. 1 § 3 Absatz 2 oder einer Allgemeinen Genehmigung nach § 3 Absatz 4 befördert, bedarf für den Erwerb der tatsächlichen Gewalt über diese Kriegswaffen von dem Absender und die Überlassung der tatsächlichen Gewalt an den in der Genehmigungsurkunde genannten oder von einer Allgemeinen Genehmigung umfassten Empfänger keiner Genehmigung nach § 2 Abs. 2.
(3) Einer Genehmigung nach § 2 Absatz 2 bedarf ferner nicht, wer die tatsächliche Gewalt über Kriegswaffen
1. demjenigen, der Kriegswaffen auf Grund einer Genehmigung nach § 3 Absatz 1, 2 oder einer Allgemeinen Genehmigung nach § 3 Absatz 4 befördert, überlassen oder von ihm erwerben will, sofern der Absender und der Empfänger in der Genehmigungsurkunde genannt oder von einer Allgemeinen Genehmigung nach § 3 Absatz 4 umfasst sind,
2. der Bundeswehr überlassen oder von ihr erwerben will oder
3. dem Beschaffungsamt des Bundesministeriums des Innern, den Polizeien des Bundes, der Zollverwaltung, einer für die Aufrecherhaltung der öffentlichen Sicherheit zuständigen Behörde oder Dienststelle, einem Beschussamt oder einer Behörde des Strafvollzugs überlassen oder von diesen zur Instandsetzung, zur Erprobung oder zur Beförderung erwerben will.

§ 6 Versagung der Genehmigung

(1) Auf die Erteilung einer Genehmigung besteht kein Anspruch.
(2) Die Genehmigung kann insbesondere versagt werden, wenn
1. Grund zu der Annahme besteht, daß ihre Erteilung dem Interesse der Bundesrepublik an der Aufrechterhaltung guter Beziehungen zu anderen Ländern zuwiderlaufen würde,
2. a) der Antragsteller, sein gesetzlicher Vertreter, bei juristischen Personen das vertretungsberechtigte Organ oder ein Mitglied eines solchen Organs, bei Personenhandelsgesellschaften ein vertretungsberechtigter Gesellschafter, sowie der Leiter eines Betriebes oder eines Betriebsteiles des Antragstellers,
b) derjenige, der Kriegswaffen befördert,
c) derjenige, der die tatsächliche Gewalt über Kriegswaffen dem Beförderer überläßt oder von ihm erwirbt, nicht Deutscher im Sinne des Artikels 116 des Grundgesetzes ist oder den Wohnsitz oder gewöhnlichen Aufenthalt außerhalb des Bundesgebietes hat,
3. eine im Zusammenhang mit der genehmigungsbedürftigen Handlung nach anderen Vorschriften erforderliche Genehmigung nicht nachgewiesen wird.
(3) Die Genehmigung ist zu versagen, wenn
1. die Gefahr besteht, daß die Kriegswaffen bei einer friedensstörenden Handlung, insbesondere bei einem Angriffskrieg, verwendet werden,
2. Grund zu der Annahme besteht, daß die Erteilung der Genehmigung völkerrechtliche Verpflichtungen der Bundesrepublik verletzen oder deren Erfüllung gefährden würde,
3. Grund zu der Annahme besteht, daß eine der in Absatz 2 Nr. 2 genannten Personen die für die beabsichtigte Handlung erforderliche Zuverlässigkeit nicht besitzt.
(4) Andere Vorschriften, nach denen für die in den §§ 2 bis 4a genannten Handlungen eine Genehmigung erforderlich ist, bleiben unberührt.

§ 7 Widerruf der Genehmigung

(1) Die Genehmigung kann jederzeit widerrufen werden.
(2) Die Genehmigung ist zu widerrufen, wenn einer der in § 6 Abs. 3 genannten Versagungsgründe nachträglich offenbar geworden oder eingetreten ist, es sei denn, daß der Grund innerhalb einer zu bestimmenden Frist beseitigt wird.
(3) Wird die Genehmigung widerrufen, so trifft die Genehmigungsbehörde Anordnungen über den Verbleib oder die Verwertung der Kriegswaffen. Sie kann insbesondere anordnen, die Kriegswaffen innerhalb angemessener Frist unbrauchbar zu machen oder einem zu ihrem Erwerb Berechtigten zu überlassen und dies der Überwachungsbehörde nachzuweisen. Nach fruchtlosem Ablauf der Frist können die Kriegswaffen sichergestellt und eingezogen werden. § 13 Abs. 3 gilt entsprechend.

§ 8 Erteilung und Widerruf der Allgemeinen Genehmigung

(1) Die Allgemeine Genehmigung im Sinne des § 3 Absatz 4, des § 4 Absatz 2 und des § 4a Absatz 4 wird durch Rechtsverordnung erteilt.
(2) Die Allgemeine Genehmigung kann durch Rechtsverordnung ganz oder teilweise widerrufen werden, insbesondere wenn Grund zu der Annahme besteht, daß die allgemein genehmigten Beförderungen dem Interesse der Bundesrepublik an der Aufrechterhaltung guter Beziehungen zu anderen Ländern zuwiderlaufen würden.
(3) Die Allgemeine Genehmigung ist durch Rechtsverordnung ganz oder teilweise zu widerrufen, wenn
1. die Gefahr besteht, daß die auf Grund der Allgemeinen Genehmigung beförderten Kriegswaffen bei einer friedensstörenden Handlung, insbesondere bei einem Angriffskrieg, verwendet werden,
2. Grund zu der Annahme besteht, daß durch die allgemein genehmigten Beförderungen völkerrechtliche Verpflichtungen der Bundesrepublik verletzt würden oder deren Erfüllung gefährdet würde.
(4) Rechtsverordnungen nach den Absätzen 1 bis 3 werden von der Bundesregierung erlassen; sie bedürfen nicht der Zustimmung des Bundesrates.

§ 9 Entschädigung im Falle des Widerrufs

(1) Wird eine Genehmigung nach den §§ 2, 3 Abs. 1 oder 2, § 4 Abs. 1 oder § 4a ganz oder teilweise widerrufen, so ist ihr Inhaber vom Bund angemessen in Geld zu entschädigen. Die Entschädigung bemißt sich nach den vom Genehmigungsinhaber nachgewiesenen zweckentsprechenden Aufwendungen. Anderweitige, den Grundsätzen einer ordnungsmäßigen Wirtschaftsführung entsprechende Verwertungsmöglichkeiten sind zu berücksichtigen. Wegen der Höhe der Entschädigung steht im Streitfall der Rechtsweg vor den ordentlichen Gerichten offen.
(2) Der Anspruch auf eine Geldentschädigung entfällt, wenn der Inhaber der Genehmigung oder die für ihn auf Grund der Genehmigung tätigen Personen durch ihr schuldhaftes Verhalten Anlaß zum Widerruf der Genehmigung gegeben haben, insbesondere wenn
1. diese Personen gegen die Vorschriften dieses Gesetzes, gegen die auf Grund dieses Gesetzes ergangenen Rechtsverordnungen oder gegen Anordnungen der Genehmigungs- oder Überwachungsbehörde erheblich oder wiederholt verstoßen haben,

2. die Genehmigung auf Grund des § 7 Abs. 2 in Verbindung mit § 6 Abs. 3 Nr. 3 widerrufen worden ist.

§ 10 Inhalt und Form der Genehmigung

(1) Die Genehmigung kann inhaltlich beschränkt, befristet und mit Auflagen verbunden werden.
(2) Nachträgliche Befristungen und Auflagen sind jederzeit zulässig. § 9 gilt entsprechend.
(3) Die Genehmigung bedarf der Schriftform; sie muß Angaben über Art und Menge der Kriegswaffen enthalten. Die Genehmigung zur Herstellung der in Teil B der Kriegswaffenliste genannten Kriegswaffen kann ohne Beschränkung auf eine bestimmte Menge, die Genehmigung zur Beförderung von Kriegswaffen kann ohne Beschränkung auf eine bestimmte Art und Menge erteilt werden.

§ 11 Genehmigungsbehörden

(1) Für die Erteilung und den Widerruf einer Genehmigung ist die Bundesregierung zuständig.
(2) Die Bundesregierung wird ermächtigt, durch Rechtsverordnung, die der Zustimmung des Bundesrates nicht bedarf, die Befugnis zur Erteilung und zum Widerruf der Genehmigung in den Fällen der §§ 2, 3 Abs. 1 und 2 und des § 4a
1. für den Bereich der Bundeswehr auf das Bundesministerium der Verteidigung,
2. für den Bereich der Zollverwaltung auf das Bundesministerium der Finanzen,
3. für den Bereich der für die Aufrechterhaltung der öffentlichen Sicherheit zuständigen Behörden oder Dienststellen sowie der Behörden des Strafvollzugs auf das Bundesministerium des Innern,
4. für alle übrigen Bereiche auf das Bundesministerium für Wirtschaft und Energie zu übertragen.
(3) Die Befugnis zur Erteilung und zum Widerruf der Genehmigung in den Fällen des § 4 Abs. 1 kann durch Rechtsverordnung, die der Zustimmung des Bundesrates nicht bedarf, auf das Bundesministerium für Verkehr und digitale Infrastruktur übertragen werden, der diese Befugnis im Einvernehmen mit dem Auswärtigen Amt ausübt.
(4) Die Bundesregierung wird ferner ermächtigt, durch Rechtsverordnung mit Zustimmung des Bundesrates die erforderlichen Vorschriften zur näheren Regelung des Genehmigungsverfahrens zu erlassen.
(5) Das Bundesamt für Verfassungsschutz kann bei der Prüfung der Zuverlässigkeit gemäß § 6 Abs. 3 Nr. 3 herangezogen werden.

Zweiter Abschnitt
Überwachungs- und Ausnahmevorschriften

§ 12 Pflichten im Verkehr mit Kriegswaffen

(1) Wer eine nach diesem Gesetz genehmigungsbedürftige Handlung vornimmt, hat die erforderlichen Maßnahmen zu treffen,
1. um zu verhindern, daß die Kriegswaffen abhanden kommen oder unbefugt verwendet werden,

2. um zu gewährleisten, daß die gesetzlichen Vorschriften und behördlichen Anordnungen zum Schutze von geheimhaltungsbedürftigen Gegenständen, Tatsachen, Erkenntnissen oder Mitteilungen beachtet werden.

(2) Wer Kriegswaffen herstellt, befördern läßt oder selbst befördert oder die tatsächliche Gewalt über Kriegswaffen von einem anderen erwirbt oder einem anderen überläßt, hat ein Kriegswaffenbuch zu führen, um den Verbleib der Kriegswaffen nachzuweisen. Dies gilt nicht in den Fällen des § 5 Abs. 1 und 2 sowie für Beförderungen in den Fällen des § 5 Abs. 3 Nr. 2.

(3) Wer Kriegswaffen befördern lassen will, hat bei der Übergabe zur Beförderung eine Ausfertigung der Genehmigungsurkunde zu übergeben.

(4) Wer eine Beförderung von Kriegswaffen ausführt, hat eine Ausfertigung der Genehmigungsurkunde mitzuführen, den zuständigen Behörden oder Dienststellen, insbesondere den Eingangs- und Ausgangszollstellen unaufgefordert vorzuzeigen und auf Verlangen zur Prüfung auszuhändigen.

(5) Wer berechtigt ist, über Kriegswaffen zu verfügen, hat der zuständigen Überwachungsbehörde den Bestand an Kriegswaffen sowie dessen Veränderungen unter Angabe der dazu erteilten Genehmigungen innerhalb der durch Rechtsvorschrift oder durch Anordnung der zuständigen Überwachungsbehörde bestimmten Fristen zu melden.

(6) Wer

1. als Erwerber von Todes wegen, Finder oder in ähnlicher Weise die tatsächliche Gewalt über Kriegswaffen erlangt,

2. als Insolvenzverwalter, Zwangsverwalter oder in ähnlicher Weise die tatsächliche Gewalt über Kriegswaffen erlangt,

3. die tatsächliche Gewalt über Kriegswaffen verliert,

4. Kenntnis vom Verbleib einer Kriegswaffe erlangt, über die niemand die tatsächliche Gewalt ausübt, hat dies der zuständigen Überwachungsbehörde oder einer für die Aufrechterhaltung der öffentlichen Sicherheit zuständigen Behörde oder Dienststelle unverzüglich anzuzeigen. Im Falle der Nummer 1 hat der Erwerber der tatsächlichen Gewalt über die Kriegswaffen innerhalb einer von der Überwachungsbehörde zu bestimmenden Frist die Kriegswaffen unbrauchbar zu machen oder einem zu ihrem Erwerb Berechtigten zu überlassen und dies der Überwachungsbehörde nachzuweisen. Die Überwachungsbehörde kann auf Antrag Ausnahmen von Satz 2 zulassen, wenn ein öffentliches Interesse besteht. Die Ausnahmen können befristet und mit Bedingungen und Auflagen verbunden werden. Nachträgliche Befristungen und Auflagen sind jederzeit zulässig.

(7) Die Bundesregierung wird ermächtigt, durch Rechtsverordnung mit Zustimmung des Bundesrates

1. die erforderlichen Vorschriften zur Durchführung der Absätze 1 bis 6 zu erlassen,

2. geringe Mengen an Kriegswaffen und geringfügige Bestandsveränderungen von der Buchführungs-, Melde- und Anzeigepflicht (Absatz 2, 5 und 6) auszunehmen, soweit hierdurch öffentliche Interessen nicht gefährdet werden,

3. eine Kennzeichnung für Kriegswaffen vorzuschreiben, die den Hersteller oder Einführer ersichtlich macht.

§ 12a Besondere Meldepflichten

(1) Die Bundesregierung wird ermächtigt, durch Rechtsverordnung, mit Zustimmung des Bundesrates, anzuordnen, daß dem Bundesamt für Wirtschaft und Ausfuhrkontrolle (BAFA) die Einfuhr und Ausfuhr von Kriegswaffen des Teils B der Kriegswaffenliste zu melden ist, soweit die Bundesregierung diese Daten benötigt, um internationale Vereinbarungen über die Übermittlung von Angaben über die Einfuhr und Ausfuhr von Kriegswaffen zu erfüllen. Das Bundesamt für Wirtschaft und Ausfuhrkontrolle (BAFA) darf die auf Grund einer Rechtsverordnung nach Satz 1 erhobenen Daten zu den in Satz 1 genannten Zwecken mit anderen bei ihm gespeicherten Daten abgleichen.
(2) Die auf Grund einer Rechtsverordnung nach Absatz 1 erhobenen Daten können zusammengefaßt ohne Nennung von Empfängern und Lieferanten zu den in Absatz 1 genannten Zwecken an internationale Organisationen oder zur Unterrichtung des Deutschen Bundestages übermittelt oder veröffentlicht werden. Das gilt auch dann, wenn die Daten in Einzelfällen den betroffenen Unternehmen zugeordnet werden können, sofern das Interesse des betroffenen Unternehmens an der Geheimhaltung erheblich überwiegt.
(3) Art und Umfang der Meldepflicht sind auf das Maß zu begrenzen, das notwendig ist, um den in Absatz 1 angegebenen Zweck zu erreichen.

§ 13 Sicherstellung und Einziehung

(1) Die Überwachungsbehörden und die für die Aufrechterhaltung der öffentlichen Sicherheit zuständigen Behörden oder Dienststellen können Kriegswaffen sicherstellen,
1. wenn Tatsachen die Annahme rechtfertigen, daß der Inhaber der tatsächlichen Gewalt nicht die erforderliche Zuverlässigkeit besitzt, insbesondere die Kriegswaffen an einen Nichtberechtigten weitergeben oder sie unbefugt verwenden wird, oder
2. wenn dies erforderlich ist, um Staatsgeheimnisse zu schützen.
(2) Die Überwachungsbehörden können die sichergestellten Kriegswaffen einziehen, wenn dies zur Abwehr einer Gefahr für die öffentliche Sicherheit oder Ordnung erforderlich ist und weniger einschneidende Maßnahmen nicht ausreichen.
(3) Werden Kriegswaffen eingezogen, so geht mit der Unanfechtbarkeit der Einziehungsverfügung das Eigentum an ihnen auf den Staat über. Rechte Dritter an den Kriegswaffen erlöschen. Der Eigentümer oder ein dinglich Berechtigter wird vom Bund unter Berücksichtigung des Verkehrswerts angemessen in Geld entschädigt. Eine Entschädigung wird nicht gewährt, wenn der Eigentümer oder dinglich Berechtigte wenigstens leichtfertig dazu beigetragen hat, daß die Gefahr für die öffentliche Sicherheit oder Ordnung entstanden ist. In diesem Fall kann eine Entschädigung gewährt werden, soweit es eine unbillige Härte wäre, sie zu versagen.
(4) Bei Gefahr im Verzuge kann auch die Bundeswehr unter den in Absatz 1 genannten Voraussetzungen Kriegswaffen sicherstellen.

§ 13a Umgang mit unbrauchbar gemachten Kriegswaffen

Der Umgang mit unbrauchbar gemachten Kriegswaffen kann durch Rechtsverordnung des Bundesministeriums für Wirtschaft und Energie, die der Zustimmung des Bundesrates nicht bedarf, beschränkt werden; insbesondere kann der Umgang verboten oder unter Genehmigungsvorbehalt gestellt werden. Unbrauchbar gemachte Kriegswaffen sind Kriegswaffen, die durch technische Veränderungen endgültig die Fähigkeit zum bestimmungsgemäßen Einsatz verloren haben und nicht mit allgemein gebräuchlichen Werkzeugen wieder funktionsfähig gemacht werden können. Durch Rechtsverordnung, die der Zustimmung des Bundesrates nicht bedarf, kann bestimmt werden, auf welche Weise Kriegswaffen unbrauchbar zu machen sind und in welcher Form ihre Unbrauchbarmachung nachzuweisen ist.

§ 14 Überwachungsbehörden

(1) Für die Überwachung der nach diesem Gesetz genehmigungsbedürftigen Handlungen und der Einhaltung der in § 12 genannten Pflichten ist
1. in den Fällen der §§ 2 und 3 Abs. 1 und 2 sowie des § 4a das Bundesministerium für Wirtschaft und Energie und
2. in den Fällen des § 4 das Bundesministerium für Verkehr und digitale Infrastruktur zuständig.
(2) Für die Überwachung der Einfuhr, Ausfuhr und Durchfuhr sowie des sonstigen Verbringens von Kriegswaffen in das Bundesgebiet oder aus dem Bundesgebiet (§ 3 Abs. 3 und 4) sind das Bundesministerium der Finanzen und die von ihm bestimmten Zolldienststellen zuständig.
(3) Die Überwachungsbehörden (Absatz 1 und 2) können zur Erfüllung ihrer Aufgaben, insbesondere zur Überwachung der Bestände an Kriegswaffen und deren Veränderungen,
1. die erforderlichen Auskünfte verlangen,
2. Betriebsaufzeichnungen und sonstige Unterlagen einsehen und prüfen,
3. Besichtigungen vornehmen.
(4) Die von den Überwachungsbehörden beauftragten Personen dürfen Räume und Grundstücke betreten, soweit es ihr Auftrag erfordert. Das Grundrecht des Artikels 13 auf Unverletzlichkeit der Wohnung wird insoweit eingeschränkt.
(5) Wer einer Genehmigung nach den §§ 2 bis 4a bedarf, ist verpflichtet, die erforderlichen Auskünfte zu erteilen, die Betriebsaufzeichnungen und sonstige Unterlagen zur Einsicht und Prüfung vorzulegen und das Betreten von Räumen und Grundstücken zu dulden. Das gleiche gilt für Personen, denen die in § 12 genannten Pflichten obliegen.
(6) Der zur Erteilung einer Auskunft Verpflichtete kann die Auskunft auf solche Fragen verweigern, deren Beantwortung ihn selbst oder einen der in § 383 Abs. 1 Nr. 1 bis 3 der Zivilprozeßordnung bezeichneten Angehörigen der Gefahr strafgerichtlicher Verfolgung oder eines Verfahrens nach dem Gesetz über Ordnungswidrigkeiten aussetzen würde.
(7) Die Bundesregierung wird ermächtigt, durch Rechtsverordnung mit Zustimmung des Bundesrates die erforderlichen Vorschriften zur Durchführung der nach Absatz 3 zulässigen Überwachungsmaßnahmen zu erlassen und das Verfahren der Überwachungsbehörden zu regeln.
(8) Das Bundesministerium für Wirtschaft und Energie wird ermächtigt, durch Rechtsverordnung, die der Zustimmung des Bundesrates nicht bedarf, die ihm nach Absatz 1 zustehenden Überwachungsbefugnisse auf das Bundesamt für Wirtschaft und Ausfuhrkontrolle (BAFA) zu übertragen.

§ 15 Bundeswehr und andere Organe

(1) Die §§ 2 bis 4a und 12 gelten nicht für die Bundeswehr, die Polizeien des Bundes und die Zollverwaltung.

(2) Die übrigen für die Aufrechterhaltung der öffentlichen Sicherheit zuständigen Behörden oder Dienststellen, das Beschaffungsamt des Bundesministeriums des Innern, die Beschussämter sowie die Behörden des Strafvollzugs bedürfen keiner Genehmigung
1. für den Erwerb der tatsächlichen Gewalt über Kriegswaffen,
2. für die Überlassung der tatsächlichen Gewalt über Kriegswaffen an einen anderen zur Instandsetzung, zur Erprobung, nach Beschuss oder zur Beförderung und
3. für die Beförderung von Kriegswaffen in den Fällen des § 3 Abs. 2.
§ 12 findet insoweit keine Anwendung.
(3) § 4a gilt nicht für Behörden oder Dienststellen im Rahmen ihrer amtlichen Tätigkeit.

Dritter Abschnitt
Besondere Vorschriften für Atomwaffen

§ 16 Nukleare Aufgaben im Nordatlantischen Bündnis

Die Vorschriften dieses Abschnitts und die Strafvorschriften der §§ 19 bis 21 gelten, um Vorbereitung und Durchführung der nuklearen Mitwirkung im Rahmen des Nordatlantikvertrages vom 4. April 1949 oder für einen Mitgliedstaat zu gewährleisten, nur für Atomwaffen, die nicht der Verfügungsgewalt von Mitgliedstaaten dieses Vertrages unterstehen oder die nicht im Auftrag solcher Staaten entwickelt oder hergestellt werden.

§ 17 Verbot von Atomwaffen

(1) Unbeschadet des § 16 ist es verboten,
1. Atomwaffen zu entwickeln, herzustellen, mit ihnen Handel zu treiben, von einem anderen zu erwerben oder einem anderen zu überlassen, einzuführen, auszuführen, durch das Bundesgebiet durchzuführen oder sonst in das Bundesgebiet oder aus dem Bundesgebiet zu verbringen oder sonst die tatsächliche Gewalt über sie auszuüben,
1a. einen anderen zu einer in Nummer 1 bezeichneten Handlung zu verleiten oder 2. eine in Nummer 1 bezeichnete Handlung zu fördern.
(2) Atomwaffen im Sinne des Absatzes 1 sind
1. Waffen aller Art, die Kernbrennstoffe oder radioaktive Isotope enthalten oder eigens dazu bestimmt sind, solche aufzunehmen oder zu verwenden, und Massenzerstörungen, Massenschäden oder Massenvergiftungen hervorrufen können
2. Teile, Vorrichtungen, Baugruppen oder Substanzen, die eigens für eine in Nummer 1 genannte Waffe bestimmt sind. Für die Begriffsbestimmung der Atomwaffen gelten außerdem Satz 2 der Einleitung und Abschnitt I Buchstabe c der Anlage II zum Protokoll Nr. III des revidierten Brüsseler Vertrages vom 23. Oktober 1954.

Vierter Abschnitt
Besondere Vorschriften für biologische und chemische Waffen sowie für Antipersonenminen und Streumunition

§ 18 Verbot von biologischen und chemischen Waffen

Es ist verboten,
1. biologische oder chemische Waffen zu entwickeln, herzustellen, mit ihnen Handel zu treiben, von einem anderen zu erwerben oder einem anderen zu überlassen, einzuführen,

auszuführen, durch das Bundesgebiet durchzuführen oder sonst in das Bundesgebiet oder aus dem Bundesgebiet zu verbringen oder sonst die tatsächliche Gewalt über sie auszuüben oder
1a. einen anderen zu einer in Nummer 1 bezeichneten Handlung zu verleiten oder
2. eine in Nummer 1 bezeichnete Handlung zu fördern.

§ 18a Verbot von Antipersonenminen und Streumunition

(1) Es ist verboten,
1. Antipersonenminen oder Streumunition einzusetzen, zu entwickeln, herzustellen, mit ihnen Handel zu treiben, von einem anderen zu erwerben oder einem anderen zu überlassen, einzuführen, auszuführen, durch das Bundesgebiet durchzuführen oder sonst in das Bundesgebiet oder aus dem Bundesgebiet zu verbringen oder sonst die tatsächliche Gewalt über sie auszuüben, insbesondere sie zu transportieren, zu lagern oder zurückzubehalten,
2. einen anderen zu einer in Nummer 1 bezeichneten Handlung zu verleiten oder
3. eine in Nummer 1 bezeichnete Handlung zu fördern.
(2) Für Antipersonenminen gilt die Begriffsbestimmung des Artikels 2 des Übereinkommens über das Verbot des Einsatzes, der Lagerung, der Herstellung und der Weitergabe von Antipersonenminen und über deren Vernichtung vom 3. Dezember 1997. Für Streumunition gilt die Begriffsbestimmung des Artikels 2 Nummer 2 des Übereinkommens über Streumunition vom 3. Dezember 2008.
(3) Absatz 1 gilt nicht für Handlungen, die nach den Bestimmungen der in Absatz 2 genannten Übereinkommen zulässig sind.

Fünfter Abschnitt
Straf- und Bußgeldvorschriften

§ 19 Strafvorschriften gegen Atomwaffen

(1) Mit Freiheitsstrafe von einem Jahr bis zu fünf Jahren wird bestraft, wer
1. Atomwaffen im Sinne des § 17 Abs. 2 entwickelt, herstellt, mit ihnen Handel treibt, von einem anderen erwirbt oder einem anderen überläßt, einführt, ausführt, durch das Bundesgebiet durchführt oder sonst in das Bundesgebiet oder aus dem Bundesgebiet verbringt oder sonst die tatsächliche Gewalt über sie ausübt,
1a. einen anderen zu einer in Nummer 1 bezeichneten Handlung verleitet oder
2. eine in Nummer 1 bezeichnete Handlung fördert.
(2) Mit Freiheitsstrafe nicht unter zwei Jahren wird bestraft, wer
1. eine in Absatz 1 bezeichnete Handlung gewerbsmäßig oder als Mitglied einer Bande, die sich zur fortgesetzten Begehung solcher Straftaten verbunden hat, unter Mitwirkung eines anderen Bandenmitglieds begeht oder
2. durch eine im Absatz 1 bezeichnete Handlung
a) die Sicherheit der Bundesrepublik Deutschland,
b) das friedliche Zusammenleben der Völker oder
c) die auswärtigen Beziehungen der Bundesrepublik Deutschland erheblich gefährdet.
(3) In minder schweren Fällen
1. des Absatzes 1 ist die Strafe Freiheitsstrafe bis zu drei Jahren oder Geldstrafe und
2. des Absatzes 2 Freiheitsstrafe von drei Monaten bis zu fünf Jahren.

(4) Handelt der Täter in den Fällen des Absatzes 1 Nr. 1 fahrlässig oder in den Fällen des Absatzes 1 Nr. 1a oder 2 leichtfertig, so ist die Strafe Freiheitsstrafe bis zu zwei Jahren oder Geldstrafe.
(5) Wer in den Fällen
1. des Absatzes 2 Nr. 2 die Gefahr fahrlässig verursacht oder
2. des Absatzes 2 Nr. 2 in Verbindung mit Absatz 1 Nr. 1 fahrlässig oder in Verbindung mit Absatz 1 Nr. 1a oder 2 leichtfertig handelt und die Gefahr fahrlässig verursacht, wird mit Freiheitsstrafe bis zu drei Jahren oder mit Geldstrafe bestraft.
(6) Die Absätze 1 bis 5 gelten nicht für eine Handlung, die
1. zur Vernichtung von Atomwaffen durch die dafür zuständigen Stellen oder
2. zum Schutz gegen Wirkungen von Atomwaffen oder zur Abwehr dieser Wirkungen geeignet und bestimmt ist.

§ 20 Strafvorschriften gegen biologische und chemische Waffen

(1) Mit Freiheitsstrafe nicht unter zwei Jahren wird bestraft, wer
1. biologische oder chemische Waffen entwickelt, herstellt, mit ihnen Handel treibt, von einem anderen erwirbt oder einem anderen überläßt, einführt, ausführt, durch das Bundesgebiet durchführt oder sonst in das Bundesgebiet oder aus dem Bundesgebiet verbringt oder sonst die tatsächliche Gewalt über sie ausübt,
1a. einen anderen zu einer in Nummer 1 bezeichneten Handlung verleitet oder
2. eine in Nummer 1 bezeichnete Handlung fördert.
(2) In minder schweren Fällen ist die Strafe Freiheitsstrafe von drei Monaten bis zu fünf Jahren.
(3) Handelt der Täter in den Fällen des Absatzes 1 Nr. 1 fahrlässig oder in den Fällen des Absatzes 1 Nr. 1a oder 2 leichtfertig, so ist die Strafe Freiheitsstrafe bis zu drei Jahren oder Geldstrafe.
(4) Die Absätze 1 bis 3 gelten nicht für eine Handlung, die
1. zur Vernichtung von chemischen Waffen durch die dafür zuständigen Stellen oder
2. zum Schutz gegen Wirkungen von biologischen oder chemischen Waffen oder zur Abwehr dieser Wirkungen geeignet und bestimmt ist.

§ 20a Strafvorschriften gegen Antipersonenminen und Streumunition

(1) Mit Freiheitsstrafe von einem Jahr bis zu fünf Jahren wird bestraft, wer
1. entgegen § 18a Antipersonenminen oder Streumunition einsetzt, entwickelt, herstellt, mit ihnen Handel treibt, von einem anderen erwirbt oder einem anderen überläßt, einführt, ausführt, durch das Bundesgebiet durchführt oder sonst in das Bundesgebiet oder aus dem Bundesgebiet verbringt oder sonst die tatsächliche Gewalt über sie ausübt, insbesondere sie transportiert, lagert oder zurückbehält,
2. einen anderen zu einer in Nummer 1 bezeichneten Handlung verleitet oder
3. eine in Nummer 1 bezeichnete Handlung fördert.
(2) In besonders schweren Fällen ist die Strafe Freiheitsstrafe nicht unter einem Jahr. Ein besonders schwerer Fall liegt in der Regel vor, wenn
1. der Täter in den Fällen des Absatzes 1 gewerbsmäßig handelt oder
2. sich die Handlung nach Absatz 1 auf eine große Zahl von Antipersonenminen oder Streumunition bezieht.
(3) In minder schweren Fällen des Absatzes 1 ist die Strafe Freiheitsstrafe von drei Monaten bis zu drei Jahren.

(4) Handelt der Täter in den Fällen des Absatzes 1 Nr. 1 fahrlässig oder in den Fällen des Absatzes 1 Nr. 2 oder 3 leichtfertig, so ist die Strafe Freiheitsstrafe bis zu drei Jahren oder Geldstrafe.

§ 21 Taten außerhalb des Geltungsbereichs dieses Gesetzes

§ 19 Abs. 2 Nr. 2, Abs. 3 Nr. 2, Abs. 5 und 6, § 20 sowie § 20a gelten unabhängig vom Recht des Tatorts auch für Taten, die außerhalb des Geltungsbereichs dieser Vorschriften begangen werden, wenn der Täter Deutscher ist.

§ 22 Ausnahmen

Die §§ 18, 20 und 21 gelten nicht für eine auf chemische Waffen bezogene dienstliche Handlung
1. des Mitglieds oder der zivilen Arbeitskraft einer Truppe oder eines zivilen Gefolges im Sinne des Abkommens zwischen den Parteien des Nordatlantikvertrages über die Rechtsstellung ihrer Truppen vom 19. Juni 1951 oder
2. eines Deutschen in Stäben oder Einrichtungen, die auf Grund des Nordatlantikvertrages vom 4. April 1949 gebildet worden sind.

§ 22a Sonstige Strafvorschriften

(1) Mit Freiheitsstrafe von einem Jahr bis zu fünf Jahren wird bestraft, wer
1. Kriegswaffen ohne Genehmigung nach § 2 Abs. 1 herstellt,
2. die tatsächliche Gewalt über Kriegswaffen ohne Genehmigung nach § 2 Abs. 2 von einem anderen erwirbt oder einem anderen überläßt,
3. im Bundesgebiet außerhalb eines abgeschlossenen Geländes Kriegswaffen ohne Genehmigung nach § 3 Abs. 1 oder 2 befördern läßt oder selbst befördert; dies gilt nicht für Selbstbeförderungen in den Fällen des § 12 Absatz 6 Nummer 1 sowie für Inhaber einer Waffenbesitzkarte für Kriegswaffen gemäß § 59 Absatz 4 des Waffengesetzes von 1972 im Rahmen von Umzugshandlungen durch den Inhaber der Erlaubnis,
4. Kriegswaffen einführt, ausführt, durch das Bundesgebiet durchführt oder aus dem Bundesgebiet verbringt, ohne daß die hierzu erforderliche Beförderung genehmigt ist,
5. mit Seeschiffen, welche die Bundesflagge führen, oder mit Luftfahrzeugen, die in die Luftfahrzeugrolle der Bundesrepublik Deutschland eingetragen sind, absichtlich oder wissentlich Kriegswaffen ohne Genehmigung nach § 4 befördert, die außerhalb des Bundesgebietes ein- und ausgeladen und durch das Bundesgebiet nicht durchgeführt werden,
6. über Kriegswaffen sonst die tatsächliche Gewalt ausübt, ohne daß
a) der Erwerb der tatsächlichen Gewalt auf einer Genehmigung nach diesem Gesetz beruht oder
b) eine Anzeige nach § 12 Abs. 6 Nr. 1 oder § 26a erstattet worden ist, oder
7. einen Vertrag über den Erwerb oder das Überlassen ohne Genehmigung nach § 4a Abs. 1 vermittelt oder eine Gelegenheit hierzu nachweist oder einen Vertrag ohne Genehmigung nach § 4a Abs. 2 abschließt.
(2) In besonders schweren Fällen ist die Strafe Freiheitsstrafe von einem Jahr bis zu zehn Jahren. Ein besonders schwerer Fall liegt in der Regel vor, wenn der Täter in den Fällen des Absatzes 1 Nr. 1 bis 4, 6 oder 7 gewerbsmäßig oder als Mitglied einer Bande, die sich zur fortgesetzten Begehung solcher Straftaten verbunden hat, unter Mitwirkung eines anderen Bandenmitglieds handelt.

(3) In minder schweren Fällen ist die Strafe Freiheitsstrafe bis zu drei Jahren oder Geldstrafe.
(4) Wer fahrlässig eine in Absatz 1 Nummer 1 bis 4, 6 oder Nummer 7 bezeichnete Handlung begeht, wird mit Freiheitsstrafe bis zu zwei Jahren oder mit Geldstrafe bestraft.
(5) Nach Absatz 1 Nr. 3 oder 4 wird nicht bestraft, wer Kriegswaffen, die er in das Bundesgebiet eingeführt oder sonst verbracht hat, freiwillig und unverzüglich einer Überwachungsbehörde, der Bundeswehr oder einer für die Aufrechterhaltung der öffentlichen Sicherheit zuständigen Behörde oder Dienststelle abliefert. Gelangen die Kriegswaffen ohne Zutun desjenigen, der sie in das Bundesgebiet eingeführt oder sonst verbracht hat, in die tatsächliche Gewalt einer der in Satz 1 genannten Behörden oder Dienststellen, so genügt sein freiwilliges und ernsthaftes Bemühen, die Kriegswaffen abzuliefern.

§ 22b Verletzung von Ordnungsvorschriften

(1) Ordnungswidrig handelt, wer vorsätzlich oder fahrlässig
1. eine Auflage nach § 10 Abs. 1 nicht, nicht vollständig oder nicht rechtzeitig erfüllt,
2. das Kriegswaffenbuch nach § 12 Abs. 2 nicht, unrichtig oder nicht vollständig führt,
3. Meldungen nach § 12 Abs. 5 oder Anzeigen nach § 12 Abs. 6 nicht, unrichtig, nicht vollständig oder nicht rechtzeitig erstattet sowie in den Fällen des § 12 Absatz 6 Nummer 1 Kriegswaffen im Bundesgebiet ohne Genehmigung nach § 3 Absatz 2 selbst befördert oder eine Auflage nach § 12 Abs. 6 Satz 4 oder 5 nicht erfüllt,
3a. einer nach § 12a Abs. 1 oder § 13a erlassenen Rechtsverordnung zuwiderhandelt, soweit sie für einen bestimmten Tatbestand auf diese Bußgeldvorschrift verweist,
4. Auskünfte nach § 14 Abs. 5 nicht, unrichtig, nicht vollständig oder nicht rechtzeitig erteilt,
5. Betriebsaufzeichnungen und sonstige Unterlagen entgegen § 14 Abs. 5 nicht, nicht vollständig oder nicht rechtzeitig vorlegt,
6. der Pflicht nach § 14 Abs. 5 zur Duldung des Betretens von Räumen und Grundstücken zuwiderhandelt,
7. als Inhaber einer Erlaubnis gemäß § 59 Absatz 4 des Waffengesetzes von 1972 außerhalb eines befriedeten Besitztums Kriegswaffen ohne Genehmigung nach § 3 Absatz 2 selbst befördert.
(2) Die Ordnungswidrigkeit kann mit einer Geldbuße bis zu fünftausend Euro geahndet werden.
(3) Ordnungswidrig handelt ferner, wer vorsätzlich oder fahrlässig entgegen § 12 Abs. 3 bei der Übergabe zur Beförderung von Kriegswaffen eine Ausfertigung der Genehmigungsurkunde nicht übergibt oder entgegen § 12 Abs. 4 bei der Beförderung eine Ausfertigung der Genehmigungsurkunde nicht mitführt. Die Ordnungswidrigkeit kann mit einer Geldbuße geahndet werden.

§ 23 Verwaltungsbehörden

Das Bundesministerium für Wirtschaft und Energie, das Bundesministerium für Verkehr und digitale Infrastruktur und das Bundesministerium der Finanzen sind, soweit sie nach § 14 Abs. 1 und 2 für die Überwachung zuständig sind, zugleich Verwaltungsbehörde im Sinne des § 36 Abs. 1 Nr. 1 des Gesetzes über Ordnungswidrigkeiten. § 36 Abs. 3 des Gesetzes über Ordnungswidrigkeiten gilt entsprechend.

§ 24 Einziehung und Erweiterter Verfall

(1) Kriegswaffen, auf die sich eine Straftat nach §§ 19, 20, 21 oder 22a bezieht, können zugunsten des Bundes eingezogen werden; § 74a des Strafgesetzbuches ist anzuwenden. Sie werden auch ohne die Voraussetzungen des § 74 Abs. 2 des Strafgesetzbuches eingezogen, wenn das Wohl der Bundesrepublik Deutschland es erfordert; dies gilt auch dann, wenn der Täter ohne Schuld gehandelt hat.
(2) Die Entschädigungspflicht nach § 74f des Strafgesetzbuches trifft den Bund.
(3) In den Fällen des § 19 Abs. 1 und 2, Abs. 2 Nr. 2 auch in Verbindung mit § 21, des § 20 Abs. 1, auch in Verbindung mit § 21, und des § 22a Abs. 1 ist § 73d des Strafgesetzbuches anzuwenden, wenn der Täter gewerbsmäßig oder als Mitglied einer Bande handelt, die sich zur fortgesetzten Begehung solcher Straftaten verbunden hat.

§ 25

(weggefallen)

Sechster Abschnitt
Übergangs- und Schlußvorschriften

§ 26 Vor Inkrafttreten des Gesetzes erteilte Genehmigungen

Genehmigungen, die im vorläufigen Genehmigungsverfahren auf Grund des Artikels 26 Abs. 2 des Grundgesetzes erteilt worden sind, gelten als nach diesem Gesetz erteilt.

§ 26a Anzeige der Ausübung der tatsächlichen Gewalt

Wer am Tage des Wirksamwerdens des Beitritts in dem in Artikel 3 des Einigungsvertrages genannten Gebiet die tatsächliche Gewalt über Kriegswaffen ausübt, die er zuvor erlangt hat, hat dies dem Bundesamt für Wirtschaft und Ausfuhrkontrolle (BAFA) unter Angabe von Waffenart, Stückzahl, Waffennummer oder sonstiger Kennzeichnung binnen zwei Monaten nach dem Wirksamwerden des Beitritts anzuzeigen, sofern er nicht von dem Genehmigungserfordernis für den Erwerb der tatsächlichen Gewalt freigestellt oder nach § 26b angewiesen ist. Nach Ablauf dieser Frist darf die tatsächliche Gewalt über anmeldepflichtige, jedoch nicht angemeldete Kriegswaffen nicht mehr ausgeübt werden.

§ 26b Übergangsregelungen für das in Artikel 3 des Einigungsvertrages genannte Gebiet

(1) Eine vor dem Tage des Wirksamwerdens des Beitritts in dem in Artikel 3 des Einigungsvertrages genannten Gebiet begonnene oder in Aussicht genommene und nicht aufschiebbare Handlung, die nach diesem Gesetz der Genehmigung bedarf, kann vorläufig genehmigt werden. In diesen Fällen ist die erforderliche Genehmigung binnen eines Monats nach Erteilung der vorläufigen Genehmigung zu beantragen. Wird die Genehmigung versagt, so kann dem Antragsteller in entsprechender Anwendung des § 9 eine angemessene Entschädigung gewährt werden, wenn es auch im Hinblick auf ein schutzwürdiges Vertrauen auf die bisherige Rechtslage eine unbillige Härte wäre, die Entschädigung zu versagen.

(2) Für völkerrechtliche Vereinbarungen der Deutschen Demokratischen Republik, soweit sie die Lieferung oder die Instandhaltung von Kriegswaffen zum Gegenstand haben, gilt abweichend von § 27 folgendes:
1. Soweit vor dem Tage des Wirksamwerdens des Beitritts staatliche Aufträge zur Herstellung oder zur Ausfuhr in oder zur Einfuhr aus Mitgliedstaaten des Warschauer Vertrages für das Jahr 1990 angewiesen sind, gelten die zur Durchführung dieser Anweisungen erforderlichen, nach § 2 oder § 3 genehmigungsbedürftigen Handlungen als genehmigt.
2. Bei Anweisungen im Sinne der Nummer 1 in bezug auf Staaten, die nicht Mitgliedstaaten des Warschauer Vertrages sind, können genehmigungsbedürftige, aber unaufschiebbare Handlungen vorläufig genehmigt werden; Absatz 1 Satz 2 und 3 gilt entsprechend.
(3) Für den Fall, daß die Deutsche Demokratische Republik ein Gesetz zur Inkraftsetzung dieses Gesetzes erläßt, wird das Bundesministerium für Wirtschaft und Energie ermächtigt, durch Rechtsverordnung ohne Zustimmung des Bundesrates die Maßgaben der Absätze 1 und 2 und des § 26a so zu ändern, daß deren Ziele unter Berücksichtigung der neuen Rechtslage erreicht werden.

§ 27 Zwischenstaatliche Verträge

Verpflichtungen der Bundesrepublik auf Grund zwischenstaatlicher Verträge bleiben unberührt. Insoweit gelten die nach Artikel 26 Abs. 2 des Grundgesetzes und die nach diesem Gesetz erforderlichen Genehmigungen als erteilt.

§ 28 Berlin-Klausel

(gegenstandslos)

§ 29 Inkrafttreten

(Inkrafttreten)

Anlage B: Kriegswaffenliste

Ausführungsgesetz zu Artikel 26 Abs. 2 des Grundgesetzes (Gesetz über die Kontrolle von Kriegswaffen)
Anlage (zu § 1 Abs. 1)

Fundstelle des Originaltextes: BGBl. I 1990, 2515–2519;
bzgl. der einzelnen Änderungen vgl. Fußnote

Teil A

Kriegswaffen, auf deren Herstellung die Bundesrepublik Deutschland verzichtet hat (Atomwaffen, biologische und chemische Waffen)
Von der Begriffsbestimmung der Waffen ausgenommen sind alle Vorrichtungen, Teile, Geräte, Einrichtungen, Substanzen und Organismen, die zivilen Zwecken oder der wissenschaftlichen, medizinischen oder industriellen Forschung auf den Gebieten der reinen und angewandten Wissenschaft dienen. Ausgenommen sind auch die Substanzen und Organismen der Nummern 3 und 5, soweit sie zu Vorbeugungs-, Schutz- oder Nachweiszwecken dienen.[1]

I. Atomwaffen

1. Waffen aller Art, die Kernbrennstoffe oder radioaktive Isotope enthalten oder eigens dazu bestimmt sind, solche aufzunehmen oder zu verwenden, und Massenzerstörungen, Massenschäden oder Massenvergiftungen hervorrufen können
2. Teile, Vorrichtungen, Baugruppen oder Substanzen, die eigens für eine in Nummer 1 genannte Waffe bestimmt sind oder die für sie wesentlich sind, soweit keine atomrechtlichen Genehmigungen erteilt sind

1 Für die unter Nummer 3 Buchstabe b genannten biologischen Agenzien sind im Falle ihrer zivilen Verwendung die Ausfuhrbeschränkungen auf Grund
- der Verordnung (EG) Nr. 3381/94 des Rates vom 19. Dezember 1994 über eine Gemeinschaftsregelung der Ausfuhrkontrolle von Gütern mit doppeltem Verwendungszweck (ABl. EG Nr. L 367 S. 1) in Verbindung mit dem Beschluß des Rates vom 19. Dezember 1994 über die vom Rat gemäß Artikel J.3 des Vertrages über die Europäische Union angenommene gemeinsame Aktion zur Ausfuhrkontrolle von Gütern mit doppeltem Verwendungszweck (ABl. EG Nr. L 367 S. 8) sowie
- der Regelungen der Außenwirtschaftsverordnung, insbesondere der §§ 5 und 7 Abs. 4, zu beachten. Für Ricin und Saxitoxin (Nummer 3.1 Buchstabe d und Nummern 4 und 5) gelten zusätzlich die Beschränkungen, Meldepflichten und Inspektionsvorschriften des Ausführungsgesetzes zum Chemiewaffenübereinkommen vom 2. August 1994 (BGBl. I S. 1954) und der Ausführungsverordnung zum Chemiewaffenübereinkommen vom 20. November 1996 (BGBl. I S. 1794).

Begriffsbestimmung:

Als Kernbrennstoff gilt Plutonium, Uran 233, Uran 235 (einschließlich Uran 235, welches in Uran enthalten ist, das mit mehr als 2,1 Gewichtsprozent Uran 235 angereichert wurde) sowie jede andere Substanz, welche geeignet ist, beträchtliche Mengen Atomenergie durch Kernspaltung oder -vereinigung oder eine andere Kernreaktion der Substanz freizumachen. Die vorstehenden Substanzen werden als Kernbrennstoff angesehen, einerlei in welchem chemischen oder physikalischen Zustand sie sich befinden.

II. Biologische Waffen

3. Biologische Kampfmittel
   a) schädliche Insekten und deren toxische Produkte;
   b) biologische Agenzien (Mikroorganismen, Viren, Pilze sowie Toxine); insbesondere:

3.1 human- und tierpathogene Erreger sowie Toxine
   a) Viren wie folgt:
      1. Chikungunya-Virus,
      2. Haemorrhagisches Kongo-Krim-Fieber-Virus,
      3. Dengue-Fiebervirus,
      4. Eastern Equine Enzephalitis-Virus,
      5. Ebola-Virus,
      6. Hantaan-Virus,
      7. Junin-Virus,
      8. Lassa-Virus,
      9. Lymphozytäre Choriomeningitis-Virus,
      10. Machupo-Virus,
      11. Marburg-Virus,
      12. Affenpockenvirus,
      13. Rift-Valley-Fieber-Virus,
      14. Zeckenenzephalitis-Virus (Virus der russischen Frühjahr-/Sommerenzephalitis),
      15. Variola-Virus,
      16. Venezuelan Equine Enzephalitis-Virus,
      17. Western Equine Enzephalitis-Virus,
      18. Whitepox-Virus,
      19. Gelbfieber-Virus,
      20. Japan-B-Enzephalitis-Virus;
   b) Rickettsiae wie folgt:
      1. Coxiella burnetii,
      2. Bartonella quintana (Rochalimaea quintana, Rickettsia quintana),
      3. Rickettsia prowazekii,
      4. Rickettsia rickettsii;
   c) Bakterien wie folgt:
      1. Bacillus anthracis,
      2. Brucella abortus,
      3. Brucella melitensis,
      4. Brucella suis,
      5. Chlamydia psittaci,

6. Clostridium botulinum,
7. Francisella tularensis,
8. Burkholderia mallei (Pseudomonas mallei),
9. Burkholderia pseudomallei (Pseudomonas pseudomallei),
10. Salmonella typhi,
11. Shigella dysenteriae,
12. Vibrio cholerae,
13. Yersinia pestis;

d) Toxine wie folgt:
1. Clostridium-botulinum-Toxine,
2. Clostridium-perfringens-Toxine,
3. Conotoxin,
4. Ricin,
5. Saxitoxin,
6. Shiga-Toxin,
7. Staphylococcus-aureus-Toxine,
8. Tetrodotoxin,
9. Verotoxin,
10. Microxystin (Cyanoginosin);

3.2 tierpathogene Erreger
a) Viren wie folgt:
1. Afrikanisches Schweinepest-Virus,
2. Aviäre Influenza Viren wie folgt:
   a) uncharakterisiert oder
   b) Viren mit hoher Pathogenität gemäß Richtlinie 92/40/EWG des Rates vom 19. Juni 1992 mit Gemeinschaftsmaßnahmen zur Bekämpfung der Geflügelpest (ABl. EG Nr. L 167 S. 1) wie folgt:
      aa) Typ-A-Viren mit einem IVPI (intravenöser Pathogenitätsindex) in 6 Wochen alten Hühnern größer als 1,2 oder
      bb) Typ-A-Viren vom Subtyp H5 oder H7, für welche die Nukleotid-Sequenzierung an der Spaltstelle für Hämagglutinin multiple basische Aminosäuren aufweist,
3. Bluetongue-Virus,
4. Maul- und Klauenseuche-Virus,
5. Ziegenpockenvirus,
6. Aujeszky-Virus,
7. Schweinepest-Virus (Hog cholera-Virus),
8. Lyssa-Virus,
9. Newcastle-Virus,
10. Virus der Pest der kleinen Wiederkäuer,
11. Schweine-Entero-Virus vom Typ 9 (Virus der vesikulären Schweinekrankheit),
12. Rinderpest-Virus,
13. Schafpocken-Virus,
14. Teschen-Virus,
15. Vesikuläre Stomatitis-Virus;

b) Bakterien wie folgt:
Mycoplasma mycoides;

3.3 pflanzenpathogene Erreger
  a) Bakterien wie folgt:
    1. Xanthomonas albilineans,
    2. Xanthomonas campestris pv. citri einschließlich darauf zurückzuführender Stämme wie Xanthomonas campestris pv. citri Typen A, B, C, D, E oder anders klassifizierte wie Xanthomonas citri, Xanthomonas campestris pv. aurantifolia oder Xanthomonas pv. campestris pv. citromelo;
  b) Pilze wie folgt:
    1. Colletotrichum coffeanum var. virulans (Colletotrichum kahawae),
    2. Cochliobolus miyabeanus (Helminthosporium oryzae),
    3. Micricyclus ulei (syn. Dothidella ulei),
    4. Puccina graminis (syn. Puccina graminis f. sp. tritici),
    5. Puccina striiformis (syn. Puccina glumarum),
    6. Magnaporthe grisea (Pyricularia grisea/Pyricularia oryzae);

3.4 genetisch modifizierte Mikroorganismen wie folgt:
  a) genetisch modifizierte Mikroorganismen oder genetische Elemente, die Nukleinsäuresequenzen enthalten, welche mit der Pathogenität der in Unternummer 3.1 Buchstabe a, b oder c oder Unternummer 3.2 oder 3.3 genannten Organismen assoziiert sind,
  b) genetisch modifizierte Mikroorganismen oder genetische Elemente, die eine Nukleinsäuresequenz-Kodierung für eines der in Unternummer 3.1 Buchstabe d genannten Toxine enthalten.

4. Einrichtungen oder Geräte, die eigens dazu bestimmt sind, die in Nummer 3 genannten biologischen Kampfmittel für militärische Zwecke zu verwenden, sowie Teile oder Baugruppen, die eigens zur Verwendung in einer solchen Waffe bestimmt sind.

III. Chemische Waffen

5. A. Toxische Chemikalien (Registriernummer nach Chemical Abstracts Service; CAS-Nummer)
  a) O-Alkyl(<=C(tief)10 einschließlich Cycloalkyl)-alkyl-(Me, Et, n-Pr oder I-Pr)-phosphonofluoride, zum Beispiel:
  Sarin:
  O-Isopropylmethyl-phosphonofluorid (107-44-8),
  Soman:
  O-Pinakolylmethyl-phosphonofluorid (96-64-0),
  b) O-Alkyl(<=C(tief)10 einschließlich Cycloalkyl)-N,N-dialkyl (Me, Et, n-Pr oder i-Pr)-phosphoramidocyanide, zum Beispiel:
  Tabun:
  O-Ethyl-N,N-dimethyl-phosphoramidocyanid (77-81-6),
  c) O-Alkyl(H oder <=C(tief)10 einschließlich Cycloalkyl)-S-2-dialkyl(Me, Et, n-Pr oder i-Pr)-aminoethylalkyl (Me, Et, n-Pr oder i-Pr)-phosphonothiolate sowie entsprechende alkylierte und protonierte Salze, zum Beispiel:
  VX:
  O-Ethyl-S-2-diisopropylaminoethylmethyl-phosphonothiolat (50782-69-9),

d) Schwefelloste:
2-Chlorethylchlormethylsulfid (2625-76-5),
Senfgas:
Bis-(2-chlorethyl)-sulfid (505-60-2),
Bis-(2-chlorethylthio)-methan (63869-13-6),
Sesqui-Yperit (Q):
1,2-Bis-(2-chlorethylthio)-ethan (3563-36-8),
1,3-Bis-(2-chlorethylthio)-n-propan (63905-10-2),
1,4-Bis-(2-chlorethylthio)-n-butan (142868-93-7),
1,5-Bis-(2-chlorethylthio)-n-pentan (142868-94-8),
Bis-(2-chlorethylthiomethyl)-ether (63918-90-1),
O-Lost:
Bis-(2-chlorethylthioethyl)-ether (63918-89-8),
e) Lewisite:
Lewisit 1:
2-Chlorvinyldichlorarsin (541-25-3),
Lewisit 2:
Bis-(2-chlorvinyl)-chlorarsin (40334-69-8),
Lewisit 3:
Tris-(2-chlorvinyl)-arsin (40334-70-1),
f) Stickstoffloste:
HN1:
Bis-(2-chlorethyl)-ethylamin (538-07-8),
HN2:
Bis-(2-chlorethyl)-methylamin (51-75-2),
HN3:
Tris-(2-chlorethyl)-amin(555-77-1),
g) BZ:
3-Chinuclidinylbenzilat (6581-06-2).

B. Ausgangsstoffe
a) Alkyl(Me, Et, n-Pr oder i-Pr)-phosphonsäuredifluoride, zum Beispiel:
DF:
Methylphosphonsäuredifluorid (676-99-3),
b) O-Alkyl(H oder <=C(tief)10 einschließlich Cycloalkyl)-O-2-Dialkyl (Me, Et, n-Pr oder i-Pr)-aminoethylalkyl (Me, Et, n-Pr oder i-Pr)-phosphonite und entsprechende alkylierte und protonierte Salze, zum Beispiel:
QL:
O-Ethyl-O-2-diisopropylaminoethylmethyl-phosphonit (57856-11-8),
c) Chlor-Sarin:
O-Isopropylmethylphosphonochlorid (1445-76-7),
d) Chlor-Soman:
O-Pinakolylmethylphosphonochlorid (7040-57-5).

6. Einrichtungen oder Geräte, die eigens dazu bestimmt sind, die in Nummer 5 genannten chemischen Kampfstoffe für militärische Zwecke zu verwenden, sowie Teile oder Baugruppen, die eigens zur Verwendung in einer solchen Waffe bestimmt sind.

Teil B
Sonstige Kriegswaffen

I. Flugkörper

7. Lenkflugkörper
8. ungelenkte Flugkörper (Raketen)
9. sonstige Flugkörper
10. Abfeuereinrichtungen (Startanlagen und Startgeräte) für die Waffen der Nummern 7 und 9 einschließlich der tragbaren Abfeuereinrichtungen für Lenkflugkörper zur Panzer- und Fliegerabwehr
11. Abfeuereinrichtungen für die Waffen der Nummer 8 einschließlich der tragbaren Abfeuereinrichtungen sowie der Raketenwerfer
12. Triebwerke für die Waffen der Nummern 7 bis 9

II. Kampfflugzeuge und -hubschrauber

13. Kampfflugzeuge, wenn sie mindestens eines der folgenden Merkmale besitzen:
    1. integriertes Waffensystem, das insbesondere über Zielauffassung, Feuerleitung und entsprechende Schnittstellen zur Avionik verfügt,
    2. integrierte elektronische Kampfmittel,
    3. integriertes elektronisches Kampfführungssystem
14. Kampfhubschrauber, wenn sie mindestens eines der folgenden Merkmale besitzen:
    1. integriertes Waffensystem, das insbesondere über Zielauffassung, Feuerleitung und entsprechende Schnittstellen zur Avionik verfügt,
    2. integrierte elektronische Kampfmittel,
    3. integriertes elektronisches Kampfführungssystem
15. Zellen für die Waffen der Nummern 13 und 14
16. Strahl-, Propellerturbinen- und Raketentriebwerke für die Waffen der Nummer 13

III. Kriegsschiffe und schwimmende Unterstützungsfahrzeuge

17. Kriegsschiffe einschließlich solcher, die für die Ausbildung verwendet werden
18. Unterseeboote
19. kleine Wasserfahrzeuge mit einer Geschwindigkeit von mehr als 30 Knoten, die mit Angriffswaffen ausgerüstet sind
20. Minenräumboote, Minenjagdboote, Minenleger, Sperrbrecher sowie sonstige Minenkampfboote
21. Landungsboote, Landungsschiffe
22. Tender, Munitionstransporter
23. Rümpfe für die Waffen der Nummern 17 bis 22

IV. Kampffahrzeuge

24. Kampfpanzer
25. sonstige gepanzerte Kampffahrzeuge einschließlich der gepanzerten kampfunterstützenden Fahrzeuge

26. Spezialfahrzeuge aller Art, die ausschließlich für den Einsatz der Waffen der Nummern 1 bis 6 entwickelt sind
27. Fahrgestelle für die Waffen der Nummern 24 und 25
28. Türme für Kampfpanzer

V. Rohrwaffen

29.
    a) Maschinengewehre, ausgenommen solche mit Wasserkühlung,
    b) Maschinenpistolen, ausgenommen solche, die als Modell vor dem 2. September 1945 bei einer militärischen Streitkraft eingeführt worden sind,
    c) vollautomatische Gewehre, ausgenommen solche, die als Modell vor dem 2. September 1945 bei einer militärischen Streitkraft eingeführt worden sind,
    d) halbautomatische Gewehre mit Ausnahme derjenigen, die als Modell vor dem 2. September 1945 bei einer militärischen Streitkraft eingeführt worden sind, und der Jagd- und Sportgewehre
30. Granatmaschinenwaffen, Granatgewehre, Granatpistolen
31. Kanonen, Haubitzen, Mörser jeder Art
32. Maschinenkanonen
33. gepanzerte Selbstfahrlafetten für die Waffen der Nummern 31 und 32
34. Rohre für die Waffen der Nummern 29, 31 und 32
35. Verschlüsse für die Waffen der Nummern 29, 31 und 32
36. Trommeln für Maschinenkanonen

VI. Leichte Panzerabwehrwaffen, Flammenwerfer, Minenleg- und Minenwurfsysteme

37. rückstoßarme, ungelenkte, tragbare Panzerabwehrwaffen
38. Flammenwerfer
39. Minenleg- und Minenwurfsysteme für Landminen

VII. Torpedos, Minen, Bomben, eigenständige Munition

40. Torpedos
41. Torpedos ohne Gefechtskopf (Sprengstoffteil)
42. Rumpftorpedos (Torpedos ohne Gefechtskopf - Sprengstoffteil - und ohne Zielsuchkopf)
43. Minen aller Art
44. Bomben aller Art einschließlich der Wasserbomben
45. Handflammpatronen
46. Handgranaten
47. Pioniersprengkörper, Hohl- und Haftladungen sowie sprengtechnische Minenräummittel
48. Sprengladungen für die Waffen der Nummer 43

VIII. Sonstige Munition

49. Munition für die Waffen der Nummern 31 und 32

50. Munition für die Waffen der Nummer 29, ausgenommen Patronenmunition mit Vollmanteilweichkerngeschoss, sofern
    1. das Geschoss keine Zusätze, insbesondere keinen Lichtspur-, Brand- oder Sprengsatz, enthält und
    2. Patronenmunition gleichen Kalibers für Jagd- oder Sportzwecke verwendet wird
51. Munition für die Waffen der Nummer 30
52. Munition für die Waffen der Nummern 37 und 39
53. Gewehrgranaten
54. Geschosse für die Waffen der Nummern 49 und 52
55. Treibladungen für die Waffen der Nummern 49 und 52

IX. Sonstige wesentliche Bestandteile

56. Gefechtsköpfe für die Waffen der Nummern 7 bis 9 und 40
57. Zünder für die Waffen der Nummern 7 bis 9, 40, 43, 44, 46, 47, 49, 51 bis 53 und 59, ausgenommen Treibladungsanzünder
58. Zielsuchköpfe für die Waffen der Nummern 7, 9, 40, 44, 49, 59 und 60
59. Submunition für die Waffen der Nummern 7 bis 9, 44, 49 und 61
60. Submunition ohne Zünder für die Waffen der Nummern 7 bis 9, 44, 49 und 61

X. Dispenser

61. Dispenser zur systematischen Verteilung von Submunition

XI. Laserwaffen

62. Laserwaffen, besonders dafür konstruiert, dauerhafte Erblindung zu verursachen.

Anlage C: Politische Grundsätze der Bundesregierung für den Export von Kriegswaffen und sonstigen Rüstungsgütern

Vom 19. Januar 2000
[BAnz. Nr. 19 vom 28.01.2000, S. 989]
In dem Bestreben,
- ihre Rüstungsexportpolitik restriktiv zu gestalten,
- im Rahmen der internationalen und gesetzlichen Verpflichtungen der Bundesrepublik Deutschland den Export von Rüstungsgütern am Sicherheitsbedürfnis und außenpolitischen Interesse der Bundesrepublik Deutschland zu orientieren,
- durch seine Begrenzung und Kontrolle einen Beitrag zur Sicherung des Friedens, der Gewaltprävention, der Menschenrechte und einer nachhaltigen Entwicklung in der Welt zu leisten,
- dementsprechend auch die Beschlüsse internationaler Institutionen zu berücksichtigen, die eine Beschränkung des internationalen Waffenhandels unter Abrüstungsgesichtspunkten anstreben,
- darauf hinzuwirken, solchen Beschlüssen Rechtsverbindlichkeit auf internationaler Ebene, einschließlich auf europäischer Ebene, zu verleihen,

hat die Bundesregierung ihre Grundsätze für den Export von Kriegswaffen und sonstigen Rüstungsgütern wie folgt neu beschlossen:

I. Allgemeine Prinzipien

1. Die Bundesregierung trifft ihre Entscheidungen nach dem Gesetz über die Kontrolle von Kriegswaffen (KWKG) und dem Außenwirtschaftsgesetz (AWG) über Exporte von Kriegswaffen[1] und sonstigen Rüstungsgütern[2] in Übereinstimmung mit dem von dem Rat der Europäischen Union (EU) angenommenen "Verhaltenskodex der Europäischen Union für Waffenausfuhren" vom 8. Juni 1998 bzw. etwaigen Folgeregelungen[3] sowie den von der Organisation für Sicherheit und Zusammenarbeit in Europa (OSZE) am 25. November 1993 verabschiedeten "Prinzipien zur Regelung des Transfers konventioneller Waffen". Die Kriterien des EU-Verhaltenskodex sind integraler Bestandteil dieser Politischen Grundsätze. Soweit die nachfolgenden Grundsätze im Verhältnis zum EU-Verhaltenskodex restriktivere Maßstäbe vorsehen, haben sie Vorrang.

1 In der Kriegswaffenliste (Anlage zum KWKG) aufgeführte Waffen (komplette Waffen sowie als Waffen gesondert erfasste Teile).
2 Waren des Abschnitts A in Teil I der Ausfuhrliste – Anlage zur AWV – mit Ausnahme der Kriegswaffen.
3 Der GEMEINSAME STANDPUNKT 2008/944/GASP DES RATES vom 8. Dezember 2008 über gemeinsame Regeln für die Kontrolle der Ausfuhr von Militärtechnologie und Militärgütern ist als Anlage beigefügt.

2. Der Beachtung der Menschenrechte im Bestimmungs- und Endverbleibsland wird bei den Entscheidungen über Exporte von Kriegswaffen und sonstigen Rüstungsgütern besonderes Gewicht beigemessen.
3. Genehmigungen für Exporte von Kriegswaffen und sonstigen Rüstungsgütern werden grundsätzlich nicht erteilt, wenn hinreichender Verdacht besteht, dass diese zur internen Repression im Sinne des EU-Verhaltenskodex für Waffenausfuhren oder zu sonstigen fortdauernden und systematischen Menschenrechtsverletzungen missbraucht werden. Für diese Frage spielt die Menschenrechtssituation im Empfängerland eine wichtige Rolle.
4. In eine solche Prüfung der Menschenrechtsfrage werden Feststellungen der EU, des Europarates, der Vereinten Nationen (VN), der OSZE und anderer internationaler Gremien einbezogen. Berichte von internationalen Menschenrechtsorganisationen werden ebenfalls berücksichtigt.
5. Der Endverbleib der Kriegswaffen und sonstigen Rüstungsgüter ist in wirksamer Weise sicherzustellen.

II. NATO-Länder[4], EU-Mitgliedstaaten, NATO-gleichgestellte Länder[5]

1. Der Export von Kriegswaffen und sonstigen Rüstungsgütern in diese Länder hat sich an den Sicherheitsinteressen der Bundesrepublik Deutschland im Rahmen des Bündnisses und der EU zu orientieren.
   Er ist grundsätzlich nicht zu beschränken, es sei denn, dass aus besonderen politischen Gründen in Einzelfällen eine Beschränkung geboten ist.
2. Kooperationen sollen im bündnis- und/oder europapolitischen Interesse liegen.
   Bei Koproduktionen mit in Ziffer II. genannten Ländern, die Gegenstand von Regierungsvereinbarungen sind, werden diese rüstungsexportpolitischen Grundsätze soweit wie möglich verwirklicht. Dabei wird die Bundesregierung unter Beachtung ihres besonderen Interesses an Kooperationsfähigkeit auf Einwirkungsmöglichkeiten bei Exportvorhaben von Kooperationspartnern nicht verzichten (Ziffer II.3).
3. Die exportpolitischen Konsequenzen einer Kooperation sind rechtzeitig vor Vereinbarung gemeinsam zu prüfen.
   In jedem Fall behält sich die Bundesregierung zur Durchsetzung ihrer rüstungsexportpolitischen Grundsätze vor, bestimmten Exportvorhaben des Kooperationspartners im Konsultationswege entgegenzutreten. Deshalb ist bei allen neu abzuschließenden Kooperationsvereinbarungen für den Fall des Exports durch das Partnerland grundsätzlich ein solches Konsultationsverfahren anzustreben, das der Bundesregierung die Möglichkeit gibt, Einwendungen wirksam geltend zu machen. Die Bundesregierung wird hierbei sorgfältig zwischen dem Kooperationsinteresse und dem Grundsatz einer restriktiven Rüstungsexportpolitik unter Berücksichtigung des Menschenrechtskriteriums abwägen.
4. Vor Exporten von Kriegswaffen und sonstigen Rüstungsgütern, bei denen deutsche Zulieferungen Verwendung finden, prüfen AA, BMWi und BMVg unter Beteiligung des Bundeskanzleramtes, ob im konkreten Einzelfall die Voraussetzungen für die Einleitung von Konsultationen vorliegen.

4 Geltungsbereich des NATO-Vertrages, Artikel 6.
5 Australien, Japan, Neuseeland, Schweiz.

Einwendungen der Bundesregierung gegen die Verwendung deutscher Zulieferungen werden – in der Regel nach Bundessicherheitsrats-Befassung – z. B. in folgenden Fällen geltend gemacht:

- Exporte in Länder, die in bewaffnete Auseinandersetzungen verwickelt sind, sofern nicht ein Fall des Artikels 51 der VN-Charta vorliegt,
- Exporte in Länder, in denen ein Ausbruch bewaffneter Auseinandersetzungen droht oder bestehende Spannungen und Konflikte durch den Export ausgelöst, aufrechterhalten oder verschärft würden,
- Exporte, bei denen hinreichender Verdacht besteht, dass sie zur internen Repression im Sinne des EU-Verhaltenskodex für Waffenausfuhren oder zu sonstigen fortdauernden und systematischen Menschenrechtsverletzungen missbraucht werden,
- Exporte, durch die wesentliche Sicherheitsinteressen der Bundesrepublik Deutschland gefährdet werden,
- Exporte, welche die auswärtigen Beziehungen zu Drittländern so erheblich belasten würden, dass selbst das eigene Interesse an der Kooperation und an der Aufrechterhaltung guter Beziehungen zum Kooperationspartner zurückstehen muss.

Einwendungen werden nicht erhoben, wenn direkte Exporte im Hinblick auf die unter Ziffer III. 4–7 angestellten Erwägungen voraussichtlich genehmigt würden.

5. Für die Zusammenarbeit zwischen deutschen und Unternehmen der in Ziffer II. genannten Länder, die nicht Gegenstand von Regierungsvereinbarungen ist, sind Zulieferungen, entsprechend der Direktlieferung in diese Länder, unter Beachtung der allgemeinen Prinzipien grundsätzlich nicht zu beschränken. Die Bundesregierung wird jedoch in gleicher Weise wie bei Kooperationen, die Gegenstand von Regierungsvereinbarungen sind, auf Exporte aus industriellen Kooperationen Einfluss nehmen.
   Zu diesem Zweck wird sie verlangen, dass sich der deutsche Kooperationspartner bei Zulieferung von Teilen, die nach Umfang oder Bedeutung für eine Kriegswaffe wesentlich sind, vertraglich in die Lage versetzt, der Bundesregierung rechtzeitig die nötigen Informationen über Exportabsichten seiner Partner geben zu können und vertragliche Endverbleibsklauseln vorzusehen.
6. Für deutsche Zulieferungen von Teilen (Einzelteilen oder Baugruppen), die Kriegswaffen oder sonstige Rüstungsgüter sind, ist das Kooperationspartnerland ausfuhrrechtlich Käufer- und Verbrauchsland. Wenn diese Teile durch festen Einbau in das Waffensystem integriert werden, begründet die Verarbeitung im Partnerland ausfuhrrechtlich einen neuen Warenursprung.

III. Sonstige Länder

1. Der Export von Kriegswaffen und sonstigen Rüstungsgütern in andere als in Ziffer II. genannte Länder wird restriktiv gehandhabt. Er darf insbesondere nicht zum Aufbau zusätzlicher, exportspezifischer Kapazitäten führen. Die Bundesregierung wird von sich aus keine privilegierenden Differenzierungen nach einzelnen Ländern oder Regionen vornehmen.
2. Der Export von Kriegswaffen (nach KWKG und AWG genehmigungspflichtig) wird nicht genehmigt, es sei denn, dass im Einzelfall besondere außen- oder sicherheitspolitische Interessen der Bundesrepublik Deutschland unter Berücksichtigung der Bündnisinteressen für eine ausnahmsweise zu erteilende Genehmigung sprechen. Beschäftigungspolitische Gründe dürfen keine ausschlaggebende Rolle spielen.

3. Für den Export sonstiger Rüstungsgüter (nach AWG genehmigungspflichtig) werden Genehmigungen nur erteilt, soweit die im Rahmen der Vorschriften des Außenwirtschaftsrechts zu schützenden Belange der Sicherheit, des friedlichen Zusammenlebens der Völker oder der auswärtigen Beziehungen nicht gefährdet sind.
   In diesen Fällen überwiegen diese Schutzzwecke das volkswirtschaftliche Interesse im Sinne von § 3 Abs. 1 AWG.
4. Genehmigungen für Exporte nach KWKG und/oder AWG kommen nicht in Betracht, wenn die innere Lage des betreffenden Landes dem entgegensteht, z. B. bei bewaffneten internen Auseinandersetzungen und bei hinreichendem Verdacht des Missbrauchs zu innerer Repression oder zu fortdauernden und systematischen Menschenrechtsverletzungen. Für diese Frage spielt die Menschenrechtssituation im Empfängerland eine wichtige Rolle.
5. Die Lieferung von Kriegswaffen und kriegswaffennahen[6] sonstigen Rüstungsgütern wird nicht genehmigt in Länder,
   - die in bewaffnete Auseinandersetzungen verwickelt sind oder wo eine solche droht,
   - in denen ein Ausbruch bewaffneter Auseinandersetzungen droht oder bestehende Spannungen und Konflikte durch den Export ausgelöst, aufrechterhalten oder verschärft würden.

   Lieferungen an Länder, die sich in bewaffneten äußeren Konflikten befinden oder bei denen eine Gefahr für den Ausbruch solcher Konflikte besteht, scheiden deshalb grundsätzlich aus, sofern nicht ein Fall des Artikels 51 der VN-Charta vorliegt.
6. Bei der Entscheidung über die Genehmigung des Exports von Kriegswaffen und sonstigen Rüstungsgütern wird berücksichtigt, ob die nachhaltige Entwicklung des Empfängerlandes durch unverhältnismäßige Rüstungsausgaben ernsthaft beeinträchtigt wird.
7. Ferner wird das bisherige Verhalten des Empfängerlandes im Hinblick auf
   - die Unterstützung oder Förderung des Terrorismus und der internationalen organisierten Kriminalität,
   - die Einhaltung internationaler Verpflichtungen, insbesondere des Gewaltverzichts, einschließlich der Verpflichtungen aufgrund des für internationale und nicht- internationale Konflikte geltenden humanitären Völkerrechts,
   - die Übernahme von Verpflichtungen im Bereich der Nichtverbreitung sowie in anderen Bereichen der Rüstungskontrolle und der Abrüstung, insbesondere die Unterzeichnung, Ratifizierung und Durchführung der im EU-Verhaltenskodex für Waffenausfuhren aufgeführten Rüstungskontroll- und Abrüstungsvereinbarungen,
   - seine Unterstützung des VN-Waffenregisters, berücksichtigt.

IV. Sicherung des Endverbleibs

1. Genehmigungen für den Export von Kriegswaffen und sonstigen Rüstungsgütern werden nur erteilt, wenn zuvor der Endverbleib dieser Güter im Endempfängerland sichergestellt ist. Dies setzt in der Regel eine entsprechende schriftliche Zusicherung des Endempfängers sowie weitere geeignete Dokumente voraus.
2. Lieferungen von Kriegswaffen sowie sonstigen Rüstungsgütern, die nach Umfang oder Bedeutung für eine Kriegswaffe wesentlich sind, dürfen nur bei Vorliegen von amtlichen Endverbleibserklärungen, die ein Reexportverbot mit Erlaubnisvorbehalt enthalten, genehmigt werden. Dies gilt entsprechend für Exporte von kriegswaffennahen sonstigen

---

6 Anlagen und Unterlagen zur Herstellung von Kriegswaffen.

Rüstungsgütern, die im Zusammenhang mit einer Lizenzvergabe stehen. Für die damit hergestellten Kriegswaffen sind wirksame Endverbleibsregelungen zur Voraussetzung zu machen.

An die Fähigkeit des Empfängerlandes, wirksame Ausfuhrkontrollen durchzuführen, ist ein strenger Maßstab anzulegen.

3. Kriegswaffen und kriegswaffennahe sonstige Rüstungsgüter dürfen nur mit dem schriftlichen Einverständnis der Bundesregierung in dritte Länder reexportiert bzw. im Sinne des EU- Binnenmarktes verbracht werden.
4. Ein Empfängerland, das entgegen einer abgegebenen Endverbleibserklärung den Weiterexport von Kriegswaffen oder kriegswaffennahen sonstigen Rüstungsgütern genehmigt oder einen ungenehmigten derartigen Export wissentlich nicht verhindert hat oder nicht sanktioniert, wird bis zur Beseitigung dieser Umstände grundsätzlich von einer Belieferung mit weiteren Kriegswaffen und kriegswaffennahen sonstigen Rüstungsgütern ausgeschlossen.

V. Rüstungsexportbericht

Die Bundesregierung legt dem Deutschen Bundestag jährlich einen Rüstungsexportbericht vor, in dem die Umsetzung der Grundsätze der deutschen Rüstungsexportpolitik im abgelaufenen Kalenderjahr aufgezeigt sowie die von der Bundesregierung erteilten Exportgenehmigungen für Kriegswaffen und sonstige Rüstungsgüter im Rahmen der gesetzlichen Bestimmungen aufgeschlüsselt werden.

Anlage D: GEMEINSAMER STANDPUNKT 2008/944/GASP DES RATES

vom 8. Dezember 2008
betreffend gemeinsame Regeln für die Kontrolle der Ausfuhr von Militärtechnologie und Militärgütern
(in Anwendung von Titel V des EU- Vertrags erlassene Rechtsakte) (Amtsblatt der Europäischen Union L 335/99)

DER RAT DER EUROPÄISCHEN UNION –

gestützt auf den Vertrag über die Europäische Union, insbesondere auf Artikel 15,
in Erwägung nachstehender Gründe:

(1) Die Mitgliedstaaten beabsichtigen, die vom Europäischen Rat auf seinen Tagungen in Luxemburg und Lissabon in den Jahren 1991 und 1992 vereinbarten gemeinsamen Kriterien und den vom Rat 1998 angenommenen EU- Verhaltenskodex für Waffenexporte als Grundlage zu nutzen.
(2) Die Mitgliedstaaten erkennen die besondere Verantwortung der Militärtechnologie und Militärgüter exportierenden Staaten an.
(3) Die Mitgliedstaaten wollen mit Entschlossenheit hohe gemeinsame Maßstäbe setzen, die als Mindeststandards für die beim Transfer von Militärtechnologie und Militärgütern von allen Mitgliedstaaten zu befolgende zurückhaltende Praxis angesehen werden sollten, und den Austausch relevanter Informationen verstärken, um größere Transparenz zu erreichen.
(4) Die Mitgliedstaaten wollen mit Entschlossenheit verhindern, dass Militärtechnologie und Militärgüter ausgeführt werden, die zu interner Repression oder internationaler Aggression eingesetzt werden könnten oder zu regionaler Instabilität beitragen könnten.
(5) Die Mitgliedstaaten wollen die Zusammenarbeit verstärken und die Konvergenz auf dem Gebiet der Ausfuhr von Militärtechnologie und Militärgütern im Rahmen der Gemeinsamen Außen- und Sicherheitspolitik (GASP) fördern.
(6) Ergänzend sind mit dem EU-Programm zur Verhütung und Bekämpfung des illegalen Handels mit konventionellen Waffen Maßnahmen gegen unerlaubte Transfers eingeleitet worden.
(7) Der Rat hat am 12. Juli 2002 die Gemeinsame Aktion 2002/589/GASP[1] betreffend den Beitrag der Europäischen Union zur Bekämpfung der destabilisierenden Anhäufung und Verbreitung von Handfeuerwaffen und leichten Waffen angenommen.
(8) Der Rat hat am 23. Juni 2003 den Gemeinsamen Standpunkt 2003/468/GASP[2] betreffend die Überwachung von Waffenvermittlungstätigkeiten angenommen.
(9) Der Europäische Rat hat im Dezember 2003 eine Strategie gegen die Verbreitung von Massenvernichtungswaffen und im Dezember 2005 eine Strategie zur Bekämpfung der

---

1 ABl. L 191 vom 19.7.2002, S. 1.
2 ABl. L 156 vom 25.6.2003, S. 79.

Anhäufung von Kleinwaffen und leichten Waffen und dazugehöriger Munition sowie des unerlaubten Handels damit angenommen, die ein erhöhtes Interesse der Mitgliedstaaten der Europäischen Union an einer koordinierten Herangehensweise an die Kontrolle der Ausfuhr von Militärtechnologie und Militärgütern bedingen.

(10) Im Jahr 2001 wurde das Aktionsprogramm der Vereinten Nationen zur Verhütung, Bekämpfung und Beseitigung des unerlaubten Handels mit Kleinwaffen und leichten Waffen unter allen Aspekten angenommen,

(11) 1992 wurde das Register der Vereinten Nationen für konventionelle Waffen eingerichtet.

(12) Die Staaten haben im Einklang mit dem durch die VN-Charta anerkannten Recht auf Selbstverteidigung das Recht, Mittel zur Selbstverteidigung zu transferieren.

(13) Der Wunsch der Mitgliedstaaten, eine Rüstungsindustrie als Teil ihrer industriellen Basis wie auch ihrer Verteidigungsanstrengungen aufrechtzuerhalten, wird anerkannt.

(14) Die Stärkung einer europäischen industriellen und technologischen Verteidigungsbasis, die zur Umsetzung der Gemeinsamen Außen- und Sicherheitspolitik und insbesondere der Europäischen Sicherheits- und Verteidigungspolitik beiträgt, sollte mit Zusammenarbeit und Konvergenz im Bereich der Militärtechnologie und der Militärgüter einhergehen.

(15) Die Mitgliedstaaten wollen die Politik der Europäischen Union zur Kontrolle der Ausfuhr von Militärtechnologie und Militärgütern durch die Annahme dieses Gemeinsamen Standpunkts, der den vom Rat am 8. Juni 1998 angenommenen Verhaltenskodex der Europäischen Union für Waffenausfuhren aktualisiert und ersetzt, verstärken.

(16) Der Rat hat am 13. Juni 2000 die Gemeinsame Militärgüterliste der Europäischen Union angenommen, die regelmäßig überarbeitet wird, wobei gegebenenfalls entsprechende nationale und internationale Listen berücksichtigt werden[3].

(17) Die Union muss gemäß Artikel 3 Absatz 2 des Vertrag auf die Kohärenz aller von ihr ergriffenen außenpolitischen Maßnahmen im Rahmen ihrer Außenpolitik achten; diesbezüglich nimmt der Rat Kenntnis von dem Vorschlag der Kommission zur Änderung der Verordnung (EG) Nr. 1334/2000 des Rates vom 22. Juni 2000 über eine Gemeinschaftsregelung für die Kontrolle der Ausfuhr von Gütern und Technologien mit doppeltem Verwendungszweck[4] –

HAT FOLGENDEN GEMEINSAMEN STANDPUNKT ANGENOMMEN:

Artikel 1

(1) Jeder Mitgliedstaat prüft die ihm vorgelegten Anträge auf Ausfuhrgenehmigung für Gegenstände der in Artikel 12 genannten Gemeinsamen Militärgüterliste der EU in jedem Einzelfall anhand der Kriterien nach Artikel 2.

(2) Die in Absatz 1 genannten Anträge auf Ausfuhrgenehmigung umfassen Folgendes:

- Genehmigungsanträge für tatsächliche Ausfuhren, auch wenn diese zum Zwecke der Lizenzproduktion von Militärgütern in Drittländern erfolgen;
- Anträge auf Lizenzen für Waffenvermittlertätigkeiten;
- Anträge auf Lizenzen für „Durchfuhr" oder „Umladung";
- Lizenzanträge für immaterielle Software- und Technologietransfers, z. B. mittels elektronischer Medien, Fax oder Telefon.

---

3 Zuletzt geändert am 10. März 2008, ABl. C 98 vom 18.4.2008, S. 1.

4 ABl. L 159 vom 30.6.2000, S. 1.

In den Rechtsvorschriften der Mitgliedstaaten wird festgelegt, in welchen Fällen eine Ausfuhrgenehmigung für diese Anträge erforderlich ist.

Artikel 2

Kriterien

(1) Kriterium 1: Einhaltung der internationalen Verpflichtungen der Mitgliedstaaten, insbesondere der vom VN-Sicherheitsrat oder der Europäischen Union verhängten Sanktionen, der Übereinkünfte zur Nichtverbreitung und anderen Themen sowie sonstiger internationaler Verpflichtungen

Eine Ausfuhrgenehmigung wird verweigert, wenn ihre Erteilung im Widerspruch stünde unter anderem zu

a) den internationalen Verpflichtungen der Mitgliedstaaten sowie ihren Verpflichtungen zur Durchsetzung von Waffenembargos der Vereinten Nationen, der Europäischen Union oder der Organisation für Sicherheit und Zusammenarbeit in Europa;

b) den internationalen Verpflichtungen der Mitgliedstaaten aus dem Vertrag über die Nichtverbreitung von Kernwaffen, dem Übereinkommen über biologische und Toxinwaffen und dem Chemiewaffenübereinkommen;

c) der Verpflichtung der Mitgliedstaaten, keinerlei Antipersonenminen auszuführen;

d) den Verpflichtungen der Mitgliedstaaten im Rahmen der Australischen Gruppe, des Trägertechnologie-Kontrollregimes, des Zangger-Ausschusses, der Gruppe der Kernmaterial- Lieferländer (NSG), des Wassenaar-Arrangements und des Haager Verhaltenskodex gegen die Proliferation ballistischer Raketen.

(2) Kriterium 2: Achtung der Menschenrechte und des humanitären Völkerrechts durch das Endbestimmungsland

- Die Mitgliedstaaten bewerten die Haltung des Empfängerlandes zu den einschlägigen Grundsätzen der internationalen Menschenrechtsübereinkünfte und

a) verweigern eine Ausfuhrgenehmigung, wenn eindeutig das Risiko besteht, dass die Militärtechnologie oder die Militärgüter, die zur Ausfuhr bestimmt sind, zur internen Repression benutzt werden könnten;

b) lassen besondere Vorsicht und Wachsamkeit bei der Erteilung von Ausfuhrgenehmigungen an Länder walten, in denen von den zuständigen Gremien der Vereinten Nationen, der Europäischen Union oder des Europarates schwerwiegende Menschenrechtsverletzungen festgestellt wurden, und nehmen dabei eine Einzelfallprüfung unter Berücksichtigung der Art der Militärtechnologie oder der Militärgüter vor.

Hierfür gelten als Militärtechnologie oder Militärgüter, die zu interner Repression benutzt werden könnten, unter anderem Militärtechnologie oder Militärgüter, die vom angegebenen Endverwender in dieser oder einer ähnlichen Form nachweislich zu interner Repression benutzt worden sind oder bei denen Grund zu der Annahme besteht, dass sie an der angegebenen Endverwendung bzw. am angegebenen Endverwender vorbeigeleitet werden und zu interner Repression genutzt werden. Gemäß Artikel 1 ist die Art der Militärtechnologie oder der Militärgüter sorgfältig zu prüfen, insbesondere wenn sie für Zwecke der inneren Sicherheit bestimmt sind. Interne Repression umfasst unter anderem Folter sowie andere grausame, unmenschliche und erniedrigende Behandlung oder Bestrafung, willkürliche oder Schnell- Hinrichtungen, das Verschwindenlassen von Personen, willkürliche Verhaftungen und andere schwere Verletzungen der Menschenrechte und Grundfreiheiten, wie sie in den einschlägigen Menschenrechtsübereinkünften, einschließlich der Allgemeinen Erklärung der Menschenrechte und des Internationalen Pakts über bürgerliche und politische Rechte, niedergelegt sind.

- Die Mitgliedstaaten bewerten die Haltung des Empfängerlandes zu den einschlägigen Grundsätzen der Übereinkünfte des humanitären Völkerrechts und

c) verweigern eine Ausfuhrgenehmigung, wenn eindeutig das Risiko besteht, dass die Militärtechnologie oder die Militärgüter, die zur Ausfuhr bestimmt sind verwendet werden, um schwere Verstöße gegen das humanitäre Völkerrecht zu begehen.

(3) Kriterium 3: Innere Lage im Endbestimmungsland als Ergebnis von Spannungen oder bewaffneten Konflikten

Die Mitgliedstaaten verweigern eine Ausfuhrgenehmigung für Militärtechnologie oder Militärgüter, die im Endbestimmungsland bewaffnete Konflikte auslösen bzw. verlängern würden oder bestehende Spannungen oder Konflikte verschärfen würden.

(4) Kriterium 4: Aufrechterhaltung von Frieden, Sicherheit und Stabilität in einer Region

Die Mitgliedstaaten verweigern eine Ausfuhrgenehmigung, wenn eindeutig das Risiko besteht, dass der angegebene Empfänger die Militärtechnologie oder die Militärgüter, die zur Ausfuhr bestimmt sind, zum Zwecke der Aggression gegen ein anderes Land oder zur gewaltsamen Durchsetzung eines Gebietsanspruchs benutzt. Bei der Abwägung dieser Risiken berücksichtigen die Mitgliedstaaten unter anderem

a) das Bestehen oder die Wahrscheinlichkeit eines bewaffneten Konflikts zwischen dem Empfängerland und einem anderen Land;

b) Ansprüche auf das Hoheitsgebiet eines Nachbarlandes, deren gewaltsame Durchsetzung das Empfängerland in der Vergangenheit versucht bzw. angedroht hat;

c) die Wahrscheinlichkeit, dass die Militärtechnologie oder die Militärgüter zu anderen Zwecken als für die legitime nationale Sicherheit und Verteidigung des Empfängerlandes verwendet wird;

d) das Erfordernis, die regionale Stabilität nicht wesentlich zu beeinträchtigen.

(5) Kriterium 5: Nationale Sicherheit der Mitgliedstaaten und der Gebiete, deren Außenbeziehungen in die Zuständigkeit eines Mitgliedstaats fallen, sowie nationale Sicherheit befreundeter und verbündeter Länder

Die Mitgliedstaaten berücksichtigen

a) die möglichen Auswirkungen der Militärtechnologie oder der Militärgüter, die zur Ausfuhr bestimmt sind, auf ihre Verteidigungs- und Sicherheitsinteressen sowie auf die anderer Mitgliedstaaten und befreundeter oder verbündeter Länder, wobei sie anerkennen, dass hierdurch die Berücksichtigung der Kriterien betreffend die Achtung der Menschenrechte und die Aufrechterhaltung von Frieden, Sicherheit und Stabilität in einer Region nicht beeinträchtigt werden darf;

b) das Risiko, dass diese Militärtechnologie oder diese Militärgüter gegen ihre eigenen Streitkräfte oder die anderer Mitgliedstaaten oder befreundeter oder verbündeter Länder eingesetzt werden.

(6) Kriterium 6: Verhalten des Käuferlandes gegenüber der internationalen Gemeinschaft, unter besonderer Berücksichtigung seiner Haltung zum Terrorismus, der Art der von ihm eingegangenen Bündnisse und der Einhaltung des Völkerrechts.

Die Mitgliedstaaten berücksichtigen unter anderem das bisherige Verhalten des Käuferlandes in Bezug auf

a) eine Unterstützung oder Förderung des Terrorismus und der internationalen organisierten Kriminalität;

b) die Einhaltung seiner internationalen Verpflichtungen, insbesondere im Hinblick auf die Nichtanwendung von Gewalt, und der Bestimmungen des humanitären Völkerrechts;
c) sein Engagement im Bereich der Nichtverbreitung und anderen Bereichen der Rüstungskontrolle und Abrüstung, insbesondere die Unterzeichnung, Ratifizierung und Durchführung der bei Kriterium 1 unter Buchstabe b aufgeführten einschlägigen Rüstungskontroll- und Abrüstungsübereinkommen.

(7) Kriterium 7: Risiko der Abzweigung von Militärtechnologie oder Militärgütern im Käuferland oder der Wiederausfuhr von Militärgütern unter unerwünschten Bedingungen

Bei der Beurteilung der Auswirkungen der Militärtechnologie oder der Militärgüter, die zur Ausfuhr bestimmt sind, auf das Empfängerland und des Risikos, dass diese Technologie oder Güter auf Umwegen zu einem unerwünschten Endverwender oder zu einer unerwünschten Endverwendung gelangen könnten, wird Folgendes berücksichtigt:

a) die legitimen Interessen der Verteidigung und der inneren Sicherheit des Empfängerlandes, einschließlich einer etwaigen Beteiligung an friedenserhaltenden Maßnahmen der Vereinten Nationen oder anderer Art;
b) die technische Fähigkeit des Empfängerlandes, diese Technologie oder diese Güter zu benutzen;
c) die Fähigkeit des Empfängerlandes, wirksame Ausfuhrkontrollen durchzuführen;
d) das Risiko, dass solche Technologie oder solche Güter mit unerwünschtem Ziel wieder ausgeführt werden, und die bisherige Befolgung etwaiger Wiederausfuhrbestimmungen bzw. vorheriger Genehmigungspflichten, die vom Ausfuhrmitgliedstaat gegebenenfalls festgelegt wurden, durch das Empfängerland;
e) das Risiko, dass solche Technologie oder solche Güter zu terroristischen Vereinigungen oder einzelnen Terroristen umgeleitet werden;
f) die Gefahr eines Reverse Engineering oder eines unbeabsichtigten Technologietransfers.

(8) Kriterium 8: Vereinbarkeit der Ausfuhr von Militärtechnologie oder Militärgütern mit der technischen und wirtschaftlichen Leistungsfähigkeit des Empfängerlandes, wobei zu berücksichtigen ist, dass die Staaten bei der Erfüllung ihrer legitimen Sicherheits- und Verteidigungsbedürfnisse möglichst wenige Arbeitskräfte und wirtschaftliche Ressourcen für die Rüstung einsetzen sollten.

Die Mitgliedstaaten beurteilen anhand von Informationen aus einschlägigen Quellen, wie z. B. Entwicklungsprogramm der Vereinten Nationen, Weltbank, Internationaler Währungsfonds und Organisation für wirtschaftliche Zusammenarbeit und Entwicklung, ob die geplante Ausfuhr die nachhaltige Entwicklung des Empfängerlandes ernsthaft beeinträchtigen würde. Sie prüfen in diesem Zusammenhang den jeweiligen Anteil der Rüstungs- und der Sozialausgaben des Empfängerlandes und berücksichtigen
dabei auch jedwede EU- oder bilaterale Hilfe.

Artikel 3

Dieser Gemeinsame Standpunkt lässt das Recht der Mitgliedstaaten unberührt, auf nationaler Ebene eine restriktivere Politik zu verfolgen.

Artikel 4

(1) Die Mitgliedstaaten informieren einander detailliert über Anträge auf Ausfuhrgenehmigungen, die entsprechend den Kriterien dieses Gemeinsamen Standpunkts verweigert

wurden, und geben die Gründe für die Verweigerung an. Bevor ein Mitgliedstaat eine Genehmigung erteilt, die von einem oder mehreren anderen Mitgliedstaaten innerhalb der letzten drei Jahre für eine im Wesentlichen gleichartige Transaktion verweigert worden ist, konsultiert er zunächst den bzw. die Mitgliedstaaten, die die Genehmigung verweigert haben. Beschließt der betreffende Mitgliedstaat nach den Konsultationen dennoch, die Genehmigung zu erteilen, so teilt er dies dem bzw. den Mitgliedstaaten, die die Genehmigung verweigert haben, mit und erläutert ausführlich seine Gründe.

(2) Ob der Transfer von Militärtechnologie oder Militärgütern genehmigt oder verweigert wird, bleibt dem nationalen Ermessen eines jeden Mitgliedstaats überlassen. Eine Genehmigung gilt als verweigert, wenn der Mitgliedstaat die Genehmigung des tatsächlichen Verkaufs oder der Ausfuhr der Militärtechnologie oder der Militärgüter verweigert hat und es andernfalls zu einem Verkauf oder zum Abschluss des entsprechenden Vertrags gekommen wäre. Für diese Zwecke kann eine notifizierbare Verweigerung gemäß den nationalen Verfahren auch die Verweigerung der Zustimmung zur Aufnahme von Verhandlungen oder einen abschlägigen Bescheid auf eine förmliche Voranfrage zu einem bestimmten Auftrag umfassen.

(3) Die Mitgliedstaaten behandeln derartige Verweigerungen und die entsprechenden Konsultationen vertraulich und ziehen daraus keine wirtschaftlichen Vorteile.

Artikel 5

Ausfuhrgenehmigungen werden nur auf der Grundlage einer zuverlässigen vorherigen Kenntnis der Endverwendung im Endbestimmungsland erteilt. Hierfür sind in der Regel eine gründlich überprüfte Endverbleibserklärung oder entsprechende Unterlagen und/oder eine vom Endbestimmungsland erteilte offizielle Genehmigung erforderlich. Bei der Bewertung der Anträge auf Ausfuhrgenehmigungen für Militärtechnologie oder Militärgüter zum Zwecke der Produktion in Drittländern berücksichtigen die Mitgliedstaaten insbesondere die mögliche Verwendung des Endprodukts im Erzeugerland sowie das Risiko, dass das Endprodukt zu einem unerwünschten Endverwender umgeleitet oder ausgeführt werden könnte.

Artikel 6

Unbeschadet der Verordnung (EG) Nr. 1334/2000 gelten die in Artikel 2 dieses Gemeinsamen Standpunktes aufgeführten Kriterien und das Konsultationsverfahren nach Artikel 4 für die Mitgliedstaaten auch in Bezug auf Güter und Technologie mit doppeltem Verwendungszweck gemäß Anhang I der Verordnung (EG) Nr. 1334/2000, wenn schwerwiegende Gründe für die Annahme bestehen, dass die Endverwender solcher Güter und solcher Technologie die Streitkräfte, die internen Sicherheitskräfte oder ähnliche Einheiten des Empfängerlandes sein werden. Wird in diesem Gemeinsamen Standpunkt auf Militärtechnologie oder Militärgüter Bezug genommen, so sind darunter auch solche Güter und solche Technologie zu verstehen.

Artikel 7

Damit dieser Gemeinsame Standpunkt die größtmögliche Wirkungskraft hat, streben die Mitgliedstaaten im Rahmen der GASP nach einer Verstärkung ihrer Zusammenarbeit und einer Förderung ihrer Konvergenz im Bereich der Ausfuhr von Militärtechnologie und Militärgütern.

Artikel 8

(1) Jeder Mitgliedstaat übermittelt den anderen Mitgliedstaaten jährlich einen vertraulichen Bericht über seine Ausfuhren von Militärtechnologie und Militärgütern und seine Umsetzung des Gemeinsamen Standpunkts.
(2) Ein Jahresbericht der EU, der auf den Beiträgen aller Mitgliedstaaten beruht, wird dem Rat vorgelegt und in der Reihe C des Amtsblatts der Europäischen Union veröffentlicht.
(3) Außerdem veröffentlicht jeder Mitgliedstaat, der Technologie oder Güter der Gemeinsamen Militärgüterliste der EU ausführt, gegebenenfalls im Einklang mit nationalen Rechtsvorschriften, einen Bericht über seine Ausfuhren von Militärtechnologie und Militärgütern und stellt nach Maßgabe des Benutzerleitfadens Informationen für den Jahresbericht der EU über die Umsetzung des Gemeinsamen Standpunkts bereit.

Artikel 9

Die Mitgliedstaaten beurteilen gegebenenfalls gemeinsam im Rahmen der GASP anhand der Grundsätze und Kriterien dieses Gemeinsamen Standpunkts die Lage potenzieller oder tatsächlicher Empfänger der von den Mitgliedstaaten ausgeführten Militärtechnologie und Militärgüter.

Artikel 10

Die Mitgliedstaaten können zwar gegebenenfalls die Auswirkungen geplanter Ausfuhren auf ihre wirtschaftlichen, sozialen, kommerziellen und industriellen Interessen berücksichtigen, doch dürfen diese Faktoren die Anwendung der oben angeführten Kriterien nicht beeinträchtigen.

Artikel 11

Die Mitgliedstaaten setzen sich nach Kräften dafür ein, andere Militärtechnologie und Militärgüter exportierende Staaten zu ermutigen, die Grundsätze dieses Gemeinsamen Standpunkts anzuwenden. Sie betreiben mit den Drittstaaten, die die Kriterien anwenden, einen regelmäßigen Erfahrungsaustausch über ihre Politik zur Kontrolle der Ausfuhr von Militärtechnologie und Militärgütern und über die Anwendung der Kriterien.

Artikel 12

Die Mitgliedstaaten stellen sicher, dass ihre nationalen Rechtsvorschriften es ihnen erlauben, die Ausfuhr der Technologie und der Güter kontrollieren zu können, die auf der Gemeinsamen Militärgüterliste der EU verzeichnet sind. Die Gemeinsame Militärgüterliste der EU dient als Bezugspunkt für die nationalen Listen der Mitgliedstaaten für Militärtechnologie und Militärgüter, ersetzt diese aber nicht unmittelbar.

Artikel 13

Der Benutzerleitfaden zum Verhaltenskodex der Europäischen Union für die Ausfuhr von Militärgütern, der regelmäßig aktualisiert wird, dient als Orientierungshilfe bei der Anwendung dieses Gemeinsamen Standpunkts.

Artikel 14

Dieser Gemeinsame Standpunkt wird am Tag seiner Annahme wirksam.

Artikel 15

Dieser Gemeinsame Standpunkt wird drei Jahre nach seiner Annahme überprüft.

Artikel 16

Dieser Gemeinsame Standpunkt wird im Amtsblatt der Europäischen Union veröffentlicht.
Geschehen zu Brüssel am 8. Dezember 2008.
Im Namen des Rates
Der Präsident
B. KOUCHNER

Anlage E: Grundsätze der Bundesregierung zur Prüfung der Zuverlässigkeit von Exporteuren von Kriegswaffen und rüstungsrelevanten Gütern

[BAnz. Nr. 148 vom 10.08.2001, S. 17177]

In dem Bestreben,

- unzuverlässige Personen und Unternehmen vom Umgang mit Kriegswaffen und der Ausfuhr rüstungsrelevanter Güter (Waren im Sinne des § 4 Abs. 2 Nr. 2 des Außenwirtschaftsgesetzes einschließlich Datenverarbeitungsprogramme (Software) und Technologie) fernzuhalten,
- zu vermeiden, dass durch illegale Ausfuhren in diesem Bereich
- die Sicherheit der Bundesrepublik Deutschland beeinträchtigt,
- das friedliche Zusammenleben der Völker gestört oder
- die auswärtigen Beziehungen der Bundesrepublik Deutschland belastet werden,
- die sich in den „Politischen Grundsätzen der Bundesregierung für den Export von Kriegswaffen und sonstigen Rüstungsgütern“ vom 19. Januar 2000 (BAnz Nr. 19 vom 28. Januar 2000, Seite 1299) widerspiegelnde restriktive Rüstungsexportpolitik der Bundesregierung und die entsprechende Genehmigungspraxis in diesem sensitiven Bereich zu verdeutlichen,
- eine wirksame Kontrolle der Ausfuhr von Gütern mit doppeltem Verwendungszweck aus der Gemeinschaft sicherzustellen, hat die Bundesregierung folgende Grundsätze für die Prüfung der Zuverlässigkeit im Rahmen des § 6 Abs. 3 Nr. 3 des Gesetzes über die Kontrolle von Kriegswaffen (KWKG), des § 3 Abs. 2 des Außenwirtschaftsgesetzes (AWG) sowie § 7 Abs. 1 AWG und des Artikels 8 der Verordnung (EG) Nr. 1334/2000 des Rates vom 22. Juni 2000 über eine Gemeinschaftsregelung für die Kontrolle der Ausfuhr von Gütern und Technologien mit doppeltem Verwendungszweck (ABl. EG Nr. L 159 S. 1) in der jeweils geltenden Fassung beschlossen:

1. Die Grundsätze gelten für Anträge auf Erteilung von Genehmigungen

a) zum Zwecke der Ausfuhr nach dem KWKG oder für Ausfuhren nach dem AWG und der Außenwirtschaftsverordnung (AWV) für Güter des Teils I Abschnitt A und B der Ausfuhrliste;

b) für Ausfuhren nach der Verordnung (EG) Nr. 1334/2000 in der jeweils geltenden Fassung für Güter des Anhangs I der Verordnung mit Ausnahme von Ausfuhren in die in Anhang II Teil 3 der Verordnung genannten Bestimmungsländer;

c) für Ausfuhren nach dem AWG und der AWV für Güter des Teils I C der Ausfuhrliste mit Ausnahme von Ausfuhren in die in Anhang II Teil 3 der Verordnung (EG) Nr. 1334/2000 in der jeweils geltenden Fassung genannten Bestimmungsländer sowie

d) zum Zwecke der Verbringung nach dem KWKG oder für Verbringungen nach dem AWG und der AWV für Güter des Teils I Abschnitt A der Ausfuhrliste.

In derartigen Anträgen muss je nach der Rechtsform des Antragstellers ein für die Durchführung der Ausfuhr verantwortliches Mitglied des Vorstandes, ein Geschäftsführer oder ein vertretungsberechtigter Gesellschafter als „Ausfuhrverantwortlicher“ benannt werden. Dem Ausfuhrverantwortlichen obliegt die Organisationspflicht, die Personalauswahl und - weiterbildungspflicht sowie die Überwachungspflicht.

Genehmigungsanträge nach dem KWKG sind vom Ausfuhrverantwortlichen selbst zu zeichnen; zeichnet der Ausfuhrverantwortliche ausnahmsweise den Antrag nicht selbst, muss eine schriftliche Bestätigung, mit der der Ausfuhrverantwortliche die Verantwortung für den Antrag übernimmt, beigefügt werden.

Bei Anträgen nach dem AWG, der AWV sowie der Verordnung (EG) Nr. 1334/2000 kann eine jährlich einmal gegenüber dem Bundesamt für Wirtschaft und Ausfuhrkontrolle schriftlich abgegebene Bestätigung als ausreichend angesehen werden, sofern im Antrag hierauf Bezug genommen wird.

3. Bestehen tatsächliche Anhaltspunkte dafür, dass der Ausfuhrverantwortliche oder - bei Kriegswaffen - eine der in § 6 Abs. 2 Nr. 2 a KWKG genannten Personen
- im Falle eines Antrags nach dem KWKG gegen Vorschriften des KWKG, des AWG, der AWV oder sonstige einschlägige Vorschriften z.B. des Gewerbe-, Waffen- oder Strafrechts und
- im Falle eines Antrags nach dem AWG, der AWV oder der Verordnung (EG) Nr. 1334/2000 gegen die Genehmigungsvorschriften der in Nummer 1 erfassten Ausfuhren

verstoßen haben könnte, so ist grundsätzlich von der Entscheidung über den Antrag abzusehen, bis der Sachverhalt aufgeklärt ist. Dies gilt jedoch nur dann, wenn es sich nicht lediglich um einen Bagatellverstoß handelt und die vermutete Rechtsverletzung im Falle ihrer Bestätigung die Annahme begründen würde, der Antragsteller sei nicht willens oder in der Lage, den ihm obliegenden kriegswaffen- oder außenwirtschaftsrechtlichen Verpflichtungen nachzukommen. Von der Entscheidung ist unabhängig davon abzusehen, ob ein staatsanwaltschaftliches Ermittlungsverfahren eingeleitet ist oder nicht.

4. Ergibt bei einem Antrag nach dem KWKG die Ermittlung des Sachverhaltes, dass die gegen den Ausfuhrverantwortlichen oder eine andere der in § 6 Abs. 2 Nr. 2a KWKG genannten Personen erhobenen Vorwürfe tatsächlich Grund zur Annahme der Unzuverlässigkeit bieten, so ist der Antrag wegen mangelnder Zuverlässigkeit des Antragstellers abzulehnen. Bei einem Antrag nach dem AWG, der AWV oder der Verordnung (EG) Nr. 1334/2000 soll die Genehmigung oder die Bescheinigung des Bundesamtes für Wirtschaft und Ausfuhrkontrolle, wonach eine Ausfuhr keiner Genehmigung bedarf, in diesem Fall grundsätzlich versagt werden; bei der Entscheidung sind die Schwere des Verstoßes und die daraus zu ziehenden Rückschlüsse auf die Zuverlässigkeit bei künftigen Ausfuhren sowie Art und Menge der auszuführenden Güter und die Verhältnisse des Ausführers im Einzel- fall zu berücksichtigen.

5. Von Maßnahmen nach den Nummern 3 und 4 kann abgesehen werden, wenn das betroffene Unternehmen Schritte ergreift, durch die die zukünftige Einhaltung der ausfuhrrechtlichen Bestimmungen sichergestellt erscheint.

Der Austausch des Ausfuhrverantwortlichen – und bei Kriegswaffen der weiteren in § 6 KWKG genannten Personen – reicht nur aus, wenn
- gegen die neuverantwortlichen Personen keine Zuverlässigkeitsbedenken bestehen und
- durch organisatorische Maßnahmen sichergestellt ist, dass der ausgetauschte Personenkreis keinerlei Verbindungen zu genehmigungspflichtigen Ausfuhren i. S. der Nummer 1 hat.

Eine Umverteilung der Zuständigkeiten des Ausfuhrverantwortlichen im Vorstand oder in der Geschäftsführung reicht in Anbetracht der Gesamtverantwortlichkeit der geschäftsführenden Organe für grundsätzliche Fragen der Unternehmenspolitik in der Regel nicht aus, Zweifel an der Zuverlässigkeit auszuräumen.

6. Sind in den Fällen der Nummer 4 Genehmigungen bereits erteilt, so sind sie gemäß § 7 Abs. 2 KWKG zu widerrufen. Bei einer Genehmigung nach dem AWG, der AWV oder der Verordnung (EG) Nr. 1334/2000 kommt der Widerruf gemäß § 49 Abs. 2 Nr. 3 des Verwaltungsverfahrensgesetzes (VwVfG) oder die Rücknahme gemäß § 48 Absatz 1 VwVfG in Betracht; das Gleiche gilt für die Bescheinigung, dass die Ausfuhr der Güter keiner Genehmigung bedarf.
7. Hat ein Antragsteller in anderen als den in Nummer 1 genannten Fällen im Rahmen eines Antrages auf Erteilung einer Genehmigung oder einer Bescheinigung, wonach die Ausfuhr bzw. die Verbringung keiner Genehmigung bedarf, gegen Vorschriften des AWG, der AWV oder der Verordnung (EG) Nr. 1334/2000 oder sonstige einschlägige Vorschriften z.B. des Gewerbe-, Waffen- oder Strafrechts verstoßen und besteht die Gefahr weiterer Verstöße, so sollen in der Regel die Genehmigungen mit besonderen Nebenbestimmungen nach § 30 AWG oder Artikel 6 der Verordnung (EG) Nr. 1334/2000 versehen werden, die den Nachweis des Endverbleibs und der Endnutzung in geeigneter Form sicherstellen. Im Übrigen kann auch hier die Erteilung der Genehmigung oder der Bescheinigung des Bundesamtes für Wirtschaft und Ausfuhrkontrolle, wonach die Ausfuhr bzw. die Verbringung keiner Genehmigung bedarf, von sachlichen und persönlichen Voraussetzungen abhängig gemacht werden.

Die Grundsätze treten am 1. Oktober 2001 in Kraft. Zum gleichen Zeitpunkt werden die Grundsätze der Bundesregierung zur Prüfung der Zuverlässigkeit von Exporteuren von Kriegswaffen und sonstigen rüstungsrelevanten Gütern vom 29. November 1990 (BAnz. S. 6406) aufgehoben.

Literaturverzeichnis

Abelshauser, Werner / *Schwengler*, Walter: Anfänge westdeutscher Sicherheitspolitik 1945-1956, Bd. 4, hrsg. v. Militärgeschichtliches Forschungsamt, München 1997

Achenbach, Hans: Aus der 1993 veröffentlichen Rechtsprechung zum Wirtschaftsstrafrecht, in: NStZ 1994, S. 421 ff.

Achterberg, Norbert / *Püttner*, Günter: Parlamentsrecht, Tübingen 1984

Achterberg, Norbert: Aus der 1993 veröffentlichen Rechtsprechung zum Wirtschaftsstrafrecht, in: NStZ 1994, S. 421 ff.

Ambrosi, Carolina / *Jacobsen*, Lenz: Aus der Asche ein Kurdenstaat, in: Zeit Online vom 20.6.2014: http://www.zeit.de/politik/ausland/2014-06/irak-kurden-fluechtlinge-macht (Abrufdatum: 4.11.2015)

American Law Institute: Restatement of the Law 3rd, The Foreign Relations Law of the United States, St. Paul, Minnesota 1965

Amnesty International: Report 2013, Zur weltweiten Lage der Menschenrechte, London/Frankfurt am Main 2013

Arbeitsgemeinschaft Kriegsursachenforschung an der Universität Hamburg: Kriege-Archiv: Kriege und bewaffnete Konflikte seit 1945, Stand 2007: http://www.sozialwiss.uni-hamburg.de/publish/Ipw/Akuf/kriege_archiv.htm (Abrufdatum: 4.11.2015)

– Aktuelle Kriege und bewaffnete Konflikte, Stand 2011: http://www.sozialwiss.uni-hamburg.de/publish/Ipw/Akuf/kriege_aktuell.htm (Abrufdatum: 4.11.2015)

Asseburg, Muriel / *Steinberg*, Guido: Konfliktdynamik im Nahen und Mittleren Osten, in: APuZ 19/2007, S. 6 ff.

Auswärtiges Amt: Außen- und Europapolitik: Frieden, Sicherheit, Abrüstung: http://www.auswaertiges-amt.de/sid_38C910E6E727F3FE1ACCFEF436ABE980/DE/Aussenpolitik/Friedenspolitik/Friedenspolitik_node.html (Abrufdatum: 4.11.2015)

– Außen- und Europapolitik: Nationale Exportkontrolle: http://www.auswaertiges-amt.de/DE/Aussenpolitik/Aussenwirtschaft/Exportkontrolle/Exportkontrollpol-national_node.html (Abrufdatum: 4.11.2015)

– Text des Vertrages über die Nichtverbreitung von Kernwaffen (deutsche Übersetzung): http://www.auswaertiges-amt.de/cae/servlet/contentblob/349442/publicationFile/4149/NVV.pdf (Abrufdatum: 4.11.2015)

– Übereinkommen über das Verbot biologischer Waffen (BWÜ): http://www.auswaertiges-amt.de/DE/Aussenpolitik/Friedenspolitik/Abruestung/BioChemie/VerbotBioWaffen-BWUE_node.html (Abrufdatum: 4.11.2015)

Baars, Christian: Waffenexporte von „Heckler & Koch“, Irgendwo nach Mexiko, in: Tagesschau.de vom 8.5.2015: https://www.tagesschau.de/inland/waffenexporte-107.html (Abrufdatum: 1.11.2015)

Battis, Ulrich / *Gusy*, Christoph: Einführung in das Staatsrecht, 5. Auflage, Berlin 2011

Bauer, Sibylle: EU-Verhaltenskodex für Rüstungsexporte, in: Wissenschaft und Frieden 1998-3: http://www.wissenschaft-und-frieden.de/seite.php?artikelID=1307 (Abrufdatum: 4.11.2015)

Bebermeyer, Hartmut: Deutsche Ausfuhrkontrolle 1992, Rechts- und Verfahrensvorschriften für den Export von Rüstungsgütern, München 1992 (zitiert: *Bearbeiter*, in: Bebermeyer)

Becker, Hans-Jürgen: Das Gewaltmonopol des Staates und die Sicherheit des Bürgers, Der Ewige Landfriede – vor 500 Jahren, in: NJW 1995, S. 2077 ff.

Becks'scher Online-Kommentar GG: Epping, Volker / Hillgruber, Christian (Hrsg.), Stand: 4.11.2015, München (zitiert: *Bearbeiter*, in: Beck'scher Online Kommentar GG)

Benkel, Gert / *Hirschberg*, Günther: Lebens- und Berufsunfähigkeitsversicherung, 2. Auflage, Müchen 2011 (zitiert: *Bearbeiter*, in: Benkel / Hirschberg)

Bergmann, Jan: Handlexikon der Europäischen Union, 4. Auflage, Baden-Baden 2012 (zitiert: *Bearbeiter*, in: Bergmann, Handlexikon der Europäischen Union)

Berliner Zeitung: vom 26.10.1999: Koalition legt Streit um die Panzerlieferungen an die Türkei bei: http://www.berliner-zeitung.de/archiv/gruene--dissens-ueber-test-panzer-bleibt---entscheidung-ueber-moeglichen-verkauf-weiterer--leopard-ii--von-menschenrechtslage-abhaengig-koalition-legt-streit-um-panzerlieferung-an-die-tuerkei-bei,10810590,9726556.html (Abrufdatum: 4.11.2015)

Bertges, Florian: Der fragmentierte europäische Verteidigungsmarkt, Sektorenanalyse und Handlungsoptionen, Frankfurt 2009

Beschoner, Jürgen: Die Ausfuhrkontrolle von Rüstungsgütern, in: ZVglRWiss 1990, S. 262 ff.

Bieber, Roland / *Epiney*, Astrid / *Haag*, Marcel: Die Europäische Union, 10. Auflage, Baden-Baden 2012

Bieneck, Klaus: Handbuch des Außenwirtschaftsrechts mit Kriegswaffenkontrollrecht, 2. Auflage, Köln 2004 (zitiert: *Bearbeiter*, in: Bieneck)

Bleckmann, Albert: Die Personalhoheit im Völkerrecht, in: Verfassungsrecht und Völkerrecht, Gedächtnisschrift für Wilhelm Karl Geck, hrsg. v. Fiedler, Wilfried / Ress, Georg, Köln 1989, S. 79 ff.

Böckenförde, Ernst-Wolfgang: Die Organisationsgewalt im Bereich der Regierung, Eine Untersuchung zum Staatsrecht der Bundesrepublik Deutschland, Berlin 1964

Böcking, David: Wie Europa Libyen mit Waffen versorgte, in: Spiegel Online vom 23.2.2011: http://www.spiegel.de/wirtschaft/unternehmen/ruestungsexporte-wie-europa-libyen-mit-waffen-versorgte-a-747366.html (Abrufdatum: 4.11.2015)

Boemcken, Marc von / *Grebe*, Jan: Schaffen Waffen Frieden und Stabilität?, in: APuZ 37/2013, S. 28 ff.

Bogdandy, Armin von: Die außenwirtschaftsrechtliche Genehmigung: Rechtsnatur und Rechtsfolgen, in: VerwArch 1992, S. 53 ff.

Bonner Kommentar: Dolzer, Rudlof / Kahl, Wolfgang / Waldhoff, Christian (Hrsg.), Kommentar zum Bonner Grundgesetz, Band 6, 161. Ergänzungslieferung Mai 2013, Heidelberg (zitiert: Bearbeiter, in: Bonner Kommentar)

Bontrup, Heinz-J. / *Zdrowomyslaw*, Norbert: Die deutsche Rüstungsindustrie, Vom Kaiserreich bis zur Bundesrepublik, Heilbronn 1988

Brauch, Hans Günter: Weltweite Abschaffung der Chemiewaffen in Sicht, in: Zeitschrift für die Vereinten Nationen 1997, S. 94 ff.

Brauer, Jürgen: Die strafrechtliche Behandlung genehmigungsfähigen, aber nicht genehmigten Verhaltens, Berlin 1988

Braun, Stefan: Die aktuelle Rechtsprechung zur waffenrechtlichen Zuverlässigkeit, in: GewArch 2012, S. 52 ff.

Brose, Ekkehard: Verantwortung - die Kehrseite von Einfluss und Wohlstand, in: Der Tagesspiegel vom 14.3.2014: http://www.tagesspiegel.de/meinung/andere-meinung/gastkommentar-zur-deutschen-aussenpolitik-verantwortung-die-kehrseite-von-einfluss-und-wohlstand/9617374.html (Abrufdatum: 4.11.2015)

Brzoska, Michael: Rüstungsexportpolitik, Lenkung, Kontrolle und Einschränkung bundesdeutscher Rüstungsexporte in die Dritte Welt, Frankfurt am Main 1986

– Rüstungsexportpolitik, in: Handbuch zur deutschen Außenpolitik, hrsg. v. Schmidt, Siegmar / Hellmann, Gunther / Wolf, Reinhard, Wiesbaden 2007, S. 650 ff.

Buchheim, Hans: Aspekte der Deutschen Wiederbewaffnung bis 1955, Boppard 1975

Buergenthal, Thomas / *Thürer*, Daniel: Menschenrechte, Ideale, Instrumente, Institutionen, Zürich/St. Gallen 2010

Bull, Hans Peter / *Mehde*, Veith: Allgemeines Verwaltungsrecht mit Verwaltungslehre, 8. Auflage, Heidelberg 2009

Bülow, Christoph von: Der Einsatz der Streitkräfte zur Verteidigung, Eine Untersuchung zu Art. 87 a II GG, Frankfurt a.M. 1984

Bundesamt für Wirtschaft und Ausfuhrkontrolle: Embargos: http://www.ausfuhrkontrolle.info/ausfuhrkontrolle/de/embargos/ (Abrufdatum: 4.11.2015)

– Embargos: Irak: http://www.ausfuhrkontrolle.info/ausfuhrkontrolle/de/embargos/irak/ (Abrufdatum: 4.11.2015)

– Kurzdarstellung Exportkontrolle: Genehmigungspflichten, Antragsverfahren, Informationsquellen: http://www.ausfuhrkontrolle.info/ausfuhrkontrolle/de/arbeitshilfen/merkblaetter/kurzdarstellung.pdf (Abrufdatum: 4.11.2015)
– (Muster-) End-Use Certificate for presentation to the Export Control Authorities of the Federal Republic of Germany: http://www.ausfuhrkontrolle.info/ausfuhrkontrolle/de/antragstellung/endverbleibsdokumente/eve_muster.pdf (Abrufdatum: 4.11.2015)

Bundesministerium der Verteidigung: Weißbuch 1971/1972, Zur Sicherheit der Bundesrepublik Deutschland und zur Entwicklung der Bundeswehr
– Beschluss der Bundesregierung zu den Unterstützungsleistungen vom 31.8.2014: http://www.bmvg.de/portal/a/bmvg/!ut/p/c4/NYxNC8IwEET_UTZRoejNUhAP9eBF40XSdokL-Sjbbb34401BZ-DN4cHAA0qTW8g7oZxcgDvYng7dW3Vx8WpknCb8TSQRpDAnj0k57l-0PDfa7OC2vgyo-pxQVgomoULPTjKrMbOE1czMxSgawGrT1Nrof8xnfzk1tq22VXOurzDGePwCE4Qiwg!!/ (Abrufdatum: 4.11.2015)

Bundesministerium für Wirtschaft und Technologie: Bericht der Bunderegierung über ihre Exportpolitik für konventionelle Rüstungsgüter, Berichtsjahre 1999–2013
– Monatsbericht 7–2014: Mehr Transparenz in der Rüstungsexportpolitik, http://www.bmwi.de/Dateien/BMWi/PDF/Monatsbericht/Auszuege/07-2014-ruestung,property=pdf,bereich=bmwi2012,sprache=de,rwb=true.pdf (Abrufdatum: 4.11.2015)

Bundespräsidialamt: Rede zur Eröffnung der 50. Münchner Sicherheitskonferenz: http://www.bundespraesident.de/SharedDocs/Reden/DE/Joachim-Gauck/Reden/2014/01/140131-Muenchner-Sicherheitskonferenz.html (Abrufdatum: 4.11.2015)

Bundeszentrale für politische Bildung: Kleinwaffen - die wahren Massenvernichtungswaffen, Stand: 2012, http://sicherheitspolitik.bpb.de/index.php?page=kleinwaffen-die-wahren-massenvernichtungswaffen (Abrufdatum: 4.11.2015)

Burchard, Friedrich von: Das Umgehungsgeschäft beim Waffenexport in Drittländer aus strafrechtlicher Sicht, Bern 1987

Busse, Volker: Der Kernbereich exekutiver Eigenverantwortung im Spannungsfeld der staatlichen Gewalten, in: DÖV 1989, S. 45 ff.
– Bundeskanzleramt und Bundesregierung, 4. Auflage, München 2005

Bydlinski, Franz: Juristische Methodenlehre und Rechtsbegriff, 2. Auflage, Wien 1991

Calliess, Christian / *Ruffert*, Matthias: EUV / AEUV, Das Verfassungsrecht der Europäischen Union mit Europäischer Grundrechtecharta, Kommentar, 4. Auflage, München 2011 (zitiert: *Bearbeiter*, in: Calliess / Ruffert)

Comment: CoCom - Limitations on the Effectiveness of Multilateral Export Controls, 132 Wis. Int. L.J. 106, Madison 1983

Dahlhoff, Günther: Der neue § 34 AWG, in: Neue Juristische Wochenschrift 1991, S. 208 ff.

Davis, Ian: The Regulation of Arms and Dual-Use Exports: Germany, Sweden and the UK, Oxford 2002

Dembinski, Matthias / *Schumacher*, Barbara: Wie Europa dem Rüstungsexport Schranken setzt, hrsg. v.: Hessische Stiftung für Friedens- und Konfliktforschung, Report 9/2005

Depauw, Sara: The Common Position on arms exports in the light of the emerging European defence market, in: Flemish Peace Institute, Background note 18.1.2010, Brüssel 2010, S. 1 ff.

Der Spiegel: 19/1982, S. 19 ff.: „Jetzt steht die Tür sperrangelweit offen"; 27/2011, S. 14 ff.: „Leos" für die Saudis

Detterbeck, Steffen: Allgemeines Verwaltungsrecht, 11. Auflage, München 2013

Deutsche ständige Vertretung bei den Vereinten Nationen in Wien: Wassenar-Arrangement: http://www.wien-io.diplo.de/Vertretung/wienio /de/02/Wassenaar/text__Wassenaar.html (Abrufdatum: 4.11.2015)

Dichtl, Erwin: Faktische Grenzen der Exportkontrolle, in: BB 1994, S. 1726 ff.

Dicke, Detlev: Die Intervention mit wirtschaftlichen Mitteln im Völkerrecht: Zugleich ein Beitrag zu den Fragen der wirtschaftlichen Souveränität, Baden-Baden 1978

Dietz, Andreas: Der Krieg der Zukunft und das Völkerrecht der Vergangenheit?, in: DÖV 2011, S. 465 ff.

Doemming, Klaus-Berto von / *Füsslein*, Rudolf Werner / *Matz*, Werner: Entstehungsgeschichte der Artikel des Grundgesetzes, in: JöR N:F. 1 1951

Doswald-Beck, Louise / *Henckaerts*, Jean-Marie: Customary International Humanitarian Law, Volume I, Cambridge 2006

Dreier, Horst: Kommentar zum Grundgesetz, Band 2, 2. Auflage, Tübingen 2006 (zitiert: *Bearbeiter*, in: Dreier)

Duden: *befördern:* http://www.duden.de/rechtschreibung/befoerdern (Abrufdatum: 4.11.2015)

- bestimmen: http://www.duden.de/rechtschreibung/bestimmen (Abrufdatum: 4.11.2015)
- inverkehrbringen: http://www.duden.de/rechtschreibung/Inverkehrbringen (Abrufdatum: 4.11.2015)

Ehlers, Dirk / *Fehling*, Michael / *Pünder*, Hermann: Besonderes Verwaltungsrecht, Band 1, Öffentliches Wirtschaftsrecht, 3. Auflage, Heidelberg 2012 (zitiert: *Bearbeiter*, in: Ehlers / Fehling / Pünder)

Eichel, Hans / *Möller*, Klaus: 50 Jahre Hessische Verfassung, Wiesbaden 1997 (zitiert: *Bearbeiter*, in: Eichel / Möller)

Eick, Christopher: „Präemption", „Prävention" und die Weiterentwicklung des Völkerrechts, in: ZRP 2004, S. 200 ff.

Eisenhut, Dominik: Europäische Rüstungskooperationen, Zwischen Binnenmarkt und zwischenstaatlicher Zusammenarbeit, Baden-Baden 2010

Epping, Volker / *Hillgruber*, Christian: Grundgesetz, 2. Auflage, München 2013 (zitiert: *Bearbeiter*, in: Epping / Hillgruber)

Epping, Volker: Exportfreiheit und Exportkontrolle, Der staatliche Genehmigungsvorbehalt beim Export sensitiver Waren – Systematik und Problemfelder, in: DZWIR 1991, S. 276 ff.

– Der Kriegsbegriff des Grundgesetzes, in: Der Staat 1992, S. 38 ff.; Grundgesetz und Kriegswaffenkontrolle, Berlin 1993

– Novellierungsbedarf im Bereich des Kriegswaffenexportrechts?, in: Recht der Internationalen Wirtschaft 1996, S. 453 ff.;

– Die Außenwirtschaftsfreiheit, Tübingen 1998

Erbguth, Wilfried: Allgemeines Verwaltungsrecht mit Verwaltungsprozess- und Staatshaftungsrecht, 5. Auflage, Baden-Baden 2013

Erbs, Georg / *Kohlhaas*, Max: Strafrechtliche Nebengesetze, 193. Ergänzungslieferung Januar 2013, München (zitiert: *Bearbeiter*, in: Erbs / Kohlhaas)

Fehn, Bernd Josef: Kriegswaffendelikte, in: Kriminalistik 2004, S. 635 ff.

Fischer, Christian / *Rüthers*, Bernd: Rechtstheorie, 5. Auflage, München 2010

Fischer, Sebastian: Syriens Bürgerkrieg: Die USA greifen ein, in: Spiegel Online vom 14.6.2013: http://www.spiegel.de/politik/ausland/syrien-obama-bestaetigt-chemiewaffen-einsatz-durch-assad-a-905655.html (Abrufdatum: 4.11.2015)

Frank, Katja: Nur an Demokratien liefern! Plädoyer für eine andere Rüstungsexportpolitik, in: Hessische Stiftung für Friedens- und Konfliktforschung-Standpunkte 3/2000

Frank, Lewis: The Arms Trade in International Relations, New York 1969

Fras, Damir: „Eine Weltreligion pervertiert", in: Frankfurter Rundschau vom 24.9.2014: http://www.fr-online.de/terrorgruppe-islamischer-staat/obama-gegen-is--eine-weltreligion-pervertiert-,28501302,28504960.html (Abrufdatum: 4.11.2015)

Frenzel, Eike Michael: Bewährungsprobe für das parlamentarische Informationsrecht, in: Jura 2010, S. 220 ff.

Friauf, Karl Heinrich: Das Verbot mit Erlaubnisvorbehalt, in: JuS 1962, S. 422 ff.

Friederichs, Hauke: Rüstungsexporte, Milliarden mit Kriegsschiffen, in: Zeit Online vom 23.4.2013: http://www.zeit.de/wirtschaft/2013-04/ruestungsexporte-marinewaffen-algerien (Abrufdatum: 4.11.2014)

Friese, Ulrich: Panzerhersteller: Ein europäischer Panzer nimmt Fahrt auf, in: FAZ.NET vom 28.7.2015: http://www.faz.net/aktuell/wirtschaft/unternehmen/

panzerhersteller-ein-europaeischer-panzer-nimmt-fahrt-auf-13724475.html (Abrufdatum: 4.11.2015)

Fröhlich, Stefan: Die Europäische Union als globaler Akteur, 2. Auflage, Wiesbaden 2014

Frowein, Jochen: Der Terrorismus als Herausforderung für das Völkerrecht, in: ZaöRV 2002, S. 879 ff.

Fürstenwerth, Jörg Freiherr Frank von: Ermessensentscheidungen im Außenwirtschaftsrecht, Köln 1985

Gabler Wirtschaftslexikon: Band 1, 14. Auflage, Wiesbaden 1997

Gamper, Anna: Staat und Verfassung, Wien 2007

Gaycken, Sandro / *Karger*, Michael: Entnetzung statt Vernetzung, Paradigmenwechsel bei der IT-Sicherheit, in: MMR 2011, S. 3 ff.

Geiger, Rudolf / *Khan*, Daniel-Erasmus / *Kotzur*, Markus: EUV / AEUV, Vertrag über die Europäische Union und Vertrag über die Arbeitsweise der Europäischen Union, Kommentar, 5. Auflage, München 2010 (zitiert: *Bearbeiter*, in: Geiger / Khan / Kotzur)

Geiger, Rudolf: Grundgesetz und Völkerrecht, 6. Auflage, München 2013

Geiger, Tim: Atlantiker gegen Gaullisten: Außenpolitischer Konflikt und innerparteilicher Machtkampf in der CDU/CSU 1958 – 1969 (Studien zur internationalen Geschichte), München 2008

Gemeinsame Konferenz Kirche und Entwicklung: Rüstungsexportbericht, Berichtsjahre 2009–2013, Bonn/Berlin

Glawe, Robert: Der Bundessicherheitsrat als sicherheits- und rüstungspolitisches Koordinationselement, in: DVBl 2012, S. 329 ff.

Grabitz, Eberhard / *Hilf*, Meinhard: Das Recht der Europäischen Union, Band 1, 50. Ergänzungslieferung 2013, München (zitiert: *Bearbeiter*, in: Grabitz / Hilf)

Graf Vitzthum, Wolfgang / *Proelß*, Alexander: Völkerrecht, 6. Auflage, Berlin 2013 (zitiert: *Bearbeiter*, in: Graf Vitzthum / Proelß)

Grebe, Jan / *Roßner*, Sebastian: Parlamentarische Kontrolle und Transparenz von Rüstungsexporten, in: Bonn International Center for Conversation, Bonn 2013

Grimmer, Klaus: Demokratie und Grundrechte, Elemente zu einer Theorie des Grundgesetzes, Berlin 1980

Groeben, Hans von der / *Thiesing*, Jochen / *Ehlermann*, Claus-Dieter: EUV/EGV-Kommentar, Band 5, 5. Auflage, Baden-Baden 1997 (zitiert: *Bearbeiter*, in: v.d. Groeben / Thiesing / Ehlermann)

Gromitsaris, Athanasios: Die Unterscheidung zwischen präventivem Verbot mit Erlaubnisvorbehalt und repressivem Verbot mit Befreiungsvorbehalt, in: DÖV 1997, S. 401 ff.

Großfeld, Bernhard / *Junker*, Abbo: Das CoCom im internationalen Wirtschaftsrecht, Tübingen 1991

Guckelberger, Annette: Behördliche Zusicherungen und Zusagen, in: DÖV 2004, S. 357 ff.

Gusy, Christoph: Verbot mit Erlaubnisvorbehalt – Verbot mit Dispensvorbehalt, in: JA 1981, S. 80 ff.

Haberland, Stephan: Die verfassungsrechtliche Bedeutung der Opposition nach dem Grundgesetz, Berlin 1995

Haftendorn, Helga: Militärhilfe und Rüstungsexporte der BRD, Düsseldorf 1971

Handelsblatt: vom 17.6.2012: Rüstungsgeschäft: Panzerdeal mit Saudi-Arabien soll größer ausfallen: http://www.handelsblatt.com/unternehmen/industrie/ruestungsgeschaeft-panzerdeal-mit-saudi-arabien-soll-groesser-ausfallen/6762358.html (Abrufdatum: 4.11.2015)

– vom 29.11.2012: Rüstungsexporte: Deutschland beliefert Israel massiv mit Waffen: http://www.handelsblatt.com/politik/deutschland/ruestungsexporte-deutschland-beliefert-israel-massiv-mit-waffen/7455254.html (Abrufdatum: 4.11.2015)

– vom 26.2.2013: Rüstungsexportpolitik: De Maizière sieht Iran als Grund für Waffenexporte: http://www.handelsblatt.com/politik/deutschland/ruestungspolitik-de-maiziere-sieht-iran-als-grund-fuer-waffenexporte/7839726.html (Abrufdatum: 4.11.2015)

Hannich, Rolf: Die Zuständigkeitsregelungen für die Strafverfolgung von Proliferation – Staatsschutz- oder Wirtschaftsstraftat?, in: Strafrecht und Justizgewährung: Festschrift für Kay Nehm zum 65. Geburtstag, hrsg. v. Griesbaum, Rainer / Hannich, Rolf / Schnarr, Karl Heinz, Berlin 2006, S. 139 ff.

Hantke, Wolfgang / *Holthausen*, Dieter / *Hucko*, Elmar: Von der Schwierigkeit des Praktikers, neueren Erkenntnissen der Rechtswissenschaft zu folgen, aufgezeigt am Beispiel einer Doktorarbeit, in: NVwZ 1997, S. 1195 ff.

Hartenstein, Olaf / *Reuschle*, Fabian: Handbuch des Fachanwalts Transport- und Speditionsrecht, 2. Auflage, Köln 2012 (zitiert: *Bearbeiter*, in: Hartenstein / Reuschle)

Hasse, Rolf: Theorie und Politik des Embargos, Köln 1973

Hauschka, Christoph E.: Corporate Compliance, Handbuch der Haftungsvermeidung im Unternehmen, 2. Auflage, München 2010 (zitiert: *Bearbeiter*, in: Corporate Compliance)

Heinemann, Winfried: Vom Zusammenwachsen des Bündnisses, Die Funktionsweise der NATO in ausgewählten Krisenfällen 1951 - 1956, München 1998

Heinrich, Bernd / *Papsthart*, Christian / *Potrykus*, Gerhard / *Steindorf*, Joachim: Waffenrecht, Kommentar, 9. Auflage, München 2010, (zitiert: *Bearbeiter* in: Steindorf / Heinrich / Papsthart)

Heinrich, Herbert: Zuverlässigkeit im Waffenrecht, in: GewArch 1989, S. 313

Herdegen, Matthias: Der Sicherheitsrat und die autoritative Konkretisierung des VII. Kapitels der UN-Charta, in: Festschrift für Rudolf Bernhardt, hrsg. v. Beyerlin, Ulrich / Bothe, Michael / Hofmann, Rainer / Petersmann, Ernst-Ulrich, Berlin/ Heidelberg 1995, S. 103 ff.;

– Die Befugnisse des UN-Sicherheitsrates: Aufgeklärter Absolutismus im Völkerrecht?, München 1998;

– Völkerrecht, 10. Auflage, München 2011

Hermann, Rainer: Proteste - Die Türkei erlebt eine Zäsur, in: FAZ.NET vom 29.6.2013: http://www.faz.net/aktuell/politik/ausland/europa/tuerkei/proteste-die-tuerkei-erlebt-eine-zaesur-12264194.html (Abrufdatum: 4.11.2015)

Hinder, Jens-Uwe: Der Ausfuhrverantwortliche im Außenwirtschafts- und Kriegswaffenkontrollrecht, Köln 1999

Hinze, Rolf: Beurteilung der Zuverlässigkeit, in: DVBl 1987, S. 1190 ff.;

– Waffenrecht, Band 3, 65. Ergänzungslieferung März 2013, Heidelberg

Hobe, Stephan / *Kieninger*, Eva-Maria / *König*, Doris / *Marauhn*, Thilo / *Odendahl*, Kerstin / *Schmalenbach*, Kirsten / *Thorn*, Karsten / *Zimmermann*, Andreas: Moderne Konflikformen: Humanitäres Völkerrecht und privatrechtliche Folgen (Berichte der Deutschen Gesellschaft für Völkerrecht), München 2010

Hofhansel, Claus: Commercial Competition and National Security, Westport/ Connecticut 1996

Hohmann, Harald / *John*, Klaus: Kommentar zum Ausfuhrrecht, 1. Auflage, München 2002 (zitiert: *Bearbeiter*, in: Hohmann / John)

Holthausen, Dieter / *Hucko*, Elmar: Das Kriegswaffenkontrollgesetz und das Außenwirtschaftsrecht in der Rechtsprechung, in: NStZ-RR 1998, S. 193 ff.

Holthausen, Dieter: Zum Verhältnis von Kriegswaffenrecht und Waffenrecht bei tragbaren Kriegsschußwaffen (§ 6 III WaffG), in: NStZ 1982, S. 363 ff.

– Der kriegswaffenrechtliche Genehmigungstatbestand für die Ausfuhr, Zur Auslegung des § 3 Abs. 3 KWKG, in: RIW 1987, S. 893 ff.

– Die Strafbarkeit der Ausfuhr von Kriegswaffen und sonstigen Rüstungsgütern – Zugleich eine Anmerkung zu den Entscheidungen des OLG Düsseldorf, NStZ 1987, 565 und des LG Düsseldorf, NStZ 1988, 231 (in diesem Heft) -, in: NStZ 1988, S. 206 ff.

– Die Strafbarkeit der Ausfuhr von Kriegswaffen und sonstigen Rüstungsgütern - 2. Teil -, in: NStZ 1988, S. 256 ff.

– Anmerkung zu OLG München, Beschluss vom 28.9.1992 – 1 Ws 534 – 536 und 757 – 759/92, in: NStZ 1993, S. 243 f.

– Das Kriegswaffenexportrecht als Verfassungsauftrag des Art. 26 Abs. 2 GG, Zugleich eine Entgegnung zu Volker Epping, RIW 1996 S. 453 ff., in: RIW 1997, S. 369 ff.

– Enumerative Listen im Kriegswaffenkontrollrecht und ihre „Umgehung“ mittels technischer Manipulation, in: wistra 1997, S. 129 ff.

Hufen, Friedhelm: Staatsrecht II, Grundrechte, 3. Auflage, München 2011

Ipsen, Jörn: Allgemeines Verwaltungsrecht, 8. Auflage, München 2012

Ipsen, Knut: Völkerrecht, 6. Auflage, München 2013 (zitiert: *Bearbeiter*, in: Ipsen, Völkerrecht)

Isensee, Josef / *Kirchhof*, Paul: Handbuch des Staatsrechts, Band 5, 3. Auflage, Heidelberg 2007 (zitiert: *Bearbeiter*, in: Handbuch des Staatsrechts)

Kälin, Walter / *Künzli*, Jörg: Universeller Menschenrechtsschutz, Der Schutz des Individuums auf globaler und regionaler Ebene, 3. Auflage, Basel 2013

Karpenstein, Ulrich: Europäisches Exportkontrollrecht für Dual-use-Güter, Stuttgart 1998

Kasper, Sven: Systemtheoretische Analyse des Einflusses der deutschen Wirtschaft auf die deutsche Außenpolitik, Münster 2009

Kemp, Geoffrey / *Miller*, Steven: The Arms Transfer Phenomenon, in: Arms Transfers and American Foreign Policy, hrsg. v. Pierre, Andrew, New York 1979, S. 15 ff.

Kindhäuser, Urs: Strafrecht Allgemeiner Teil, 5. Auflage, Baden-Baden 2011

Kirchner, Patrick: Das System der Rüstungsexportkontrolle - am Beispiel der Panzerlieferungen nach Saudi-Arabien -, in: DVBl 2012, S. 336 ff.

– Auskunftsverweigerung der Bundesregierung über Panzerlieferungen nach Saudi-Arabien: bewusster Verfassungsverstoß, in: ZParl 2012, S. 362 ff.

Kissel, Otto Rudolf / *Mayer*, Herbert: Gerichtsverfassungsgesetz, 7. Auflage, München 2013

Kistner, Tanja: Straftaten im Außenwirtschaftsgesetz, Systematik, Rechtsgut und Auslegung des § 34 Abs. 2 AWG, Witten 2008

Kloepfer, Michael / *Lenski*, Sophie-Charlotte: Die Zusicherung im Zuwendungsrecht, in: NVwZ 2006, S. 501 ff.

Kment, Martin: Grenzüberschreitendes Verwaltungshandeln, Transnationale Elemente deutschen Verwaltungsrechts, Tübingen 2010

Knoll, Thomas: Das Bonner Bundeskanzleramt, Organisation und Funktionen von 1949–1999, Wiesbaden 2004

Koller, Ingo: Transportrecht, Kommentar zu Spedition, Gütertransport und Lagergeschäft, 8. Auflage, München 2013

Kopp, Ferdinand / *Schenke*, Wolf-Rüdiger: Verwaltungsgerichtsordnung, 20. Auflage, München 2014 (zitiert: *Bearbeiter*, in: Kopp / Schenke)

Korioth, Stefan / *Schlaich*, Klaus: Das Bundesverfassungsgericht, Stellung, Verfahren, Entscheidungen, 9. Auflage, München 2012

Kortstock, Ulf: Nipperdey Lexikon Arbeitsrecht, 20. Auflage, München 2013

Krause, Joachim: Die Rüstungsexport-Politik der Bundesrepublik Deutschland, in: EA 1981, S. 363 ff.

– Strukturwandel der Nichtverbreitungspolitik: Die Verbreitung von Massenvernichtungswaffen und die weltweite Transformation, München 1998

Krebs, Walter: Kontrolle in staatlichen Entscheidungsprozessen, München 1997

Kreß, Claus: Der Bürgerkrieg und das Völkerrecht, Zwei Entwicklungslinien und eine Zukunftsfrage, in: JZ 2014, S. 365 ff.

Kunig; Philip / *Münch*, Ingo von: Grundgesetz-Kommentar, Band 2, 5. Auflage, München 2001 (zitiert: *Bearbeiter*, in: v. Münch / Kunig)

Landmann, Robert / *Rohmer*, Gustav: Kommentar zur Gewerbeordnung, Band 1, 66. Ergänzungslieferung, München 2014 (zitiert: *Bearbeiter*, in: Landmann / Rohmer)

Lange, Klaus: Ermessens- und Beurteilungsspielräume als Transformatoren von Innen- und Außenrecht, in: NJW 1992, S. 1193 ff.

Lenz, Carl Otto / *Borchardt*, Klaus-Dieter: EU-Verträge, EUV / AEUV / GRCh, Kommentar, 6. Auflage, Köln 2012 (zitiert: *Bearbeiter*, in: Lenz / Borchardt)

Lexikon Rüstung, Frieden, Sicherheit: Lutz, Dieter (Hrsg.), München 1987 (zitiert: *Bearbeiter*, in: Lexikon Rüstung, Frieden, Sicherheit)

Linke, Christine: Europäisches Internationales Verwaltungsrecht, Frankfurt 2001

Linke, Tobias: Rechtsfragen der Einrichtung und des Betriebs eines Nationalen Cyber-Abwehrzentrums als informelle institutionalisierte Sicherheitskooperation, in: DÖV 2015, S. 128 ff.

Lischka, Konrad: Geplanter Panzer-Deal: Die Koalition der Geheimniskrämer, in: Spiegel Online vom 10.7.2011: http://www.spiegel.de/politik/deutschland/geplanter-panzer-deal-die-koalition-der-geheimniskraemer-a-773501.html (Abrufdatum: 4.11.2015)

Löw, Michaela: Gewaltverbot und Selbstverteidigungsrecht nach dem 11. September 2001, Unter besonderer Berücksichtigung nichtstaatlicher Akteure, Frankfurt am Main 2009

Lundbo, Sten: Nukleare Nicht-Verbreitung: Ausweitung der Exportkontrollmechanismen, in: Zeitschrift für internationale Fragen 1997, S. 137 ff.

Lutz, Dieter: Frieden als Gegenstand einer materiellen Verfassungstheorie, hrsg. v.: Institut für Friedensforschung und Sicherheitspolitik an der Universität Hamburg, Heft 7, 1978

Mahler, Claudia / *Weiß*, Norman: Zur Unteilbarkeit der Menschenrechte – Anmerkungen aus juristischer, insbesondere völkerrechtlicher Sicht, in: Die Menschenrechte: unteilbar und gleichgewichtig? – Studien zu Grund- und Menschenrechten 2011, S. 39 ff.

Malirisch, Maximilian / *Prill*, Florian: The Proliferation Security Initiative and the 2005 Protocol to the SUA Convention, in: ZaöRV 2007, S. 229 ff.

Mangoldt, Hermann von / *Klein*, Friedrich / *Starck*, Christian: Kommentar zum Grundgesetz, Band 2, 6. Auflage, München 2010 (zitiert: *Bearbeiter*, in: v. Mangoldt / Klein / Starck)

Marauhn, Thilo: Strategische Ausfuhrbeschränkungen gegenüber Drittstaaten im Lichte des Gemeinschaftsrechts, Zur Kompetenzverteilung zwischen Gemeinschaft und Mitgliedstaaten, in: ZaöRV 1994, S. 779 ff.

Martens, Wolfgang: Grundgesetz und Wehrverfassung, Hamburg 1961

Martinek, Michael / *Semler*, Franz-Jörg / *Habermeier*, Stefan / *Flohr*, Eckhard: Handbuch des Vertriebsrechts, 3. Auflage, München 2010 (zitiert: *Bearbeiter*, in: Martinek / Semler / Habermeier / Flohr)

Matthies, Volker: Kriege in der Dritten Welt, Analyse und Materialien, Opladen 1982

Maunz, Theodor / *Dürig*, Günter / *Herzog*, Roman / *Scholz*, Rupert / *Herdegen*, Matthias: Kommentar zum Grundgesetz, 75. Ergänzungslieferung (Stand: September 2015), München (zitiert: *Bearbeiter*, in: Maunz / Dürig)

Maurer, Hartmut: Allgemeines Verwaltungsrecht, 18. Auflage, München 2011

– Wiederaufgreifen unanfechtbar abgeschlossener Verwaltungsverfahren, in: JuS 1976, S. 25 ff.

Meng, Werner: Wirtschaftssanktionen und staatliche Jurisdiktion - Grauzonen im Völkerrecht 1997, S. 269 ff.

Menzel, Jörg / *Pierlings*, Tobias / *Hoffmann*, Jeannine: Völkerrechtsprechung: Ausgewählte Entscheidungen zum Völkerrecht in Retrospektive, Tübingen 2005 (zitiert: *Bearbeiter*, in: Menzel / Pierlings / Hoffmann)

Merkel, Reinhard: Völkerrecht contra Bürgerkrieg: Die Militärintervention gegen Gaddafi ist illegitim, in: FAZ.NET vom 22.3.2011: http://www.faz.net/aktuell/feuilleton/voelkerrecht-contra-buergerkrieg-die-militaerintervention-gegen-gaddafi-ist-illegitim-1613317.html (Abrufdatum: 4.11.2015)

Meyer-Goßner, Lutz: Strafprozessordnung, Gerichtsverfassungsgesetz, Nebengesetze und ergänzende Bestimmungen, 55. Auflage, München 2012 (zitiert: *Bearbeiter*, in: Meyer-Goßner)

Meyn, Karl-Ulrich: Kontrolle als Verfassungsprinzip, Problemstudie zu einer legitimationsorientierten Theorie der politischen Kontrolle in der Verfassungsordnung des Grundgesetzes, Baden-Baden 1982

Middel, Dieter: Öffentlich-rechtliche Willenserklärungen von Privatpersonen, Berlin 1971

Militärgeschichtliches Forschungsamt: Volker Rühe - in der Mitte Europas, Potsdam 2012

Mölling, Christian: Für eine sicherheitspolitische Begründung deutscher Rüstungsexporte, Stiftung Wissenschaft und Politik Aktuell 66, November 2013, S. 1 ff

Moltmann, Bernhard: „Ist es r/Recht so?“, Reflexionen zu Grundlagen und Perspektiven der deutschen Rüstungsexportpolitik, in: Hessische Stiftung für Friedens- und Konfliktforschung, Report 6/2001

– Im Dunkeln ist gut munkeln, Oder: Die Not mit der Transparenz in der deutschen Rüstungsexportpolitik, in: Hessische Stiftung für Friedens- und Konfliktforschung, Standpunkte 1/2011

Mosler, Hermann: Die auswärtige Gewalt im Verfassungssystem der Bundesrepublik Deutschland, in: Festschrift für Bilfinger, Köln 1954

Münchener Kommentar zum Bürgerlichen Gesetzbuch: Säcker, Jürgen / Rixecker, Roland (Hrsg.), Band 1, 6. Auflage (2014), Band 10, 6. Auflage (2015), München (zitiert: *Bearbeiter*, in: MüKo-BGB)

Münchener Kommentar zum Strafgesetzbuch: Joecks, Wolfgang / Miebach, Klaus (Hrsg.), Band 3, 2. Auflage (2012), Band 5, 2. Auflage (2014), Band 6, 2. Auflage (2013), Band 8, 2. Auflage (2013), München (zitiert: *Bearbeiter*, in: MüKo-StGB)

Münchner Merkur: vom 29.5.2008: Berlin: Existenzrecht Israels Teil der Staatsräson: http://www.merkur-online.de/aktuelles/politik/berlin-existenzrecht-israels-teil-staatsraeson-377281.html (Abrufdatum: 4.11.2015)

Murswiek, Dietrich: Die amerikanische Präventivkriegstrategie und das Völkerrecht, in: NJW 2003, S. 1014 ff.

Mussgnug, Reinhard: Der Dispens von gesetzlichen Vorschriften, Heidelberg 1964

Nassauer, Otfried: Deutsche Finanzhilfe für U-Boot-Kauf, in: taz.de vom: 17.7.2011: http://www.taz.de/!74641/ (Abrufdatum: 4.11.2015)

Neshitov, Tim: G36-Gewehre in Libyen gefunden: Gaddafis Truppen schießen mit deutschen Waffen, in: Süddeutsche.de vom 1.9.2011: http://www.sueddeutsche.de/politik/g-gewehre-in-libyen-gefunden-gaddafis-truppen-schiessen-mit-deutschen-waffen-1.1137489 (Abrufdatum: 4.11.2015)

Neumann, Stephanie: Arms Transfers and Economic Development: Some Research and Policy Issues, in: Arms Transfers in the Modern World, hrsg. v. Neumann, Stephanie / Harkavy, Robert, New York 1979, S. 219 ff.

Nolte, Georg: Kosovo und Konstitutionalisierung: Zur humanitären Intervention der NATO-Staaten, in: ZaöRV 1999, S. 941 ff.

Obermaier, Frederik / *Ott*, Klaus: G-36-Lieferungen nach Mexiko, Zollfahnder werfen Heckler & Koch illegale Waffenexporte vor, in: Süddeutsche.de vom 7.5.2015: http://www.sueddeutsche.de/politik/g-lieferungen-nach-mexiko-zollfahnder-werfen-heckler-koch-illegale-waffenexporte-vor-1.2470436 (Abrufdatum: 1.11.2015)

Oehler, Dietrich: Internationales Strafrecht, Köln 1973

Oeter, Stefan: CoCom und das System der koordinierten Exportkontrollen, Überlegungen aus völkerrechtlicher und völkerrechtspolitischer Perspektive, in: RabelsZ 1991, S. 436 ff.

Oldiges, Martin: Die Bundesregierung als Kollegium, Eine Studie zur Regierungsorganisation nach dem Grundgesetz, Hamburg 1983

Oppermann, Thomas / *Classen*, Claus Dieter / *Nettesheim*, Martin: Europarecht, 5. Auflage, München 2011

Ordemann, Klaus-Dieter: Grundstein für die Regulierung des Waffenhandels gelegt, Arms Trade Treaty (ATT) von den Vereinten Nationen verabschiedet, in: AW-Prax 2013, S. 205 ff.

Pahlke, Armin / *Koenig*, Ulrich: Abgabenordnung, 2. Auflage, München 2009 (zitiert: *Bearbeiter*, in: Pahlke / Koenig)

Palandt, Otto: Bürgerliches Gesetzbuch, 73. Auflage, München 2014 (zitiert: *Bearbeiter*, in: Palandt)

Pearson, Frederic S.: Necessary evil: Perspectives on West German Arms Transfers, in: Forces and Society 1986, S. 525 ff.

Pfeffer, Joachim: Der rechtliche Rahmen des Wirtschaftsverkehrs mit den RGW-Ländern, Köln 1978

Pfeiffer, Gerd: Strafprozessordnung, 5. Auflage, München 2005

Pielow, Johann-Christian: Kommentar zur Gewerbeordnung, München 2009 (zitiert: *Bearbeiter*, in: Pielow)

Pieroth, Bodo / *Haghgu*, Katrin: Stärkung der Rechte der Abgeordneten und der Opposition in den Landesverfassungen, Münster 2004

Pieroth, Bodo / *Schlink*, Bernhard / *Kniesel*, Michael: Polizei- und Ordnungsrecht mit Versammlungsrecht, 7. Auflage, München 2012

Pieroth, Bodo / *Schlink*, Bernhard: Grundrechte, Staatsrecht II, 29. Auflage, Heidelberg 2013

Plate, Tobias: Völkerrechtliche Fragen bei Gefahrenabwehrmaßnahmen gegen Cyber-Angriffe, in: ZRP 2011, S. 200 ff.

Poetzsch-Heffter, Fritz: Handkommentar der Reichsverfassung, 3. Auflage, Berlin 1928

Poscher, Ralf: Eingriffsschwellen im Recht der inneren Sicherheit, Ihr System im Licht der neueren Verfassungsrechtsprechung, in: Die Verwaltung 2008, S. 345 ff.

Poser und Groß Naedlitz, Hubertus von: Die Genehmigungsentscheidung nach dem Kriegswaffenkontrollgesetz, Frankfurt 1999

Potrykus, Gerhard: Kommentar zum Gesetz über die Kontrolle von Kriegswaffen, Köln 1962

Pottmeyer, Klaus / *Sinnwell*, Wolfram A.: Der Ausfuhrverantwortliche im Außenwirtschafts- und Kriegswaffenkontrollrecht, in: DZWIR 1991, S. 133 ff.

Pottmeyer, Klaus: Kriegswaffenkontrollgesetz, Kommentar, 2. Auflage, Köln 1994

– Freispruch für Manager, in: AW-Prax 1996, S. 174 ff.

– Die Grundzüge des Kriegswaffenkontrollrechts, in: Der Zoll-Profi! 2009, S. 5 ff.
– Der Ausfuhrverantwortliche, Aufgaben und Haftung im exportierenden Unternehmen, 5. Auflage, Köln 2014

Presse- und Informationsamt der Bundesregierung: Bulletin des Presse- und Informationsamtes der Bundesregierung vom 6.10.1954, Nr. 188

Puglierin, Jana / *Feyock*, Sebastian / *Diepen*, Yvonne van: Ertüchtigen statt wegsehen, Eine deutsche Initiative soll das Krisenmanagement der GSVP verbessern, in: IP 2014, S. 60 ff.

Puppe, Ingeborg: Anmerkung zu BGH, Urteil vom 22.7.1993 – 4 StR 322/93, in: NStZ 1993, S. 594 ff.

Puttkamer, Ellinor von: Vorgeschichte und Zustandekommen der Pariser Verträge vom 23. Oktober 1954, in: ZaöRV 1956, S. 448 ff.

Puttler, Adelheit: Völkerrechtliche Grenzen von Export- und Reexportverboten, Eine Darstellung am Beispiel des Rechts der Verdingten Staaten von Amerika und der Bundesrepublik Deutschland, Baden-Baden 1989

Raap, Christian: Grundrechtsschutz bei der Information des Parlaments durch die Bundesregierung, in: NJW 1997, S. 508 ff.

Refflinghaus, Alexander: Die deutsche Türkeipolitik und das Kurdenproblem in der Regierungszeit Helmut Kohls, 1982–1998, in: Zeitschrift für Türkeistudien 2001, S. 52 ff.

Regionales Informationszentrum der Vereinten Nationen für Westeuropa: Kleinwaffen – Konferenz der Vereinten Nationen über den unerlaubten Handel mit Kleinwaffen und leichten Waffen unter allen Aspekten, Stand: Juni 2001: http://www.unric.org/html/ german/kleinwaffen/publ.htm (Abrufdatum: 4.11.2015)

Reißmann, Ole: Neue Sicherheitsdoktrin: USA erklären das Netz zum Kriegsschauplatz, in: Spiegel Online vom 1.6.2011: http://www.spiegel.de/ netzwelt/ netzpolitik/neue-sicherheitsdoktrin-usa- erklaeren-das-netz-zum-kriegsschauplatz-a-766137.html (Abrufdatum: 4.11.2015)

Rengier, Rudolf: Strafrecht Allgemeiner Teil, 5. Auflage, München 2013

Ress, Georg: Verfassung und völkerrechtliches Vertragsrecht, in: Festschrift für Karl Doehring: Staat und Völkerrechtsordnung, Berlin, Heidelberg, New York 1989, S. 803 ff.

Reuter, Alexander: Außenwirtschafts- und Exportkontrollrecht Deutschland/Europäische Union: Systematische Darstellung mit Praxisschwerpunkten, München 1995

Reuters Deutschland: UN – Syriens Bürgerkrieg von besonderer Brutalität: *http://de.reuters.com/* article/ worldNews/idDEBEE95304L20130604 (Abrufdatum: 4.11.2015)

Rheinmetall AG: Geschäftsberichte 2006–2012: http://www.rheinmetall.com/de/rheinmetall_ag/group/publications/annual_reports/annual_reports_archive/index.php (Abrufdatum: 11.11.2014)

– Geschäftsbericht 2013: http://www.rheinmetall.com/de/rheinmetall_ag/group/publications/annual_reports/annual-reports.php (Abrufdatum: 11.11.2014)

Ricke, Klaus-Peter: Die Nichtverbreitung von ABC-Waffen und Trägern, in: ZfZ 1995, S. 306 ff.

Roeser, Thomas: Völkerrechtliche Aspekte des internationalen Handelns mit konventionellen Waffen, Berlin 1988

Rohde, Joachim: Studie der Stiftung Wissenschaft und Politik: Rüstung in Europa, Zwänge und Optimierung europäischer Rüstungsprozesse, Berlin 2004

Röhl, Klaus Friedrich / *Röhl*, Hans Christian: Allgemeine Rechtslehre, Ein Lehrbuch, 3. Auflage, Köln 2008

Ruthig, Josef / *Storr*, Stefan: Öffentliches Wirtschaftsrecht, 3. Auflage, München 2011

Sachs, Michael: Kommentar zum Grundgesetz, 6. Auflage, München 2011 (zitiert: *Bearbeiter*, in: Sachs)

Saferworld: The EU Code of Conduct on Arms Trade, Bristol 1998

Safferling, Christoph: Die Gefährdung der „auswärtigen Beziehungen" der Bundesrepublik Deutschland als strafwürdiges Verhalten im Außenwirtschaftsverkehr – Zum Beschluss des BGH vom 13.1.2009 – AK 20/08 = BGHSt 53, 128 = NStZ 2009, 335, in: NStZ 2009, S. 604 ff.

Sandrock, Otto: Neuere Entwicklungen im Internationalen Verwaltungs-, insbesondere im Internationalen Kartellrecht, in: ZVglRWiss 1968, S. 1 ff.

Sauer, Heiko: Rechtsschutz gegen völkerrechtsdeterminiertes Gemeinschaftsrecht? - Die Terroristenlisten vor dem EuGH, in: NJW 2008, S. 3685 ff.

Schaller, Christian: Deutsche Völkerrechtspolitik im Bereich der Friedenssicherung, in: Deutsche Außenpolitik, hrsg. v. Jäger, Thomas / Höse, Alexander, 2. Auflage, Wiesbaden 2011, S. 502 ff.

Scharnitzky, Ralf: Weiß-blaue Waffenschmieden, in: Sueddeutsche.de vom 26.11.2013: http://www.sueddeutsche.de/bayern/ruestungsindustrie-in-bayern-weiss-blaue-waffenschmieden-1.1827757 (Abrufdatum: 4.11.2015)

Schenke, Wolf-Rüdiger: Polizei- und Ordnungsrecht, 8. Auflage, Heidelberg 2013

Scheuner, Ulrich: Die Haltung dritter Staaten im Bürgerkrieg, in: Festschrift für Friedrich August Freiherr von der Heydte, hrsg. v. Kipp, Heinrich / Mayer, Franz / Steinkamm, Armin, Berlin 1977, S. 514 ff.

Schiffbauer, Björn: Vorbeugende Selbstverteidigung im Völkerrecht, Eine systematische Ermittlung des gegenwärtigen friedenssicherungsrechtlichen Besitzstandes aus völkerrechtsdogmatischer und praxisanalytischer Sicht, Berlin 2012

Schiller, Friedrich von: Demetrius, Ein Trauerspiel von Schiller, bearbeitet v. Maltiz, Franz von, Karlsruhe 1817

Schladebach, Marcus: Die Verteidigungsgüterrichtlinie der Europäischen Union, Zum Umsetzungsbedarf im deutschen Außenwirtschaftsrecht, in: RIW 2010, S. 127 ff.

Schlarmann, Hans / *Spiegel*, Jan-Peter: Terror und kein Ende - Konsequenzen der EG-Verordnungen zur Bekämpfung des internationalen Terrorismus für in Deutschland tätige Unternehmen, in: NJW 2007, S. 870 ff.

Schmid, Fidelius: Deutschland verhalf Gadhafi zu Rakaten, in: Zeit Online vom 17.3.2011: http://www.zeit.de/wirtschaft/2011-03/waffen-libyen-deutschland (Abrufdatum: 4.11.2015)

Schmid, Thomas: Ewiger Krisenherd, in: Zeit Online vom 18.7.2002: http://www.zeit.de/2002/30/Ewiger_Krisenherd (Abrufdatum: 4.11.2015)

Schmidt-Bleibtreu, Bruno / *Hofmann*, Hans / *Henneke*, Hans-Günter: Kommentar zum Grundgesetz, 13. Auflage, Köln 2014 (zitiert: *Bearbeiter*, in: Schmidt-Bleibtreu / Hofmann / Henneke)

Schmidt, Manfred G.: Wörterbuch zur Politik, 2. Auflage, Stuttgart 2004

Schmidt, Michael / *Meier*, Albrecht / *Seibert*, Thomas / *Ziedler*, Christopher: Waffenembargo gegen Syrien: EU kann sich nicht auf eine Linie einigen, in: Der Tagesspiegel vom 28.5.2013: http://www.tagesspiegel.de/politik/waffenembargo-gegen-syrien-eu-kann-sich-nicht-auf-eine-linie-einigen/8269612.html (Abrufdatum: 4.11.2015)

Schnabel, Christoph / *Freund*, Bernhard: Der Kernbereich exekutiver Eigenverantwortung als Schranke der Informationsfreiheit 2012, S. 192 ff.

Schneider, Hans-Peter / *Zeh*, Wolfgang: Parlamentsrecht und Parlamentspraxis, Berlin 1989 (zitiert: *Bearbeiter*, in: Schneider / Zeh)

Schöbener, Burkhard / *Herbst*, Jochen / *Perkams*, Markus: Internationales Wirtschaftsrecht, Heidelberg 2010

Schön, Michael: Die Rüstungsexportpolitik in der Bundesrepublik Deutschland. Ein Stiefkind parlamentarischer Kontrolle, in ZParl 1986, S. 159 ff.

Schönke, Adolf / *Schröder*, Horst: Strafgesetzbuch, Kommentar, 28. Auflage, München 2010 (zitiert: *Bearbeiter*, in: Schönke / Schröder)

Schroeder, Werner: Grundkurs Europarecht, 2. Auflage, München 2011

Schürr, Ulrich: Der Aufbau einer europäischen Sicherheits- und Verteidigungsidentität im Beziehungsgeflecht von EU, WEU, OSZE und NATO, Frankfurt am Main 2003

Schwabe, Jürgen: Das Verbot mit Erlaubnisvorbehalt, in: JuS 1973, S. 133 ff.

Schwarze, Jürgen: Die Jurisdiktionsabgrenzung im Völkerrecht - Neue Entwicklungen im internationalen Wirtschaftsrecht, Baden-Baden 1994

– EU-Kommentar, 3. Auflage, Baden-Baden 2012 (zitiert: *Bearbeiter*, in: Schwarze)

Seidel, Dietmar: Der Bundespräsident als Träger der auswärtigen Gewalt, Berlin 1972

Sieckmann, Jan: Fundamentalität, Unveräußerlichkeit, Unteilbarkeit, in: Menschenrechte, Ein interdisziplinäres Handbuch, hrsg. v. Pollmann, Arnd / Lohmann, Georg, S. 165 ff.

Siefken, Sven: Parlamentarische Frageverfahren - Symbolpolitik oder wirksames Kontrollinstrument?, in: ZParl 2010, S. 18 ff.

Simma, Bruno / *Khan*, Daniel-Erasmus: Verwaltungshandeln im Außenwirtschaftsrecht, Die Berücksichtigung menschenrechtlicher Gesichtspunkte bei der Auslegung und Anwendung nationaler Vorschriften zur Steuerung der grenzüberschreitenden Wirtschaftstätigkeit, in: Festschrift für Wolfgang Fikentscher zum 70. Geburtstag, hrsg. v. Großfeld, Bernhard / Sack, Rolf / Möllers, Thomas / Drexl, Josef / Heinemann, Andreas, Tübingen 1998

Simma, Bruno: Kommentar zur Charta der Vereinten Nationen, München 1991 (zitiert: *Bearbeiter*, in: Simma)

Simonsen, Olaf: Außenwirtschaftsrecht, 11. Auflage, Köln 2014

Sohm, Stefan: Strukturen des deutschen Rüstungsexports, in: NZWehrr 1994, S. 99 ff.

Statistisches Bundesamt: Kennzahlen zum Außenhandel 2013: https://www.destatis.de/DE/ZahlenFakten/GesamtwirtschaftUmwelt/Aussenhandel/Aussenhandel.html;jsessionid=C6812D08969FEBF7D795357A7780164C.cae3 (Abrufdatum: 4.11.2015)

Staudinger: Kommentar zum Bürgerlichen Gesetzbuch, Einleitung zum BGB, Buch 1, Neub. 2013, Berlin 2013 (zitiert: *Bearbeiter*, in: Staudinger)

Stein, Ekkehart / *Denninger*, Erhard / *Hoffmann-Riem*, Wolfgang: Kommentar zum Grundgesetz für die Bundesrepublik Deutschland (AK-GG), 3. Auflage, München 2001 (zitiert: *Bearbeiter*, in: Stein / Denninger / Hoffmann-Riem)

Stein, Torsten / *Buttlar*, Christian von: Völkerrecht, 13. Auflage, Köln 2012

Steiner, Udo: Besonderes Verwaltungsrecht, 3. Auflage, Heidelberg 1988 (zitiert: *Bearbeiter*, in: Steiner)

Stelkens, Paul / *Bonk*, Heinz Joachim / *Sachs*, Michael: Verwaltungsverfahrensgesetz, 8. Auflage, München 2014 (zitiert: *Bearbeiter*, in: Stelkens / Bonk / Sachs)

Stelter, Christian: Gewaltanwendung unter und neben der UN-Charta, Berlin 2007

Stern, Klaus: Das Staatsrecht der Bundesrepublik Deutschland, Band 5, München 1999

Stockholm International Peace Research Institute: Yearbook 2013, Stockholm 2013

– Fact Sheet: Trends in international Arms Transfers, 2013, Stockholm 2014

Stratmann, Jürgen: Das Grundgesetzliche Verbot friedensstörender Handlungen, Würzburg 1971

Streinz, Rudolf: Europarecht, 9. Auflage, München 2012

– EUV / AEUV, Vertrag über die Europäische Union und Vertrag über die Arbeitsweise der Europäischen Union, 2. Auflage, München 2012 (zitiert: *Bearbeiter*, in: Streinz)

Stützle, Walther: Politik und Kräfteverhältnis: die Bundesrepublik im Wechselspiel der wirtschaftlichen politischen und militärischen Kräfte von Ost und West, Herford 1983

Sydow, Christoph: Blutiger Machtkampf in Nahost: Das irakische Puzzle, in: Spiegel Online vom 13.6.2014: http://www.spiegel.de/politik/ausland/irak-das-wollen-isis-und-kurden-und-die-tuerkei-und-iran-und-syrien-a-975017.html (Abrufdatum: 4.11.2015)

Szelinski, Bert: Der Umweltschutzbeauftragte, in: Wirtschaft und Verwaltung 1980, S. 266 ff.

Tettinger, Peter J. / *Erbguth*, Wilfried / *Mann*, Thomas: Besonderes Verwaltungsrecht, 11. Auflage, Heidelberg 2012

Tettinger, Peter J. / *Wank*, Rolf / *Ennuschat*, Jörg: Kommentar zur Gewerbeordnung, 8. Auflage, München 2011, (zitiert: *Bearbeiter*, in: Tettinger / Wank / Ennuschat)

The White House: Remarks by the President to the People of Poland: http://georgewbush-whitehouse.archives.gov/ news/releases/2003/05/20030531-3.html (Abrufdatum: 4.11.2015)

Thoma, Richard: Bemerkungen zur Entscheidung des III. Senats des Preußischen Oberverwaltungsgerichts vom 29. Oktober 1925, in: VerwArch 1927, S. 247 ff.

Thränert, Oliver: Rüstungskontrolle und Nichtverbreitungspolitik, in: Deutsche Außenpolitik, hrsg. v. Jäger, Thomas / Höse, Alexander, 2. Auflage, Wiesbaden 2011, S. 224 ff.

Thürer, Daniel: Modernes Völkerrecht: Ein System im Wandel und Wachstum – Gerechtigkeitsgedanke als Kraft der Veränderung?, in: ZaöRV 2000, S. 557 ff.

Tiedemann, Klaus: Zur Geschichte eines Straftatbestandes des ungenehmigten Rüstungsexportes, in: Festschrift für Günter Spendel zum 70. Geburtstag, hrsg. v. Seebode, Manfred, Berlin 1992, S. 591 ff.

Tomuschat, Christian / *Stein*, Torsten / *Caflisch*, Lucius Conrad: Eingriff in die inneren Angelegenheiten fremder Staaten zum Zwecke des Menschenrechtsschutzes, in: ZaöRV 2002, S. 1142 ff.

Umbach, Dieter / *Clemens*, Thomas: Grundgesetz, Mitarbeiterkommentar und Handbuch, Band 2, Heidelberg 2002

Unruh, Georg-Christoph von: Führung und Organisation der Streitkräfte im demokratisch-parlamentarischen Staat, in: Veröffentlichungen der Vereinigung der Deutschen Staatsrechtslehrer 1968, S. 157 ff.

US Department of State: Conventional Arms Transfers in the Third World, 1972–81, Washington 1982

Verdross, Alfred / *Simma*, Bruno / *Geiger*, Rudolf: Territoriale Souveränität und Gebietshoheit, Zur völkerrechtlichen Lage der Oder-Neiße-Gebiete, Bonn 1980

Vereinte Nationen: Das Schlußdokument der Weltkonferenz über Menschenrechte vom 14. Bis zum 25. Juni 1993 in Wien, in: Europa Archiv (Dok.) 1993, D 498 ff.

Volkmann, Uwe: Das intendierte Verwaltungsermessen, in: DÖV 1996, S. 282 ff.

Vollbrecht, Andre: Warenverkehrslenkung nach dem Aussenwirtschaftsgesetz im Rahmen des Europäischen Gemeinschaftsrechts, Frankfurt a.M. 1988

Von der Groeben, Hans / *Schwarze*, Jürgen: Kommentar zum Vertrag über die Europäische Union und zur Gründung der Europäischen Gemeinschaft, 6. Auflage, Baden-Baden 2003 (zitiert: *Bearbeiter*, in: v. d. Groeben / Schwarze)

Wabnitz, Heinz-Bernd / *Janovsky*, Thomas: Handbuch des Wirtschafts- und Steuerstrafrechts, Kriminalität in der Wirtschaft, 3. Auflage, München 2007 (zitiert: *Bearbeiter*, in: Wabnitz / Janovsky)

Wagner, Wolfgang: Der Rückschlag der Bonner Politik in den arabischen Staaten, in: EA 1965, S. 359 ff.

– Deutsche Ausrüstungshilfe in Afrika, in: EA 1966, S. 221 ff.

Wahl, Rainer: Risikobewertung der Exekutive und richterliche Kontrolldichte – Auswirkungen auf das Verwaltungs- und das gerichtliche Verfahren, in: NVwZ 1991, S. 409 ff.

Walker, William / *Gummett*, Philip: Nationalism, Internationalism and the European Defense Market, Paris 1993

Weiß, Norman: Drei Generationen von Menschenrechten, in: Menschenrechte, Ein interdisziplinäres Handbuch, hrsg. v. Pollmann, Arnd / Lohmann, Georg, S. 228 ff.

Weith, Nils / *Wegner*, Christof / *Ehrlich*, Wolfgang: Grundzüge der Exportkontrolle, Hintergründe, System, Regelungen, Köln 2006

Weith, Nils: Die exportkontrollrechtliche Ausfuhrgenehmigung unter Berücksichtigung von Gemeinschaftsverwaltungsrecht und Aspekten der Gefahrprävention, Witten 2009

Weizsäcker, Carl Friedrich von: Bedingungen des Friedens, Rede anlässlich der Verleihung des Friedenspreises des Börsenvereins des Deutschen Buchhandels am 13. 10.1963 in Frankfurt a.M.: http://www.friedenspreis-des- deutschen-buchhandels.de/sixcms /media.php/1290/1963_v_weizsaecker.pdf (Abrufdatum: 4.11.2015)

Wengler, Wilhelm: Völkerrecht, Band 2, Berlin 1964

– Die Entscheidung des Internationalen Gerichtshofs im Nicaragua-Fall, in: NJW 1986, S. 2994 ff.

Werner, Walter: Die Verlängerung des Atomwaffensperrvertrages, in: AW-Prax 1995, S. 284 ff.

– Die neuen internationalen Grundlagen der Exportkontrolle, in: RIW 1998, S. 179 ff.

Wessels, Jörg: Rüstungsexport-Politik im Blickpunkt, Offene Fragen nach einem Jahr rot-grüner Regierung, in: AW-Prax 2000, S. 57 ff.

– Die neuen Politischen Grundsätze, Politikwechsel beim Rüstungsexport?, in: AW-Prax 2000, S. 181 ff.

Wettig, Gerhard: Entmilitarisierung und Wiederbewaffnung in Deutschland 1943–1955, München 1967

Wisotzki, Simone: Die vergessenen Waffen: Das Kleinwaffenproblem als weltweite Bedrohung, in: Die Friedens-Warte 2001, S. 221 ff.

Wolffgang, Hans Michael: Europäisches Exportkontrollrecht, in: DVBl 1996, S. 277 ff.

World Development Movement: Arms Trade, http://www.wdm.org.uk/arms-trade (Abrufdatum: 4.11.2015)

Zähle, Kai: Der Bundessicherheitsrat, in: Der Staat 2005, S. 462 ff.

Zeit Online: vom 19.12.2013: Bremst die Rüstungsexporte: http://www.zeit.de/2013/51/deutsche-waffenexporte (Abrufdatum: 11.11.2014)

Ziegenhain, Hans-Jörg: Extraterritoriale Reichweite des US-amerikanischen und des reformierten deutschen Exportkontrollrechts, in: RIW 1993, S. 897 ff.

Zimmermann, Andreas: Auf dem Weg zu einem deutschen Völkerstrafgesetzbuch – Entstehung, völkerrechtlicher Rahmen und wesentliche Inhalte, in: ZRP 2002, S. 97 ff.

Zippelius, Reinhold: Juristische Methodenlehre, Eine Einführung, 10. Auflage, München 2006

www.ingramcontent.com/pod-product-compliance
Ingram Content Group UK Ltd.
Pitfield, Milton Keynes, MK11 3LW, UK
UKHW021912290926
8980IPUK00015B/1207

9 783631 722176